Controlling in digitalen Geschäftsmodellen

Reinhard Bleiber

Controlling in digitalen Geschäftsmodellen

1. Auflage

Haufe Group
Freiburg · München · Stuttgart

Bibliografische Information der Deutschen Nationalbibliothek

Die Deutsche Nationalbibliothek verzeichnet diese Publikation in der Deutschen Nationalbibliografie; detaillierte bibliografische Daten sind im Internet über http://dnb.dnb.de/ abrufbar.

Print:	ISBN 978-3-648-14745-0	Bestell-Nr. 11468-0001
ePub:	ISBN 978-3-648-14746-7	Bestell-Nr. 11468-0100
ePDF:	ISBN 978-3-648-14747-4	Bestell-Nr. 11468-0150

Reinhard Bleiber
Controlling in digitalen Geschäftsmodellen
1. Auflage, August 2021

© 2021 Haufe-Lexware GmbH & Co. KG, Freiburg
www.haufe.de
info@haufe.de

Bildnachweis (Cover): © Julian, Adobe Stock

Produktmanagement: Dipl.-Kfm. Kathrin Menzel-Salpietro
Lektorat: Helmut Haunreiter

Inhaltsverzeichnis

Abkürzungsverzeichnis

ABC	Anti Bribery & Corruption
AGB	Allgemeine Geschäftsbedingungen
B2B	Business to Business (Verkauf an gewerbliche Verbraucher)
BI	Business Intelligence
BIP	Bruttoinlandsprodukt
CLV	Customer Lifetime Value
EBIT	Earnings Before Interest and Taxes
EBITDA	Earnings Before Interests, Taxes, Depreciation and Amortisation
EDV	Elektronische Datenverarbeitung
EU	Europäische Union
GuV	Gewinn- und Verlustrechnung
HGB	Handelsgesetzbuch
IT	Informationstechnologie
KI	Künstliche Intelligenz
ROI	Return on Investment
SEO	Search Engine Optimization; Suchmaschinenoptimierung
SMART	spezifisch, messbar, akzeptiert, realistisch, terminiert (Zielbildung)
SWOT	Strengths, Opportunities, Weaknesses, Threats

Vorwort

Die Digitalisierung ist die Erfolgsgeschichte der letzten Jahre, gleichgültig in welchem Lebensbereich. Viele junge Unternehmen nutzen die Chance, entwickeln und verkaufen digitale Technik und vor allem Anwendungen. Andere junge Unternehmen schaffen neue, digitale Lösungen für bekannte Aufgaben und Abläufe. Traditionell arbeitende Unternehmen werden gezwungen, ihre analogen Geschäftsmodelle in die digitale Welt zu transformieren.

Um digital erfolgreich zu sein, reicht es nicht, die traditionellen analogen Abläufe mit elektronischen Hilfsmitteln zu erledigen. Digitalisierung bedeutet, neue, vollkommen auf die digitalen Möglichkeiten ausgerichtete Abläufe zu schaffen. Darum wird beispielsweise das System von einzelnen, autonom agierenden Fahrzeugen, wie es derzeit geplant wird, von vielen für falsch gehalten. Es bildet bloß die bestehenden Strukturen des Individualverkehrs ab. Sinnvoller ist in den Augen dieser Kritiker der Aufbau einer vollkommen neuen digitalen Transportwelt – ohne Besitz der Fahrzeuge durch Einzelne, dafür eingebunden in ein übergeordnetes, digital gesteuertes Verkehrskonzept. Dieses Beispiel zeigt zweierlei: Zum ersten, dass bei fehlender Akzeptanz durch den Menschen radikale digitale Systeme bis zur Verwirklichung noch lange brauchen werden. Zum zweiten, dass nur die Transformation wirklich aller Funktionen in die digitale Welt das beste Ergebnis liefern wird.

Das gilt auch für die Transformation unternehmerischer Aktivitäten von der traditionellen in die digitale Welt. Es ist z. B. nicht ausreichend, nur den Vertrieb über einen Onlineshop zu betreiben, um ein traditionelles Unternehmen langfristig weiter erfolgreich sein zu lassen. Notwendig sind digitale Produkte oder für die digitale Welt geeignete Produkte. Notwendig sind digitale Zahlungsangebote, eine digitale Abwicklung der Logistikfunktionen und eine digital gesteuerte und vernetzte Fertigung. Und es ist notwendig, das Unternehmen mit digitalen Mitteln zu steuern. Das Controlling muss nicht nur seine bisherige Arbeit immer weiter digitalisieren, es muss zusätzlich seine Instrumente anpassen und neue Instrumente erfinden, um die hohen Ansprüche der Digitalisierung erfüllen zu können.

Neue Unternehmen, gleichgültig ob selbstständige Start-ups oder Tochterunternehmen großer Konzerne, müssen erst lernen, wie ein Unternehmen geführt wird. In der Gründerzeit liegt der Fokus sicher auf den Produkten, den Kunden und auf technischen und organisatorischen Problemen. Dass bereits in dieser Phase das Controlling dabei helfen kann, das Unternehmen erfolgreich zu machen, wird oft nicht erkannt. Ein systematischer Aufbau des Controllings wäre gerade zum Unternehmensstart einfach zu installieren, das wird aber nicht getan. Digitales Controlling ist ein wichtiger Baustein für den Erfolg digitaler Geschäftsmodelle.

An diesem Erfolg sind viele beteiligt. Alle müssen sich anpassen an die digitalen Strukturen. Der Controller muss die Erfolgsparameter digitaler Geschäftsmodelle erkennen und steuern, gleichzeitig muss er die digitalen Möglichkeiten für seine Aufgaben nutzen. Die Unternehmer, jung oder alt, müssen die Bedeutung des Controllings auch in digitalen Geschäftsmodellen anerkennen. Sie müssen die Controllingfunktion installieren und mit den notwendigen Mitteln ausstatten. Die Kombination der digitalen Daten, der digitalen Verarbeitung und Präsentation mit den Chancen der digitalen Geschäftswelt führen dazu, dass es zwei Gewinner gibt: den Controller, der mit seiner Aufgabe zum Erfolg der digitalen Geschäftsmodelle beitragen kann, und den Unternehmer, der durch das digitale Controlling in seinem digitalen Geschäftsmodell ein adäquates Steuerungsmittel erhält. Wie sich das realisieren lässt, zeigt Ihnen dieses Buch.

Lengerich im August 2021
Reinhard Bleiber

1 Die Digitalisierung verändert die Geschäftsmodelle

Für den Erfolg der Digitalisierung, die sich in allen Lebensbereichen des Menschen ausgebreitet hat, gibt es Vorbilder. Vor etwas mehr als 200 Jahren führt die Nutzung von Wasserkraft und Dampfmaschinen in den Fabriken zu einer Konzentration der Arbeitsstätten mit dramatischen Auswirkungen auf die gesellschaftlichen Strukturen. Ungefähr ein Jahrhundert später revolutionierte die Einführung von Arbeitsteilung und damit der mögliche Einsatz von Fließbändern die Arbeitswelt noch einmal. Die gesellschaftlichen Auswirkungen waren zwar spürbar, aber nicht so schwerwiegend wie noch einhundert Jahre zuvor. Eine dritte Umwälzung, zunächst auch in der Arbeitswelt, war in der zweiten Hälfte des 20. Jahrhunderts die kommerzielle Nutzung der Informationstechnologie (IT), damals noch EDV genannt.

1.1 Industrielle Revolution

Die Bezeichnung dieser drei Entwicklungen als **industrielle** Revolutionen unterschlägt, wie dramatisch ihre Einflüsse auf die gesamte Gesellschaft waren. Auch im Zuge der Digitalisierung gibt es umwälzende Veränderungen in den Märkten, der Verwaltung und in den Produktionshallen. Dennoch wird nur ein Teil der digitalen Strukturen mit den früheren industriellen Revolutionen in Verbindung gebracht. Mit »Industrie 4.0« wird eine Entwicklung bezeichnet, die die Strukturen der Digitalisierung nutzt, um mit einer engeren Zusammenarbeit der Partner in einer Wertschöpfungskette gerade diese Wertschöpfung für alle zu erhöhen.

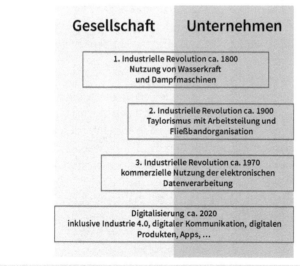

Abb. 1: Industrielle Revolutionen und ihre Auswirkungen auf Gesellschaft und Unternehmen

1.2   Kostendruck

Die Gründe für den Erfolg von Dampfmaschinen, Fließband und elektronischer Datenverarbeitung liegen auf der Hand. Diese Errungenschaften ermöglichten eine weit kostengünstigere Fertigung von Produkten und eine weniger aufwendige Erbringung von Leistungen jeder Art. Das verspricht auch die Digitalisierung und sie hat dies an vielen Stellen bereits bewiesen. Doch das ist nicht alles. Die Digitalisierung ermöglicht vollkommen neue Abläufe, neue Strukturen, neue und leistungsfähigere Produkte und eine neue Form des Zusammenlebens.

> **Hinweis: Unausweichlich**
>
> Skepsis gegenüber der Digitalisierung und ihren Auswirkungen ist möglich, vielleicht sogar angebracht. Vollständig vermeiden kann die Benutzung der digitalen Strukturen und Abläufe niemand mehr, weder im privaten noch im beruflichen Bereich. Diese Entwicklung ist zu weit vorgedrungen in die Kernbereiche der menschlichen Existenz, weshalb sich ein Einzelner gegen sie nicht stemmen kann. Das beste Beispiel ist das Onlinebanking, mit dem die Banken ihre Kunden in die Digitalisierung zwingen. Zwar gibt es auch heute noch manuellen Service in der Bankfiliale, dieser wird jedoch immer schwerer zu finden und immer teurer.

Alle Unternehmen haben bereits den Kostendruck für Produkte und Leistungen gespürt, wenn analoge Lösungen mit digitalen konkurrieren. Die Wirtschaftlichkeit des Aufwands und Ertrags digitaler Angebote kann das Controlling mit den bewährten Instrumenten berechnen. Auch der Kauf einer Industrie-4.0-Anwendung für die Produktion ist eine Investition mit Ausgaben, Abschreibungen und Erträgen und daher für das Controlling keine Herausforderung. Es gibt jedoch, wie wir später noch sehen werden, wesentliche Veränderungen in der Art der Ausgaben, der Berechnung der Abschreibungen und vor allem hinsichtlich der positiven Auswirkungen, wenn man traditionelle Investitionen mit den Investitionen in digitale Strukturen vergleicht.

Viele, vor allem junge Unternehmen, erkennen die Chancen, die sich ihnen aufgrund neuer Abläufe, veränderter Verhaltensweisen und neu geschaffener Strukturen bieten. Alle anderen Unternehmen werden durch den Kostendruck gezwungen, die Möglichkeiten der Digitalisierung zu nutzen. Tun sie es nicht, werden die im Vergleich zur digitalisierten Konkurrenz hohen Kosten zu einer Verdrängung vom Markt führen. Das Controlling muss diese Entwicklung sichtbar machen, die Alternativen bewerten und den Transformationsprozess in das digitale Geschäftsmodell begleiten. Im digitalen Geschäftsmodell selbst kommen dann veränderte und neue Aufgaben auf den Controller zu.

1.3   Nachfragedruck

Solche neuen und veränderten Aufgaben für das Controlling haben mit dem Verhalten der Partner im Unternehmen zu tun. Dieses verändert sich mit der Digitalisierung ganz wesentlich. Am sichtbarsten wird das in den Vertriebsabteilungen, wenn sich die Nachfrage verschiebt, nämlich hin zu Produkten mit digitalen Steuerungen und Schnittstellen. Oder wenn sich das Einkaufsverhalten der Kunden weg von den traditionellen Vertriebswegen hin zu digitalen Lösungen verändert. Um nur ein Beispiel, wenngleich das auffälligste, zu nennen: die Entwicklung des Verkaufs an private Verbraucher. Dieser bewegt sich weg vom stationären Einzelhandel hin zum Onlineshop.

> **Hinweis: Henne und Ei**   !
>
> Für die Unternehmen ist eine Diskussion darüber, wer den Onlinehandel gewollt hat, der Kunde oder einige Verkäufer, so sinnlos wie die Diskussion darüber, ob zunächst eine Henne oder doch ein Ei existierten. Die aktuelle Situation zeigt eine wesentliche Nachfrageverschiebung in vielen Branchen und für viele Produkte in den Online-Bereich. Diese Verschiebung kann ein kleines oder mittelständisches Unternehmen nicht aufhalten. Selbst internationale Konzerne mit begehrten Marken haben den Kampf dagegen längst aufgegeben.

Der Druck auf die Unternehmen, ihre Geschäftsmodelle zu digitalisieren, kommt nicht allein von den Kunden. Andere Partner wie Lieferanten, Banken oder Eigentümer verlangen immer dringender, dass die Kommunikation und der Informationsaustausch auf digitalen Wegen stattfindet. Außerdem haben die Eigentümer des Unternehmens ein großes Interesse daran, dass die Manager die Vorteile der Digitalisierung zugunsten konkurrenzfähiger Kosten und Produkte nutzen. Damit wird die Forderung nach digitalen Geschäftsmodellen für die angestellten Manager zur Arbeitsplatzfrage. Für die Unternehmen wird die Digitalisierung zur Existenzfrage, wenn z. B. die Banken ihr Kreditengagement zurückfahren, weil die Zukunftsinvestitionen in digitale Geschäftsmodelle fehlen.

Die unterschiedliche Kostenentwicklung bei traditionellen und digitalen Strategien kann das Controlling schnell ermitteln. Betrachtet man den herrschenden Nachfragedruck, lässt sich vom Controlling anhand mehrerer Parameter die Notwendigkeit zur Digitalisierung feststellen:

- Das Controlling kann einen sinkenden Absatz feststellen und die Gründe dafür analysieren. Wenn sich z. B. das Marktvolumen nicht verändert hat oder sogar gewachsen ist, kann der Grund darin liegen, dass digitale Funktionen in den Produkten fehlen und/oder digitale Vertriebswege nicht ausreichend genutzt werden.
- Die Analyse der Margen, die im Verkauf erlöst werden können, zeigen immer öfter, dass fehlende Digitalisierung durch preisliche Zugeständnisse wettgemacht werden muss.

- In der Praxis verschieben sich Umsätze von Unternehmen, die weiterhin traditionell arbeiten, vom profitablen Direktgeschäft hin zum margenschwächeren Handelsgeschäft. Wenn das Controlling diese Verschiebung feststellen muss, kann die Ursache darin liegen, dass das Produkt am Markt verlangt wird, es aber im steigenden Maße über die digitalen Vertriebswege der Händler nachgefragt wird.
- Die Ablehnung eines Kredits durch eine Geschäftsbank muss nicht mit fehlender Bonität zu tun haben. Die Gründe können bei traditionell arbeitenden Unternehmen auch in verweigerten digitalen Informations- und Kommunikationskanälen liegen. Auch wenn andere Banken die Finanzierung trotzdem übernehmen, wird das Unternehmen um eine Wettbewerbssituation bei der Kreditauswahl beraubt. Im Controlling fällt dies bei der Liquiditätsplanung auf.
- Lieferanten organisieren ihre Lieferketten immer digitaler. Wer sich verweigert, verliert interessante Bezugsquellen. Auch hier führt weniger Wettbewerb zu schlechteren Konditionen für das kaufende Unternehmen. Das Controlling stellt steigende Einkaufspreise und eine Konzentration auf weniger Lieferanten fest.

Wie diese wenigen Beispiele zeigen, führt der Nachfragedruck nach digitalen Lösungen für das traditionelle Unternehmen zu steigendem Aufwand für die gleiche Leistung. Damit wird der Nachfragedruck auch zum Kostendruck, der mit der Zeit jedes Unternehmen zur Digitalisierung zwingt, will es nicht vom Markt verschwinden. Durch detaillierte Analysen von steigenden Kosten und sinkenden Umsätzen kann das Controlling diesen Einfluss auf das Unternehmensergebnis feststellen.

1.4 Die Parameter digitaler Geschäftsmodelle

Damit sich das Controlling in digitalen Geschäftsmodellen richtig positionieren kann, die Controllinginstrumente optimal gestaltet werden und die Analysen korrekte Ergebnisse liefern können, ist es notwendig, die Parameter digitaler Geschäftsmodelle zu kennen. Es gibt nur wenige Charakteristika, durch die digitale Anwendungen und Strukturen gekennzeichnet sind.

Parameter Technik

Ein Parameter, der oft an erster Stelle beschrieben wird, ist die benutzte Technik. Für die Digitalisierung sind selbstverständlich technische Geräte notwendig. Die Netzstrukturen müssen vorhanden sein, Endgeräte ermöglichen den Zugriff auf die Netze, auf Servern werden die Daten gespeichert und die Verarbeitungen durchgeführt. Wie vielfältig und auch austauschbar die im Rahmen der Digitalisierung verwendete Technik ist, veranschaulichen folgende Überlegungen:

- Die Leitungen, über die im Netz Daten ausgetauscht werden, gehören heute bereits zur Infrastruktur und werden bald wie das Stromnetz oder die Wasserleitungen selbstverständlich sein.

- Die für die Digitalisierung benötigten Daten können auch ohne eigene Hardware in der Cloud gespeichert werden. Damit entfällt die Notwendigkeit, eigene Technik anzuschaffen, zu unterhalten und zu schützen.
- Das gilt auch für die Verarbeitung der Daten. Dazu sind Server notwendig, die ebenfalls nicht physisch im Unternehmen vorhanden sein müssen. Cloudservices übernehmen diese Aufgabe und ermöglichen eine flexible Nutzung.
- Einzig die Endgeräte, mit denen auf die Netzwerkstrukturen zugegriffen wird, sind tatsächlich noch notwendig, wenn sie auch nicht immer als Maschinen zu erkennen sind. Auf der einen Seite müssen die Geräte immer individueller werden, um schnelle und direkte digitale Abläufe zu ermöglichen, z. B. beim Anschluss von Fertigungsanlagen an eine Industrie-4.0-Umgebung. Zum anderen werden Endgeräte für die digitale Verarbeitung immer unspezifischer. Ob der Zugriff z. B. über einen PC, ein Smartphone oder eine »intelligente« Armbanduhr erfolgt, ist für viele Anwendungen unwichtig.

> **Hinweis: Bewertung**   !
>
> Wichtig für die Bewertung der in digitalen Geschäftsmodellen genutzten Technik ist die Zuverlässigkeit und die verfügbare Bandbreite des Netzes bzw. die Leistungsfähigkeit der Server in der Cloud. Da es dabei eher um Qualität als um Quantität geht, müssen im Controlling die Instrumente geschaffen werden, um die notwendige Bewertung durchführen zu können.

- Zur Technik, die in digitalen Geschäftsmodellen verwendet wird, gehören auch die Anwendungen. Diese sind unabhängig von den Geräten lauffähig bzw. sollten es zumindest sein. Die spezifischen Programme und Apps entscheiden darüber, welche Möglichkeiten sie innerhalb der digitalen Strukturen nutzen können und wie leistungsfähig die Anwendung ist.

Der Aufbau und die Erneuerung digitaler Technik in den Geschäftsmodellen sind Investitionen, deren Wirtschaftlichkeit berechnet werden muss. Das ist die Aufgabe des Controllings, auf dessen Ergebnisse die Gestaltung der digitalen Geschäftsmodelle aufbaut.

Parameter Kommunikation

Bei der Kommunikation innerhalb digitaler Geschäftsmodelle geht es um weit mehr als den Austausch von E-Mails und andere Kommunikationsformen. Es geht darum, die vorhandenen Informationen in vielen Anwendungen zu teilen, zu ergänzen und zu verbessern. Ein typisches Beispiel interner Kommunikation ist die Verwendung gleicher Datenbestände in verschiedenen Abteilungen. So werden die Artikeldaten in einem ERP-System von der Warenwirtschaft, von den Verkäufern und in der Lagerbuchhaltung verwendet.

Übertragen auf die moderne Digitalisierung bedeutet dies, dass Informationen zu Artikeln innerhalb einer Lieferkette mit vielen internen und externen Partner geteilt werden. Jeder ergänzt neue Inhalte, die in seinem Verantwortungsbereich entstehen. Darauf aufbauend gibt es wieder neue Reaktionen mit neuen Daten zum Produkt.

Auf der anderen Seite entstehen durch die Digitalisierung neue Daten in einem bisher nicht gekannten Umfang. Fertigungsanlagen liefern permanent Informationen über den aktuellen Zustand, den Verbrauch von Hilfsstoffen und die Leistung, die erbracht wird. Der Kunde, der im Onlineshop den zusammengestellten Warenkorb doch nicht abschließend kauft, hat bereits bei der Suche im Shop eine Vielzahl an Daten entstehen lassen. Die in traditionellen Geschäftsmodellen gewohnte Zeitraumbetrachtung (z. B. Verbrauch pro Monat) wird ersetzt durch eine Vielzahl von Datenpunkten. Diese Datenmengen (Big Data) verlangen eine neue Form der Bearbeitung, damit die interessanten Werte aus ihnen ermittelt und die dafür notwendigen Rechenoperationen ausgeführt werden können. Big Data, bisher oft auf das Vertriebscontrolling beschränkt, gibt es in allen Controllingbereichen digitaler Geschäftsmodelle.

Die Kommunikation muss geregelt sein – und zwar sowohl innerhalb eines digitalen Geschäftsmodells als auch nach außen hin. Damit nicht zwischen allen Beteiligten jeweils bilaterale Vereinbarungen über Definitionen, Inhalte und Zeiten notwendig werden, entstehen im Zuge der Digitalisierung Standards. Über definierte Stellen werden die Daten ausgetauscht.

> **! Hinweis: Laufende Entwicklung**
>
> Die Digitalisierung ist auch dadurch gekennzeichnet, dass die Entwicklung rasend schnell voranschreitet. Die Vereinbarung von Standards dagegen muss über Gremien, Verbände und Institutionen laufen, was Zeit kostet. Darum gibt es bis heute noch nicht für alle digitalen Anwendungen die notwendigen Standards. Definitionen, Protokolle und Schnittstellen werden nur langsam vereinheitlicht. Es bilden sich oft Quasi-Standards, die weit verbreitet sind. Aufgrund der fehlenden Übereinkunft kann es später jedoch durch die laufende Entwicklung zu vollständig anderen Definitionen kommen.

Parameter Partner

Wer kommunizieren will, der braucht mindestens einen Partner. Digitale Geschäftsmodelle beinhalten immer auch die Verbindung mit internen und externen Stellen, die ebenfalls Daten digital verarbeiten. Dazu benötigen sie Informationen von anderen Stellen, erzeugen neue Inhalte und geben diese gemeinsam mit den vorhandenen Informationen an Partner ab. Dadurch, dass dies digital, definiert und schnell geschieht, profitieren alle, die in die Informationskette eingebunden sind. Da jede beteiligte Stelle immer neue Daten erzeugt und diese zur Verfügung stellt, entstehen die bereits angesprochenen riesigen Datenmengen.

Die Partner befinden sich sowohl innerhalb als auch außerhalb des Unternehmens. Intern müssen die einzelnen Abteilungen und Aufgabenverantwortlichen eingebunden werden. So verbindet die digitale Rechnungsprüfung die Kreditorenbuchhaltung mit dem Einkauf, der Logistik und allen Kostenstellen, die Rechnungen freigeben müssen. Diese interne digitale Zusammenarbeit ist schon seit Jahren in ERP-Systemen und Verwaltungssoftwares standardisiert und üblich. Solche funktionierenden internen Partnerschaften sind die Voraussetzung für echte Digitalisierungsgewinne.

Die externen Partner des Unternehmens finden sich an allen Schnittstellen:
- Die Kunden wollen Produkte kaufen, die entweder vollkommen digital sind oder über umfangreiche digitale Funktionen verfügen.
- Die Kunden wollen Produkte und Leistungen jeder Art online und damit ohne zeitliche oder örtliche Restriktionen kaufen.
- Lieferanten optimieren den Bestellprozess ihrer Kunden durch die Nutzung digitaler Plattformen und Onlineshops.
- Banken erbringen ihre Leistungen auch und vor allem gegenüber gewerblichen Kunden auf digitalem Weg, um auf diese Weise kostengünstig anbieten zu können.
- Berater des Unternehmens, gleichgültig ob für strategische, operative oder technische Themen, bestehen auf digitalen Informationsaustausch und direkten Zugriffen.
- Der Staat ist an vielen Stellen ein großer Treiber der Digitalisierung. Er verlangt die notwendigen Informationen und Anträge auf digitalem Weg, greift digital auf die Daten der Unternehmen zu und verlangt digitale Kontrollen und Sicherheitsvorkehrungen (z. B. in Kassensystemen).

Viele der Partner sind in digitale Abläufe eingebunden, innerhalb derer automatische Entscheidungen Vorteile generieren. Dazu braucht man Informationen über die betroffenen Partner, die meist aus dem Rechnungswesen stammen (z. B. Bonität des Kunden vor der aktuell gewünschten sofortigen Belieferung). Das Controlling sammelt Informationen zu den Partnern und bewertet diese, z. B. hinsichtlich der Liefertreue eines Lieferanten oder der Einhaltung von Zahlungszielen vonseiten der Kunden.

Parameter Autonome Entscheidungen

Ein wichtiges Kriterium digitaler Geschäftsmodelle sind die autonomen Entscheidungen innerhalb der digitalen Abläufe. Die intensive Nutzung von immer mehr künstlicher Intelligenz (KI) ist ein Merkmal, durch das sich die Digitalisierung von der bisher gekannten Nutzung der Informationstechnologie (IT) unterscheidet. Mit KI werden autonome Fahrzeuge, Roboter und Maschinen gesteuert. Sie wird aber auch dazu genutzt, in den Abläufen der Verwaltung, bei der Disposition von Mengen und Kapazitäten und bei der Steuerung von Unternehmen komplexe Aufgaben zu übernehmen.

Die eigenständige Entwicklung der Nummer des zu bebuchenden Erlöskontos aus Tabellen und Parametern ist ein einfaches Beispiel für autonome Entscheidungen, das schon lange in IT-Anwendungen zu finden ist. Das Erkennen von Inhalten einer Eingangsrechnung ist wesentlich komplexer. Es geht nicht nur um das Erkennen von Zeichen, es geht um die inhaltliche Zuordnung der erkannten Daten zu Vorgängen wie Bestellungen, Lieferungen usw. Dabei ist künstliche Intelligenz abhängig von den gelieferten Daten, den vom Menschen vorgegebenen Regeln und der eigenen Lernfähigkeit. Ein sichtbares Beispiel der Nutzung von KI sind autonom funktionierende Fahrzeuge. Je besser die Sensoren und damit die verfügbaren Daten werden, je mehr Rechenleistung zur Verfügung steht, desto sicherer kann ein Computer das Fahrzeug durch den Verkehr lenken.

Diese Strukturen lassen sich auf die Abläufe in der Produktion, der Warenwirtschaft, im Vertrieb oder im Rechnungswesen übertragen. Das ist auch notwendig, damit digitale Geschäftsmodelle funktionieren. Autonome Entscheidungen machen digitale Abläufe schnell. Wenn Menschen diese Entscheidungen treffen müssten, würden viele Vorgänge unzumutbar lange dauern.

Beispiele: KI in digitalen Geschäftsmodellen

Die möglichen Anwendungen von künstlicher Intelligenz in den Abläufen digitaler Geschäftsmodelle sind äußerst vielfältig. Hier nur einige wenige Beispiele, die in Situationen angewendet werden, in denen menschliche Entscheidungen den Vorgang verzögern würden.

- In der Produktion erkennt eine Maschine ein fehlerhaftes Bauteil mittels KI. Die Produktion wird umgeplant, das fehlerhafte Teil aussortiert. Mit KI kann sofort die nächste optimale Produktionsreihenfolge gefunden und umgesetzt werden.
- Ein Kunde meldet Bedarf an Produkten des Unternehmens. Im Rahmen von Industrie 4.0 wird dieser Bedarf direkt in die Planungen des Unternehmens eingestellt und löst dadurch Bestellungen und Produktionsplanungen aus. Das geschieht aber erst, nachdem in der Buchhaltung die Bonität digital festgestellt wurde. Mithilfe von KI wird geprüft, ob die Bonität ausreichend ist.
- Die Eingangsrechnungen in der Kreditorenbuchhaltung werden digitalisiert. Die KI trifft Entscheidungen bzgl. der weiteren Verarbeitung. Muss eine manuelle Freigabe erfolgen? Wie ist der Status der dazugehörigen Bestellung? Sind alle rechtlich notwendigen Angaben auf dem Formular vorhanden?
- Die Bewerbungen für eine frei Stelle im Unternehmen werden digitalisiert und durch ein Beurteilungsprogramm mithilfe künstlicher Intelligenz geprüft. Auf der Grundlage der Vorgaben werden bestimmte Daten abgeglichen. Auch der Schreibstil und die Arbeitszeugnisse werden geprüft. Den Sachbearbeiter

im Personalwesen erreichen nur die Bewerbungen, die – basierend auf diesen Vorabprüfungen – eine gewisse Erfolgswahrscheinlichkeit haben.

- Für die Nachkalkulation von Fertigungsaufträgen liegen Daten von unterschiedlichen Maschinen in verschiedenster Form und mit unterschiedlichem Zeitbezug vor. Das Controlling nutzt KI, um die Daten aus der Technik den einzelnen Fertigungsaufträgen und Bearbeitungsstufen zuzuweisen.

In autonomen Abläufen werden komplexe Strukturen mithilfe künstlicher Intelligenz bearbeitet. Der Mensch nimmt Einfluss auf die autonomen Entscheidungen, indem er die notwendigen Algorithmen programmiert, Parameter für die Entscheidungen bestimmt und Grenzwerte vorgibt. Damit wird eine wesentliche Beschleunigung der Verarbeitung erreicht. Das ist notwendig, da die Zusammenarbeit der verschiedenen Partner in digitalen Geschäftsmodellen sonst nicht effizient sein würde.

Hinweis: Skepsis angebracht

Künstliche Intelligenz trifft immer wieder auf Ablehnung. Zu groß ist die Angst davor, den Prozess nicht mehr beherrschen zu können. Grundsätzliche Ablehnung ist sicher übertrieben, Skepsis ist aber angebracht. Die Komplexität der autonomen Abläufe ist sehr hoch, gleichzeitig sind die Programmierer von Algorithmen nicht immer unbedingt für das gerade bearbeitete Fachgebiet qualifiziert. Mit der Zeit geht das Wissen über die einzelnen Subprogramme verloren, zudem werden die Einsatzgebiete für den Algorithmus verändert. All das kann dazu führen, dass der Einsatz von künstlicher Intelligenz unbemerkt zu nicht optimalen Ergebnissen führt. Eine kritische Überwachung ist notwendig.

Ein Gewinner bei der Nutzung von künstlicher Intelligenz ist das Controlling. Zum einen setzt es KI ein, um komplexe Strukturen, z. B. für die Bewertung von Projekten oder die Analyse von Abweichungsgründen, zu vereinfachen. Zum anderen hat KI wesentlichen Einfluss auf die Berichterstellung und Verteilung. Ferner lernt das System autonom, welche Berichte in welcher Form von den Berichtsempfängern bevorzugt und gut verstanden werden.

Darüber hinaus sind autonome Abläufe selbst »Berichtsempfänger«. Menschliche Entscheidungen beruhen auf Informationen, die oft aus dem Controlling kommen. Dort werden z. B. Kennzahlen wie das durchschnittliche Zahlungsziel eines Kunden oder die Termintreue eines Lieferanten errechnet und für die Entscheidungen vom Menschen abgerufen. Kommt es zu einer autonomen Entscheidung, müssen die gleichen Daten digital verfügbar sein. Die Form und der Zeitbezug ändern sich, das Controlling muss sich entsprechend anpassen.

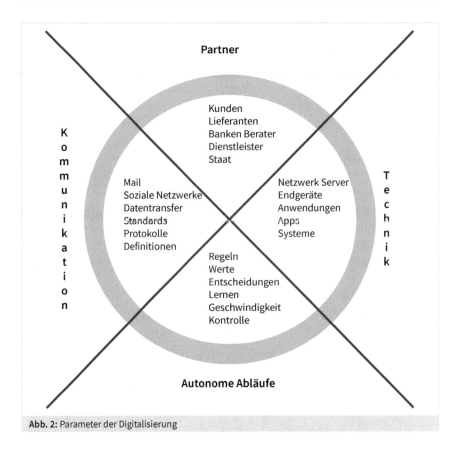

Abb. 2: Parameter der Digitalisierung

1.5 Digitale Geschäftsmodelle verlangen nach Neuem

Die Digitalisierung verändert viele Abläufe, Strukturen und Vorgänge. Das geschieht häufig langsam, sodass sich die von den Änderungen betroffenen Menschen anpassen können. Im Rahmen von digitalen Geschäftsmodellen ist dagegen der Unterschied zur traditionellen Arbeitsweise im Unternehmen oft so groß, dass die Transformation bewusst gesteuert und durch Hilfsangebote an die betroffenen Mitarbeiter unterstützt werden muss. Das hat auch Auswirkungen auf das Controlling in digitalen Geschäftsmodellen.

- Die Produkte und Leistungen, die das Unternehmen anbietet, müssen sich der Digitalisierung anpassen. Das reicht von vollständig digitalen Produkten wie digitalen Texten, Apps oder digitalen Informationen bis zu traditionellen Produkten, die durch digitale Funktionen ergänzt werden. Das hat Einfluss auf die benötigten Materialien, den Fertigungsprozess und die Beschaffung. Das Controlling muss seine Instrumente entsprechend anpassen, vielleicht sogar neu erfinden.
- Die neuen und die traditionellen Produkte des Unternehmens werden über digitale Vertriebswege sowohl an private Verbraucher als auch an gewerbliche Kun-

den verkauft. Das Verhalten der Kunden verändert sich, was Auswirkungen auf das Vertriebscontrolling hat. Neue Marketingkonzepte unterscheiden sich wesentlich von den bisherigen. Das Controlling muss die Entwicklung solch neuer Konzepte unterstützen – und zwar sowohl bei der Planung als auch bei der Auswertung.

- In neuen Formen der Zusammenarbeit werden Partner enger an das Unternehmen angebunden bzw. bindet sich das Unternehmen enger an wichtige Partner, z. B. in Verbindung mit Industrie 4.0. Die Geschäftsbeziehungen werden langfristiger, damit sich die Investitionen auch lohnen. Gleichzeitig werden die operativen Entscheidungen mit kürzester Frist getroffen. Das Controlling muss die Inhalte und Formen seiner Berichterstattung anpassen.
- Neue Daten entstehen in digitalen Geschäftsmodellen. Die Inhalte verändern sich, da viele Daten von mehreren Partnern gemeinsam genutzt werden und somit eine gemeinsame Definition für die Daten gefunden werden muss. Die Datenquellen verändern sich, werden aus digitalen Abläufen gespeist und digital verteilt. Die Datenmengen wachsen ganz wesentlich. Die Geschwindigkeit, in der Daten entstehen und mit der sie verarbeitet werden wollen, steigt ebenso signifikant. Es ist eine wesentliche Herausforderung für das Controlling, diese Flut an Daten in digitalen Geschäftsmodellen richtig zu nutzen.

Beispiel: Online-Verkauf von digitalen Büchern

Die Transformation eines Einzelhandels von analogen Büchern, gleichgültig ob stationär oder im Versand, zu einem Onlineshop für digitale Hörbücher und E-Books führt zu wesentlichen Veränderungen:

- Das Produkt ändert sich von Papierbüchern, die über den Großhandel bezogen wurden, zu digitalen Dateien, die von einem Dienstleister in der Cloud bereitgehalten werden.
- Der Onlineshop ersetzt das stationäre Handelsgeschäft oder den Versandkatalog. Die Kunden müssen durch entsprechende Marketingaktionen gewonnen werden. Gleichzeitig ist die Auswertung von Datenspuren, die reale oder potenzielle Kunden im Netz hinterlassen, notwendig, um die übliche direkte Ansprache zu ermöglichen.
- Bestellt der Kunde, will er einen sofortigen Download seines Produktes. Dieser wird über den Cloud-Service des Dienstleisters abgewickelt. Dazu muss sichergestellt sein, dass das Unternehmen auch beliefert wird, also z. B. über ausreichende Bonität verfügt.
- Die Daten für das Controlling über Produkte, Einkaufspreise, Kosten der Abwicklung, Verkaufspreise, Deckungsbeiträge, Erfolge, bezogen auf vertriebsrelevante Größen, Absätze, Downloadzeiten usw. entstehen im System, während der Zusammenarbeit. Auf Inhalte wie Verweildauern, die Umsetzung des Warenkorbs usw. muss kurzfristig reagiert werden.

1.6   Controlling hat Änderungsbedarf

Die Digitalisierung führt mit ihren neuen Strukturen in den digitalen Geschäftsmodellen zu einem Anpassungsbedarf in allen Unternehmensbereichen. Davon ist auch das Controlling nicht ausgeschlossen. Die Veränderungen sind zum Teil sehr tiefgreifend und umfassend. In den kommenden Kapiteln wird detailliert dargestellt, was im Controlling geschehen muss, damit es auch im Rahmen eines digitalen Geschäftsmodells erfolgreich arbeiten kann. Grundsätzlich ist festzuhalten:

- Das Controlling muss schneller werden, weil digitale Geschäftsmodelle einen großen Teil ihrer Erfolge aus schnelleren Abläufen generieren.
- Das Controlling muss detaillierter werden, weil in digitalen Geschäftsmodellen Entscheidungen auf niedrigeren Hierarchiestufen, zum Teil sogar in den Anwendungen selbst, getroffen werden.
- Das Controlling muss flexibler werden, weil sich in digitalen Geschäftsmodellen die Strukturen und damit die Wege der Entscheidungsfindung immer wieder verändern und sie umgestaltet werden.

2 Führung mit Controlling

Unternehmen werden geführt durch Entscheidungen von dafür verantwortlichen Personen, die auf den verschiedenen hierarchischen Ebenen agieren. Dazu wird Verantwortung und Zuständigkeit delegiert, da der Unternehmer nicht jede Entscheidung selbst treffen kann. Die notwendige Entwicklung wird durch die Unternehmensführung vorgegeben, indem die delegierte Verantwortung mit Zielen und Regeln verbunden ist.

> **Hinweis: Autonome Entscheidungen**
>
> Es ist wenig verwunderlich, dass die Strukturen, nach denen autonome Entscheidungen durch künstliche Intelligenz getroffen werden, vergleichbar sind mit jenen, nach denen Verantwortung und Kompetenz an Mitarbeiter delegiert werden. Denn auch autonome Abläufe bekommen ihre Entscheidungskompetenz von den verantwortlichen Stellen verliehen. Bei der Anwendung von KI gelten ebenso Regeln und Grenzen wie sie für einen Abteilungsleiter gelten. Meist sind diese für eine Entscheidung, die in digitalen Strukturen mittels KI getroffen wird, wesentlich deutlicher als in einer Unternehmenshierarchie.

Damit die in der Hierarchie delegierte Verantwortung auch im Sinne des Unternehmens ausgeübt wird, muss das Controlling steuernd eingreifen. Im Rahmen seiner Kontrollfunktion überwacht das Controlling die Einhaltung der Regeln und Vorgaben durch die Mitarbeiter. Diese Kontrollaufgabe wird dem Controlling immer wieder als Hauptaufgabe zugeordnet. Dabei ist jedoch die Steuerungsfunktion die Aufgabe, die das Controlling im eigentlichen Sinn erfüllt. Das Controlling gibt in der Hierarchie des Unternehmens den vorgesetzten Stellen die notwendigen Mittel an die Hand, um die Entscheidungen auf den untergeordneten Stufen in die gewünschte Richtung zu steuern.

2.1 Unternehmensführung

Bereits kleine Unternehmen haben komplexe Strukturen. Für den Unternehmenserfolg ist eine klare und deutliche Führung innerhalb dieser Strukturen notwendig. Die verantwortlichen Unternehmer und Manager bilden die Strukturen in Form von Hierarchien und Abläufen ganz bewusst. Damit üben sie bereits eine erste Steuerungsfunktion aus. Die Arbeit in den Abteilungen, Gruppen und Verantwortungsbereichen muss auf das Unternehmensziel ausgerichtet sein. Eine systematische Bildung von Zielen, Strategien, Regeln und Informationen ist notwendig, damit sich alle im Unternehmen daran orientieren können.

Zunächst funktioniert Führung, vor allem in sehr kleinen Unternehmen, auch ohne klare Strukturen. Wenn die Situation wenig komplex und von den wenigen Beteiligten gut überblickt werden kann, führen auch chaotische Zustände zum Erfolg. Um diesen

Erfolg zu optimieren und um auch in komplexen Strukturen Erfolg garantieren zu können, muss das Unternehmen, müssen die dort arbeitenden Menschen geführt werden.

Es muss eine klare und eindeutige Kommunikation zwischen den Führenden und den Geführten erfolgen. Darüber sind die folgenden Inhalte zu transportieren:

- Den einzelnen Mitarbeitern werden Verantwortungsbereiche übergeben. In diesen sind sie verantwortlich für die Ergebnisse. Verantwortungsbereiche müssen klar definiert und kommuniziert sein.
- Die Unternehmensziele und die dazugehörigen Strategien müssen den Verantwortlichen bekannt sein, soweit sie ihren Aufgabenbereich betreffen.
- Die aus den Unternehmenszielen abgeleiteten individuellen Ziele der Verantwortlichen müssen gemeinsam vereinbart und festgelegt werden.
- Die Einhaltung der Zielvorgaben wird regelmäßig geprüft. Die Zielerreichung oder das Verfehlen eines Zieles sollte Konsequenzen haben.

> **!**
>
> **Hinweis: Strukturen sofort aufbauen**
>
> Auch wenn kleine Unternehmen mit einfachen Strukturen und wenigen Mitarbeitern zunächst ohne definierte Führungssysteme arbeiten könnten, sollte bereits von vornherein an die Zukunft gedacht werden. Es ist einfacher, kleine Organisationen klar zu gliedern und mit der zielgerichteten Führung in kleinen Unternehmen zu beginnen, als später große Strukturen umstellen zu müssen. Gleichzeitig helfen Ziele und Strategien auch Einzelkämpfern, nicht die Richtung zu verlieren. Auch Selbstführung ist Unternehmensführung.

Abb. 3: Vom Unternehmensziel zur operativen Entscheidung

Das Werkzeug, mit dem Unternehmer die Führung erfolgreich erledigen, ist das Controlling. Es sorgt für die richtigen Definitionen von Zielen und Strategien, gibt die Regeln und Grenzen vor. Außerdem stellt es die Ergebnisse des Handelns in den einzelnen Verantwortungsbereichen fest. Die folgende Grafik zeigt, wie die für die Umsetzung der Führung von der ursprünglichen Geschäftsidee bis zur operativen Entscheidung maßgeblichen Inhalte aufeinander aufbauen.

Im Folgenden werden die in der Grafik genannten einzelnen Punkte genauer erläutert:

2.1.1   Unternehmensziele

Jeder Unternehmer, jedes Unternehmen hat ein Ziel. Grundsätzlich soll der Unternehmenserfolg auch finanziell messbar sein. Ein Unternehmen konzentriert sich auf bestimmte Produkte, Märkte und Arbeitsweisen. Diese werden im Unternehmensziel formuliert. Bei der Definition des Unternehmenszieles liefert das Controlling die notwendigen Informationen über das Umfeld, sodass die Ziele realistisch eingeordnet werden können. Die anvisierten Zielgrößen werden mithilfe des Controllings ermittelt und definiert.

Von den Unternehmenszielen sind die Mission und die Vision des Unternehmens zu unterscheiden. Beide sind weniger detailliert und haben einen unterschiedlichen zeitlichen Horizont. Die Mission beschreibt den Zweck, den das Unternehmen verfolgt, und kann sehr weit gefasst werden (z. B. Versorgung der Gesellschaft mit digitalen Dienstleistungen). Die Vision beschreibt ein langfristig erreichbares Ziel, allerdings noch ohne exakte Endwerte (z. B. Betrieb von Rechenzentren in Europa in den nächsten 10 Jahren).

Das eigentliche Unternehmensziel ist immer noch allen Strukturen übergeordnet und gegenüber der Mission und der Vision bereits detaillierter in der Wert- und Zeitvorgabe. So könnte das Ziel eines jungen Unternehmens darin bestehen, mit Cloud-Services in Europa einen Marktanteil von 10 % zu erreichen und das Unternehmen in die Situation zu bringen, dass es in spätestens 5 Jahren einen Börsengang durchführt. Das Controlling hat zu dieser Entscheidung mit Informationen über den Markt, dessen Entwicklung, die Mitbewerber und die Präferenzen möglicher Kunden beigetragen. Außerdem wurden die Bedingungen für einen Börsengang durchgerechnet.

Ein Unternehmensziel kann also mehrere Komponenten haben, im Beispiel sind das der Marktanteil und der Börsengang. Es können auch mehrere Ziele nebeneinander definiert sein, die sich allerdings nicht stören dürfen. Auch die Prüfung möglicher Koexistenzen mehrerer Ziele ist Aufgabe des Controllings. Die Unternehmensziele werden im Unternehmen kommuniziert. Gerade in digitalen Geschäftsmodellen werden auf diese Weise alle Mitarbeiter auf die gleichen Ziele verpflichtet – ein erster, wichtiger Schritt der Unternehmensführung.

2.1.2   Unternehmensstrategie

In der Unternehmensstrategie wird festgelegt, wie das Unternehmen seine Ziele erreichen will. Der Weg zum Erfolg wird beschrieben. Sich auf eine definierte Strategie festzulegen, ist gerade in digitalen Geschäftsmodellen sehr unbeliebt, weil dadurch Möglichkeiten beschränkt werden. So werden Produkte definiert, Vertriebswege festgelegt oder die Nutzung externer Hilfen vorgegeben. Das bedeutet aber auch immer, dass andere Produkte wegfallen, die Möglichkeiten anderer Vertriebswege nicht genutzt werden und eigenes Know-how nicht aufgebaut wird.

Diese Beispiele zeigen, wie sorgfältig die Strategie gewählt werden muss.
- Es ist notwendig, sich mit der Unternehmensstrategie auf wichtige Parameter zu konzentrieren, damit die beschränkten Kräfte des Unternehmens wirksam eingesetzt werden können. Dadurch wird auch verhindert, dass auf unteren Entscheidungsebenen zu viel experimentiert wird.
- Für die Unternehmensstrategie müssen die Alternativen analysiert und bewertet werden. Das ist Aufgabe des Controllings – eine Aufgabe, die das Schicksal des Unternehmens bestimmt.
- Eine Unternehmensstrategie kann an aktuelle Entwicklungen und neue Erkenntnisse angepasst werden. Eine Änderung muss durch strukturierte Untersuchungen vonseiten des Controllings begründet sein und sie ist nur nach sorgfältiger Überlegung und nicht schon nach ersten Widerständen durchzuführen.

Aus der grundlegenden Unternehmensstrategie können weiter Teilstrategien abgeleitet werden. So ist z. B. eine Einkaufsstrategie, die einen nachhaltigen Einkauf in Europa zum Ziel hat, denkbar. Die Transformation in ein digitales Geschäftsmodell ist Teil einer Digitalisierungsstrategie.

Die geltenden Unternehmensstrategien werden kommuniziert. Nicht nur die Mitarbeiter haben ein Interesse daran, diese zu kennen. Auch externe Stellen, vor allem die Geldgeber, erkennen so die Qualität der Unternehmensführung.

2.1.3   Ziele im Verantwortungsbereich

Unternehmensziele und -strategien betreffen das Gesamtunternehmen. Um die übergeordneten Ziele zu erreichen, müssen viele operative Aufgaben erfüllt werden. Damit die dort notwendigen Entscheidungen auch tatsächlich dem Unternehmen wie gewünscht dienen, muss die Entscheidungsfindung in den Bereichen, den Abteilungen und den operativen Stellen gesteuert werden. Dazu werden aus den Unternehmenszielen und der Unternehmensstrategie einzelne Ziele für die Verantwortungsbereiche entwickelt und zwischen dem verantwortlichen Mitarbeiter und dessen Vorgesetztem vereinbart.

Solche Ziele sind für operative Entscheidungen notwendig. Sie müssen wirksam, messbar und erreichbar sein. Daraus ergeben sich Aufgaben für das Controlling in der Unternehmenssteuerung:

- Das Controlling stellt fest, welche Parameter das Ergebnis der Arbeit in dem jeweiligen operativen Verantwortungsbereich bestimmen. Es ist nicht sinnvoll, Ziele zu setzen, die keinen Einfluss auf das Ergebnis des Unternehmens haben. Wenn z. B. die Farbe eines Rohstoffes keinen Einfluss auf Qualität, Preis, Verarbeitbarkeit und Nachfrage hat, sind Vereinbarungen mit dem Vertriebsleiter über den Anteil, den Farben am verkauften Absatz haben, ohne jeden Ergebnisbeitrag.
- Ein vorgegebenes Ziel muss gemessen werden können, damit die Auswirkungen der zur Zielerreichung ergriffenen Maßnahmen auch festgestellt werden können. Wenn z. B. der Anteil eines Stoffes im Endprodukt mit aktuellen Geräten bis maximal 0,001 % gemessen werden kann, dann muss der Zielwert oberhalb dieser Nachweisgrenze liegen. Das Controlling stellt fest, ob die geplanten Ziele auch tatsächlich gemessen werden können.
- Die den Verantwortlichen vorgegebenen Ziele müssen von diesen auch erreicht werden können. Sind Zielvorgaben unrealistisch hoch, sind sie eher demotivierend für die Verantwortlichen. Im Controlling liegen die bisherigen Werte vor. Vom Controlling können Planrechnungen darüber, welche Auswirkungen mögliche Maßnahmen auf die Verbesserung der Werte haben, durchgeführt werden. Gemeinsam mit den vorgesetzten Stellen und dem Verantwortlichen legt das Controlling die operativen Ziele fest. So werden unerreichbare Vorgaben, wie beispielsweise, dass ein Marktanteil innerhalb von einem Jahr von 15 % auf 75 % erhöht werden soll, vermieden.

Hinweis: Motivieren und Realisieren   !

Ziele sollen die verantwortlichen Entscheider zu guter Leistung und entsprechenden Anstrengungen motivieren. Darum müssen Ziele auch fordernd sein. Unrealistische Ziele aber werden als solche schnell von den Verantwortlichen erkannt. Die Motivation sinkt, da die Ziele sowieso nicht erreicht werden können. Damit die Quoten der Zielrealisierung möglichst gut sind, bestimmt das Controlling die Zielwerte mit. Notwendig ist es allerdings nicht, dass die Ziele immer zu 100 % erreicht werden.

Hinweis: Ziele haben verschiedene Auswirkungen   !

Ziele haben nicht nur Auswirkungen auf die Führung der Mitarbeiter. Ziele werden auch in der Unternehmensplanung eingesetzt, um vor- und nachgelagerte Bereiche so einzustellen, dass die geplanten Werte auch erreicht werden. Aufgabe des Controllings ist es, die Ziele aus der Unternehmensführung verwertbar zu machen für die Unternehmensplanung, für Budget, Forecast und Langzeitplanung. Gelingt dies nicht, kommt es zu wesentlichen Nachteilen für das Unternehmen.

2.1.4   Nebenbedingungen

Nicht immer ist es positiv für das Unternehmensziel, wenn lediglich ein Teilziel allein verfolgt wird. Ziele können auf unterschiedliche Arten erreicht werden. Dem Verantwortlichen geht es darum, seine Vorgabe einzuhalten, und er wählt daher den für ihn einfachsten Weg. Das muss für das Gesamtergebnis des Unternehmens nicht richtig sein.

Beispiel: Absatzziel problemlos erreichbar

Wird einem Vertriebsverantwortlichen das Ziel gegeben, einen gewissen Absatz zu erreichen, kann das in vielen Fällen problemlos möglich sein. Der Verantwortliche muss lediglich den Verkaufspreis weit genug senken. Das liegt jedoch nicht im Interesse des Unternehmens, das ein optimales wirtschaftliche Ergebnis erreichen will.

Um die eigentliche Zielbildung so einfach wie möglich zu gestalten, werden mit dem Ziel einige Nebenbedingungen vereinbart. Diese müssen vom Verantwortlichen bei seinem zielgerichteten Handeln berücksichtigt werden. Dadurch wird der Spielraum des Verantwortlichen für seine Entscheidungen eingeengt und seine Aktivitäten werden in die gewünschte Richtung gedrängt.

Beispiel: Absatzziel mit Nebenbedingungen erreichbar

Die vom Vertriebsmitarbeiter gewünschte Absatzsteigerung ist sinnvoll, um die Fertigungskapazitäten besser auszulasten. Dennoch muss ein wirtschaftliches Ergebnis erzielt werden. Daher wird das Absatzziel mit zwei Nebenbedingungen versehen: Der Absatz soll gesteigert werden, ohne den durchschnittlichen Deckungsbeitrag der Produkte zu senken und bei gleichem prozentualem Anteil des Marketingbudgets am Umsatz wie in den letzten drei Jahren.

In digitalen Geschäftsmodellen sind aufgrund der digitalen Informationsstrukturen wesentlich mehr Parameter des Erfolgs bekannt und messbar als in traditionellen Modellen. Daher kann und muss das Controlling, das die notwendigen Nebenbedingungen identifiziert und bemisst, wesentlich detaillierter vorgeben, welche Inhalte der Entscheider berücksichtigen muss. Insoweit führt ein digitales Geschäftsmodell zu zahlreicheren Bedingungen, unter denen die verantwortlichen Entscheider arbeiten müssen. Gleichzeitig erschwert die Digitalisierung die Arbeit des Controllers, verbessert aber die Ergebnisse.

2.1.5   Kontrollfunktion

Zielvereinbarungen sind sinnlos, wenn nicht festgestellt wird, ob die Ziele erreicht werden. Das Controlling übt hier tatsächlich eine Kontrollfunktion aus. Das ist jedoch nur eine von vielen anderen Aufgaben, die für die Steuerung des Unternehmens wichtig sind. Daher ist die korrekte Übersetzung von Controlling nicht Kontrolle, sondern Steuerung. Doch ganz ohne Kontrolle geht es nicht. Das Ergebnis des Handelns der verantwortlichen Entscheider muss festgestellt werden.

Das Controlling verfügt über Instrumente, die feststellen lassen, ob ein Ziel erreicht wurde. Dabei ist eine exakte Zielerreichung meist nicht wahrscheinlich, Zielunter- und Zielüberschreitungen sind die Regel. Die Abweichung wird vom Controlling ermittelt und die Gründe für die Abweichungen werden analysiert. Die Ergebnisse der Analyse sind dann wieder bei der erneuten Zielvereinbarung für die nächsten Perioden zu berücksichtigen.

Das Controlling prüft nicht nur den Grad der Zielerreichung. Es wird auch festgestellt, ob die Nebenbedingungen eingehalten wurden. Damit die Kontrollfunktion im Controlling möglich und wirtschaftlich durchführbar ist, müssen die Strukturen zur Zielmessung und zur Messung von Nebenbedingungen im Controlling vorhanden sein oder eingerichtet werden können. Darum ist es richtig, das Controlling bei der Zielvereinbarung zu beteiligen.

> **Hinweis: Es geht um die Controllingaufgabe**
>
> Die beschriebene Beteiligung des Controllings an der Unternehmensführung ist unabdingbar, wenn die Steuerung erfolgreich sein soll. Das bedeutet jedoch nicht, dass es einen Controller oder eine ganze Controllingabteilung geben muss. Die Aufgaben müssen jedoch erledigt werden. Das geschieht in kleinen und mittleren Unternehmen oft intuitiv durch die Manager. Die Aufgaben des Controllings zu beschreiben und bewusst wahrzunehmen, sorgt dafür, dass die Funktionen auch ohne explizites Controlling im Unternehmen tatsächlich ausgeübt werden. Die Führungsqualität wird besser.

In digitalen Geschäftsmodellen finden sich oft flache Hierarchien mit vielen Verantwortlichen. Die Führungsspanne ist weit. Eine bewusste Führung mit rationalen Argumenten und gut kontrollierbar hilft, in solchen Strukturen die Führung zu erleichtern. Außerdem entstehen in den digitalen Abläufen viele Daten, die zur Zielvereinbarung und für Nebenbedingungen genutzt werden können. Das Volumen der Informationen zur Bewertung der Mitarbeiter ist groß, das Controlling muss sich Instrumente schaffen, mit denen diese zeitnah und plausibel ermittelt und berichtet werden können.

2.2 Kennzahlen

Bei der unternehmerischen Tätigkeit fällt eine Vielzahl von Informationen an. Je operativer eine Aufgabe ist, desto mehr Daten werden generiert. Diese sind für die weiteren Aktivitäten im Unternehmen wichtig, bilden die Grundlage für die Unternehmensplanung, aber auch für aktuelle Entscheidungen. Jede einzelne Information zu kennen und bei der Erledigung der eigenen Aufgabe zu berücksichtigen, ist unmöglich. Daher werden viele Einzeldaten zu einem einzelnen Wert zusammengefasst, zur Kennzahl.

Beispiel: Kennzahlen in Unternehmen

Im wirtschaftlichen Handeln werden Hunderte von Kennzahlen generiert mit unterschiedlicher Bedeutung für das einzelne Unternehmen. Hier sind einige typische Beispiele:

- Der Umsatz pro Monat besteht aus vielen einzelnen Tagesumsätzen, die wiederum aus vielen Einzelumsätzen je Auftrag bestehen.
- Die Kapazität in der Fertigung ist die Addition vieler Kapazitäten der einzelnen Maschinen. Eine Berücksichtigung der Stillstands- und Rüstzeiten ist notwendig.
- Die durchschnittliche Entwicklungszeit neuer Produkte besteht aus den unterschiedlichen Entwicklungszeiten vieler Produkte.
- Die Personalkosten des Unternehmens sind die Summe der Personalkosten der Abteilungen, die wiederum aus der Summe der Kosten für jeden einzelnen Mitarbeiter bestehen.
- Die Herstellungskosten eines Produktes sind die Summe der einzelnen Kostenarten.
- Die durchschnittlichen Herstellungskosten eines Produktes werden aus den einzelnen Fertigungsaufträgen mit unterschiedlichen Herstellungskosten errechnet.
- Der Deckungsbeitrag einer Periode errechnet sich aus den Deckungsbeiträgen der in dieser Periode verkauften Produkte.
- Das Ergebnis des Unternehmens im Monat ergibt sich aus der Berechnung, in die Umsätze und Kosten einfließen.

Kennzahlen sind also eine Verdichtung vieler Daten auf einen Wert. Dieser Wert gibt die Entwicklung an und wird als Grundlage für Entscheidungen verwendet. Damit das gelingt, müssen Kennzahlen einige Bedingungen erfüllen:

- Kennzahlen müssen definiert sein. Jeder, der mit ihnen arbeitet, muss wissen, welche Berechnung zu dem Wert führt. Für viele kaufmännische Kennzahlen gibt es wissenschaftliche Definitionen.
- Bei der Verwendung von Kennzahlen muss Kontinuität gewährleistet werden. Ihre Inhalte und damit ihre Definitionen sollten nicht verändert werden, sie müssen aber auf jeden Fall kommuniziert werden.
- Kennzahlen müssen die Entwicklung im jeweiligen Bereich korrekt abbilden. Die Entwicklung der Einzelwerte muss die Entwicklung der Kennzahl bestimmen.

- Die Kennzahlen müssen nachvollziehbar und wiederholbar sein. Unter gleichen Bedingungen muss sich die gleiche Zahl ergeben.
- Veränderungen der Werte im Zeitverlauf werden in Zeitreihen deutlich gemacht. Die regelmäßige Errechnung der Kennzahlen bildet dafür die Basis.

Mithilfe der Kennzahlen können komplexe Sachverhalte mit vielen Daten als Grundlage so aufbereitet werden, dass die Verantwortlichen für ihre Entscheidungen die notwendigen Informationen mit überschaubarem Aufwand erhalten.

Vorteile der Kennzahlen

Kennzahlen fassen durchaus komplexe Sachverhalte in einer einzigen Zahl zusammen. So wird das gesamte unternehmerische Handeln verdichtet auf das Ergebnis, das erwirtschaftet werden konnte. Einzelne wenige Werte können vom Menschen einfacher verstanden werden als große Zahlenkolonnen. Damit werden auch umfangreiche Verantwortungsbereiche durch Kennzahlen überschaubar.

Mithilfe von Kennzahlen können Situationen mit geringem Aufwand für den Betrachter dargestellt werden. Die Wirkung von Maßnahmen zeigt sich in den Werten, ebenso die Auswirkungen externer Entwicklungen. Kennzahlen können sowohl für die Vergangenheit als auch für die Zukunft, dann aus den Planwerten, ermittelt werden.

Risiken der Kennzahlen

Immer dort, wo Zahlen verdichtet werden, gehen Informationen verloren. So zeigt der Jahresumsatz eines Unternehmens keine zeitliche Verteilung, der Deckungsbeitrag eines Produktes sagt nichts über den Verkaufspreis und die Herstellungskosten. Gefährliche Entwicklungen können unerkannt bleiben, solange die Kennzahl sich gut entwickelt.

Beispiel: Zeitverteilung im Umsatz

Nach Abschluss des Jahres zeigt sich, dass der Umsatz des Unternehmens etwas oberhalb des Vorjahresumsatzes liegt. Bei der Betrachtung der Monatswerte erkennt man allerdings, dass sich ein positiver Trend zu mehr Umsatz in den ersten Monaten des Jahres schnell umgekehrt hat. In den letzten Monaten ist der Umsatz immer dramatischer zurückgegangen. Setzt sich dieser Trend fort, wird im kommenden Jahr ein Minus von mehr als 40 % zu erwarten sein. Der Blick auf die Kennzahl »Jahresumsatz« blockiert die Sicht auf die schlechte Entwicklung der Monatsumsätze.

Ohne detaillierte Informationen über die Entwicklung einzelner Parameter der Kennzahl ist eine sichere Unternehmenssteuerung nicht möglich. Aufgabe des Controllings ist es, neben der Berechnung der Kennzahlen auch die einzelnen Bestandteile der For-

mel zu überwachen. Mit entsprechenden Informationen an die Empfänger der Kennzahlen, wenn sich bemerkenswerte Veränderungen ergeben haben, kann das Risiko
beherrscht werden.

Einsatz der Kennzahlen

Kennzahlen werden in der Unternehmensführung an verschiedenen Stellen eingesetzt. Viele operative Ziele, mit deren Hilfe das Delegieren an die Unternehmensziele
gebunden wird, haben als wichtigen Bestandteil eine Kennzahl. Beispiele dafür sind
Umsatzvorgaben, Mengenvereinbarungen oder Deckungsbeitragsgrößen. Auch die
Nebenbedingungen sind oft in Form von Kennzahlen festgeschrieben. Kennzahlen
sind also ein fester Bestandteil der Unternehmensführung.

Für die Entscheidungen, die von den Mitarbeitern innerhalb ihres Verantwortungsbereiches getätigt werden müssen, sind Informationen ausschlaggebend. Eine detaillierte Betrachtung aller Daten ist fast nie möglich, da diese zu umfangreich sind und
Entscheidungen schnell getroffen werden müssen. Hier hilft nur die Verdichtung zu
Kennzahlen. Allerdings muss der verantwortliche Entscheider die Möglichkeit haben,
die Kennzahlen wieder in ihre Bestandteile zu zerlegen, z. B. neben der Absatzentwicklung des Monates auch die Absätze der einzelnen Produkte zu sehen. Wenn etwas
auffällig wird, kann so versucht werden, die Ursache schnell zu finden und in die künftigen Entscheidungen einfließen zu lassen.

Der Controller in digitalen Geschäftsmodellen wird sehr schnell Folgendes feststellen:
- Es sind viele neue Informationen, vor allem mit einem Bezug zur digitalen Technik,
  vorhanden. Diese müssen zu neuen Kennzahlen verarbeitet werden.
- Die Informationen entstehen schneller und die sich daraus ergebenden Kennzahlen werden schneller benötigt als in traditionellen Strukturen. Da digitale Geschäftsmodelle wesentlich schneller arbeiten, muss sich auch das Controlling an
  das schnelle Tempo anpassen.
- Informationen in digitalen Geschäftsmodellen sind wesentlich detaillierter als in
  traditionellen Strukturen. Neue digitale Aufzeichnungsmöglichkeiten erlauben
  kleinere und genauere Einheiten. Kennzahlen verdichten noch mehr, bieten aber
  auch die Möglichkeit einer detaillierteren Darstellung.

2.3   Informationen

Nicht nur in der Politik ist die Information ein Mittel des Herrschens. Auch in Unternehmen ist derjenige, der über die bessere Information verfügt, im Vorteil. Wer die
notwendigen Kenntnisse hat, kann seine Entscheidungen besser treffen, ist erfolgreicher. Gleichzeitig ist es notwendig, die Informationen im Unternehmen zu selektieren.
Nicht jede Information soll öffentlich zugänglich sein. So ist der erwirtschaftete Ge-

winn in vielen Unternehmen ein gut gehütetes Geheimnis. Es muss auch nicht jeder Mitarbeiter wissen, wie viel Provision an die Außendienstmitarbeiter gezahlt wurde. Außerdem stört zu viel Information die Konzentration auf die eigentliche Aufgabe.

Wieder ist es das Controlling, das die richtige Menge von Informationen für jeden Verantwortlichen bestimmt. In der Controlling-Abteilung werden die Informationen aus verschiedensten Quellen ermittelt. Sie werden bearbeitet, indem sie systematisiert und verdichtet werden. Kennzahlen und Berichte entstehen, die entsprechend den Verantwortungsbereichen verteilt werden. Jeder Entscheider muss die Informationen bekommen, die für seine Arbeit notwendig sind. Das entscheidet das Controlling in enger Abstimmung mit der Fachabteilung. Außerdem sind Vorgaben der Unternehmensleitung zu berücksichtigen.

Das Controlling stellt sicher, dass die Informationen
- richtig sind, also korrekt berechnet und aus zuverlässigen Quellen stammen;
- nur im notwendigen Umfang an die jeweils verantwortlichen Mitarbeiter gelangen;
- in der richtigen Form, z. B. digital, als Grafik, als Tabelle, zur Verfügung stehen;
- zeitnah aufbereitet und verteilt werden.

In digitalen Geschäftsmodellen stehen viele Informationen in wesentlich größerem Umfang und in neuer Form zur Verfügung. Auch der Zeitbezug ist wesentlich aktueller. Das Controlling muss dies berücksichtigen und neue Methoden und Berichtsformen entwickeln.

2.4   Verantwortung und Kompetenzen

Eine wichtige Voraussetzung für eine funktionierende Führung ist die Übereinstimmung von Verantwortung und Kompetenz. Nur wer für seinen Bereich auch die Entscheidungskompetenz hat, kann die Verantwortung für das daraus resultierende Ergebnis tragen. Die vereinbarten Ziele können dann erreicht werden, wenn der Mitarbeiter die dazu geeigneten Maßnahmen ergreifen darf. Dass dies nicht in eine vollständig falsche Richtung führt, also weg vom Unternehmensziel, oder mit zu großem Risiko verbunden ist, dafür sorgen die Nebenbedingungen, die Teil der Zielvereinbarung sind.

In digitalen Geschäftsmodellen ist es in der Praxis immer wieder notwendig, die Verantwortungsbereiche anzupassen. Denn digitale Strukturen sind häufig in Prozessen organisiert, die auch Abteilungsgrenzen überschreiten. Ein Beispiel ist der Verkaufsprozess in einem Onlineshop. Dort werden Vertriebs-, Marketing- und Logistikfunktionen in einem Ablauf vereint. Wenn dort die Verantwortung und damit auch die Kompetenz auf drei Bereiche verteilt bleibt, hindert das die operative Ausführung und damit den Erfolg. In solchen Fällen muss, zumindest teilweise, eine prozessorientierte Organisation eingeführt werden, die Verantwortungen und Kompetenzen müssen angepasst werden.

Durch das Controlling werden die dazu notwendigen Aktivitäten unterstützt. Zum einen kann das Controlling sehr schnell feststellen, an welchen Stellen Entscheidungen nicht oder nicht erfolgreich getroffen werden. Hier besteht Änderungsbedarf, um die Kompetenzen der Verantwortung anzupassen. Zum anderen nutzt das Controlling die Prozesskostenrechnung, um die prozessorientierte Organisation aufzubauen und mit den notwendigen Informationen zu versorgen.

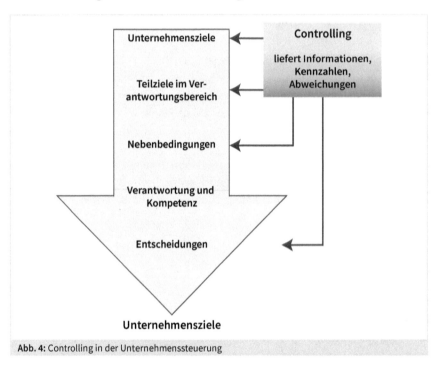

Abb. 4: Controlling in der Unternehmenssteuerung

Das Controlling spielt also eine wichtige Rolle bei der Unternehmenssteuerung. Auf allen Ebenen liefert es Informationen, bildet Kennzahlen und stellt die Abweichungen zwischen den vereinbarten Zielen und dem erreichten Istzustand fest. Es hilft dadurch, die Unternehmensziele zu erreichen.

3 Daten in digitalen Geschäftsmodellen

Die Daten werden oft als das Öl der Digitalisierung bezeichnet. Sie treiben als Energielieferant die Aktivtäten an und schmieren an den richtigen Reibungspunkten. Auch in traditionell arbeitenden Unternehmen werden Daten verarbeitet, um die Abläufe zu steuern und Sachverhalten anzuzeigen. Allerdings gibt es wesentliche Unterschiede hinsichtlich der Struktur der Informationen, die vom Controlling für die Unternehmenssteuerung zu verarbeiten sind. Das Controlling muss

- mehr Datenquellen berücksichtigen,
- um die Qualität der Daten zu garantieren, bedarf es eines größeren Aufwands,
- es muss neue Instrumente zur Verarbeitung wesentlich größerer Datenmengen finden und
- es muss die größeren Datenmengen auch noch mit einer wesentlich höheren Geschwindigkeit verarbeiten.

Grundsätzlich ist jeder Controller froh über zusätzliche Daten auch aus neuen oder veränderten Quellen. Aufgabe im Controlling ist es, die für das Unternehmen interessanten Daten zu finden. Diese werden dann bearbeitet, um sie für Entscheidungen nutzen zu können. Je größer die Datenbasis ist, je aktueller die Informationen ins Controlling kommen, desto besser ist das Ergebnis der Arbeit. Bei digitalen Geschäftsmodellen ist das besonders wichtig, weil dort schnelle Entscheidungen mit sofortigen, weitreichenden Auswirkungen an der Tagesordnung sind.

3.1 Neue Datenquellen

In vielen Diskussionen wird behauptet, dass das Internet zu einer wesentlichen Ausweitung der Zahl von Datenquellen geführt hat. Das ist nicht ganz richtig, denn das Internet ist nur das Medium für den Zugriff auf immer mehr Daten aus immer neuen Quellen. Die eigentliche Ursache für diese Entwicklung ist die Digitalisierung. Immer mehr Datenlieferanten vernetzen sich, ihre Produkte und Partner im Netz. Plötzlich stehen Daten zur Verfügung, die es auch in traditionellen Geschäftsmodellen gibt, auf die bisher jedoch nicht digital zugegriffen werden konnte.

Beispiel: Maschinendaten in Echtzeit

In produzierenden Unternehmen ist die Verfügbarkeit der Fertigungsanlagen eine Voraussetzung für den Erfolg. Wartungen müssen gut geplant, Reparaturen minimiert werden. Darum hat fast jede Maschine eine Schnittstelle, über die aktuelle Maschinendaten in Echtzeit durch das Netz für eine permanente Überwachung bereitgestellt werden. Damit wird jede Maschine in der Produktion zu einem Datenlieferanten. Und es gibt mehr Interessenten für diese Informationen als nur die Instandhaltungsabteilung. Auch der Einkauf, die Fertigungsabteilung selbst und das Controlling können Daten über Verschleiß, Kapazität oder Verbräuche in ihrer Arbeit gut einsetzen.

3.1.1 Intern und extern

Neue Datenquellen entstehen sowohl innerhalb als auch außerhalb des Unternehmens. Das gilt auch für die Arbeit in traditionellen Geschäftsmodellen. Werden jedoch digitale Strukturen aufgebaut, ist diese Entwicklung besonders dramatisch.

Innerhalb des Unternehmens entstehen neue Datenquellen immer dann, wenn neue digitale Anwendungen installiert werden. Darum ist es notwendig, das Controlling bei allen Digitalisierungsvorhaben eng einzubinden. Nicht nur die Wirtschaftlichkeit ist zu planen und zu kontrollieren, auch die Verwendbarkeit der Informationen aus neuen Quellen für andere Abteilungen, vorwiegend für das Controlling, muss geprüft, gewährleistet und genutzt werden.

> **! Hinweis: Zusätzliche Daten als Argument**
>
> Wenn zusätzliche Daten in digitalen Geschäftsmodellen auch außerhalb der eigentlich betroffenen Abteilung verwendet werden können, ist das für das Unternehmen positiv. Vielleicht kann der Aufwand für die Beschaffung der Informationen aus der neuen Quelle gesenkt werden gegenüber dem traditionellen Vorgang. Vielleicht verbessern die Daten aus zusätzlichen Quellen die Entscheidungen in anderen Bereichen. Immer ist in solchen Fällen ein positiver Einfluss zu erkennen. Dieser muss, wenn er signifikant ist, in die Wirtschaftlichkeitsbetrachtung des Digitalisierungsprojektes einbezogen werden.

Beispiele neuer Datenquellen im Unternehmen selbst sind:
* Um an Industrie 4.0 teilnehmen zu können, werden alle Maschinen mit digitaler Steuerung und mit Schnittstellen zum Netzwerk ausgestattet. Jetzt ist jede Maschine eine Datenquelle.
* Die Daten einer Eingangsrechnung stehen traditionell erst nach dem Verbuchen in der Kreditorenbuchhaltung zur Verfügung. Wird die Eingangsrechnung vom Lieferanten in digitaler Form verschickt, gibt es die Daten meist sehr viel früher und detaillierter.
* Die Produkte werden häufig mit digitalen Funktionen und einer digitalen Steuerung versehen. Die Steuerung sammelt Daten im Verlauf der Nutzung durch den Käufer. Kommt das Produkt zur Wartung oder zur Reparatur wieder in die entsprechende Abteilung, können diese Informationen dort ausgelesen werden.
* Im eigenen Onlineshop entstehen durch die digitalen Aktivtäten der Kunden Marketingdaten, die sonst mühsam durch Besuchsberichte, Umfragen usw. ermittelt werden müssen.

Digitale Geschäftsmodelle verdanken ihren Erfolg auch der engen Zusammenarbeit mit den Partnern des Unternehmens. Gleichgültig, ob es sich bei den Partnern um Kunden, Lieferanten, Banken, den Staat oder sonstigen Stellen handelt, entstehen dabei viele neue Datenquellen. Einige Beispiele:

- Der Kunde des Unternehmens liefert für eine enge Zusammenarbeit zum Zweck der Lieferzeitverkürzung seine Dispositionsdaten für die Produkte, die er beim Unternehmen kauft.
- Der Lieferant des Unternehmens stellt seinen Kunden Informationen über seine freien Bestände an Materialien und Rohstoffen zur Verfügung, damit diese die Werte in der eigenen Disposition berücksichtigen können.
- Die Händler der vom Unternehmen erzeugten Produkte geben digital bekannt, wie die regionale Verteilung ihres Absatzes dieser Produkte ist.
- Der Wirtschaftsprüfer öffnet den Zugang zu seiner Datenbank mit Gerichtsentscheidungen zu Steuerthemen für das Unternehmen.
- Der Maschinenpark eines Kunden schickt regelmäßig die Belastungsdaten an die Service-Abteilung des Unternehmens, damit diese die Wartungen der von ihnen gelieferten Maschinen planen kann.

Die möglichen neuen Datenquellen von Partnern des Unternehmens kommen in der Realität auf eine noch weit größere Zahl als in den Beispielen beschrieben. Noch viel umfangreicher sind die neuen Datenquellen, die über das Internet von Stellen ohne partnerschaftlichen Kontakt zum Unternehmen geboten werden. Auch hier nur einige wenige Beispiele:

- Die Bundesbank stellt in digitaler Form die steuerlich geltenden Wechselkurse der wichtigsten Währungen zur Verfügung.
- Google liefert umfangreiche und detaillierte Informationen über das Suchverhalten der Teilnehmer im Internet.
- Die Johns-Hopkins-Universität stellt allen Interessierten aktuelle und vergangene Daten zur Entwicklung der Coronapandemie zur Verfügung.
- Datenbanken im Internet informieren über die Belastbarkeit von Materialien, das Verhalten bei Hitze oder die Entwicklung der Börsenpreise.
- Statistiken informieren aus vielen Quellen über Märkte, Preisentwicklungen, Transportwege und viele Inhalte mehr.
- Der Standort jedes Schiffes und jedes Flugzeuges auf der Welt kann in Echtzeit abgerufen werden.

Hinweis: Nicht nur Spielerei   !

Viele im Internet verfügbare Informationsangebote muten an wie eine Spielerei. Es gibt aber immer auch spezielle Anwendungen, mit denen die Daten aus diesen Quellen seriös genutzt werden können. Oft handelt es sich dabei um individuelle Prozesse, die aber digital nur bestehen können, weil es diese Datenquellen gibt. So spielt die Lokalisierung der Schiffe weltweit eine wichtige Rolle bei der Disposition von Logistikunternehmen.

3.1.2   Datenquelle durch neue Wege

Die neuen digitalen Wege, auf denen sich Unternehmen, Kunden, Lieferanten, Verbraucher oder Interessenten bewegen, lassen viele Informationen entstehen. Viele Entwickler digitaler Lösungen können der Versuchung nicht widerstehen, die Möglichkeiten der digitalen Technik mit ihren fast unbegrenzten Speicherkapazitäten zu nutzen und diese Daten zu speichern. Und alle gespeicherten Daten stehen grundsätzlich auch digital zur Verfügung. Allein die Suche, die ein potenzieller Kunde im Netz nach dem gewünschten Produkt durchführt, liefert eine bisher unbekannte Quantität und Qualität von Daten. Diese werden durch neue Quellen vermarket und verkauft.

Kennzeichen digitaler Geschäftsmodelle ist die Zusammenarbeit mit den beteiligten Partnern und der dadurch bedingte Datenaustausch. Geht man beispielsweise den Weg hin zu Industrie 4.0, entsteht mit jeder Schnittstelle eine neue Datenquelle. Darüber werden nicht nur Daten im Umfang der analogen Anwendungen ausgetauscht. In der Regel sind das Volumen und die Inhalte wesentlich umfangreicher. Jede digitale Zusammenarbeit führt zwangsläufig zu neuen digitalen Datenquellen. Analoge Informationen werden zu digitalen Daten (z. B. die Eingangsrechnungen). Manche Inhalte werden gar nicht mehr analog oder wie in analoger Form erzeugt. So werden z. B. digitale technische Zeichnungen nicht mehr als analoge Papierzeichnung oder als PDF in digitaler Form erstellt und gespeichert. Die Zeichnungen werden aus den vorhandenen Daten immer wieder neu generiert. Das spart vor allem Speicherkapazität und eine Ablageorganisation.

Zu den neuen Datenquellen gehören auch viele unabhängige Anbieter von Daten im Netz. Währungskurse, Formelsammlungen, Geschwindigkeitstabellen, Ersatzteilkataloge, Fischfangstatistiken, die Auswahl an mehr oder weniger umfangreichen und professionellen Datensammlungen ist vielfältig. Manche Datenquellen, die über neue Apps erschlossen werden können, entstehen als Verwirklichungsprojekt der Autoren, mit anderen soll tatsächlich Geld verdient werden. Der Zugriff muss entweder bezahlt werden oder die Einnahmen werden durch Werbung generiert.

> **!   Hinweis: Vorsicht bei fehlender Professionalität**
>
> Werden Datenbestände nicht professionell aufgebaut, z. B., um damit Geld zu verdienen, besteht die Gefahr, dass der Autor dieser Datensammlung sein Interesse daran verliert. Die Inhalte stehen dann plötzlich nicht mehr zur Verfügung oder, schlimmer noch, sind veraltet und daher falsch. Wenn eigene digitale Abläufe auf diesen problematischen Datenbeständen aufbauen, kann das zu fehlerhaften Ergebnissen bei der Informationsverarbeitung des Unternehmens führen. Eine regelmäßige Kontrolle ist Aufgabe des Controllings. Dort wird versucht, die Datenqualität zu garantieren,

3.2 Datenqualität garantieren

Die Qualität der für die Verarbeitung im Controlling zur Verfügung stehenden Daten ist ein wichtiger Faktor für die Qualität der Arbeitsergebnisse. In digitalen Geschäftsmodellen wird eine Vielzahl von Daten verarbeitet, die aus verschiedensten Quellen stammen. Je mehr Daten genutzt werden und je mehr Quellen verwendet wurden, desto größer ist das Risiko, dass die Datenqualität nicht ausreichend ist.

Qualitätskriterien

Eine Information kann auf unterschiedliche Weise nicht korrekt sein. Dabei spielt nicht immer der tatsächliche Inhalt eine Rolle. Auch eine falsche Verwendung ansonsten korrekter Daten macht deren Werte für die jeweiligen Anwendung unbrauchbar. Folgende Kriterien müssen bei der Beurteilung der Datenqualität beachtet werden:

- Der Wert eines Datenfeldes kann schlicht und einfach falsch sein. So ist vielleicht der Preis für ein Produkt fehlerhaft oder die Entfernung zwischen zwei Orten. Die Ursache kann ein Bedienungsfehler sein, ein Mensch kann einen falschen Wert erfasst haben. Oder aber der Wert wurde digital errechnet und ist aufgrund dabei verwendeter fehlerhafter Daten nicht korrekt.
- Daten, die nicht oder nicht exakt der vorgegebenen Definition entsprechen, sind falsch. Das ist ein häufig auftretender Fehler innerhalb einer digitalen Zusammenarbeit mehrerer Partner. Diese definieren einen Begriff unterschiedlich, wobei es zu fehlerhafter Interpretation kommen kann.
- Daten können veraltet sein und damit einen falschen Inhalt aufweisen. Solche Qualitätsmängel sind dann wahrscheinlich, wenn sie von einer digitalen Quelle stammen, die nicht professionell und aktuell gewartet wird.
- Die verwendete Information ist nicht korrekt, wenn sie sich auf eine andere als die notwendige Periode bezieht oder der Zeitpunkt falsch ist. Dieser Fehler ist eng verbunden mit einer fehlerhaften Definition.

Beispiel: Währungskurse mit Fehlerpotenzial

Die Bundesbank liefert Informationen zu Wechselkursen der Vergangenheit. Dabei gibt es einen Kurs am 31.12. eines Jahres, der den Wert einer Währungseinheit genau zu diesem Zeitpunkt liefert. Gleichzeitig enthält die Website auch Daten zum Durchschnittskurs der Währung im betreffenden Jahr. Hier sind unterschiedliche Definitionen die Ursache für fehlerhafte Datenqualität. Ein zweites Beispiel: Wenn anstelle des Wechselkurses am 31.12. der Wert vom 01.01. des Folgejahres verwendet wird, ist der Zeitbezug falsch.

- Ein oft übersehener Mangel ist die falsche Größenordnung von Daten. So kann z. B. ein Tausenderwert vorhanden sein, für den Anwendungsfall wird im Controlling jedoch ein Wert mit zwei Nachkommastellen benötigt. Die Information ist nicht genau genug.

Datenqualität verbessern

Eine hundertprozentige Datenqualität kann niemand mit einem sinnvollen Aufwand garantieren. Im Controlling wird versucht, möglichst viele Fehler in den Daten zu finden und somit die Qualität wesentlich zu verbessern. Gleichzeitig müssen Regeln aufgestellt werden, die verwendete Quellen besser machen.

- Kommen die Daten aus externen Quellen aufgrund einer Partnerschaft mit Kunden, Lieferanten, der Bank usw., dann sorgt nur eine gemeinsame detaillierte Definition für die notwendige Sicherheit der Datenqualität. Darüber hinaus ist ein Changemanagement für den gemeinsam genutzten Datenbestand zu vereinbaren. Darin wird die Abstimmung bei einem Definitionswechsel geregelt. Die Einhaltung der Definitionen durch die Partner ist vom Controlling in Stichproben zu überprüfen.
- Kommen die Daten aus externen Quellen, auf die kein Einfluss ausgeübt werden kann, so müssen die Daten vor der Verarbeitung im Controlling besonders geprüft bzw. verifiziert werden.

> **!**
>
> **Hinweis: Doppelt ist sicherer**
>
> Für eine seriöse Berichterstattung in den Medien gilt der Grundsatz, dass Informationen aus dem Internet ohne nachprüfbare und seriöse Quelle durch mindestens eine zweite, unabhängige Quelle bestätigt werden müssen. Dies sollte auch für die Verarbeitung von Informationen aus unbekannten digitalen Quellen im Controlling gelten.

- Auch bei internen Quellen muss die Datenqualität durch exakte Vereinbarungen der Definitionen eines Datenfeldes sichergestellt werden. Das geht gewiss problemloser als bei externen Quellen, dennoch muss mit Diskrepanzen zwischen der Definition des Controllings und des Rechnungswesens und z. B. der Fertigung oder des Vertriebs gerechnet werden.
- Trotz aller Vorsicht kann die absolute Korrektheit der Daten nie garantiert werden. Daher müssen die Daten, bevor sie im Controlling verarbeitet werden, geprüft werden. Da trotz der digitalen Möglichkeiten ein gewisser Aufwand für die Prüfung nicht zu vermeiden ist, kann die Prüfung auf Stichproben und auf wichtige Informationen beschränkt werden. Sie erfolgt durch Plausibilitätskontrollen (stimmt die Menge im Vergleich zum bisherigen Durchschnitt?), Grenzwertkontrollen (keine negativen Mengen!) oder durch die Kontrolle von Bezugsgrößen (gibt es die angegebenen Kundennummern?).

In digitalen Geschäftsmodellen kommt es aufgrund der vielen Daten aus vielen Quellen zu einer Verschlechterung der Datenqualität. Gleichzeitig gibt es im Zusammenhang mit der Digitalisierung neue Instrumente für das Controlling, mit denen ankommende Daten an der Schnittstelle ins System oder während der Verarbeitung umfangreich geprüft werden können. Jeder erkannte Fehler führt zu einer Unterbrechung der digitalen Abläufe und kann wesentliche Störungen verursachen. Darum ist es gerade in digitalen Geschäftsmodellen notwendig, die Datenqualität zu maximieren.

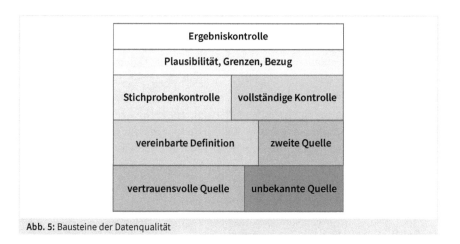

Abb. 5: Bausteine der Datenqualität

Folgen mangelnder Datenqualität

Werden fehlerhafte Daten im Controlling verarbeitet, kommt es zu falschen Ergebnissen. Die Entscheidungen, die auf diesen Fehlinformationen aufbauen, sind dann nicht richtig oder sie könnten besser sein. Daher muss die Auswirkung von mangelnder Datenqualität berücksichtigt werden, wenn aus digitalen Daten Controlling-Berichte entstehen.

- Auch eine fehlende Information ist ein Datenmangel. Negativ ist in diesem Fall, dass die Verarbeitung im Controlling unterbrochen wird, nachdem das Fehlen der Information erkannt wird. Dazu wird, bei der Verarbeitung von Einzeldaten, der autonome Ablauf gestoppt. Bei einer Massenverarbeitung und nur wenn das Fehlen keinen Einfluss auf die anderen Ergebnisse hat, wird die Verarbeitung dieser Information übersprungen. Es erfolgt ein Eintrag im Fehlerprotokoll. Eine manuelle Nacharbeitung ist notwendig.

Beispiel: Unmögliche Kalkulation

Im Controlling werden regelmäßig die Herstellungskosten der Produkte kalkuliert. Wird dabei festgestellt, dass die Stückliste eines Produkts fehlt, wird die Kalkulation an dieser Stelle unterbrochen. Die anderen Produkte werden kalkuliert, die fehlende Stückliste wird im Fehlerprotokoll vermerkt und muss manuell nachgearbeitet werden.

Falls im Anschluss an die Kalkulation eine Deckungsbeitragsrechnung aufgestellt wird, muss diese Aufgabe komplett abgebrochen werden, wenn bei einem Produkt die Herstellungskosten nicht berechnet worden konnten. Dabei kann es zu unerfreulichen Verzögerungen bei der Bereitstellung von Controlling-Berichten kommen.

Vollständig fehlende Informationen haben einen Vorteil gegenüber subtileren Datenfehlern: Das Fehlen ist in der Regel so auffällig, dass es bemerkt wird. Sowohl der Mensch als auch ein autonomer digitaler Ablauf können darauf reagieren.

- Datenfehler können so groß sein, dass sie entweder vor der Verarbeitung der Daten oder am Ergebnis der Verarbeitung erkannt werden. Das ist immer dann der Fall, wenn die Fehler zu Werten außerhalb plausibler Grenzen führen. Der Controller oder der autonome Ablauf im digitalen Geschäftsmodell können den Mangel durch Plausibilitätsprüfung oder durch Grenzüberschreitungen erkennen. Die Auswirkungen eines erkannten Fehlers sind identisch mit denen bei vollständig fehlenden Informationen.

Beispiel: Erkannte Fehlkalkulation

Ist bei der Kalkulation der Herstellungskosten zwar eine Stückliste vorhanden, hat aber falsche Inhalte, so wird dies erkannt, wenn der Fehler groß genug ist. In diesem Beispiel werden die Stücklisten immer auf 100 Stück des Endproduktes bezogen, um auch kleine Mengen ausreichend detailliert darstellen zu können. Ein neuer Mitarbeiter hat dies bei der Übertragung der Stücklisten von der Konstruktionsstückliste in die Fertigungsstückliste übersehen und die Angaben auf ein Stück des Endproduktes bezogen. Dadurch betrug der Materialeinsatz nur ein Hundertstel des erwarteten Wertes. Der digitale Kalkulationsablauf hat diesen Fehler durch eine Plausibilitätskontrolle erkannt. Der Vorgang wurde abgebrochen.

- Fehlende Daten und große Datenfehler sind ärgerlich, weil sie den Ablauf im Controlling stören. Wesentlich gefährlicher aber sind Fehler, die gar nicht erst erkannt werden. Solche fehlerhaften Eingangsdaten führen in den Berechnungen zu fehlerhaften Controlling-Ergebnissen. Darauf aufbauend kommt es dann zu fehlerhaften Entscheidungen. Die Ursache solcher unerkannten Fehler sind Abweichungen der Daten von der Norm, die im normalen Schwankungsbereich der Werte liegen, oder die Verwendung grober Durchschnittswerte, die durch den Fehler nicht erkennbar beeinflusst werden.

Beispiel: Unerkannte Fehlkalkulation

Für die Kalkulation der Herstellungskosten werden die tatsächlich eingesetzten Stücklisten verwendet. Durch einen Fehler im Planungssystem wurden jedoch alle Planstücklisten als real gekennzeichnet. Die Kalkulation hat daher fälschlicherweise nicht die Iststücklisten, sondern die Planstücklisten verwendet. Die Abweichung ist für jedes Produkt minimal und im erwarteten Bereich, in Summe ergibt sich jedoch ein falsches Bild der Deckungsbeiträge.

Die folgende Abbildung zeigt, in welchen Arbeitsschritten der Durchführung einer Controllingaufgabe mangelhafte Daten erkannt werden. Im 1. Schritt, dem Lesen, werden vollständig fehlende Daten erkannt, grob und leicht fehlerhafte Daten nicht. Im 2. Schritt, der Verarbeitung, werden grob fehlerhafte Daten erkannt. Fehlt ein Wert vollständig, kommt es gar nicht erst zur Verarbeitung. Das gilt auch für den 3. Schritt, die Kontrolle der Controllingergebnisse. Auch hier werden leicht fehlerhafte Daten nicht erkannt. Die autonome Verarbeitung erkennt den Fehler und stoppt. In den anderen Fällen wird die autonome Verarbeitung nicht gestört, sie wird weitergeführt, allerdings mit den Auswirkungen der mangelhaften Datenqualität.

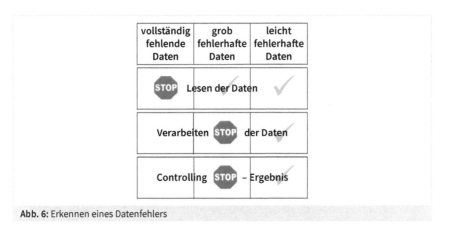

Abb. 6: Erkennen eines Datenfehlers

Um die Auswirkungen der Datenfehler in den Controllingergebnissen zu minimieren, muss es also Vorkehrungen in den Controlling-Abläufen geben, die erkennbare Datenfehler bereits beim Lesen, während der Verarbeitung oder in den Controllingergebnissen erkennen. Da die leicht fehlerhaften Daten nur schwer zu erkennen sind, müssen die Abläufe der Datenbeschaffung zuverlässig und sicher gemacht werden, um Auswirkungen dieser Art von fehlerhaften Daten auf die Entscheidungen zu vermeiden.

3.3 Big Data beherrschen

In digitalen Geschäftsmodellen wächst die Menge der durch die digitalen Aktivitäten und in den autonomen Abläufen entstehenden Informationen immer weiter an. Das Datenvolumen ist so groß, dass es manuell nicht mehr verarbeitet werden kann. Außerdem ist die Komplexität der Dateninhalte und Zusammenhänge für einen Menschen kaum noch zu überblicken. Die Strukturen ändern sich darüber hinaus ständig. Kein Mensch kann diese Datenmengen, Big Data genannt, beherrschen.

Auf der anderen Seite hängt das Ergebnis eines digitalen Geschäftsmodells davon ab, wie erfolgreich Big Data genutzt werden kann. So muss ein Onlineshop im Kampf um den Verbraucher digitales Marketing einsetzen und die im Netz entstehenden Datenspuren der potenziellen Käufer verwenden. Der Wettbewerb tut dies und wird damit erfolgreich sein. Das autonome Fahrzeug, ein weiteres Beispiel, benötigt riesige Datenmengen, um sich daraus ein Bild seiner Umgebung und der aktuellen Situation zu machen.

Die verfügbaren Informationen nicht für die Unternehmenssteuerung zu nutzen, ist gefährlich. Zum einen können in Big Data Entwicklungen verborgen sein, die die Zukunft des Unternehmens beeinflussen. Zum anderen werden die Entscheidungen der anderen Marktteilnehmer, die Big Data für die Steuerung nutzen, besser als die derjenigen Unternehmen, die das nicht tun. Als Ergebnis werden die Unternehmen mit einer schlechteren Steuerung vom Markt verschwinden. Aufgabe des Controllings ist es, Big Data beherrschbar zu machen und für die Unternehmenssteuerung einzusetzen.

Dabei muss das Controlling in digitalen Geschäftsmodellen die folgenden Herausforderungen meistern:
- Die großen Datenmengen müssen technisch verarbeitet werden können. Wenn mehrere Millionen Datensätze allein an einem Tag im Onlineshop entstehen, reicht Excel nicht mehr aus, um die Informationen zu verarbeiten.
- Big Data muss hinsichtlich der Inhalte und Strukturen auf Veränderungen geprüft werden. Die Datenquellen verändern diese häufig, ohne die Nutzer darüber zu informieren. Die vorherigen Ausführungen zur Datenqualität gelten für Big Data besonders.
- Die riesigen Datenmengen müssen strukturiert werden, sodass sie vom Controlling ausgewertet werden können. Dabei sind zunächst die nicht notwendigen Daten aus dem nur wenig strukturierten Bestand zu entfernen.
- Das Controlling benötigt Werkzeuge, mit denen der Datenbestand analysiert werden kann. Muster müssen erkannt werden, Zusammenhänge müssen sich erschließen. Instrumente wie Data Mining oder Advanced Analytics helfen dabei.

Die Möglichkeiten, Big Data mit Controlling-Instrumenten nutzbar zu machen, wachsen weiter. Neue Instrumente entstehen, vorhandene werden an die Datenstrukturen angepasst. Die weitere Verbreitung digitaler Geschäftsmodelle wird dazu führen, dass die Datenmengen noch größer und die Strukturen noch weniger definiert werden. Es ergibt keinen Sinn, diese Entwicklung im Controlling zu ignorieren. Die Digitalisierung zwingt zu einer Anpassung.

3.4   Schneller sein

Ein Merkmal digitaler Geschäftsmodelle ist die dort erreichte Geschwindigkeit, die aus zwei unterschiedlichen Blickwinkeln betrachtet werden muss. Zum einen sind die Prozesse in digitalen Strukturen wesentlich schneller. Dazu tragen die autonomen

Abläufe bei, die Entscheidungen durch das System treffen lassen und damit die langsamen menschlichen Eingriffe vermeiden. Diese hohe Prozessgeschwindigkeit wird von Unternehmen, die ein digitales Geschäftsmodell pflegen, erwartet. Zum anderen verändern sich die digitalen Anwendungen, Abläufe oder Präferenzen der Partner sehr schnell. Das führt zu der Notwendigkeit, sich flexibel an die Veränderungen anzupassen und das digitale Geschäftsmodell immer wieder zu aktualisieren.

Aus dieser Situation ergeben sich für das Controlling in digitalen Geschäftsmodellen veränderte oder neue Aufgaben:

- Um rechtzeitig auf Veränderungen in den digitalen Märkten und Strukturen reagieren zu können, müssen diese frühzeitig erkannt werden. Es müssen Parameter gefunden werden, an denen sich diese Veränderungen ablesen lassen. Das Controlling muss daher Warenströme, Umsatzverteilungen oder Kostenentwicklungen intensiv überwachen. Bei definierten Abweichungen von den bisherigen Werten solcher Parameter werden die verantwortlichen Manager informiert. Diese ergreifen dann, unterstützt vom Controlling, Maßnahmen, um auf die Veränderungen zu reagieren. In digitalen Geschäftsmodellen muss diese Aufgabe schneller erledigt werden als in traditionellen Strukturen, wo Abläufe wesentlich weniger agil sind.
- Die Aktivitäten der Beteiligten in digitalen Geschäftsmodellen laufen wesentlich schneller ab. Autonome Abläufe entscheiden anhand von Daten und Regeln und tun dies sekundenschnell, sowohl in der Nacht als auch am Wochenende. Das führt zu schnelleren Ergebnissen, verlangt aber auch schnellere Entscheidungen. Die Anforderungen der Partner an die Geschwindigkeit der Handlungen des Unternehmens sind hoch.

Beispiel: Erfolgreicher Onlineshop

Der Kunden in einem Onlineshop will, wenn er sich für den Kauf entscheidet, eine sofortige Entscheidung des Verkäufers über die Auftragsannahme, den Preis und den Liefertermin. Werden die Entscheidungen nicht getroffen oder, noch schlimmer, später revidiert, wird der Kunde enttäuscht sein, da er über den digitalen Vertriebsweg eine schnellere Bedienung erwartet. Das gilt auch und immer öfter für Shops, die sich an gewerbliche Kunden wenden. Im B2B-Geschäft gehören Informationen über den individuellen Preis oder über den exakten Liefertermin zum Kaufvorgang dazu. In erfolgreichen Onlineshops wird dies gewährleistet.

Die Voraussetzung für schnelle Entscheidungen in den digitalen Abläufen ist die Verfügbarkeit der Informationen, die zu diesen Entscheidungen führen sollen. Sind die Entscheidungsgrundlagen nicht schnell verfügbar, muss die Entscheidung dennoch schnell getroffen werden. Das bedeutet dann eine »Entscheidung unter weniger Information«, was die Ergebnisse verschlechtert. Das Controlling muss also die Kennzahlen und Berichte ebenfalls schnell erstellen. Dazu werden die zu einem früheren Zeitpunkt als analog verfügbaren Informationen verwendet und möglichst in autonomen Abläufen aufbereitet. Das Controlling muss schneller werden.

> **!   Hinweis: Beschleunigung der Datenlieferanten**
>
> Das Controlling ist in vielen Fällen abhängig von den Daten aus anderen Unternehmensbereichen oder von externen Partnern. Um die Forderung nach einem schnelleren Controlling erfüllen zu können, müssen die Datenlieferanten ihre Daten früher an das Controlling liefern. Damit interne Datenlieferanten dies tun können, benötigen sie häufig ihrerseits Daten aus den anderen Unternehmensbereichen früher, auch aus dem Controlling. Es reicht also nicht, nur das Controlling zu beschleunigen. Das digitale Geschäftsmodell verlangt eine Beschleunigung des Unternehmens auf allen Ebenen.

- Schneller verfügbare Daten sind häufig nur dann realisierbar, wenn der sonst übliche Zeitbezug angepasst wird. Wenn z. B. monatliche Daten verarbeitet werden, bringt nur die Beschleunigung zum Monatsende einen Geschwindigkeitszuwachs. Wenn der Zeitbezug verkleinert wird, z. B. auf Wochen- oder Tagesdaten zugegriffen wird, dann wird das Controlling von allein schneller. Je detaillierter der Zeitbezug ist, desto schneller ist das Ergebnis des Controllings verfügbar. Dadurch steigt allerdings die Arbeitsbelastung im Controlling ganz wesentlich. Ein wirklicher Vorteil ist daher nur zu erzielen, wenn sich das Controlling dem digitalen Geschäftsmodell anpasst und der Digitalisierung, vor allem der autonomen Abläufe, bedient.

3.5   Datensicherheit gewährleisten

Die Sicherheit der Daten, die im Controlling verwendet werden, zu schützen, ist in jedem Geschäftsmodell eine wichtige Aufgabe. In digitalen Geschäftsmodellen hat dies vor allem aufgrund der Abhängigkeit von der Datenqualität und aufgrund der größeren Unsicherheit der verschiedenen Datenquellen eine noch höhere Bedeutung.

Verantwortung im Unternehmen

Um die Datenqualität zu gewährleisten, werden verschiedene Stellen im Unternehmen in die Pflicht genommen.

- In der IT-Abteilung werden die üblichen Maßnahmen ergriffen, die sich für die Sicherheit von Daten in der Informationsverarbeitung bewährt haben. Gemeinsam mit dem Controlling muss die besondere Gefährdungssituation in digitalen Geschäftsmodellen Berücksichtigung finden, wenn es um die Beurteilung von Notwendigkeit und Wirtschaftlichkeit der Maßnahmen geht.
- Bei den internen Datenquellen sind die einzelnen Unternehmensbereiche dafür verantwortlich, dass die Inhalte der Daten korrekt sind. Das betrifft vor allem

Daten, die in Abteilungen außerhalb des Rechnungswesens erstellt werden, aber die Verarbeitung in Buchhaltung und Controlling bestimmen.

Beispiel: Kostenstellen bestimmen

Eingehende Kostenrechnungen müssen auf die verantwortlichen Kostenstellen gebucht werden. Das geschieht in der Buchhaltung bei der Verbuchung der Rechnungen. In vielen digitalen Geschäftsmodellen werden digitale Eingangsrechnungen in möglichst großer Zahl autonom verbucht. Die Kostenstelleninformation muss also bereits bei der Bestellung korrekt hinterlegt werden. Das geschieht im Einkauf. Damit bestimmt der Einkauf die Qualität der Arbeit in der Kostenrechnung und im Controlling.

Hinweis: Aufwand und Nutzen

Diskussionen darüber, welcher Unternehmensbereich den Aufwand tragen muss, damit das Controlling mit guten Daten versorgt wird, sind in digitalen Geschäftsmodellen an der Tagesordnung. Es ist aus der Sicht des Gesamtunternehmens richtig, die Daten so früh wie möglich zu erfassen. Darum müssen vielfach Bereiche wie der Einkauf, die Fertigung oder der Vertrieb Daten erfassen und für deren Qualität garantieren, auch wenn dadurch die Arbeit in anderen Bereichen, wie dem Rechnungswesen oder der Logistik, vereinfacht wird. Die Verteilung von Aufwand und Nutzen muss transparent diskutiert werden. Es gibt allerdings keine Alternative dazu, es durchzusetzen, dass die notwendigen Arbeiten möglichst nahe an der Datenentstehung erledigt werden.

- Externe Datenquellen, die sich bei den Partnern des Unternehmens befinden, haben in den Unternehmen, die Daten aus diesen Quellen empfangen, einen »natürlichen« Ansprechpartner. Die Kunden haben mit dem Vertrieb zu tun, die Lieferanten mit dem Einkauf, die Banken mit der Buchhaltung. Die Beeinflussung der Qualität der Daten, die von den Partnern geliefert werden, liegt in der Verantwortung des jeweiligen Kontaktbereiches im Unternehmen. Es spricht allerdings nichts dagegen, dass sich das Controlling selbst direkt mit den externen Partnern abstimmt.
- Daten von sonstigen externen Quellen werden an vielen Stellen ins Unternehmen geholt. Das Controlling ist verantwortlich dafür, dass dies nach qualitätssichernden Regeln geschieht. Gemeinsam mit der Unternehmensführung werden dazu Vorgaben erstellt, die für die Verwendung solcher Daten eingehalten werden müssen.

Maßnahmen

Um in digitalen Datenmodellen das notwendige Sicherheitsniveau zu erreichen, müssen die qualitätssichernden Maßnahmen, die sich auch in traditionell arbeitenden

Unternehmen bewährt haben, intensiviert und durch zusätzliche Instrumente ergänzt werden. Es folgt eine kleine Auswahl an typischen und wirksamen Maßnahmen:

- Für externe, unbekannte Quellen werden Regeln aufgestellt. Diese muss der verantwortliche Bereich einhalten, wenn er Daten von solchen Quellen in das Unternehmen holt.
- Für den Datenaustausch mit externen Partnern werden Vereinbarungen geschlossen, die Daten exakt definieren, deren Entstehung und Verwendung festhalten und die Verfügbarkeit vereinbaren.
- Der Datenaustausch erfolgt über standardisierte Schnittstellen, wenn es solche Standards bereits gibt. Wenn sich Standards entwickelt haben, werden individuelle Schnittstellen in den Standard überführt.

> **! Hinweis: Standards bestimmen**
>
> Im Bereich der Digitalisierung wird aktuell an vielen Standards gearbeitet. Die Entwicklung ist schnell, viele Stellen versuchen, einen Wildwuchs beim Datenaustausch in digitalen Geschäftsmodellen zu verhindern. Eine Mitarbeit in den Gremien, die sich mit dem Aufbau der Standards beschäftigen, ist über die Unternehmensverbände, Controller-Vereinigungen oder Handwerks- bzw. Handelskammern durchaus möglich.

- Im Unternehmen wird durch geeignete Schulungs- und Unterweisungsmaßnahmen das Verständnis für die notwendige Datenqualität auch für Daten, die ihren Nutzen erst in anderen Bereichen zeigen, verbessert. Diese Maßnahmen sind regelmäßig zu wiederholen, um neue Mitarbeiter zu informieren bzw. vergessliche Mitarbeiter zu erinnern.
- Daten werden an den Schnittstellen zu externen Quellen und im laufenden Betrieb kontrolliert. Dazu werden Grenzwerte überprüft, Plausibilitätskontrollen durchgeführt und vorhandene Bezüge kontrolliert. Wenn möglich, wird der vorhanden Datenbestand regelmäßig den gleichen Kontrollen unterzogen, um Fehler auch in wenig aktiven Datensätzen, also in solchen, die lange nicht genutzt werden, zu finden.

Das Controlling in digitalen Geschäftsmodellen muss einen wesentlich höheren Aufwand treiben als in traditionellen Geschäftsmodellen, wenn die Datenqualität sichergestellt werden soll. Um die notwendigen Kapazitäten für diese Aufgabe zu schaffen, sind die Möglichkeiten der Digitalisierung, wie autonome Abläufe und die Nutzung digitaler Hilfsmittel in Form von speziellen Apps, zu nutzen. Da die Datenqualität das Ergebnis der Arbeit im Controlling ganz wesentlich bestimmt, muss dieser Aufgabe eine hohe Priorität eingeräumt werden.

4 Kennzahlen in digitalen Geschäftsmodellen

Kennzahlen haben in der Unternehmenssteuerung eine wichtige Aufgabe. Mit ihrer Hilfe können komplexe Sachverhalte, die sich in vielen Einzelwerten manifestieren, zu einer Zahl zusammengefasst werden. Dass dabei auch Risiken entstehen, z. B. Einzelinformationen verloren gehen, wurde bereits thematisiert.

Unterschiede zu traditionellen Geschäftsmodellen

Trotz dieser Risiken bei der Verwendung von Kennzahlen, spielen gerade in digitalen Geschäftsmodellen Kennzahlen eine wichtige Rolle und werden zu einer gewaltigen Aufgabe für das Controlling:

- Wie wir bereits gesehen haben, steigt die Anzahl der Daten gewaltig an, wenn Abläufe und Strukturen aus der traditionellen Arbeitsweise in ein digitales Geschäftsmodell transferiert werden. Die so entstehenden Mengen an Einzeldaten sind für den Menschen nicht mehr handhabbar. Darum muss das Controlling den Sachverhalt entweder in einer leichter erfassbaren Form, z. B. einer Grafik, darstellen oder aber zu einer Kennzahl verdichten.
- Die notwendige und erwartete Geschwindigkeit, mit der in digitalen Geschäftsmodellen eine Entscheidung getroffen werden muss, lässt kaum noch ausreichend Zeit, um sich mit den Einzelwerten auseinanderzusetzen. Kennzahlen helfen in dieser Situation, den Sachverhalt schneller zu verstehen und damit die der Entscheidung zugrunde liegenden Informationen schneller zur Verfügung zu haben.
- Das Kennzeichen digitaler Geschäftsmodelle ist ein hoher Anteil an autonomen Abläufen. Dort werden Entscheidungen vom System getroffen. Solche technischen Vorgehensweisen verlangen eindeutige Grenzen und Abhängigkeiten, um die Arbeitsweise der Autonomie zu steuern. Dazu müssen Kennzahlen entwickelt werden, mit denen die autonomen Entscheidungen gesteuert werden können.

Beispiel: Datenmenge, Grafik und Durchschnitt

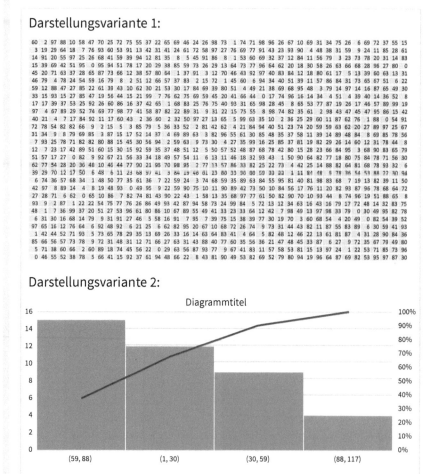

Darstellungsvariante 1:

Darstellungsvariante 2:

Darstellungsvariante 3:

Durchschnitt: 48,63

Abb. 7: Beispiel für die Aussagekraft des Durchschnitts

Die in der obigen Abbildung dargestellte Menge an Zahlen kann von einem »normal begabten« Menschen nur schlecht eingeordnet werden, vor allem, wenn die Zeit drängt. Auch die sich daraus ergebende Grafik braucht eine längere Erläuterung, um sie zu verstehen. Die Kennzahl »Durchschnitt« hingegen lässt eine klare Einordnung der Werte in der Gesamtheit zu. Bezahlt wird dies mit dem Verlust der Information über die Verteilung der Einzelwerte, aus denen sich der Durchschnittswert zusammensetzt.

Wirkung von Kennzahlen

Auch im Kontext von digitalen Geschäftsmodellen verändert sich die bekannte Wirkungsweise der Maßnahmen und Entscheidungen, die durch Kennzahlen bedingt sind, nicht. Sie ist sowohl in traditionellen als auch in digitalen Geschäftsmodellen identisch. In der folgenden Abbildung wird diese Wirkungsweise schematisch dargestellt. Die Einzelwerte verändern sich im Laufe der Zeit. Die Werte werden vom Controlling zu Kennzahlen zusammengefasst. Diese dienen als Grundlage für Entscheidungen und Maßnahmen auf unterschiedlichen Ebenen im Unternehmen. Diese Entscheidungen und Maßnahmen beeinflussen die Einzelwerte. Nachdem das Controlling die jetzt geänderten Einzelwerte erneut zusammengefasst hat, entstehen neue Kennzahlen, in denen die Wirkung der Entscheidungen zu erkennen sein sollte.

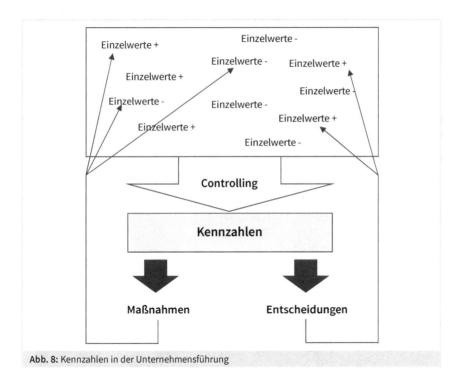

Abb. 8: Kennzahlen in der Unternehmensführung

Vergleiche

Eine Kennzahl an sich ist ohne relevante Aussage. Es ist immer ein Vergleich notwendig, der oft vom Verwender der Kennzahl intuitiv gezogen wird.

Beispiele: Intuitive Vergleiche

Der Betrachter ordnet eine Kennzahl auf einer Werteskala in vielen Fällen ganz intuitiv ein, meist auf Basis von Erfahrungswerten.

- Der verantwortliche Fertigungsleiter erfährt, dass die Kapazitätsauslastung seiner Anlagen im letzten Monat bei 95 % lag. Das ist nahe am Maximalwert von 100 %, was ihm zeigt, dass der Wert gut ist.
- Der Vertriebsleiter erfährt, dass sein Umsatz zu Beginn der Coronapandemie um 40 % eingebrochen ist. Er vergleicht das mit den Veränderungen in der Vergangenheit und ordnet diesen Wert als katastrophal ein.
- Der Personalchef erfährt im Bewerbungsgespräch von der Gehaltsforderung von 100.000 EUR pro Jahr. Er vergleicht dies intuitiv mit den Gehältern im Unternehmen und hält den Wert für zu hoch.

Diese intuitiven Vergleiche der Verwender der Kennzahlen reichen für schnelle Entscheidungen aus. Solche Werte richtig einschätzen zu können, gehört zu den Fähigkeiten von Führungskräften und Entscheidern. Doch nicht immer liegt die subjektive Einschätzung richtig.

Beispiele: Falsche Schlüsse

Nicht immer ist die subjektive Einschätzung durch die Entscheider realistisch. Oft gibt es Fehleinschätzungen oder fehlende Informationen aus dem Umfeld, die eine korrekte Bewertung erschweren.
- In der Vergangenheit lag die Kapazitätsauslastung immer über 98 %. Der im letzten Monat gemessene Wert von 95 % ist daher schlecht, vielleicht sogar der Beginn eines gefährlichen Trends.
- Der Umsatzeinbruch um 40 % zu Beginn der Coronapandemie ist zwar für das Unternehmen ein Problem. Wenn aber festgestellt wird, dass die Mitbewerber noch weit mehr Umsatzverluste hinnehmen mussten, dann ist die Situation verständlich. Die dennoch einzuleitenden Maßnahmen können sich mit diesem Hintergrundwissen anderen Schwerpunkten widmen.
- Die Gehaltsforderung von 100.000 EUR pro Jahr erscheint vielleicht im Vergleich mit den sonstigen Gehältern im Unternehmen hoch. Berücksichtigt werden muss jedoch, dass der Bewerber über wesentlich mehr Fähigkeiten verfügt als andere Mitarbeiter. Wenn diese Fähigkeiten genutzt werden können, ist das Gehalt angemessen. Die Entscheidung, den Bewerber nicht einzustellen, wäre schlecht für das Unternehmen.

Das Controlling muss die errechneten Kennzahlen für die Empfänger dieser Daten bewertbar machen. Dazu werden Vergleiche angestellt, die Kennzahlen mit denen anderer Unternehmen, der Branche, anderer Abteilungen, der Vergangenheit, dem Plan usw. in Verbindung bringen. Eine wichtige Form der vergleichenden Darstellung ist die Zeitreihe. Darin wird die Entwicklung der Kennzahlen im Zeitverlauf dargestellt, was eine Beurteilung ermöglicht. Auch der Vergleich mit einem Planwert der Kennzahl ermöglicht eine Bewertung der Maßnahmen und Entscheidungen, die zum errechneten Wert geführt haben.

Der Vergleich der Kennzahlen mit Referenzwerten ist besonders in digitalen Geschäftsmodellen wichtig. Hier müssen Entscheidungen schnell getroffen werden, die Einordnung der zur Verfügung stehenden Informationen muss also ebenso schnell und zuverlässig erfolgen können. Gleichzeitig ist die Informationssituation im Rahmen von digitalen Geschäftsmodellen allein durch die große Menge an Daten sehr unübersichtlich. Ein vom Controlling angebotener Vergleich der Kennzahlen mit anderen Werten ist wertvoll, um schnelle Entscheidungen treffen zu können.

Kennzahlen müssen im Kontext von digitalen Geschäftsmodellen also eine höhere Zahl von Einzelwerten korrekt berücksichtigen, kürzere Zeitbezüge haben und wesentlich schneller zur Verfügung stehen als im Rahmen von traditionellen Geschäftsmodellen. Das gilt auch für die Vergleichswerte. Hinzu kommen neue Kennzahlen, die sich aus der digitalen Arbeitsweise, den digitalen Strukturen und Techniken ergeben. Die jetzt folgende Beschreibung wichtiger Kennzahlen konzentriert sich neben einigen typischen traditionellen Kennzahlen auf solche Werte, die in digitalen Geschäftsmodellen eine Veränderung erfahren, eine neue Bedeutung erhalten oder neu sind.

4.1 Vertriebskennzahlen

Im Vertrieb gibt es eine lange Tradition der Nutzung von Kennzahlen. Mit dem Teilgebiet Vertriebscontrolling wurde ein spezielles, auf die Verkaufs- und Marketingaktivitäten ausgerichtetes Berichtswesen geschaffen, das viele Kennzahlen enthält. Die Verkäufer werden mit Kennzahlen wie Umsatz, Absatz oder Deckungsbeitrag gesteuert. Marketingaktivitäten richten sich an Marktanteilen oder den Umsätzen je Vertriebsweg aus.

Bestandteil von digitalen Geschäftsmodellen ist ganz häufig ein digitaler Vertriebsweg. Dort gelten andere Gesetze als in traditionellen Einzelhandelsgeschäften, in Großhandelslagern oder im Außendienst, der die gewerblichen Kunden besucht. Darum verändern sich viele bekannte Kennzahlen und passen sich den Gegebenheiten an. Außerdem kommen viele Kennzahlen aus den digitalen Strukturen hinzu. Um die Übersicht zu behalten, teilen wir die Vertriebskennzahlen in Kennzahl für den Verkauf und in Kennzahlen für das Marketing.

> **Hinweis: Traditionelle Kennzahlen**   !
>
> Viele Unternehmen erweitern ihr traditionelles Geschäftsmodell um ein digitales. Die Entwicklung zum digitalen Unternehmen verläuft über eine längere Zeit, in der sowohl auf traditionellem als auch digitalem Weg verkauft wird. In solchen Fällen müssen die bisher

erfolgreich genutzten Kennzahlen weiter ermittelt und bereitgestellt werden. Es ist sinnvoll, über gleiche Strukturen und Darstellungen der traditionellen und der digitalen Kennzahlen nachzudenken. Inhaltlich müssen die bewährten Werte solange ermittelt werden, solange es noch einen signifikanten Anteil traditioneller Vorgänge gibt. Es entstehen gleichzeitig neue Kennzahlen, die den Anteil des traditionellen und des digitalen Geschäftes am Gesamtgeschäft darstellen.

4.1.1   Kennzahlen für den Verkauf

Ein erstes Beispiel eines Vergleichs von Kennzahlen aus dem digitalen Geschäftsmodell mit denen aus dem traditionellen Geschäftsmodell zeigt die folgende Grafik:

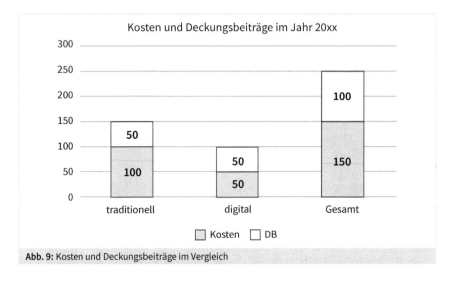

Abb. 9: Kosten und Deckungsbeiträge im Vergleich

Hier werden die Umsätze aus den beiden Vertriebswegen, traditionell mit Außendienstmitarbeiter und digital über den Onlineshop, miteinander verglichen. Im traditionellen Geschäft wurden 150.000 EUR Umsatz erzielt, im Onlineshop 100.000 EUR, insgesamt also 250.000 EUR. Beide Vertriebswege erzielten jedoch nach Abzug der Kosten einen Deckungsbeitrag von 50.000 EUR. In Summe waren das für das Unternehmen also 100.000 EUR. Die Kennzahl »Umsatz je Vertriebsweg« muss also zur richtigen Beurteilung um die Kennzahl »Deckungsbeitrag je Vertriebsweg« ergänzt werden. Jetzt zeigt sich, dass mit dem digitalen Geschäftsmodelle trotz geringerem Umsatz ein gleich großer absoluter Deckungsbeitrag erwirtschaftet wurde.

Die folgende Grafik zeigt den gleichen Sachverhalt, jetzt werden jedoch die Kennzahlen »Kosten je Vertriebsweg« und »Deckungsbeitrag je Vertriebsweg« als prozentuale Anteile am Umsatz dargestellt.

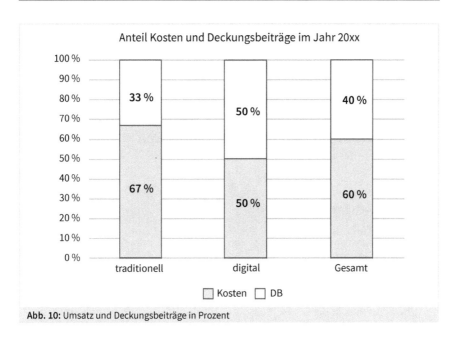

Abb. 10: Umsatz und Deckungsbeiträge in Prozent

Absatz/Preise/Umsatz/Deckungsbeiträge

Im Verkauf hat die Steuerung über vergleichsweise einfache Erfolgszahlen eine lange Tradition. Dabei spielen die Kennzahlen Absatz und Umsatz eine wichtige Rolle. Eine Kennzahl wie der Deckungsbeitrag, der neben dem Umsatz auch Kosten berücksichtigt, stellt in diesem Zusammenhang bereits eine komplexe Berechnung dar.

Kennzahl Absatz

Der Absatz im Unternehmen scheint zunächst eine einfache Kennzahl zu sein. Es wird die Menge aller verkauften Produkte addiert. Das führt jedoch zu Werten, die wenig aussagekräftig sind. Vor allem in Unternehmen, die sehr viele unterschiedliche Produkte verkaufen, ist die Addition von Mengen unterschiedlicher Waren nicht sinnvoll. Dennoch ist der Absatz eine wichtige Kennzahl, wenn sie ausreichend differenziert ist. Dazu wird sie pro Produkt, pro Vertriebsgebiet, pro Verkaufsvorgang usw. ermittelt. Dabei sind digitale Geschäftsmodelle im Vorteil, da die für die Berechnung notwendigen Daten sehr detailliert vorliegen.

- Absatz je Produkt: Die verkaufte Menge wird je Produkt festgestellt. Die Werte werden mit den Vergangenheits- und den Planwerten verglichen. Die Berechnung ist eine reine statistische Aufgabe.
- Absatz je Verkaufsgebiet: Die Verkaufsmenge der Produkte in einem Verkaufsgebiet wird festgestellt. Auch hier kommen statistische Verfahren zum Einsatz. Die Zahl ist allerdings nur sinnvoll, wenn lediglich wenige und gleichwertige Produkte

verkauft werden. Die Absatzzahlen einzelner Verkaufsgebiete können zu Absatzzahlen einzelner Vertriebswege aggregiert werden.

- Absatz je Produkt und Verkaufsgebiet: Für jedes Verkaufsgebiet wird der Absatz jedes Produktes ermittelt und dargestellt. Eine detaillierte Beurteilung der Absatzleistung einzelner Verkäufer ist möglich.
- Relation der Absatzzahlen bestimmter Produktgruppen: Vor allem in technischen Produktwelten ist es sinnvoll, verschiedene Absatzzahlen unterschiedlicher Produktgruppen ins Verhältnis zu setzen, um die Verkaufsaktivitäten zu bewerten und zu steuern.

Beispiel: Ersatzteile

Es ist nicht zielführend, die Absätze von teuren technischen Geräten und von den dafür verkauften Ersatzteilen zu addieren. Der Vergleich dieser Zahlen der Gruppe der »Geräte« mit denen der Gruppe »Ersatzteile« bringt jedoch einen Zusammenhang ans Licht. Der Verkauf von Ersatzteilen ist sicher abhängig von den Verkaufszahlen für die Geräte. Wenn z. B. 100 Geräte verkauft wurden, werden diese in Zukunft aus der Erfahrung heraus 100 Ersatzteile benötigen. So kann z. B. die Kennzahl »Relation Absatz Ersatzteile zu Verkauf Geräte in den letzten 3 Jahren« eine Aussagekraft haben.

Wenn z. B. über den traditionellen Vertriebsweg in den letzten 3 Jahren 1.000 Geräte verkauft wurden und dort im laufenden Jahr 750 Ersatzteile, liegt das Verhältnis bei 75 %. Weist der digitale Vertriebsweg Absatzzahlen von 500 Geräten in den letzten 3 Jahren und von 100 Ersatzteilen im laufenden Jahr aus, dann liegt das Verhältnis bei 20 %. Der Vergleich dieser Absatzkennzahlen sollte zu einer Analyse der Gründe für diesen Unterschied führen. In der Praxis finden sich in ähnlichen Situationen Gründe, die auf eine weniger große Treue der digitalen Kunden hinweisen. Diese beschaffen sich notwendige Ersatzteile auch digital und finden dann häufig preiswertere Angebote anderer Hersteller.

Das Beispiel zeigt, dass die einfache Kennzahl »Absatz« wichtige Informationen liefern kann, wenn sie in etwas komplexeren Sachverhalten dargestellt wird. Digitale Geschäftsmodelle bieten sehr detaillierte Absatzzahlen an, die nach Produkten, Kunden, Verkäufern und Zeit gegliedert sind. Das muss vom Controlling genutzt werden, um für den Verkauf aussagefähige Kennzahlen zu ermitteln. Außerdem werden die Absatzzahlen auch im Einkauf für die Materialbeschaffung, in der Fertigung für die Kapazitätsplanung und in der Logistik für die Gestaltung der Transporte und der Lagermöglichkeiten genutzt.

Kennzahl Umsatz

Der Absatz ist immer dann die richtige Kennzahl, wenn es nicht auf den Wert der Aktivitäten ankommt. Für den eigentlichen Erfolgsbeitrag muss die verkaufte Menge noch mit dem Preis bewertet werden. Der so entstehende Umsatz wird immer netto betrachtet. Nur der Nettoumsatz steht dem Unternehmen als Erlös zur Verfügung.

	Bruttoumsatz
./.	Rabatte
./.	Boni
./.	sonstige Erlösschmälerungen
./.	Umsatzsteuer
=	Nettoumsatz

Der Umsatz kann, ebenso wie der Absatz, auf verschiedene Inhalte bezogen werden. Im Gegensatz zum Absatz ist es zulässig, den Umsatz unterschiedlichster Produkte und Vertriebswege zu addieren. Der Umsatz für das gesamte Unternehmen hat ebenso Aussagekraft wie der Umsatz je Produkt.

- Umsatz je Produkt: Für jedes Produkt wird der Nettoumsatz ermittelt. Für weitere Aussagen können die Produktumsätze zu Umsätzen von Produktgruppen addiert werden.
- Umsatz je Verkaufsgebiet: Mit diesem Wert wird die Leistung des verantwortlichen Verkäufers hinsichtlich der Verkaufsmenge und des erzielten Verkaufspreises bewertet. Die Addition von Umsätzen, die über verschiedene Vertriebswege erzielt wurden, ist zulässig
- Umsatz je Zeiteinheit: Eine neue Kennzahl aus digitalen Geschäftsmodellen ist der Umsatz je Zeiteinheit, der für Minuten ermittelt werden kann. Das ist für die Beurteilung von Onlineshops wichtig, wenn z. B. über die benötigte Bandbreite der Internetverbindung für die digitale Infrastruktur entschieden wird.

Der Umsatz bewertet die Verkaufsaktivitäten also auch mit dem erzielten Preis, der häufig zumindest teilweise mit den Mengen verbunden ist. In der Regel gilt, dass unter sonst gleichen Umständen ein hoher Preis zu einer niedrigeren Menge führt als ein niedriger Preis. In digitalen Geschäftsmodellen mit digitalen Vertriebswegen ist diese Betrachtung besonders wichtig. In digitalen Strukturen hängt der Preis von wesentlich mehr Faktoren ab als in traditionellen Wegen. So bestimmen sich die Angebotspreise im Onlineshop z. B. auch in Abhängigkeit von der Tageszeit, der aktuellen Anzahl von Besuchern im Shop usw. Hier müssen die Regeln der Preisfindung exakt definiert sein und für die Verwendung im Onlineshop bereitgestellt werden. Das Controlling unterstützt hier mit exakten und sehr detaillierten Kennzahlen.

Hinweis: Mischzahlen   !

Kennzahlen werden gerne genutzt, um daraus weitere Kennzahlen zu errechnen. So kann z. B. eine unterschiedliche Entwicklung von Absatz und Umsatz wichtige Hinweise geben. Wenn z. B. der Absatz um 10 % im Jahr gestiegen ist, der Umsatz aber nur um 3 %, dann ist dies, sofern die Umstände sonst gleich geblieben sind, auf gesunkene Preise zurückzuführen. Kann die Voraussetzung der gleichen Umstände nicht garantiert werden, muss diese unterschiedliche Entwicklung weiter analysiert werden. So kann eine Veränderung des Produktmix ebenso dazu beigetragen haben oder ein temporär ausgesetzter Internetverkauf. Big Data aus digitalen Geschäftsmodellen erlaubt eine detaillierte Analyse.

Kennzahl Deckungsbeitrag

Die Kennzahl »Deckungsbeitrag« stammt aus der Kostenrechnung und wird in modernen Unternehmen zur Vertriebssteuerung genutzt. Dabei handelt es sich um den Wert, der sich aus der Subtraktion der Herstellungskosten vom Umsatz ergibt. Das ist noch weit mehr bestimmend für den Unternehmenserfolg als der Umsatz selbst. Dieser »Deckungsbeitrag I« genannte Wert steht dem Unternehmen zur Verfügung, um die Gemeinkosten der Verwaltung und des Vertriebs zu decken. Sinn der Arbeit mit dieser Kennzahl ist es, den Verkauf so zu steuern, dass ein möglichst hoher Deckungsbeitrag erwirtschaftet wird.

- Deckungsbeitrag je Produkt: Diese Kennzahl ist abhängig von den Herstellungskosten, die vom Verkauf kaum zu beeinflussen sind, und dem erzielten Verkaufspreis. Die Kennzahl wird berechnet für eine Einheit und für die Summe aller verkauften Einheiten dieses Produktes.
- Deckungsbeitrag je Verkaufsgebiet: Alle im Verkaufsgebiet verkauften Produktmengen werden mit dem jeweiligen Deckungsbeitrag bewertet. Je höher der Wert je Verkaufsgebiet ist, desto besser ist die Bewertung.
- Neben dem absoluten EUR-Wert kann der Deckungsbeitrag auch als Prozentsatz vom Umsatz berechnet werden. Somit kann auch bei stark abweichenden absoluten Zahlen bestimmt werden, welche Produkte oder Vertriebswege das größere Potenzial besitzen.

Wird die Kennzahl »Deckungsbeitrag« zur Steuerung im Verkauf verwendet, müssen die Herstellungskosten bekannt sein. Das ist nicht immer gewünscht, da solche Zahlen dann kaum noch geheim gehalten werden können. Mitbewerber und Kunden haben ein großes Interesse an diesen Werten. Die Lösung kann darin liegen, anstelle echter Kosten die Standardkosten zu verwenden, die aber immer noch einen starken Bezug zur Realität haben müssen.

Darstellung der Erfolgszahlen

Die beschriebenen wenigen Kennzahlen sind leicht zu errechnen. In digitalen Geschäftsmodellen erhalten sie eine Aufwertung, da durch die Informationsdichte eine wesentlich detailliertere Berechnung der Zahlen bezogen auf Zeit, Produkt, Verkäufer usw. erfolgen kann. Vor allem mit der Darstellung in Zeitreihen lässt sich die Entwicklung gut beobachten.

Die Verkaufskennzahlen werden üblicherweise in Zeitreihen dargestellt, damit man die Veränderungen erkennen und darauf reagieren kann. In der folgenden Grafik werden Absatz, Umsatz und Deckungsbeitrag für 5 Jahre dargestellt. Der Bezug kann das gesamte Unternehmen sein oder ein Teilbereich daraus, z. B. der traditionelle Vertriebsweg. In diesem Beispiel sind in der grafischen Darstellung kaum Veränderungen zu erkennen. Die Kennzahlen müssten für eine sinnvolle Interpretation auch tabellarisch vorliegen.

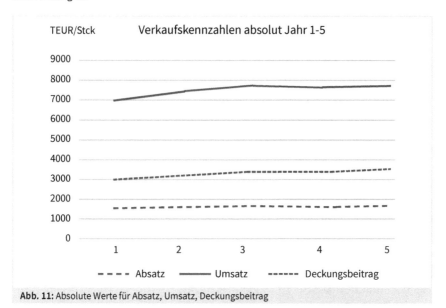

Abb. 11: Absolute Werte für Absatz, Umsatz, Deckungsbeitrag

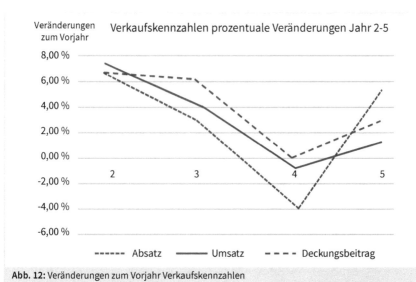

Abb. 12: Veränderungen zum Vorjahr Verkaufskennzahlen

Anders sieht es aus, wenn aus den absoluten Zahlen für Absatz, Umsatz und Deckungsbeitrag jeweils die Veränderung zum Vorjahr errechnet wird. Diese neue Kennzahl wird wieder in eine Zeitreihe gebracht. Die Aussagekraft der Grafik steigt. Welche
Schlüsse aus dieser Darstellung, die jetzt wesentlich dramatischer ist, gezogen werden, ist stark von der individuellen Situation abhängig.

Die in der Verkaufsabteilung verwendeten Kennzahlen unterscheiden sich bei traditionellen und digitalen Geschäftsmodellen inhaltlich kaum. Die digitale Arbeit generiert mehr Daten, was die Möglichkeit einer detaillierteren Betrachtung schafft. Das
erlaubt vor allem zeitlich kleinere Beobachtungseinheiten. Während in traditionellen
Geschäften der Monat oder die Woche, selten der einzelne Tag beobachtet werden,
kommt es in digitalen Vertriebswegen über das Internet oft auf Tageszeiten und sogar
Minuten an. Das Controlling kann das ermöglichen.

Kosten im Vertrieb

Die Erfolge der Verkäufer in Form von Absatz, Umsatz und Deckungsbeitrag müssen
erwirtschaftet werden. Dabei fallen Kosten in den Vertriebsabteilungen an. Diese
müssen den Verantwortlichen dargestellt werden, damit sie bei ihren Entscheidungen auf die Optimierung der Kosten achten können. Die Kennzahlen über die Kosten
im Vertrieb können sowohl die Gesamtkosten des Vertriebs, die Kosten einzelner Verkaufsgebiete oder die Kosten der Vertriebswege beinhalten. Inhaltlich unterscheiden
sich die Kosten der traditionellen Geschäftsmodelle nicht von denen digitaler Vertriebswege, es gibt allerdings veränderte Schwerpunkte.

Die folgende Tabelle zeigt mögliche Unterschiede in den inhaltlichen Schwerpunkten
bei der Berechnung von Kostenkennzahlen im Vertrieb.

Kostenart	traditioneller Vertriebsweg	digitaler Vertriebsweg
Personalkosten	Im Einzelhandel werden Verkäufer beschäftigt, im B2B-Geschäft Außendienstmitarbeiter.	Es werden nur wenige Verkäufer und Außendienstmitarbeiter benötigt. IT-Spezialisten betreiben Onlineshops und Plattformen, Callcenter-Mitarbeiter halten Kontakt mit den Kunden.
Miete, Gebäudekosten	Einzelhandelsgeschäfte werden betrieben, Lagerbestände in den entsprechenden Gebäuden vorgehalten. Es fallen Mieten und Abschreibungen, Energie und Wartungskosten an.	Einzelhandelsgeschäfte werden nicht mehr benötigt, Lager sind durch digital gesteuerte Lieferketten reduziert. Entsprechend sind die Kosten wesentlich geringer.

Kostenart	traditioneller Vertriebsweg	digitaler Vertriebsweg
Logistikkosten	Im Einzelhandel sehr gering.	Durch Onlineshops steigen die Versandkosten.
Marketing	Im traditionellen Marketing entstehen Kosten durch Sortiments-, Preis- und Distributionspolitik. Werbung, Messekosten usw. entstehen für die Kommunikation mit den Kunden.	Digitales Marketing braucht viele Informationen (Big Data) und muss diese verarbeiten. Das verursacht hohe Kosten, die zusätzlich zu denen im traditionellen Marketing anfallen. Auch in digitalen Geschäftsmodellen müssen Sortimente bestimmt, Preise eingeordnet und Vertriebswege festgelegt werden. Werbung und Messen können zum großen Teil digital erfolgen.
Reisekosten	Vor allem im Außendienst fallen Reisekosten an.	Reisekosten werden minimiert.

Tab. 1: Kostenschwerpunkte im Vertrieb, traditionell und digital

Die Kosten im Vertrieb werden als Kennzahl aus den Daten der Kostenrechnung ermittelt. Auch sie können auf unterschiedliche Einheiten bezogen sein:
- Kosten des gesamten Vertriebs
- Kosten einzelner Einzelhandelsgeschäfte
- Kosten einzelner Verkaufsgebiete
- Kosten einzelner Vertriebswege

Da auch bei den Vertriebskosten die absoluten Beträge nur für Eingeweihte aussagekräftig sind, werden Kostenkennzahlen ins Verhältnis zu anderen Einheiten gesetzt. Gebräuchlich sind
- Kosten im Verhältnis zum Absatz, zum Umsatz, zum Deckungsbeitrag
- Kosten pro Lieferung/Auftrag
- Kosten pro Vertriebsmitarbeiter
- Kosten pro Quadratmeter Verkaufsfläche

Weitere Kostenkennzahlen im Marketing werden weiter unten vorgestellt.

Werden die Kosten eines traditionellen Vertriebswegs mit denen eines digitalen Vertriebswegs verglichen, zeigt sich, dass in der Praxis das digitale Geschäftsmodell wesentlich preisgünstiger ist. Das liegt an weniger Fachpersonal, geringeren Mieten und besserer Skalierbarkeit. Die Deckungsbeiträge aus den digitalen Geschäften sind häufig niedriger, da eine höhere Transparenz auf digitalen Märkten zu Reaktionen im heftigeren Preiskampf zwingt. Daher passen niedrigere Deckungsbeiträge und niedrigere Kosten in digitalen Geschäftsmodellen gut zusammen. Aufgabe des Controllings ist es, diese Tatsache mit Kennzahlen zu untermauern und zu überwachen.

Qualitätskennzahlen

Die bisher beschriebenen Verkaufskennzahlen können mathematisch aus dem Datenbestand errechnet werden. Das ergibt bei vorgegebener Definition von Daten und Kennzahl eine einfache, automatisierbare Aufgabe. Die Arbeit im Vertriebscontrolling wird darüber hinaus bestimmt von Informationswünschen, die qualitativen Charakter haben, also nicht mathematisch errechnet werden können. Hier braucht es die Hilfe des Menschen, um solche Qualitätskennzahlen zu ermitteln.

Diese Hilfe kann darin bestehen, dass der Datenbestand manuell markiert wird, um ihn dann später für die Berichterstattung immer wieder auf diese Markierungen und damit verbundenen Inhalte auslesen und prüfen zu können. Andere Inhalte müssen tatsächlich manuell geprüft und in einen Controllingbericht gebracht werden. Einige Beispiele:

- Auf jedem Markt gibt es wichtige Kunden, die eine Signalwirkung auf andere Käufer haben können. Oder es ist notwendig, bestimmte Kunden zu gewinnen, um von deren Marktvolumen zu profitieren. Zielvereinbarungen zwischen Unternehmen und Verkäufern beinhalten daher häufig Vorgaben, die auf eine Zusammenarbeit mit bestimmten Marktteilnehmern zielen. Solche Datensätze werden markiert, regelmäßig werden die markierten Sätze auf signifikante Umsätze geprüft.

Beispiel: Listung bei Discounter

Für das junge Start-up ist es notwendig, dass neben dem Vertrieb der Bioprodukte im Onlineshop auch mindestens ein großer Discounter als Bezugsquelle für die Kunden zur Verfügung steht. Daher wurde als Ziel vereinbart, in den kommenden 12 Monaten eine Listung bei Aldi Nord, Aldi Süd, Lidl, Netto oder Penny zu erreichen. Das Controlling prüft die Zahlen monatlich, um die analogen Berichte der Vertriebsleitung über den Stand der Aktivitäten zu unterstützen. Das Ergebnis ist der folgende Controllingbericht:

Projekt Discounter Stand Juni 20XX						
Discounter	Verhandlungen	Einschätzung	Umsatz TEUR Jan-Mrz	Umsatz TEUR Apr-Jun	Umsatz TEUR Juli-Sep	Umsatz TEUR Okt-Dez
Aldi Nord	ja	50 %	0	0		
Aldi Süd	ja	75 %	0	10		
Lidl	nein	10 %	5	5		
Netto	nein	0 %	0	0		
Penny	ja	50 %	10	10		

Das Ergebnis der Kennzahl »Discountergewinnung« ist derzeit 0, da es aktuell keine Listung von Discountern gibt. Der Controller rechnet jedoch aus den vorliegenden Einschätzungen einen Erwartungswert von 0,37. Daraus wiederum kann, wenn der Bericht jeden Monat erstellt wird, eine Zeitreihe entstehen:

Projekt Discounter Einschätzung pro Monat									
Monat	Jan	Feb	Mrz	Apr	Mai	Jun	Jul	Aug	Sep
Erwartungswert	0	0,15	0,47	0,58	0,50	0,37			
Umsatz TEUR	0	0	15	10	5	10			

Erst jetzt zeigt sich durch die Zeitreihe der Erwartungswerte, dass sich die Verhandlungen mit den Discountern aktuell auf einem schlechteren Niveau befinden als in den Monaten davor.

- Es kann wichtig sein, dass für bestimmte Produkte die Platzierung bei den Kunden gewährleistet wird. Neue Produkte müssen sich ihren Platz erkämpfen, bestehende Produkte müssen sich absichern. So werden oft sehr individuelle Ziele mit den Verkäufern zur Förderung bestimmter Produkte oder Produktgruppen vereinbart. Die Überwachung der Zielerreichung erfolgt mit qualitativen Kennzahlen.
- Auch die Entwicklung bestimmter Regionen oder Vertriebswege wird in Kennzahlen zusammengefasst, die nicht nur quantitative Inhalte haben. Erste Verkäufe ins Ausland oder die erste Auftragsabwicklung im Rahmen von Industrie 4.0 sind Ergebnisse, auf die lange und mit hohem Aufwand hingearbeitet wird. Auch hier kann der Controller gemeinsam mit den Verkäufern Erwartungswerte ermitteln und zu einer Zeitreihe verdichten.

Qualitätskennzahlen im Vertrieb sind in der Regel mit Zielen verbunden und daher zukunftsbezogen. Wird der entsprechende Sachverhalt durch das Controlling ermittelt, bewertet und dargestellt, ist eine objektive Beurteilung der Entwicklung möglich. Aufgabe solcher Kennzahlen ist die Vermeidung subjektiver Einschätzungen durch den Vertrieb. Das gelingt nicht immer und führt in der Praxis auch oft zu heftigen Diskussionen, die für beide Seiten, für das Controlling und den Vertrieb, fruchtbar sein können.

4.1.2 Kennzahlen für das Marketing

Das Marketing in digitalen Geschäftsmodellen hat, vor allem wenn das Geschäftsmodell digitale Vertriebswege vorsieht, vollkommen neue Möglichkeiten, aber auch neue Aufgaben. Das digitale Marketing ist, was anders auch kaum zu erwarten war, aufgrund der verfügbaren Informationen wesentlich detaillierter und schneller als das traditionelle. Das zeigt sich auch in den Kennzahlen, die für das digitale Marketing bereitgestellt werden. Diese sind entweder in traditionellen Geschäftsmodellen nicht oder mit anderem Inhalt zu finden. Einige Beispiele wichtiger Kennzahlen für das Marketing:

- Eine wichtige Kennzahl für den Erfolg des Unternehmens im Markt ist der Anteil, den das Unternehmen mit seinen Produkten am Gesamtmarkt erreichen konnte. Diese Marktanteile werden regelmäßig gemessen, indem der Umsatz des Unternehmens mit dem Gesamtumsatz des Marktes verglichen wird. Gibt es unterschiedliche Märkte, auf denen das Unternehmen tätig ist, z. B. einen traditionellen Markt und einen digitalen Markt, werden für jeden der sich unterscheidenden Märkte Werte ermittelt.

> **! Hinweis: Unterschiedliche Märkte, unterschiedliche Marktanteile**
>
> Die Kaufentscheidung der Kunden hängt von vielen auch persönlichen Einstellungen ab. Da die Kunden in traditionellen und digitalen Märkten sehr unterschiedlich sein können, sind in der Praxis die Marktanteile eines Unternehmens in den beiden Märkten ebenfalls unterschiedlich. Ziel muss es sein, auch im digitalen Markt mindestens den gleichen Marktanteil zu haben wie im traditionellen Markt. Die Kennzahlen aus dem Controlling unterstützen bei der Auswahl und Erfolgskontrolle der dafür notwendigen Maßnahmen.

- Die Markenbekanntheit ist in traditionellen Geschäftsmodellen besonders wichtig, da es dort aufgrund geringerer Markttransparenz eine höhere Markentreue gibt als in digitalen Geschäftsmodellen. Sie wird traditionell durch Befragungen ermittelt. In digitalen Geschäftsmodellen ist diese Kennzahl, dort oft »Brand Awareness« genannt, einfacher zu ermitteln. Dazu werden digitale Befragungsmethoden verwendet, womit kostengünstig viele potenzielle Kunden erreicht werden können. Obwohl jetzt eine detailliertere und zeitlich weniger eingeschränkte Ermittlung der Kennzahl möglich wäre, wird sie im digitalen Marketing weniger wichtig genommen. Die Marke verliert auf digitalen Märkten an Bedeutung, Markentreue ist für viele digitale Käufer ein Fremdwort. Es gibt im digitalen Markt einfache Wege, um die gewünschten Waren zu finden und zu beurteilen (Suchmaschinen, Bewertungen).

> **! Hinweis: Ungeeigneter digitaler Weg**
>
> Im traditionellen Geschäftsmodell ist es aufwendig, die Markenbekanntheit zuverlässig zu ermitteln. Die analogen Befragungen sind teuer, zeitraubend und unsicher. Dennoch sind die Methoden der Messung der Markenbekanntheit im digitalen Marketing nicht geeignet, diese Kennzahl für traditionelle Märkte zu ermitteln. Teilnehmer digitaler Befragungen sind digital affine Menschen. Diese sind mit hoher Wahrscheinlichkeit wenig auf traditionellen Märkten unterwegs. Die richtigen potenziellen Kunden für die Frage nach der Markenbekanntheit werden so nicht gefunden.

- Die Transparenz in digitalen Geschäftsmodellen auf den digitalen Märkten wird durch die Strukturen im Internet geschaffen. Viele potenzielle Kunden informieren sich über Suchmaschinen, die ihnen umfangreiche Informationen zu allen Themen liefern, auch zu möglichen Produkten und Einkaufsquellen. Aufgabe des Marketings ist es, den Auftritt des Unternehmens so zu optimieren, dass er von vielen Suchmaschinen gefunden und möglichst weit oben in der Ergebnisliste angezeigt wird. Diese Suchmaschinenoptimierung (SEO Search Engine Optimization) wird von vielen Kennzahlen begleitet. Mit der Klickrate wird festgehalten, wie oft das Suchergebnis mit dem Unternehmen ausgewählt wird. Als Short Klicks werden die Aktivitäten gezählt, die nach Klicken auf das Sucherergebnis und dem Anzeigen der angeklickten Website sofort wieder in die Ergebnisliste zurückspringen. Für den Betreiber der kurz angeklickten Seite ist dies nicht positiv. Die direkte Suchanfrage nach einem Begriff, im Marketing die Marke oder der Unternehmensname, gibt Auskunft über die Bedeutung der Marke gegenüber Mitbewerbern. Diese Zählung der Suchanfragen wird Sichtbarkeitsindex genannt.

Hinweis: Suchmaschinen als Datenquelle　　　　　　　　　　　　　　　　　　　　　　!

Die genannten Zahlen können bei den meisten Suchmaschinen abgefragt werden. Für die größte Suchmaschine Google gibt Google-Trends einen Überblick über derzeit aktuelle Suchanfragen. Mit Google-Analytics können die Kennzahlen für eigene Websites ausgewertet werden, wenn entsprechende Codes in der Website hinterlegt sind. Das Controlling muss diese Zahlen beschaffen, prüfen und auswerten. Nur so können die SEO-Kennzahlen systematisch in das Berichtswesen des Unternehmens mit einem digitalen Geschäftsmodell integriert werden.

- Das digitale Marketing muss in den sozialen Medien vertreten sein. In digitalen Geschäftsmodellen spielt die Darstellung des Unternehmens oder dessen Produkte in Facebook, Pinterest, Xing usw. eine wichtige Rolle. Mit Social-Media-Kennzahlen wird dieses Engagement beurteilt. Die Reichweiten der abgesetzten Posts geben die Anzahl der Empfänger von Beiträgen in sozialen Medien an, die Beifall-Rate zählt die Zustimmung zu den Aussagen, die Amplifikations-Rate zeigt an, wie häufig die Beiträge gepostet werden. Diese und noch viel mehr Daten werden von den Betreibern der sozialen Medien geliefert und müssen vom Controlling geprüft und aufbereitet werden.
- Die bisher beschriebenen Kennzahlen versorgen das digitale Marketing nur mit Informationen, die keinen Erfolgsbezug haben. Die Suchanfragen und Besuche der Website müssen sich auch als Erfolg, z. B. im Umsatz, bemerkbar machen. Um dies zu überwachen, gibt es Kennzahlen, die Conversation-Rate genannt werden. Diese geben an, wie viel Umsatz je Klick auf der Seite verdient wird oder wie viele Besuche des Shops je Suchmaschinentreffer erfolgen. Auch für solche Conversation-Raten werden die Daten zumindest teilweise von den digitalen Dienstleistern geliefert.
- Für den digitalen Vertriebsweg über den Onlineshop werden weitere Kennzahlen generiert, die zum Teil sehr traditionell sind. Der Onlineshop kann vor allem im Zu-

sammenhang mit den wirtschaftlichen Erfolgen wie ein Verkaufsgebiet oder eine Region betrachtet werden. Kennzahlen wie Absatz, Umsatz oder Deckungsbeitrag sind bekannt und werden sowohl traditionell als auch digital genutzt. Für den On-lineshop kommen statistische Werte hinzu, z. B. der durchschnittliche Wert des Warenkorbs, die Warenkorb-Abbruchrate oder die Retourenquote. Der Customer Lifetime Value (CLV) beschreibt den Ertrag, den ein Kunde im Laufe der Geschäfts-beziehung dem Unternehmen eingebracht hat. Aufgabe ist es, diesen Wert sowohl je Kunde als auch für den Durchschnitt aller Kunden zu erhöhen.

- Der Return on Investment (ROI) ist als Kennzahl schon lange bekannt und bewährt. Er gibt an, wie das Verhältnis des Gewinns einer Maßnahme zu den Kosten der Maßnahme steht. Der Wert wird im gesamten Unternehmen, insbesondere dort, wo Maschinen, Fahrzeuge und andere Anlagegüter verwendet werden, genutzt. In digitalen Geschäftsmodellen werden verstärkt auch Marketingmaßnahmen mit dieser Kennzahl bewertet. So wird der infolge einer digitalen Werbekampagne er-zielte Gewinn den Kosten dieser Kampagne gegenübergestellt. Das ist in digitalen Geschäftsmodellen sinnvoll, weil die Daten dazu aus den digitalen Vertriebswegen einfach und damit kostengünstig zu ermitteln sind. Das digitale Marketing kann durch diese Kennzahlen besser gesteuert werden.

Die Aufzählung von Marketing-Kennzahlen in digitalen Geschäftsmodellen ist bei Wei-tem nicht abgeschlossen. Die digitale Technik erlaubt eine Vielzahl weiterer Auswer-tungen. Gemeinsam mit dem Marketing werden im Controlling die Zahlen ausgesucht, bearbeitet und aufbereitet, die für die Steuerung der Marketingaktivitäten wichtig sind. Diese werden dann regelmäßig berichtet.

> **!** **Hinweis: Controlling ist verantwortlich**
>
> Die leichte Verfügbarkeit der Kennzahlen bei den einzelnen digitalen Anwendungen verführt dazu, dass sich interessierte Mitarbeiter aus den Bereichen Marketing und Vertrieb die Zah-len selbst besorgen. Das muss unterbunden werden. Nur das Controlling ist verantwortlich für die unternehmensspezifische Definition, den korrekten Zeitbezug und die Integration von Kennzahlen in das Berichtswesen des Unternehmens.

4.2   Kostenkennzahlen

Veränderungen der Kosten eines Unternehmens haben eine große Wirkung auf den Erfolg. Aus diesem Grund werden sie intensiv überwacht. Mit der Kostenstellenrech-nung wird versucht, die Gemeinkosten den Verursachern korrekt zuzuordnen. Mit der Kostenträgerrechnung werden die direkten Kosten den einzelnen Produkten und Leistungen des Unternehmens zugerechnet. Mit der Kalkulation der Herstellungskos-ten und der Verbreitung von Kostenstellenabrechnungen werden die entsprechenden Entscheider über die Entwicklung informiert.

Darüber hinaus werden durch das Controlling eindeutige Kennzahlen zur Kostenentwicklung berechnet und beobachtet. Dabei werden in der Regel die absoluten Beträge einer Kostenart in eine Beziehung gesetzt zu einem Parameter, dem ein Einfluss auf die Höhe der Kosten unterstellt wird. Es entstehen Durchschnittswerte.

Beispiel: Personalkosten pro Mitarbeiter

Sehr beliebt, da einfach zu berechnen, sind Kostenkennzahlen zu den Personalkosten. Die Gesamtkosten für die Mitarbeiter werden dabei z. B. durch die Anzahl der beschäftigten Personen geteilt. Die Kennzahl »Durchschnittliche Personalkosten pro Mitarbeiter« entsteht. Sie kann für das gesamte Unternehmen oder für einzelne Unternehmensbereiche errechnet werden.

- Es muss eine sinnvolle Beziehung zwischen dem gewählten Parameter und der Entstehung der Kosten geben, damit diese Kennzahl eine brauchbare Aussage liefert.
- Die Aussage einer Kostenkennzahl ist in hohem Maße abhängig von der Veränderung im Zeitablauf. Zeitreihen sind notwendig, eine Planung und die Feststellung von Abweichungen erhöhen die Steuerungskraft von Kostenkennzahlen.
- Im Transformationsprozess von traditionellen zu digitalen Geschäftsmodellen kommt es immer zu Kostenverschiebungen. Diese zeigen sich in den Kennzahlen, die bei der Erkennung und bei der Ursachensuche unbeplanter Entwicklungen helfen.
- In digitalen Geschäftsmodellen gibt es Kostenarten, die es in traditionellen Strukturen nicht gibt. Gleichzeitig können Kosten in vielen Fällen detaillierter dargestellt und Verursachern gegenübergestellt werden. Das hat Einfluss auf die Kostenkennzahlen.

Hinweis: Benchmarking unzulässig

Kostenkennzahlen werden gerne verwendet, um sie mit anderen Unternehmen oder mit Branchenwerten zu vergleichen. Das ist nur dann zulässig, wenn die Strukturen der verglichenen Unternehmen identisch sind. Die Kosten pro Mitarbeiter in einem Unternehmen, das seinen Sitz in einer wirtschaftlich schwach entwickelten Region hat, sind niedriger als die eines Unternehmens in einem Ballungsraum. Nicht vergleichbar sind viele Kostenkennzahlen von traditionell arbeitenden Unternehmen mit denen von digital vorgehenden. Für viele Kostenarten ist der Vergleich von traditionell und digital unzulässig.

Alle Kostengrößen sind abhängig von der Struktur des Unternehmens, der Region, in der es arbeitet und den verfolgten Unternehmensstrategien. Um einen Vergleich durchführen zu können, müssen diese Bedingungen vergleichbar sein oder die Unterschiede müssen herausgerechnet werden. Die im Folgenden genannten Werte sind daher immer nur beispielhaft zu verstehen.

4.2.1 Personalkosten

Die Personalkosten können zu mehreren Bezugsgrößen in einen Vergleich gesetzt werden. Die Kennzahl »Personalkosten je Mitarbeiter« ist dann sinnvoll, wenn das Gehaltsniveau ermittelt werden soll, z. B., um eine Veränderung, die sich nicht aus den Tariferhöhungen ergibt und daher nicht erwartet wurde, festzustellen und zu analysieren. Sie kann sowohl für das Gesamtunternehmen als auch für einzelne Bereiche, z. B. Abteilungen oder Standorte, verwendet werden. Signifikante Veränderungen finden auch während der Transformation eines traditionellen in ein digitales Geschäftsmodell statt.

Beispiel: Personalkosten im Marketing

Nach der Schließung der Einzelhandelsgeschäfte eines Unternehmens und der erfolgreichen Öffnung des Onlineshops hat sich das Gehaltsniveau in der Marketingabteilung wesentlich erhöht.

Marketing traditionell			Marketing digital		
Mitarbeiter	Arbeitszeit	Jahresge-halt EUR	Mitarbeiter	Arbeitszeit	Jahresge-halt EUR
Leitung	100%	124.000	Leitung	100%	124.000
Sekretariat	100%	36.000	Sekretariat	50%	20.000
Marketier	50%	37.500	Marketier		
Marketier	100%	79.100	Marketier	100%	110.000
Kommunikation	50%	41.400	Kommunikation	100%	91.000
Summe	4,0	318.000	Summe	3,5	345.000
Durchschnitt		79.500	Durchschnitt		98.571

Tab. 2: Personalkosten im Marketing, traditionell und digital

Bei der Transformation des traditionellen in das digitale Geschäftsmodell, hat die Marketingabteilung eine halbe Vollzeitstelle abgebaut. Gleichzeitig ist die Kennzahl »Personalkosten je Mitarbeiter« um fast 24 % gestiegen. Das hat mit dem Abbau relativ günstiger Mitarbeiter (Sekretariat) und dem Aufbau teurer Marketiers zu tun. Außerdem musste ein Mitarbeiter mit Kenntnissen in digitalem Marketing eingestellt werden, der wesentlich teurer ist als der freigestellte Mitarbeiter für das analoge Marketing. Auch der Mitarbeiter für die Kommunikation musste ausgetauscht werden. Diese Aufgabe kann im Rahmen eines digitalen Geschäftsmodells nicht mehr in einer Halbtagsstelle erfüllt werden. Gleichzeitig konnte ein Mitarbeiter mit den entsprechenden Kenntnissen nur zu einem höheren Gehalt gefunden werden.

Um weitere Aussagen über die Angemessenheit von Personalkosten zu erhalten, müssen Kennzahlen erstellt werden, die sich auf andere Parameter beziehen. Gebräuchlich sind »Personalkosten als Anteil vom Umsatz«, »Personalkosten im Vergleich zum Deckungsbeitrag« oder »Personalkosten im Vergleich zum Ertrag«.

Beispiel: Personalkosten im Marketing (Fortführung)

Der Vergleich der Kennzahlen, in denen die Personalkosten im Marketing ins Verhältnis gesetzt werden zum Umsatz und zum Deckungsbeitrag, zeigt, dass die Entwicklung dieser Kostenart positiv ist, obwohl sich der Wert absolut stark erhöht hat.

Marketing traditionell			Marketing digital		
Personal-kosten	Umsatz	Deckungs-beitrag	Personal-kosten	Umsatz	Deckungs-beitrag
318.000	4.980.000	2.004.000	345.000	6.052.000	3.026.000
	6,4 %	15,9 %		5,7 %	11,4 %

Tab. 3: Personalkosten im Vergleich zu Umsatz und Deckungsbeitrag

Da sich der Umsatz und besonders der Deckungsbeitrag im digitalen Geschäftsmodell wesentlich erhöht hat, haben sich die Kennzahlen »Personalkosten zu Umsatz« und »Personalkosten zu Deckungsbeitrag« deutlich verbessert. Dass diese Entwicklung mit dem neuen, digitalen Marketing zu tun hat, ist im Unternehmen unumstritten.

4.2.2 Vertriebskosten

Die Vertriebskosten sind immer ein lohnendes Diskussionsthema, wenn es um Ergebnisverbesserungen geht. Sie systematisch in einer Kennzahl zu ermitteln und zu beobachten, ist daher unbestritten sinnvoll. Wie bei jeder Kostengröße hat die absolute Höhe nur eine geringe Aussagekraft. Um eine bessere Entscheidungsgrundlage zu schaffen, sollte daher ein Bezug zum Umsatz oder zum Deckungsbeitrag bzw. zum Ertrag hergestellt werden.

Werden digitale Strukturen neu aufgebaut, um den digitalen Vertriebsweg für das Unternehmen zu erschließen, verändert sich die Zusammensetzung der Vertriebskosten. Menschliche Verkäufer werden durch Technik ersetzt. Dadurch werden dann Kosten aus dem Vertrieb in andere Bereiche, z. B. die Informationstechnologie, verschoben. Diese wiederum kommen über die Umlagen zurück in die Kostenstellenabrechnung. Im Controlling muss diese Entwicklung erkannt und dokumentiert werden. Dafür eignen sich verschiedene Kennzahlen.

Um die richtige Kennzahl zu finden, wird zunächst ermittelt, welche Kostenarten im Vertrieb von der Transformation zum digitalen Geschäftsmodell signifikant betroffen sind.

- Personalkosten, da Verkäufer durch digitale Technik ersetzt werden
- Kosten der digitalen Technik
- Reisekosten, wenn ein Mitarbeiter des Außendienstes die Kunden besucht
- Gebäudekosten (Miete, Abschreibung, Ausstattung, Energie, ...), da stationäre Geschäfte geschlossen werden

Diese und weitere Kostenarten können jeweils ins Verhältnis zu den gesamten Vertriebskosten, zum Umsatz oder zum Deckungsbeitrag gesetzt werden. Die folgende Tabelle zeigt beispielhaft einige Entwicklungen.

Vertriebskosten traditionell				
Kostenart	EUR	Anteil an		
		Vertriebskosten	Umsatz	Deckungsbeitrag
Personal	250.000	27,8%	5,0%	24,9%
Marketing	318.000	35,3%	6,4%	31,7%
Mieten	185.000	20,6%	3,7%	18,4%
Abschreibungen	20.000	2,2%	0,4%	2,0%
IT-Umlage	85.000	9,4%	1,7%	8,5%
Sonstiges	42.000	4,7%	0,8%	4,2%
Summe	900.000	100,0%	18,1%	89,6%
Vertriebskosten digital				
Kostenart	EUR	Anteil an		
		Vertriebskosten	Umsatz	Deckungsbeitrag
Personal	150.000	17,1%	2,5%	5,0%
Marketing	345.000	39,3%	5,7%	11,4%
Mieten	25.000	2,8%	0,4%	0,8%
Abschreibungen	7.500	0,9%	0,1%	0,2%
IT-Umlage	285.000	32,5%	4,7%	9,4%
Sonstiges	65.000	7,4%	1,1%	2,1%
Summe	877.500	100,0%	14,5%	29,0%

Tab. 4: Kennzahlen mit Vertriebskosten

4.2.3 Logistikkosten

Kennzahlen zu den Logistikkosten werden immer dann erstellt, wenn die Lagerung von Material oder Fertigwaren sehr aufwendig ist und/oder der Versand der Produkte an die Kunden vom Unternehmen bezahlt wird. Üblich ist die Gegenüberstellung von Logistikkosten und Umsatz, Deckungsbeitrag oder Ertrag. Wichtig ist vor allem, den Bezug richtig zu treffen. So gibt es Beispiele, in denen für exportierte Waren aufgrund von Selbstabholung keine Transportkosten anfallen, im Inland diese jedoch vom Unternehmen getragen werden. Ein Bezug dieser Logistikkosten auf den Gesamtumsatz wäre falsch, da er durch die Anteile der Inland- und Exportwerte verfälscht würde.

In digitalen Geschäftsmodellen verändern sich Logistikkosten, was zumindest während der Transformationsphase vom Controlling durch geeignete Kennzahlen zu beobachten ist.

* Bestandteil der digitalen Vertriebswege ist in vielen Fällen auch der Versand der Waren. Gegenüber einem Einzelhandelsgeschäft steigen die Transportkosten wesentlich.
* Im digitalen Handel wird eine schnelle Lieferung erwartet, sowohl von privaten als auch von gewerblichen Kunden. Die Lagerhaltung muss steigen, um dies zu gewährleisten.
* Ziel von Industrie 4.0 ist es, durch eine enge Zusammenarbeit der in einer Wertschöpfungskette beteiligten Stellen besser disponieren zu können. Das soll die Lagerkosten, aber auch die Versandkosten senken.
* Besteht das Angebot im digitalen Geschäftsmodell nur aus digitalen Produkten, gibt es gar keine Logistikkosten mehr. Darauf bezogene Kennzahlen werden überflüssig.

Kennzahlen wie »Durchschnittliche Versandkosten je Lieferung« oder »Anteil der Logistikkosten am Umsatz (oder Deckungsbeitrag)« ermöglichen die laufende Beobachtung der Kostenentwicklung. Zielvereinbarungen sind möglich. Die Kennzahlen können auch für begrenzte Bereiche, z. B. eine Warengruppe oder eine Verkaufsregion, errechnet werden. Sie werden dadurch praktikabler.

4.2.4 IT-Kosten

Die Informationsverarbeitung ist für alle Unternehmen von größter Wichtigkeit, um die Vorteile der Digitalisierung für sich nutzen zu können. Die dort entstehenden Kosten sind leider nicht stabil. Zum einen verändern sich die Preise für Geräte, Anwendungen oder Leistungen permanent, da sich auch die Technik immer weiter verändert. Zum anderen werden die Aufgaben für die IT immer größer. Vor allem die Entwicklung in digitalen Geschäftsmodellen führt zur rasanten Ausweitung der digitalen Anwendungen und damit auch der IT-Kosten.

All das ist ein wichtiger Grund, um die Angemessenheit der IT-Kosten, z. B. mit Kennzahlen, festzustellen und zu prüfen. Dabei gibt es jedoch zwei Probleme:

1. Die ständige Veränderung und die schnelle Entwicklung in der IT machen die Wahl einer sinnvollen Kennzahl schwer. Die Leser einer solchen Kennzahl haben kaum eine Chance, sich an den Wert zu gewöhnen und so Veränderungen schnell einzuordnen.
2. Die interne Verteilung der Kosten auf einzelne Kostenarten hat Auswirkungen auf die absolute Höhe der IT-Kosten und auf die Beziehung der Kostenentstehung zu den betroffenen Kostenarten.

Beispiel: Cloud-Dienste

In vielen digitalen Geschäftsmodellen werden Cloud-Dienste genutzt, um die IT-Kosten zu reduzieren und zu flexibilisieren. Daten werden in der Cloud gespeichert, Anwendungen dort gestartet und abgewickelt. Das reduziert die eigenen Investitionen und damit Abschreibungen und Wartungskosten. Es entstehen Miet-, Service- und Kommunikationskosten. Durch die Cloud-Dienste wird teilweise eine Flexibilisierung der IT-Kosten bezüglich des Nutzungsumfangs erreicht. Kennzahlen darüber müssen sich entsprechend ändern.

Während in vielen traditionellen Strukturen die IT-Kosten relativ fix sind, können sie in digitalen Geschäftsmodellen in größerem Umfang an die Beschäftigung, die reale Nutzung angepasst werden. Kennzahlen wie IT-Kosten je User werden ersetzt durch IT-Kosten je Auftrag, je Zugriff oder je Eingangsrechnung. Die Kennzahlen werden durch die Digitalisierung detaillierter und damit auch besser planbar.

4.2.5   Kostenkennzahlen für digitale Anwendungen

In digitalen Geschäftsmodellen werden neue und traditionelle Aufgaben mithilfe digitaler Abläufe erledigt. Die dabei entstehenden Informationen können für Kennzahlen verwendet werden, die es im traditionellen Bereich nicht gibt. Dafür werden die Kosten aus der Kostenrechnung auf die neuen Bezugseinheiten aus dem digitalen Geschäftsmodell, wie z. B. die Anzahl der Klicks oder der digitale Vertriebsweg, verteilt. Mit diesen Kennzahlen wird die Kostenentwicklung in digitalen Geschäftsmodellen überwacht. Das ist besonders während der Transformation traditioneller in digitale

Modelle und beim Aufbau digitaler Unternehmen von großer Bedeutung, da hier für die Kosten noch brauchbare Bezugsgrößen gefunden werden müssen. Einige Beispiele:

- Kosten je Klick: Jeder Klick auf die Website des Unternehmens wird durch Maßnahmen wie Suchmaschinenoptimierung, Newsletter oder Aktivitäten in sozialen Medien provoziert. Das kostet Geld. Die Klickrate der Internetseite, des Onlineshops usw. wird technisch ermittelt. Die Kosten für die jeweiligen Maßnahmen werden durch die Anzahl der Klicks dividiert.
- Kosten pro Auftrag: In Onlineshops werden die Gesamtkosten für den digitalen Vertriebsweg durch die Anzahl der Aufträge dividiert. Die Höhe der Auftragswerte spielen an dieser Stelle keine Rolle.
- Retouren pro Auftrag: Das im Internethandel gesetzlich vorgeschriebene Widerrufsrecht des Käufers führt zu Warenrücksendungen. Die dafür erforderliche Logistik, Bearbeitung und vor allem der entstehende Wertverlust der Ware verursachen erhebliche Kosten. Die Kennzahl »Retouren pro Auftrag« hält fest, wie viele Retouren durchschnittlich bei einem Auftrag anfallen. Dieser Wert sollte deutlich unter 1 liegen.
- Kosten je Retoure: Die Kennzahl beobachtet die durchschnittlichen Kosten für eine Retoure.
- Kosten zu Umsatz: Die Kosten für den digitalen Vertriebsweg inklusive der Technik, des digitalen Marketings und der Bearbeitung werden dem im digitalen Geschäftsmodell generierten Umsatz gegenübergestellt.
- Kosten Cloud-Dienste zu Kosten eigene Technik: In digitalen Geschäftsmodellen werden immer mehr technische Aufgaben über die Cloud erledigt. Dabei entstehen Kosten für den Dienstleister im Netz, gleichzeitig werden Kosten für die eigene Technik gespart. Wird das Geschäftsmodell von der eigenen IT zu Cloud-Diensten umgestellt, entwickeln sich die Kosten für die Nutzung von Cloud-Services gegenläufig zu den eigenen Kosten.

Beispiel: IT-Kosten in der Cloud

Die folgende Tabelle zeigt die Entwicklung der IT-Kosten während der Transformation von der eigenen IT zur intensiveren Nutzung von Cloud-Diensten. Über 18 Monate wurden nach und nach bisher durch die eigenen Mitarbeiter und Systeme erledigte IT-Aufgaben wie Datenspeicherung, Anwendungen und Betreuung auf Clouddienste übertragen.

Entwicklung Kosten IT während Transformation in TEUR

Monat	Mai	Jun	Jul	Aug	Sep	Okt	Nov	Dez	Jan	Feb	Mrz	Apr	Mai	Jun	Jul	Aug	Sep	Okt
Eigene IT	350	350	360	360	340	320	300	300	250	220	220	220	210	200	200	150	150	150
Cloudkosten	5	25	25	25	50	60	80	80	85	79	81	82	83	79	95	95	100	97
Summe IT	355	375	385	385	390	380	380	380	335	299	301	302	293	279	295	245	250	247
Verhältnis	1 %	7 %	7 %	7 %	15 %	19 %	27 %	27 %	34 %	36 %	37 %	37 %	40 %	40 %	48 %	63 %	67 %	65 %

Tab. 5: Kosten Cloud-Dienste zu Kosten eigene IT-Technik

Das Verhältnis der Kosten, die für die Cloud gezahlt werden, und der eigenen IT-Kosten steigt von 1 % auf 65 %. Gleichzeitig sinken die Gesamtkosten der IT-Versorgung von 355 TEUR auf 247 TEUR, was vor allem durch die Flexibilisierung der Kosten in der Cloud, also der Anpassung an die tatsächliche Nutzung, erreicht wurde. Die bisher bereitgehaltene Maximalkapazität muss nur noch dann bezahlt werden, wenn sie auch benötigt wird. Die regelmäßige Beobachtung dieser Kennzahlen ermöglicht weitere Optimierungen.

- Durchlaufzeiten: Je schneller ein Auftrag, der vom Kunden platziert wird, erledigt ist – vom Kauf der Rohstoffe, Materialen usw. über die Fertigung bis zum Versand – desto zufriedener ist nicht nur der Kunde. Es fallen auch weniger Kosten für Lagerung, Planung, Fertigung oder Versand an. Mit Industrie 4.0 wird genau das erreicht. Die Durchlaufzeiten sinken, die Planung wird besser. Niedrige Durchlaufzeiten bedeuten also auch niedrige Kosten.
- Kosten eines Blogs/einer Facebookseite usw.: Unternehmen können sich auch in den sozialen Medien betätigten, um den Ruf im Markt zu festigen und zu verbessern. Neben eigenen Aktivitäten z. B. auf Xing, der Personalplattform oder einer eigenen Seite auf Facebook, kann auch ein eigener Blog von den Experten in der Entwicklungsabteilung geführt werden. Diese Aktivitäten verursachen Kosten, die zum einen aus den meist geringen Kosten für die Technik und zum anderen aus den wesentlicheren Kosten für die Zeit der Mitarbeiter bestehen. Kennzahlen sollten diese Kosten regelmäßig berichten.

> **Hinweis: Kostenabbau während der Transformation**   !
>
> Wenn ein Geschäftsmodell von traditionell nach digital transformiert wird, werden viele Kosten überflüssig. Das betrifft Mietkosten (z. B. für Einzelhandelsgeschäfte), Abschreibungen (z. B. für Lagereinrichtungen oder Lagergebäude) oder Personalkosten (z. B. für Verkäufer oder Logistiker). Die Entwicklung dieser Kosten muss überwacht werden, am besten durch das Reporting entsprechender Kennzahlen. Nur so wird sichergestellt, dass der oft schwierige Abbau dieser Kosten auch tatsächlich gelingt.
> Bei der Planung des Kostenabbaus muss berücksichtigt werden, dass die Beträge vieler Kostenarten nur langsam reduziert werden können. Kündigungsschutzrechte machen den Personalabbau schwierig, Mietverträge müssen oft langfristig gekündigt werden, abzuschreibendes Anlagevermögen kann nicht oder nur zu verlustbringenden Preisen verkauft werden. In der Praxis kommt es immer wieder dazu, dass der Abbau nicht mit genügend Engagement betrieben wird, wenn nicht vom Controlling eine ständige Überwachung mit Kennzahlen geliefert wird.

4.2.6   Materialeinsatz

Eine besondere Kennzahl ist die Materialeinsatzquote eines Unternehmens. Interessant ist sie vor allem für Fertigungsunternehmen oder Handelsunternehmen, dort wird sie Wareneinsatz genannt, weniger bedeutsam ist sie hingegen für Dienstleister.

Die Werte können für das gesamte Unternehmen aus der Gewinn- und Verlustrechnung (GuV) entnommen werden. Das HGB verlangt in der vorgegebenen Gliederung den Ausweis des Materialaufwands (§ 275 HGB). Damit ist die Materialeinsatzquote auch von Externen berechenbar. Allerdings ist die Aussagekraft gering, wenn sie auf das Gesamtunternehmen bezogen wird. Veränderungen in der Struktur des Unternehmens werden nicht erkannt, wenn die Kennzahl bezogen auf das Gesamtunternehmen verwendet wird.

In digitalen Geschäftsmodellen wird die Beschaffung von Waren oder Bauteilen einfacher, da die Organisation digital erledigt werden kann. In vielen Fällen sinkt die Fertigungstiefe dadurch, der Materialeinsatz wird höher, die Kennzahl verändert sich. Externe Partner, die ein Interesse an wirtschaftlichen Kennzahlen des Unternehmens haben, müssen auf die Gründe für diese Veränderung hingewiesen werden. Intern ist es sinnvoll, die Materialeinsatzquote bezogen auf einzelne Produkte oder Produktgruppen zu errechnen und langfristig zu beobachten.

Einfluss auf die Materialeinsatzquote hat auch eine Veränderung der Einkaufspreise. Die Quote wird auf Basis von Euro errechnet, was aufgrund der unterschiedlichen Mengenanteile von Rohstoffen, Bauteilen usw. sicherlich sinnvoll ist. Unter sonst gleichen Bedingungen lassen Steigerungen der Einkaufspreise die Quote ansteigen, sinkende Einkaufspreise lassen sie sinken. Da bei der Nutzung des Internets zur Beschaffung in der Regel ein Kostenvorteil erreicht wird (steigende Konkurrenz unter den Lieferanten, optimierte Transportkosten, …), verschwindet der Preiseffekt der digitalen Beschaffung in dieser Quote. Bei der Verwendung der traditionellen Kennzahl kann also nicht mehr erkannt werden, welchen Einfluss das digitale Geschäftsmodell auf die Einkaufspreise hat.

> **!**
>
> **Hinweis: Preisschwankungen eliminieren**
>
> Um die tatsächliche Entwicklung der Materialeinsatzquote durch das digitale Geschäftsmodell ohne den Einfluss von Preisveränderungen darzustellen, können die Preisschwankungen eliminiert werden. Dabei wird im Vergleich von zwei Perioden der als Menge ermittelte Materialverbrauch der zweiten Periode mit den Einkaufspreisen der ersten Periode bewertet. So spielt dann nur noch die verbrauchte Menge eine Rolle. Der Aufwand für das Controlling ist größer, da nicht der vorhandene Wert aus der Buchhaltung verwendet werden kann, um die Kennzahl zu errechnen. Es muss für jedes eingesetzte Material die Verbrauchsmenge mit dem Preis der Vorperiode multipliziert werden. Angesichts der gewonnenen Aussagekraft lohnt dieser Aufwand.

4.2.7   Prozesskostenrechnung

Die Organisation der weitaus meisten Unternehmen ist nach Funktionen gegliedert. Es gibt Verantwortungsbereiche für den Verkauf, den Einkauf, die Fertigung oder die Buchhaltung. So ist auch die Kostenrechnung aufgebaut und die Kostenkennzahlen sind entsprechend inhaltlich ausgelegt. Eine funktionsorientierte Hierarchie hat wesentliche Nachteile, wenn es um die Optimierung von Prozessen geht. Darum beginnen immer mehr Unternehmen damit zu prüfen, ob es sinnvoll ist, eine neue Organisationsform, die auf Prozesse ausgerichtet ist, zu implementieren.

In digitalen Geschäftsmodellen ist der Prozessgedanke weit mehr ausgeprägt als in traditionell arbeitenden Unternehmen. Die autonomen Abläufe nehmen keine Rücksicht auf Abteilungsgrenzen, sie werden von ihnen nur gehindert. Die Anzahl der an einem digitalen Prozess beteiligten Entscheider ist in Unternehmen, die nach Funktionen gegliedert sind, viel zu hoch. Jeder betroffene Bereich will seine eigene Entscheidungshoheit behalten. Wenn die digitalen Geschäftsmodelle erfolgreich sein sollen, muss eine Verantwortung für den jeweiligen Prozess, z. B. den Beschaffungsprozess von der Bedarfsmeldung bis zur Bezahlung, geschaffen werden. Diese Verantwortung für einzelne Prozesse kann auch in Unternehmen, die hierarchisch – also in Funktionen – gegliedert sind, über die Funktionen gelegt werden. Dabei kommt es jedoch zu einem hohen Abstimmungsaufwand.

Hinweis: Nicht voreilig umstellen   !

Die Umstellung der Unternehmensorganisation von der hierarchisch orientierten auf die prozessorientierte Organisation ist sehr komplex. Es bedarf einer aufwendigen Vorbereitung, einer detaillierten Planung und einer komplexen Umsetzung, damit die Umstellung erfolgreich durchgeführt werden kann. In der Praxis dauert diese Transformation mehrere Jahre. Die Transformation des traditionellen in ein digitales Geschäftsmodell sollte dazu veranlassen, über eine Prozessorganisation nachzudenken. Wenn digitale Geschäftsmodelle im Start-up neu gegründet werden, sollte die Prozessorientierung von Beginn an umgesetzt werden. Auf diese Weise kann ein späterer Veränderungsprozess vermieden werden.

Die digitalen Prozesse sollen die Kosten in der Verwaltung wesentlich reduzieren. Um diese erwünschte Kostenreduktion zu begleiten, gibt es eine Vielzahl von Kennzahlen, die sich mit den Kosten der Prozessschritte und dem Gesamtprozess beschäftigen.

- Für jeden einzelnen Prozess werden die Kosten ermittelt. Dazu gibt es im Controlling die Prozesskostenrechnung, mit der alle Kosten einem Vorgang zugeordnet werden. So kann z. B. ermittelt werden, welche Verwaltungskosten ein Auftrag vom Angebot, über den Auftragseingang bis zur Auslieferung und Bezahlung durch den Kunden verursacht. Weitere beispielhafte Prozesse sind der Beschaffungsprozess, der Prozess der Logistik oder der Prozess der Mitarbeiterbeschaffung.
- In jedem Prozess gibt es Teilprozesse, die ebenfalls mit Kosten versehen werden. So wird z. B. festgehalten, wie viel ein Angebot, wie viel eine Auftragsbestätigung, eine Ausgangsrechnung oder eine Mahnung kostet. Die Summe der Teilprozesse ergibt die Kosten des Gesamtprozesses.

So entstehen einige Kostenkennzahlen, die eine Überwachung der Prozesskosten möglich machen. Wenn Prozesse oder Teilprozesse digitalisiert werden, ermöglichen diese Kennzahlen die Feststellung der tatsächlichen Kosten der digitalen Erledigung, die im Vergleich mit den Kosten der traditionellen Arbeitsweise den Erfolg der digitalen Geschäftsmodelle messen können.

4.3   Erfolgskennzahlen

Auf der Ebene der Unternehmensführung und für die Geldgeber eines Unternehmens ist vor allem die Profitabilität wichtig. Entsprechende Kennzahlen werden vom Controlling auch in digitalen Geschäftsmodellen ermittelt und kommuniziert. Dabei werden Ertragsgrößen, in der Regel das EBIT, aber auch das Betriebsergebnis oder das EBITDA den Parametern, die Einfluss auf den Unternehmenserfolg haben, gegenübergestellt.

- Das EBIT ist das Ergebnis aus der gewöhnlichen Geschäftstätigkeit vor der Berücksichtigung von Zinsen und Steuern.

> **!**   **Hinweis: EBIT für Vergleich nicht immer geeignet**
>
> Im EBIT sind keine Zinsen berücksichtigt. Das kann zu falschen Schlüssen führen, wenn bei der Transformation von einem traditionellen in ein digitales Geschäftsmodell die beiden EBITs miteinander verglichen werden:
>
> - Kommt das Unternehmen bisher ohne hohe Fremdfinanzierung aus, sind die Zinsen niedrig. Investitionen in das digitale Geschäftsmodell, z. B. für den Aufbau eines Online-shops und den Kauf von Marketingdaten, können dazu führen, dass signifikante Mengen an Fremdkapital aufgenommen werden müssen. Die Zinsen steigen.
> - Hat das Unternehmen bisher Fremdkapital benötigt, um die eigene IT-Ausstattung zu finanzieren, dann sinkt die Notwendig dazu, wenn die IT-Aufgaben weitestgehend in die Cloud verlagert werden. Investitionen sind nicht mehr oder nicht im bisherigen Ausmaß notwendig. Die Zinsen sinken.
>
> Auch wenn in einer Niedrigzinsphase die Zinsen kaum ins Gewicht fallen, können sie den Blick auf das Gesamtergebnis verschleiern. Für den letzten Fall, wenn Abschreibungen durch flexibel abgerechnete Services ersetzt werden, eignet sich die Kennzahl EBITDA besser als das Ergebnis aus gewöhnlicher Geschäftstätigkeit ohne Zinsen, Steuern und Abschreibungen.

- Mit der Umsatzrendite (EBIT/Umsatz) wird eine Kennzahl errechnet, die einen hohen Umsatz mit hohen Erträgen verbindet. Auch dieses Verhältnis kann sich in digitalen Geschäftsmodellen durchaus anders darstellen. Dort wird oft mehr Umsatz benötigt, um absolut den gleichen Ertrag zu erwirtschaften. Das muss nicht schlecht sein, wie es eine sinkende Umsatzrendite annehmen lässt.
- Der Ertrag im Bezug zum eingesetzten Kapital – EBIT/Eigenkapital; EBIT/(Eigenkapital + Fremdkapital) – zeigt den Erfolg des Unternehmens je Kapitaleinheit auf. Dadurch wird ein Vergleich mit anderen Investitionsalternativen, die es für das Kapital gibt, ermöglicht. Bei der Transformation in das digitale Geschäftsmodell

kann es zu wesentlichen Veränderungen kommen, die zu einem Erklärungsbedarf führen.

- Die Kennzahl EBIT/Mitarbeiter verknüpft den Ertrag mit den Personalkosten. Mit je weniger Mitarbeiter sich das Ergebnis erwirtschaften lässt, desto besser. In digitalen Geschäftsmodellen werden oft weniger, dafür aber teurere Mitarbeiter eingesetzt. Außerdem wird menschliche Arbeit durch autonome Abläufe ersetzt. Die Kopfzahl sinkt, dafür steigen die Kosten für die IT.

4.4 Finanzkennzahlen

Während es bei den bisherigen Kennzahlen um den Erfolg des laufenden Geschäfts geht, beschreiben die Finanzkennzahlen die finanzielle Situation des Unternehmens. Es geht darum, festzustellen, ob dem Unternehmen ausreichende Mittel der richtigen Art zur Verfügung stehen. Die Finanzkennzahlen beider Geschäftsmodelle, traditionell und digital, sind identisch, können also miteinander verglichen werden. Es kommt jedoch zu Veränderungen durch den Transformationsprozess. Digitale Geschäftsmodelle haben andere Schwerpunkte. Zunächst die wichtigsten Zahlen, wobei die Grundlage der Berechnung immer die Bilanzwerte sind.

- Eigenkapitalquote: Das Verhältnis des Eigenkapitals zur Bilanzsumme des Unternehmens zeigt das Engagement der Eigentümer des Unternehmens. Das Eigenkapital ist das Kapital, das ohne zeitliche Begrenzung und ohne Bedingungen im Unternehmen investiert wurde, und übernimmt eine Haftungsfunktion. Je höher der Wert, desto besser. Es verursacht keine Kosten in Form von Zinsen. Die Gewinnausschüttung unterliegt rechtlichen Vorschriften. Viele externe Geldgeber erwarten eine Eigenkapitalquote von mindestes 30 %.
- Liquidität Grad 1, 2, 3: Liquidität, also die Fähigkeit des Unternehmens zur Begleichung aller fälligen Zahlungen, ist existenziell wichtig. Aus der Bilanz lassen sich drei Liquiditätskennzahlen errechnen, die sich hinsichtlich dessen unterscheiden, welche Vermögensteile und Zahlungsverpflichtungen einbezogen werden. Es werden immer Positionen der Aktivseite einer Bilanz denen der Passivseite gegenübergestellt.
  - Liquidität 1. Grades: Die Kennzahl gibt an, ob das Unternehmen grundsätzlich in der Lage ist, schnell auftretende Zahlungsverpflichtungen wie zurückzahlbare Bankkredite oder Verbindlichkeiten gegenüber Kreditoren zu erfüllen.

$$\text{Liquidität 1. Grades} = \frac{\text{flüssige Mittel}}{\text{kurzfristige Verbindlichkeiten}}$$

Flüssige Mittel sind Kassenbestände, Guthaben bei Banken usw. Kurzfristige Verbindlichkeiten sind Verbindlichkeiten mit einer Restlaufzeit von weniger als 1 Jahr. Die Forderung nach einem Wert nahe bei 1 ist nicht realistisch, da im Laufe des Jahres noch weitere Zahlungseingänge zu erwarten sind, die zur Auszahlung der notwendigen Beträge verwendet werden können.

– Liquidität 2. Grades: Die betrachteten Vermögensteile werden um die kurzfristigen Forderungen (Restlaufzeit max. 1 Jahr) ergänzt, da die Realisierung dieser Forderungen realistisch ist und der Zahlungseingang zur Begleichung der Zahlungsverpflichtungen des kommenden Jahres genutzt werden kann.

$$\text{Liquidität 2. Grades} = \frac{\text{flüssige Mittel + kurzfristige Forderungen}}{\text{kurzfristige Verbindlichkeiten}}$$

Je nach Branche und Unternehmensgröße sollte dieser Wert deutlich über 0,5 liegen, damit ausreichende Sicherheit gewährleistet ist.

– Liquidität 3. Grades: Im Falle fehlender Liquidität können theoretisch die Vorräte schnell zur Beschaffung notwendiger Mittel verkauft werden. Daher werden sie in die Liquiditätsquelle aufgenommen.

$$\text{Liquidität 3. Grades} = \frac{\text{flüssige Mittel + kurzfristige Forderungen + Vorräte}}{\text{kurzfristige Verbindlichkeiten}}$$

Die Liquidität 3. Grades sollte einen Wert > 1 haben, damit sichergestellt ist, dass kurzfristige Verbindlichkeiten auch mit kurzfristigen Vermögensteilen bezahlt werden können.

! **Hinweis: Kritik ist angebracht**

Für alle Kennzahlen, die aus Bilanzwerten errechnet werden, gilt, dass diese hauptsächlich durch die Vergangenheit geprägt sind. Der Zukunftsbezug ist nur eingeschränkt gegeben. Brauchbar werden die Liquiditätsgrade dann, wenn sie in einer Zeitreihe betrachtet werden, um eine Entwicklung zu erkennen. Brauchbar für die aktuelle Aufgabe in der Steuerung von Unternehmen sind sie nur dann, wenn die Bilanz nicht nur jährlich, sondern z. B. monatlich aufgestellt wird. Dann können Veränderungen in den Kennzahlen schneller erkannt werden. Für die Überwachung der aktuellen Liquidität ist eine Liquiditätsplanung notwendig, die auf Sicht von 12 Monaten die Entwicklung der für die Liquidität wichtigen Bilanzpositionen vorhersagt. Gleichzeitig sind zusätzliche Geldquellen wie offene Kreditlinien bei den Banken zu berücksichtigen. Diese stehen nicht in der Bilanz.

! **Hinweis: Digitale Geschäftsmodelle brauchen intensive Beobachtung**

Für Unternehmen mit digitalen Geschäftsmodellen oder für solche, die sich gerade in einem Transformationsprozess dorthin befinden, gibt es eine besondere Notwendigkeit, die Liquidität intensiv und kurzfristig zu beobachten. Das hat mehrere Gründe:

• Der Transformationsprozess verursacht Kosten und Investitionen, die nicht immer exakt planbar sind. Außerdem fehlt meist die Erfahrung, sodass unerwartete Auszahlungen entstehen. Die ersten Einzahlungen aus dem dann neuen digitalen Geschäftsmodell erreichen das Unternehmen erfahrungsgemäß erst später.

- Unternehmen mit digitalen Geschäftsmodellen sind oft Start-ups, die vorsichtig finanziert sind und nur eine geringe Bonität bei den Banken haben. Das Wachstum erzeugt einen hohen Geldbedarf, der immer rechtzeitig finanziert werden muss.
- Digitale Geschäftsmodelle bewegen sich in einem flexiblen Geschäftsumfeld. Verkäufe von Waren und Leistungen und die daraus entstehenden Einnahmen schwanken mitunter sehr stark, während die Ausgaben oft fix sind oder sich erst spät den Schwankungen anpassen. Das kann zu Liquiditätsproblemen führen, die rechtzeitig erkannt werden müssen.

- Working Capital: Die Kennzahl «Working Capital» gibt an, wie viel Kapital durch das normale Geschäft des Unternehmens gebunden ist (betriebsnotwendiges Kapital). Es wird aus der Bilanz errechnet:

$$\text{Working Capital} = \text{Umlaufvermögen} - \text{kurzfristige Verbindlichkeiten}$$

Das Working Capital ergibt sich vereinfacht aus der Addition bzw. Subtraktion der folgenden Bilanzpositionen:

+ Vorräte
+ Forderungen aus Lieferung und Leistung
+ Sonstige Forderungen (kurzfristig)
- Verbindlichkeiten aus Lieferung und Leistung
- Sonstige Verbindlichkeiten (kurzfristig)
- Rückstellungen (kurzfristig)
= Working Capital

Wie alle anderen Kennzahlen auch erfährt das Working Capital durch eine Zeitreihe und durch eine entsprechende Planung eine zusätzliche Aussagekraft. Der Wert an sich gibt an, welches Kapital durch das eigentliche Geschäft gebunden ist. So werden überflüssige Finanzmittel aus der Bewertung herausgenommen. Die Kennzahl eignet sich besonders gut für Zielvereinbarungen mit verantwortlichen Mitarbeitern – auch im operativen Bereich. Die Höhe der Forderungen oder Verbindlichkeiten und die Höhe der Vorräte hängt ab von Entscheidungen, die im operativen Bereich getroffen werden.

Die genannten und auch weitere Finanzkennzahlen in traditionellen Geschäftsmodellen können inhaltlich auf digitale Modelle übertragen werden. Die Werte weisen in der Praxis jedoch wesentliche Unterschiede aus, da die einbezogenen Parameter, also vor allem die Bilanzpositionen, andere Bedeutungen haben:
- Das Eigenkapital in jungen Unternehmen ist oft nicht in der gewohnten Form vorhanden. So sind Finanzierungen über Crowdfunding mit entsprechenden Beteiligungsformen üblich. Über private Equity-Gesellschaften wird Eigenkapital

generiert, Förderbanken der EU, der Bundesrepublik und der Länder beteiligen sich. Das lässt die Berechnung des tatsächlichen Eigenkapitals komplexer werden.

- Die Höhe des Eigenkapitals in Start-ups mit digitalen Geschäftsmodellen ist im Verhältnis zur Bilanzsumme oft höher als in traditionellen Unternehmen, weil die Banken kaum Sicherheiten sehen und daher kaum Kredite vergeben. Das Fremdkapital wird in solchen Fällen durch Eigenkapitalkonstruktionen, z. B. Mezzanine-Kapital, ersetzt.

- In Verbindung mit Industrie 4.0 lassen sich Vorräte in digitalen Geschäftsmodellen häufig reduzieren. Fertigungsunternehmen können so Bestände an Material oder Rohstoffen reduzieren. Auf der anderen Seite kann die Notwendigkeit, die Bestellungen im Onlineshop sofort ausführen zu müssen, zu höheren Beständen führen. Wenn Produkte digitale Funktionen erhalten, werden sie teurer. Das wiederum hat Auswirkungen auf das Vorratsvermögen, das mit höheren Herstellungskosten bewertet wird. Gegenüber einem Einzelhandelsgeschäft sind die Vorräte dann oft wiederum geringer, da es keine Ladengeschäfte mit entsprechenden Vorräten gibt.

- Die Forderungen können sich in digitalen gegenüber traditionellen Geschäftsmodellen verändern. Gegenüber dem stationären Einzelhandel, der von sofortiger Bezahlung geprägt ist, baut ein Onlineshop zumindest kurzfristige Forderungen gegen die Kunden oder gegenüber Zahlungsdienstleistern auf. Andere Geschäftsmodelle, z. B. der B2B-Verkauf über das Internet, reduzieren die Forderungen, weil im Internet mehr über Vorkasse verkauft wird.

- Umgekehrt gilt das auch für die Verbindlichkeiten, die bei vermehrtem Einkauf von verschiedenen Lieferanten im Netz durch Vorkasse oder Sofortbezahlung und fehlende individuelle Zahlungsvereinbarungen sinken können.

- Die Struktur und Höhe des Anlagevermögens verändert sich, wenn ein traditionelles Geschäftsmodell in ein digitales transferiert wird. Die Entwicklung geht hin zur intensiven Nutzung von Clouddiensten. Dabei wird Anlagevermögen für Hardware und Software abgebaut, da die Kapazitäten und Anwendungen in der Cloud genutzt werden. Grundlegende Veränderungen im Geschäftsmodell können Auswirkungen auf das Anlagevermögen haben, wenn z. B. Maschinen nicht mehr verkauft, sondern vermietet werden.

Beispiel: Miete statt Verkauf

Der Hersteller von Zentrifugen für die Lebensmittelindustrie hat ein Tochterunternehmen gegründet, das die oft mehrere Hunderttausend Euro teuren Maschinen nicht mehr an die Kunden verkauft. Vielmehr wird die Leistung der beim Kunden installierten Maschinen digital festgestellt und berechnet. Im Vergleich zum traditionellen Ablauf steigt das Anlagevermögen, da die Zentrifugen im Eigentum des Herstellers verbleiben. Sie werden regelmäßig abgeschrieben. Auf der anderen Seite verändert sich der Umsatz, da nicht mehr einmalig eine große Summe erzielt wird, vielmehr wird regelmäßig Umsatz erzeugt in geringerer Höhe.

Es entstand bei der Transformation des Geschäftsmodells ein Finanzierungsbedarf für die vermieteten Maschinen. Gleichzeitig veränderten sich die Finanzkennzahlen, die Eigenkapitalquote ging zurück, die Forderungen sanken. Die Kennzahlen aus dem Controlling entsprachen nicht mehr dem bisher Bekannten.

Die Unterschiede der wichtigen Finanzkennzahlen zwischen dem traditionellen und dem digitalen Geschäftsmodell führt auch heute noch zu Erklärungsbedarf. Ohne das Wissen über die Gründe für die Veränderungen der Kennzahlen werden Geldgeber und andere Empfänger der Informationen verunsichert. Das Controlling muss dem aktiv entgegentreten. Die Erläuterungen müssen mit den Zahlen gemeinsam gegeben werden, damit Fragen gar nicht erst auftauchen oder, noch schlimmer, die Werteentwicklung ohne Nachfrage als negativ eingestuft wird. Das kann Auswirkungen auf die Bonität das Unternehmens haben, wenn sich z. B. aufgrund einer sinkenden Eigenkapitalquote das Ranking (bei?) der Bank verschlechtert.

4.5 Typische Kennzahlen für digitale Geschäftsmodelle

Das Controlling ist als Steuerungsinstanz auch beteiligt, wenn digitale Geschäftsmodelle geschaffen werden. Neben der laufenden Überwachung der Transformation und deren Erfolge muss das Controlling spezielle Kennzahlen für die autonomen Abläufe bereitstellen.

4.5.1 Umsetzung digitaler Projekte

Die digitalen Geschäftsmodelle sind für kleine und mittlere Unternehmen überlebenswichtig. Die Transformation dahin muss also gut geplant und überwacht werden, damit bei Problemen oder Verzögerungen reagiert werden kann. Das Controlling steuert diesen Überwachungsprozess u. a. auch mit Kennzahlen, die den aktuellen Stand der Umsetzung von digitalen Projekten wiedergeben. Einige Beispiele:
- Umsatzanteil digital: Der Umsatz, der über digitale Vertriebswege das Unternehmen erreicht, wird durch den gesamten Umsatz dividiert. Das Ergebnis ist der prozentuale Anteil des digitalen Umsatzes zum Gesamtumsatz. Dieser sollte sich in der Transformationsphase positiv entwickeln.
- Digitale Weiterbildung: Die Mitarbeiter müssen auf das digitale Geschäftsmodell vorbereitet werden. Die Abläufe müssen bekannt sein, die Fähigkeit zur Handhabung und Steuerung digitaler Abläufe müssen vorhanden sein. Das Verhältnis der Zahl an Mitarbeitern, die bereits über die notwendigen digitalen Fähigkeiten verfügen, zur Summe der Mitarbeiter, die diese Fähigkeiten benötigen, muss im Laufe der Umstellung auf 100 % steigen. Bis dahin gibt die Kennzahl einen Überblick über die Entwicklung.

- Speicher in der Cloud: Die in der Cloud gespeicherte Datenmenge wird durch die gesamte Datenmenge des Unternehmens dividiert. So ergibt sich der Anteil der Daten, die in der Cloud gespeichert werden, am gesamten Datenvolumen.
- Digitale Fertigung: Die Maschinenstunden, die in der Fertigung bereits für im Rahmen von Industrie 4.0 abgewickelte Aufträge geleistet wurden, werden ins Verhältnis gesetzt zu den gesamt geleisteten Maschinenstunden. So ergibt sich eine Kennzahl, die eine Entwicklung der Nutzung von Industrie 4.0 darstellt.
- Leistung pro Mitarbeiter: Die Leistung des einzelnen Mitarbeiters soll durch digitale Abläufe verbessert werden. Das muss sich in der Leistung pro Mitarbeiter zeigen. Es kann sowohl die Leistung der Mitarbeiter in der Fertigung als auch in der Buchhaltung oder in einer anderen Abteilung gemessen werden. Dazu wird die Gesamtleistung definiert und gemessen. Durch die Anzahl der Mitarbeiter geteilt, ergibt die Gesamtleistung die gewünschte Kennzahl.
- Durchlaufzeit: Eine Kontrollgröße für den Erfolg von Industrie 4.0 ist die durchschnittliche Durchlaufzeit eines Kundenauftrages vom Bestellungseingang bis zur Auslieferung. Diese sollte durch digitale Abläufe verringert werden. Eine regelmäßige Ermittlung dieser Kennzahl für eine Zeitreihe liefert ein entsprechendes Steuerungsinstrument.

4.5.2   Kennzahlen für autonome Entscheidungen

Ein Kennzeichen digitaler Geschäftsmodelle sind autonome Abläufe, in denen Entscheidungen, die bisher Menschen getroffen haben, durch künstliche Intelligenz (KI) erledigt werden. Sowohl der Mensch als auch das digitale System benötigen für die Entscheidungen immer Informationen in Form von Kennzahlen. Die künstliche Intelligenz wird dabei von mathematischen Grenzen und logischen Regeln gesteuert, die ein Mensch intuitiv oder aufgrund seiner Ausbildung und Erfahrung kennt und einhält.

> **!   Hinweis: Kennzahl als Kennzahl erkennen**
>
> Bei der Einrichtung digitaler Geschäftsmodelle und der Gestaltung der autonomen Entscheidungen wird das Controlling oft nicht involviert. So werden die Grenzen und Regeln für die autonomen Entscheidungen oft von den IT-Mitarbeitern, vielleicht noch von den Fachabteilungen festgelegt. Dabei wird übersehen, dass es sich um Kennzahlen handelt, denen bestimmte Definitionen und Regeln für die Berechnung zugrunde liegen. Kennzahlen zu definieren und die Berechnungsregeln festzulegen, ist Aufgabe des Controllings, auch und vor allem in digitalen Geschäftsmodellen.

Das Controlling gibt die Berechnung der Werte zur Steuerung der autonomen Entscheidungen an den Algorithmus ab, nicht die Verantwortung. Es muss also bei der Einrichtung sichergestellt werden, dass die notwendigen Bedingungen für die Kennzahlen eingehalten werden. Eine regelmäßige Prüfung der Ergebnisse muss durchgeführt werden. Die Kennzahlen für die autonomen Entscheidungen sind inhaltlich identisch mit denen für die traditionelle, menschliche Arbeit. Sie müssen allerdings in anderer Form vom Controlling in digitalen Geschäftsmodellen zur Verfügung gestellt werden.

- Die Kennzahlen, die in autonomen Entscheidungen verwendet werden, müssen absolut aktuell sein. Es reicht in den meisten Fällen nicht, das monatlich berechnete Ergebnis in einer Tabelle zur Verfügung zu stellen. Die Berechnung erfolgt dann, wenn der Wert benötigt wird, aus den aktuell vorliegenden Daten.

Hinweis: Aktuelle Verarbeitung

Die notwendige Aktualität der Kennzahlen für autonome Entscheidungen setzt ein möglichst vollständig autonom arbeitendes System voraus. Alle variablen Daten müssen immer absolut aktuell sein, Buchungen müssen sofort durchgeführt werden. Das Controlling muss dafür sorgen, dass die für die Berechnung der Kennzahlen benötigte Datenbasis ebenso aktuell ist wie der Anlass der Berechnung.

- Die in autonomen Entscheidungen zum Vergleich verwendeten Grenzwerte sind ebenfalls wieder Kennzahlen. Auch diese sind flexibel zu berechnen. Die Anzahl der Kennzahlen und der notwendigen Berechnungen steigt.

Beispiel: Grenzwert Deckungsbeitrag

Um festzustellen, ob ein autonom ermittelter Verkaufspreis korrekt ist, vergleicht die künstliche Intelligenz den mit diesem Preis erzielten Deckungsbeitrag des Auftrags mit dem durchschnittlich erzielten Deckungsbeitrag. Weicht er um mehr als 25 % ab, nach oben oder nach unten, erfolgt eine manuelle Prüfung der Berechnung. Der durchschnittliche Deckungsbeitrag als Grenzwert wird dabei bei jeder Prüfung neu ermittelt, da er sich ja durch aktuelle Daten verändern kann. Die Kennzahl »durchschnittlicher Deckungsbeitrag« als Grenzwert muss den Ansprüchen an Kennzahlen aus dem Controlling auch in digitalen Geschäftsmodellen genügen.

- Die Kennzahlen für autonome Entscheidungen müssen dem System auf eine definierte Art und Weise zur Verfügung stehen, auf jeden Fall müssen sie digital sein. Diese Verfügbarkeit muss das Controlling gewährleisten.
- Da die errechneten Kennzahlen bei autonomen Entscheidungen nicht durch den Menschen, als Empfänger der Information, kontrolliert werden, muss das Controlling sicherstellen, dass eine noch höhere Wahrscheinlichkeit für die Korrektheit des Wertes besteht als im analogen Kontext. Das kann wiederum durch eigene Grenzwerte und Plausibilitätsprüfungen erreicht werden. Die Anzahl der einzurichtenden Prüfungen und zu pflegenden Grenzwerte und anderer Kennzahlen steigt wesentlich.

Die Forderung nach einem möglichst hohen Grad der Fehlerfreiheit für die Kennzahlen, die in autonomen Entscheidungen eingesetzt werden, führt zu einer signifikanten Ausweitung der notwendigen Berechnungen und Prüfungen. Das ist es, was künstliche Intelligenz so komplex macht. Es besteht die Gefahr, dass aufgrund dieser Komplexität der Überblick über die Anzahl, die Art und die Berechnung von Kennzahlen verloren geht. Aufgabe des Controllings ist es, in dieser Situation Strukturen zu schaffen, mit denen der Anspruch an korrekte Kennzahlen erfüllt werden kann.

Im Folgenden werden einige typische Beispiele dieser Kennzahlen beschrieben, die in der Praxis nicht immer sofort als Kennzahl, die aus dem Controlling kommt, erkannt werden. Sie erhalten in digitalen Geschäftsmodellen jedoch eine immer größere Bedeutung.

- In einem Onlineshop verlangt der Kunden nach seinem Auftrag eine schnelle Lieferung. Oft wird das mit der sofortigen Verfügbarkeit von Waren im stationären Einzelhandel verglichen. Damit eine verbindliche Auftragsbestätigung erfolgen kann, wird die Kennzahl »Bonität« des Kunden geprüft. Dieser Wert muss sehr aktuell sein, damit jede Zahlung und jede Garantie verbucht ist, bzw. jeder offene Posten berücksichtigt werden kann. Ist der autonom ermittelte Bonitätswert problematisch, fehlt er oder ist er falsch, kann es zu falschen autonomen Entscheidungen kommen.
- Bestellungen von Waren oder Rohstoffen und Materialien bei den Lieferanten unterliegen einer Disposition, die einen bestimmten Liefertermin voraussetzt. Die geplanten Termine müssen dahin gehend geprüft werden, ob sie möglicherweise vom Lieferanten verletzt werden oder ob das sogar zu erwarten ist. Dazu gibt es die Bewertung der Liefertreue, die sich als Kennzahl aus den bisherigen Erfahrungen errechnen lässt. Steht nur ein Lieferant zur Verfügung, muss der geplante Liefertermin u. U. angepasst werden, wenn der Lieferant notorisch verspätet liefert. Stehen mehrere Lieferanten zur Auswahl, bestimmt die Kennzahl »Liefertreue«, welcher von ihnen den Auftrag erhält.
- Im Rahmen von Industrie 4.0 werden Bestände im eigenen Unternehmen und Bestellungen bei Lieferanten davon abhängig gemacht, welche Mengen bei den Lieferanten vorhanden sind. Dazu werden im Hinblick auf diesen Lieferanten Kennzahlen wie »Offene Bestellungen« bei seinen Vorlieferanten oder »Freie Fertigungskapazitäten« in seiner Fertigung verwendet. Das Controlling des Unternehmens muss diese Kennzahlen des externen Partners in eigene Kennzahlen wie »Geplante Lieferzeiten« umwandeln, um so z. B. die eigene Disposition zu ermöglichen.

> **! Hinweis: Sich der Verantwortung bewusst sein**
>
> Das Controlling in digitalen Geschäftsmodellen erzeugt digitale Kennzahlen auch für externe Partner. Das dort tätige Controlling nutzt diese Werte für eigene Berechnungen, in den Fachabteilungen bauen dort autonome Abläufe darauf auf. Damit liegt die Verantwortung für

die korrekten Inhalte der digitalen Kommunikation auf beiden Seiten der Schnittstelle beim Controlling. Wenn z. B. der Lieferant seine offenen Kapazitäten falsch berechnet und weitergibt und es daraufhin zu Problemen in der Zusammenarbeit z. B. im Rahmen von Industrie 4.0 kommt, dann kann das die ganze vertrauensvolle Zusammenarbeit vernichten.

- In der Praxis wird die Steuerung der autonomen Abläufe durch Kennzahlen von verantwortlichen Bereichsleitern, die in ihren Zielvereinbarungen Vorgaben mit Bezug zum Working Capital haben, genutzt. So kann z. B. für den Einkauf eine Zielgröße der Verbindlichkeiten vorgegeben sein, um einen möglichst hohen Wert zu erreichen, der wiederum das Working Capital reduziert. Bei der autonomen Auswahl eines Lieferanten kann daher neben dem Preis auch dessen Zahlungsziel eine Rolle spielen. Die autonome Entscheidung für einen Lieferanten wird daher getroffen, nachdem die aktuelle Zielgröße des Working Capital oder der Verbindlichkeiten geprüft wurde. Ist der Zielwert erreicht, wird der Lieferant mit den günstigsten Preisen ausgewählt, ist er noch nicht erreicht, ist das Zahlungsziel ausschlaggebend. Das Controlling muss also die autonome Anwendung so gestalten, dass für die Prüfung die aktuelle Kennzahl »Working Capital« oder, im einfacheren Fall, »Verbindlichkeiten aus Lieferung und Leistung« zur Verfügung steht.
- In der Instandhaltung gibt es eine Kennzahl, die eine erwartbare Laufzeit einer Maschine bis zu einem Fehler angibt. In digitalen Geschäftsmodellen mit einer autonomen Planung von Wartungsarbeiten muss diese Kennzahl aus den aktuell vorliegenden Daten vieler Maschinen immer wieder neu errechnet werden. Aufgabe des Controllings ist es, mit der Fachabteilung Instandhaltung diese Kennzahl zu definieren und digital berechenbar zu machen.
- Die verfügbare Bandbreite der Kommunikationswege im Onlineshop bestimmt die Bedienungsqualität für den Kunden. Da diese Bandbreite teuer ist, kann sie in Zeiten geringer Kundenaktivitäten gesenkt werden. Wichtig ist, dass sie wieder ausgeweitet wird, wenn viele Kunden im Shop unterwegs sind. Da die Umstellung nicht kurzfristig erfolgen kann, muss eine mittelfristige Planung die technische Versorgung sicherstellen. Diese Planung muss, möglichst autonom, immer wieder aktualisiert werden. Dazu sind Kennzahlen über die Verteilung der Kundenaktivitäten am Tag, in der Woche und im Jahr notwendig.

Bei der genauen Betrachtung von Inhalt und Aufgabe der Kennzahlen werden in digitalen Geschäftsmodellen plötzlich einfache Zahlen aus dem Tagesgeschäft zu wichtigen Kennzahlen mit wesentlicher Bedeutung. Auch bei traditionellen Geschäftsmodellen handelte es sich um Kennzahlen, die aber eher intuitiv von den Fachleuten erkannt und berücksichtigt wurden. In autonomen Entscheidungen ist es wichtig, dass diese Zahlen korrekt, aktuell und zuverlässig sind. Der Garant dafür ist das Controlling. Das Controlling in digitalen Geschäftsmodellen muss daher die Verwendung und die Entstehung von Kennzahlen besonders aufmerksam auf notwendige Anpassungen prüfen, wenn sie von traditionellen Geschäftsmodellen in digitale Modelle transferiert werden.

5   Operatives Controlling

In diesem Kapitel geht es um das operative Controlling, dessen Aufgabe und Inhalt. Die im Folgenden beschriebenen Kennzahlen werden vom Controlling berechnet und bilden gemeinsam mit den einzelnen Daten die Grundlage für Controlling-Berichte, Abweichungsanalysen und weitere Auswertungen. Mit diesen Ergebnissen werden die Fachbereiche versorgt, die damit ihre operativen Entscheidungen absichern. Das operative Controlling beschäftigt sich mit kurz- und mittelfristigen Prozessen. Die langfristigen Unternehmensabläufe werden durch das strategische Controlling gesteuert (vgl. Kapitel 8 »Strategisches Controlling in digitalen Geschäftsmodellen«). Die Unternehmensstrategie setzt allerdings gleichzeitig den Rahmen, in dem das operative Controlling arbeitet.

In digitalen Geschäftsmodellen verändert sich die Umgebung, in der operativ gehandelt werden muss, darum passt sich auch das operative Controlling dem digitalen Umfeld an. Die kurz- und mittelfristige Unternehmensplanung und die daran anschließende Abweichungsanalyse sind mächtige Controllinginstrumente. Die Liquiditätsplanung und die Wirtschaftlichkeitsberechnung gehören zum Tagesgeschäft des Controllers, das sich in digitalen Geschäftsmodellen zum Teil erheblich von der traditionellen Arbeitsweise unterscheidet.

5.1   Aufgabe und Inhalt

Die Steuerung des Unternehmens erfolgt durch die Vorgabe von Zielen. Das muss nicht explizit geschehen, das kann auch durch schlüssiges Verhalten der Beteiligten möglich sein.

Beispiel: Umsatzziele in kleinen Unternehmen

Vor allem kleine Unternehmen arbeiten nur selten mit expliziten Zielvorgaben. Dennoch ist dem Unternehmer bewusst, dass er seinen Umsatz mindestens halten muss, besser noch steigert. Damit ist bereits ein Unternehmensziel definiert. Das trifft auch auf viele Händler zu, die Plattformen wie Amazon nutzen, um ihre Produkte digital an ihre Kunden zu verkaufen. Das Controlling übernimmt in solchen Fällen Amazon. Die Händler werden, wenn sie wollen, mit Statistiken über Absatz, Preise und Umsatz versorgt und können so die Entwicklung beobachten und durch Maßnahmen steuern.

Mithilfe des Controllings werden die Ziele festgeschrieben. Aufgabe des Controllings ist es dabei, an der Zieldefinition mitzuarbeiten, die Verantwortlichen durch Berichte über die Entwicklung der Istwerte zu informieren und Abweichungen zu erkennen, zu analysieren und zu berichten. Dazu werden die Aktivitäten des Controllings inhaltlich zu verschiedenen Bereichen zusammengefasst. Das Ertragscontrolling beschäftigt sich mit der Ergebnis- und der Kostenrechnung, daraus entwickelt sich das Kostenmanagement zur Optimierung der Kosten durch geeignete Maßnahmen. Ein wichtiges Controllinginstrument ist in allen Bereichen die Abweichungsanalyse.

5.1.1 Aufgabe: Zieldefinition

Die Unternehmensziele werden in erfolgreichen Unternehmen nicht ohne Bezug zur Realität erstellt. Sie bauen auf der aktuellen Situation auf. Die Potenziale werden ermittelt und durch seriöse Berechnungen zu einem Ziel. Der Controller sorgt dafür, dass die Ziele sowohl den Regeln der praktikablen Zielbildung entsprechend als auch inhaltlich korrekt sind. Die Regeln, nach denen die Ziele in digitalen Geschäftsmodellen festgelegt werden, unterscheiden sich nicht von denen in traditionellen Strukturen. Es gibt einen passenden Begriff für eine erfolgreiche Zielformulierung: Ziele müssen SMART sein: spezifisch, messbar, akzeptiert, realistisch und terminiert.

- Zunächst muss ein Ziel **spezifisch** sein und damit konkret festlegen, was erreicht werden soll. Je spezifischer ein Ziel ist, desto klarer wissen die Verantwortlichen, was von ihnen erwartet wird. Wenn z.B. das Ziel eine Ergebnissteigerung von 10 % ist, lässt das zu viel Spielraum für die Wege zum Ziel. Darum führt eine Formulierung mit Angabe einer detaillierten Beschreibung, wie z.B. eine Ergebnissteigerung von 10 % durch die Verringerung der Herstellungskosten und die Verbesserung der Deckungsbeiträge im Inland, eher zum Ziel.

> **!** **Hinweis: Unterschiedlicher Grad der Spezifizierung**
>
> Die verlangte Spezifizierung des Ziels engt die Zahl der Maßnahmen, die den Verantwortlichen zur Verfügung stehen, ein. Dadurch wird Führung ausgeübt. Entsprechend umfassend sind die spezifischen Angaben in Zielen auf oberen hierarchischen Ebenen. Je operativer die Entscheider sind, desto spezifischer sind die Vorgaben, desto detaillierter und einengender sind die Bedingungen für die Zielerreichung.

- Ein Ziel muss **messbar** sein. Es muss also die zu erreichenden Werte angeben. Das kann absolut sein (Umsatz von 1,5 Mio. EUR) oder als Veränderung angegeben werden (Veränderung um + 10 % zum Vorjahr). Ziele, die als Vorgabe z.B. ein optimales Ergebnis vereinbaren, können unterschiedlich interpretiert werden und sind nicht praktikabel.

> **!** **Hinweis: Qualität messbar machen**
>
> Es gibt viele Parameter, in denen sich ein Unternehmenserfolg zeigt, die nicht in Zahlen gemessen werden können. Dazu gehören u.a. Mitarbeiterzufriedenheit, Produktqualität oder Kundenloyalität. Damit diese oft wichtigen Einflussgrößen mittels Zielvorgaben steuerbar

gemacht werden, müssen die qualitativen Größen in quantitative Größen, die in einer Skala abgetragen werden können, überführt werden. Das Controlling bietet dazu Verfahren an, die subjektive Einschätzungen weitestgehend eliminieren.

- Das Ziel muss von den für die Zielerreichung Verantwortlichen **akzeptiert** sein. Erfolgreiche Ziele werden gemeinsam mit den vorgesetzten Stellen und den Mitarbeitern erarbeitet. Die Führungsaufgabe besteht darin, Ziele zu finden, die sowohl in die oft ambitionierten Zielvorgaben der Unternehmensführung passen als auch von denjenigen, die damit arbeiten müssen, akzeptiert werden. Das hat auch mit dem nächsten Punkt, der Realisierbarkeit von Zielen zu tun.
- Die **Realisierbarkeit** von Zielen ist eine Voraussetzung für praktikable Zielvereinbarungen. Von manchen wird die Realisierbarkeit der Vereinbarungen bewusst überzogen, aber die Annahme, die Verantwortlichen durch unrealistisch hohe Ziele zu Bestleistungen zu bringen, ist falsch. Das Controlling stellt immer wieder fest, dass nicht erreichbare Zielvorgaben eher zur Demotivation der Verantwortlichen führen.
- Jedes Ziel muss **terminiert** sein, also einen Zeitbezug haben, damit die Zielerreichung auch definitiv und unstrittig geprüft werden kann. Dabei können Bezüge zu Zeiträumen (in den nächsten zwei Jahren, in der nächsten Saison) ebenso verwendet werden, wie exakte Daten (am 31.12., zu Messebeginn).

Hinweis: Visionen sind notwendig

Ziele, die nicht »SMART« sind, geraten oft in den Verdacht, eine Vision zu sein. So ist die Aussage »Wir wollen mehr Umsatz machen!« kein Ziel, weil zumindest die Messbarkeit und der Zeitbezug fehlen. Gleichzeitig ist die Formulierung für eine Vision zu schwach. Mit der Vision des Unternehmens sollen vor allem die Mitarbeiter motiviert werden. Dazu wäre eine Aussage wie »Wir wollen durch hochwertige Produkte und faires Kundenmanagement zum gefragtesten Anbieter im Markt werden!« besser geeignet. Eine Vision ist kein Ziel, muss also nicht messbar oder terminiert sein. Sie ist in der Regel offen für eigene Interpretationen und ist mehr oder weniger spezifisch. Die Realisierbarkeit so mancher Vision kann zurecht hinterfragt werden.

Aufgabe des operativen Controllings ist es nicht, die Ziele explizit vorzugeben. Es liefert die Daten, berechnet Szenarien und Auswirkungen und sorgt für ein konsistentes Zielgebilde, in dem es keine Widersprüche der einzelnen Ziele auf den unterschiedlichen hierarchischen Ebenen gibt und in dem die Informationen über notwendige Entscheidungen in benachbarten Verantwortungsbereichen zuverlässig fließen. Den Zielwert selbst bestimmen die beiden Parteien.

Hinweis: Einfluss des Controllings

Selbstverständlich hat das Controlling einen wesentlichen Einfluss auf die Zielfindung im Unternehmen. Allein durch die Auswahl von Informationen und die Art der Präsentation in den Berichten kann ein erfahrener Controller die Diskussionen in die von ihm gewünschte

> Richtung lenken. Dieser Macht muss sich der Controller immer bewusst sein. Vor allem muss er vermeiden, den Einfluss unbewusst auszuüben. Ziel ist es, dass das Controlling während der Zielvereinbarung neutral bleibt oder die mit der Unternehmensführung abgestimmte Unternehmenspolitik vertritt.

Die Aufgabe des Controllings bei der Zielvereinbarung ist keine Angelegenheit, die nur einen Sachverhalt umfasst. Die übergeordneten Ziele müssen systematisch in Teilziele für die einzelnen Bereiche und dort weiter in noch detailliertere Teilziele für die operative Ebene überführt werden. Dabei muss das Controlling darauf achten, dass das Zielsystem in sich schlüssig bleibt. Die Summe aller Teilziele muss das Ergebnis für das Unternehmensziel liefern. Es darf kein Bereich des Unternehmens außerhalb des Zielsystems bleiben. Ferner darf es keine widersprüchlichen Teilziele geben.

Unter diesen Voraussetzungen ergeben sich für das operative Controlling die folgenden praktischen Aufgaben, die für jede Zielvereinbarung auf jeder Ebene erledigt werden müssen:

1. Das Controlling beschafft die Daten, die für die Zielfestsetzung notwendig sind. Sie werden im Controlling bearbeitet (z. B. zu Kennzahlen verdichtet), zu Berichten zusammengefasst und an die Beteiligten kommuniziert.
2. Gemeinsam mit den Fachbereichen ermittelt das Controlling die Parameter, mit denen auf die gewählte Zielgröße Einfluss genommen werden kann. Darauf baut die Zuordnung der Teilziele zu den Unternehmensbereichen auf, ebenso die Zielgrößen für die Teilziele.
3. Aufgrund der Vorgaben im Unternehmensziel und der Erwartungen in den Fachbereichen werden im Controlling unterschiedliche Szenarien möglicher Entwicklungen in der Zukunft definiert. Mögliche Maßnahmen in Abhängigkeit von den Ergebnissen der Szenarienrechnung zur Beeinflussung der Zielgrößen werden festgestellt.
4. Das Controlling stellt fest, ob die notwendigen Nebenbedingungen zur Beeinflussung der Entscheidungen auf den operativen Ebenen eingehalten werden. Die Regeln und Grenzwerte der Nebenbedingungen werden ermittelt und an die betroffenen Stellen kommuniziert.
5. Die unterschiedlichen Szenarien mit den dazugehörigen Maßnahmen und unter Berücksichtigung der Nebenbedingungen werden im Controlling durchgerechnet.
6. Mit den Ergebnissen wird aus den verschiedenen Szenarien das mit der größten Zielwerterreichung ausgewählt.
7. Die jeweiligen Teilziele eines übergeordneten Ziels werden zusammengefasst. Das Controlling prüft das summierte Ergebnis auf Übereinstimmung mit dem übergeordneten Ziel. Nur wenn diese Prüfung bis zum Unternehmensziel eine Konsistenz ergibt, ist der Zielbildungsprozess abgeschlossen.

5.1.2 Aufgabe: Überwachung der Aktivitäten zur Zielerreichung

Die Ziele auf allen Hierarchiestufen des Unternehmens festzulegen, ist der erste Schritt zur Steuerung der unternehmerischen Aktivitäten. Die vereinbarten Ziele müssen jetzt wie vorgesehen umgesetzt werden. Die verantwortlichen Entscheider müssen zur Zielerreichung Maßnahmen auswählen und starten. Liegen diese außerhalb des üblichen Tagesgeschäfts, wie z. B. bei der Durchführung einer zusätzlichen digitalen Marketingaktion, ist es üblich und sinnvoll, diese mit dem Controlling abzustimmen.

Die Aufgabe des Controllings besteht darin, alle Aktivitäten und die Zielparameter selbst permanent zu überwachen. Dazu müssen zwei Wege gegangen werden:
1. Aus den Zahlen der Buchhaltung und der Kostenrechnung werden die notwendigen Informationen entnommen. Darin zeigen sich die Entwicklungen der Zielgrößen und Parameter, an denen die Wirksamkeit der Maßnahmen erkannt werden kann, genauso, wie die Entwicklung der Zielparameter und der Zielwerte.

Beispiel: Kosten zeigen Maßnahmen

In der Konstruktionsabteilung eines Maschinenbauunternehmens sollen die Entwicklungszeiten für neue Produkte innerhalb eines Jahres um 20 % reduziert werden. Eine unter mehreren Maßnahmen ist die Schulung der Mitarbeiter in der intensiven Nutzung digitaler Werkzeuge für die Konstruktion. Das verursacht Kosten, die sich in der Buchhaltung und, direkt für die Abteilung ablesbar, in der Kostenstellenrechnung zeigen müssen.

2. In den verantwortlichen Unternehmensbereichen werden die Maßnahmen und Projekte, die zur Zielerreichung führen sollen, durch entsprechende Besprechungen begleitet. An diesen Meetings nimmt auch ein Vertreter des Controllings teil. Somit können die Fortschritte oder die Behinderungen direkt benannt und berichtet werden. Große Projekte erhalten ein eigenes Projektcontrolling.

Der Controller stellt also regelmäßig fest, ob Maßnahmen für die Zielerreichung wie geplant durchgeführt werden. Die Ergebnisse der Maßnahmen sollten sich in den Entwicklungen der Parameter zeigen, die zum Zielwert führen. Die Istwerte der Parameter werden daher ebenfalls ermittelt und festgehalten. Gleichzeitig muss der Controller noch die mit einem Zielwert belegte Zahl selbst beobachten. In der Regel wird sich diese langsam auf das vereinbarte Niveau hinbewegen. Das ist allerdings nicht immer an der Entwicklung der Parameter erkennbar. Daher ist eine eigene Betrachtung notwendig.

Beispiel: Überwachung Entwicklungszeit

Mit der Konstruktionsabteilung wurde vereinbart, die durchschnittliche Entwicklungszeit innerhalb von 12 Monaten um 15 % auf 223 Tage zu verkürzen. Die Arbeit des Controllings hat nach 8 Monaten bereits eine Reduktion von 20 % auf 210 Tage ergeben. Die folgende Abbildung zeigt die für das Erreichen dieses Ziels vereinbarten Maßnahmen und die davon betroffenen Parameter.

Abb. 13: Überwachung der Zielentwicklung

Die Umsetzung der vereinbarten Maßnahmen wurde im Controlling festgestellt. Die einzelnen Bestandteile der Durchlaufzeit, die Parameter, aus denen sich die Gesamtzeit ergibt, haben sich unterschiedlich entwickelt. Der Anstieg der Zeit für das Datenmanagement war geplant, da digitale Abläufe eine bessere Datenqualität verlangen. Die Zeit für Prüfung und Genehmigung konnte stärker als geplant gesenkt werden. Damit ist die vereinbarte Senkung der durchschnittlichen Entwicklungszeit nach 8 Monaten bereits erreicht. Der verantwortliche Abteilungsleiter rechnet allerdings damit, dass sich der Wert in den kommenden Wochen etwas verschlechtert und sich doch dem Zielwert annähert.

5.1.3 Aufgabe: Abweichungsberichte

Das obige Beispiel zeigt bereits, dass das Feststellen und Berichten der aktuellen Istwerte nicht zum eigentlichen Ziel des controllerischen Handelns gehört. Der Vergleich, in diesem Fall mit den Zielvorgaben, ist es, der eine Abweichung aufdeckt. Jedes unternehmerische Handeln wird von vielen Parametern beeinflusst, sodass das Ergebnis so gut wie nie mit Zielvorgaben, Planwerten oder Daten aus der Vergangenheit exakt übereinstimmt. Aufgabe des Controllings ist es, diese Abweichungen zu erkennen und an die Entscheider zu berichten.

Im Rahmen der Unternehmenssteuerung mit Zielvereinbarungen muss das Controlling an vier Stellen einen Vergleich der aktuellen Werte mit den in der Zielvereinbarung festgelegten Vorgaben durchführen.

1. Um die vereinbarten Ziele erreichen zu können, werden Maßnahmen geplant. In aller Regel hinterlassen diese auch Spuren in den Kosten. Ein Vergleich der Istwerte dieser Kosten mit den geplanten Werten kann wesentliche Rückschlüsse auf die Aktivitäten zur Zielerreichung zulassen. Das gilt selbstverständlich nur dann, wenn die Werte akkurat geplant wurden. Ein Grund für Abweichungen kann auch eine Fehlplanung sein.
   a) Die Maßnahmen wurden nicht oder noch nicht durchgeführt, wenn die geplanten Kosten nicht angefallen sind.
   b) Die Maßnahmen wurden nicht mit der geplanten Intensität durchgeführt, wenn die Istkosten unter den Kosten der Planung liegen.
   c) Die Maßnahmen wurden mit einer höheren als der geplanten Intensität durchgeführt, wenn die Istkosten über den Planwerten liegen.
   d) Es wurden Maßnahmen durchgeführt, die nicht geplant waren. Das zeigt sich an Kosten, die über dem erwarteten Wert liegen.
2. Durch die Maßnahmen werden viele Werte verändert. Das betrifft auch die Parameter, mit denen das Ziel beschrieben werden kann. Die Veränderungen dieser Werte werden ebenfalls geplant. Der Controller vergleicht die Istwerte dieser Parameter mit den bei der Zielvorgabe ermittelten notwendigen Werten.
3. In der Theorie wird die eigentliche Zielgröße von den Werten der Parameter bestimmt. In der Praxis gibt es mehrere Gründe, die zu unerwarteten Entwicklungen und damit zu einer vom Controller aufzudeckenden Abweichung führen:
   a) Die Entwicklung der Parameter hin zu nicht geplanten Werten führt dazu, dass sich auch die Zielgröße nicht in die gewünschte Richtung entwickelt. Der unterstellte Zusammenhang zwischen den Parametern und der Zielgröße stimmt.
   b) Es gibt weitere Parameter, die einen Einfluss auf die Zielgröße haben, die aber in der Zielvorgabe nicht berücksichtigt wurden. Also gibt es auch keine Vergleichswerte.
   c) Es gibt weitere Parameter, die einen Einfluss auf die Zielgröße haben, die aber von den verantwortlichen Entscheidern nicht beeinflusst werden können. Die unerwartete Entwicklung kann zu einer Abweichung der Zielgröße bei erwarteter Entwicklung der Parameter geführt haben.

   Dass der Controller eine Abweichung der Zielgröße zwischen Istdaten und Vorgabewert feststellt, ist der Normalfall.
4. Für jede Zielvereinbarung gibt es Nebenbedingungen, die vom Verantwortlichen eingehalten werden müssen. Ob das wie vorgegeben erreicht wurde, stellt der Controller fest, indem er die Istwerte der Nebenbedingungen mit den Vorgaben vergleicht.

Der Controller stellt die Abweichungen fest und berichtet diese an die Personen, die für die Zielerreichung verantwortlich sind. Diese müssen daraus die richtigen Schlüsse ziehen. Sie tun gut daran, die Kompetenz des Controllers zu nutzen und ihn in ihre Arbeit einzubeziehen. Die Abweichungsanalyse ist ein wichtiges und typisches Controlling-Instrument, das im Folgenden noch beschrieben wird. In der Praxis liefert der Controller mit dem Abweichungsbericht gleich eine Analyse mit und kann so bereits erste Hinweise für die Gründe liefern.

> **! Hinweis: Berichtspflichten**
>
> Auch die vorgesetzte Stelle eines verantwortlichen Entscheiders auf unterer Ebene ist für das Erreichen der eigenen Ziele verantwortlich. Eine der Maßnahmen der Vorgesetzten ist es, die Mitarbeiter mit eigenen Zielvorgaben, die zum Gesamtziel beitragen, zu steuern. Auch diese Maßnahme ist regelmäßig zu überwachen. Damit erhält auch der Vorgesetzte Informationen über die Abweichungen bei der Zielerreichung seiner Mitarbeiter. Dabei kann die Berichtspflicht für den Controller an bestimmte Bedingungen, z. B. Abweichungen nur größer 10 % werden berichtet, geknüpft sein.

Die Aufgaben des operativen Controllings hängen also immer zusammen mit der Vorgabe von Zielen und der Beobachtung aller Tatbestände, die zur Erreichung der Ziele führen. Ob diese Ziele jetzt explizit vereinbart sind oder sich aus dem üblichen wirtschaftlichen Agieren ergeben, ist zweitrangig. Diese Sichtweise auf das Controlling hat wesentliche Auswirkungen auf das Controlling in digitalen Geschäftsmodellen. Die Ziele dort sind – verglichen mit analogen Geschäftsmodellen – wesentlich schnelllebiger, kurzfristig zu erreichen und abhängig von wesentlich mehr Parametern. Gleichzeitig ist die Zahl der möglichen Maßnahmen höher und deren Wirkung weniger exakt vorhersehbar. Das muss berücksichtigt werden. Detailliert wird dieser Punkt im nächsten Kapitel 4.2 »Besonderheiten in digitalen Geschäftsmodellen« besprochen.

Um die hier kurz skizzierte Aufgabe des Controllings auch in digitalen Geschäftsmodellen erledigen zu können, muss das operative Controlling verschiedene Inhalte abdecken. Dazu gehören die Ergebnisrechnung, die Kostenrechnung, die Deckungsbeitragsrechnung und das Kostenmanagement.

5.1.4   Inhalt: Ergebnisse

Ziel eines jeden wirtschaftlich arbeitenden Unternehmens ist es, einen Gewinn zu erreichen. Letztlich kann ein Unternehmen nur dann langfristig am Markt überleben, wenn die Erträge ausreichen, das eingesetzte Kapital angemessen zu bezahlen. Alle Aktivitäten und alle Zielvereinbarungen sind auf den Ertrag des Unternehmens ausgerichtet. Die Steuerung des Unternehmens ist also erfolgsgetrieben. Darum muss sich das Controlling als verantwortliche Abteilung für die Unternehmenssteuerung intensiv mit dem Ergebnis beschäftigen.

Teile der Ergebnisrechnung sind die Deckungsbeitragsrechnung und die Kostenrechnung. Beide Inhalte werden im Anschluss beschrieben. An dieser Stelle soll der Ertrag, also das wirtschaftliche Ergebnis des unternehmerischen Handelns Thema sein. Dieser Ertrag wird steuerrechtlich und handelsrechtlich in der Buchhaltung ermittelt. Dabei ist das Gesamtunternehmen die Bezugsgröße. Die buchhalterische Arbeit wird durch gesetzliche und betriebswirtschaftliche Vorgaben bestimmt. Dadurch werden die entsprechenden Berichte aus der Buchhaltung, GuV und Bilanz, auch für externe Empfänger wie Banken, Gesellschafter oder den Staat schnell lesbar und eindeutig interpretierbar.

Das Controlling folgt bei der Erfüllung seiner Aufgaben zwar auch wissenschaftlichen Erkenntnissen, ist aber wesentlich freier im Hinblick auf den Inhalt und die Art seiner Berichte als die Buchhaltung. So werden z. B. die Erträge in Zeitreihen gebracht und lassen Entwicklungen erkennen. Oder die Erträge werden mit Planwerten und Vorgaben verglichen, Abweichungen werden analysiert. Vor allem aber werden die Erträge den Verursachern zugeordnet.

- Die oberste Ebene der Ergebnisrechnung ist auch im Controlling das Gesamtunternehmen. Das dient jedoch hauptsächlich als »Lieferant« des Referenz- und Kontrollwerts.
- Die Erträge werden auf einzelne Unternehmensstandorte verteilt. Damit erhalten auch Standorte, die nur Produkte fertigen, sie aber nicht verkaufen, einen Ertragsanteil. Deren Leistung kann so fairer bewertet werden als bei einer reinen Kostenverrechnung.
- Unternehmensbereiche wie Vertrieb, Logistik oder Einkauf werden in der Ertragsrechnung ebenso bewertet wie die Verwaltungsabteilungen oder die Entwicklung.
- Einzelne Kostenstellen erbringen ihre Leistungen in Form von quantitativen Werten wie Stück, Stunden oder Mengen. Das Controlling bewertet diese mit Euro und ermittelt auf diese Weise einen Ertragsanteil, der eine faire interne Einordnung zulässt.
- Die kleinste Einheit im Unternehmen, die zu bewerten ist, ist das Produkt. Die Ertragsrechnung ermittelt den Anteil jedes Produktes am Unternehmenserfolg.

Hinweis: Komplexe Aufgabe   !

Die Durchführung der Ertragsrechnung ist eine äußerst komplexe Angelegenheit. Bei der Zuordnung der Ertragsteile müssen neben rein mathematischen Regeln auch qualitative Zusammenhänge berücksichtigt werden. So gibt es z. B. in der Praxis immer wieder den Fall, dass ein wichtiges Produkt mit geringen Stückzahlen und hohen Preisen dennoch nur wenig Ertrag erwirtschaftet. Gleichzeitig werden in großen Mengen und mit hohem Ertragsanteil Ersatzteile für dieses Hauptprodukt verkauft. Damit trägt das Hauptprodukt einen wesentlichen Teil dazu bei, dass die Ersatzteile einen hohen Ertrag erwirtschaften können. Wenn das Hauptprodukt wegfällt, können auch keine Ersatzteile mehr verkauft werden. Diese Zusammenhänge müssen bei der Ertragsrechnung berücksichtigt werden.

Für die Zuordnung des Ertrags zu den verursachenden Einheiten muss immer darauf geachtet werden, dass diese Einheiten auch einen Verantwortlichen haben. Nur so ist der Aufwand, den das Controlling für die Ertragsrechnung leisten muss, gerechtfertigt. Ohne Verantwortliche werden die Informationen nicht ausgewertet, die Wirkung verpufft. Es muss also jemanden geben, der für ein Produkt, eine Produktgruppe zuständig ist oder der für einen Vertriebsweg verantwortlich gemacht wird.

5.1.5 Inhalt: Kosten

Eine Voraussetzung für die korrekte Zuordnung von Erträgen zu einzelnen Einheiten im Unternehmen ist die korrekte Zuordnung der Kosten zu diesen Einheiten. Dabei unterscheidet die Kostenrechnung zwischen zwei Kostencharakteren:

1. Die **direkten Kosten** fallen direkt für das Produkt oder die Leistung des Unternehmens an. Sie können zweifelsfrei zugeordnet werden. Schwankt die Absatzmenge, schwankt auch die absolute Höhe dieser Kosten, daher werden sie auch variabel genannt. Kostenarten, die sich so verhalten, sind beispielsweise der Materialverbrauch in einem Produktionsunternehmen oder die Personalkosten eines Beratungsunternehmens.

2. Die **indirekten Kosten** – oder Gemeinkosten – sind nicht abhängig von der erbrachten Leistung bzw. können dieser nicht direkt zugeordnet werden. Beispiele dafür sind die Kosten des Controllings, der Buchhaltung oder die Miete für ein Lager. Ein großer Teil dieser Kostenarten schwankt nicht, auch wenn es zu kurzfristigen Absatzschwankungen kommt. Dieser Teil der Kosten wird auch als Fixkosten bezeichnet.

Die beiden unterschiedlichen Kostencharaktere verhalten sich – in Abhängigkeit von der erbrachten Leistung, der Erfassungsmöglichkeit oder dem Kostenmanagement – auch unterschiedlich. Um diesen Unterschieden gerecht zu werden, wird in der Kostenrechnung eine Trennung der Vorgehensweisen bei der Verarbeitung vorgenommen:

- In der **Kostenträgerrechnung** werden die direkten Kosten den Produkten zugeordnet. Das Ergebnis ist die Kalkulation der Herstellungskosten. Darin enthalten sind alle direkten Kosten des Produkts oder der Leistung und die Gemeinkosten, die für die Fertigung oder Leistungserbringung anfallen. Das operative Controlling verwendet diese Werte, um Entwicklungen in der Mengen- und Preissituation zu entdecken und zu berichten und die Zielerreichung zu prüfen.

- Ähnlich nutzt das Controlling die Inhalte der **Kostenstellenrechnung**. Dort werden alle indirekten Kosten der Organisationseinheit zugeordnet, die sie verursacht hat. Das kann direkt der Fall sein, wenn Personalkosten durch Mitarbeiter in der Kostenstelle entstehen oder wenn Sachkosten durch die Kostenstelle verursacht wurden. Über Umlagen geschieht die Zuordnung dann, wenn in der Hauptkostenstelle Leistungen einer anderen Kostenstelle verbraucht werden. Das ist z. B. bei der IT-Abteilung der Fall, deren Kosten auf die anderen Kostenstellen, in denen die Leistung verbraucht wird, verteilt werden.

Die Kostenrechnung ist ein eher schematischer Prozess. Die Regeln für die Kostenzuordnung und vor allem für die Umlagen müssen belastbar sein. Obwohl das Controlling bei der Aufstellung der Vorgaben involviert ist, mag es vermessen sein, die Kostenrechnung als Inhalt des Controllings darzustellen. Die Praxis hat die enge Verwandtschaft der Kostenrechnung und des Controllings aber erkannt und fasst beide Bereiche oft in einem Verantwortungsbereich zusammen. Zumindest sind die Inhalte der Kostenrechnung nicht von den Ergebnissen des Controllings zu trennen.

5.1.6 Inhalt: Deckungsbeiträge

Auf dem Weg zur Berechnung der Ertragsanteile für einzelne Unternehmenseinheiten kommt es immer zu Problemen der richtigen Kostenzuordnung. Werden Kosten, die für das gesamte Unternehmen oder für größere Teile daraus anfallen, auf einzelne Abteilungen, Kostenstellen oder andere Bereiche verteilt, ist das immer ungerecht.

Beispiel: Marketingkosten für Vertriebswege

Das Marketing erledigt viele Aufgaben für die verschiedenen Vertriebswege im Unternehmen, die diesen Einheiten direkt zugeordnet werden können. So können beispielsweise die Verkaufsmesse für Endverbraucher dem Einzelhandel in Deutschland oder die digitale Marketingmaßnahme dem Onlineshop exakt zugeordnet werden. Andere Aktivitäten, z. B. Werbemaßnahmen für die Marke des Unternehmens, betreffen alle Vertriebswege. Die dadurch entstehenden Kosten müssen verteilt werden, z. B. auf den Einzelhandel Inland, den Großhandel Export und den Onlineshop. Die für die Verteilung notwendigen Schlüssel sind nie zu hundert Prozent korrekt. Es gibt immer Ungerechtigkeiten, die durch die Praktikabilität der Schlüssel bedingt sind.

Um dieses Problem der ungerechten und damit oft auch falschen Kostenzuordnung zu vermeiden, wird im Controlling die Deckungsbeitragsrechnung eingesetzt. Darin wird auf die vollständige Zuordnung der für übergeordnete Aufgaben angefallenen Kosten verzichtet. Von den Erlösen eines Bereichs werden nur die tatsächlich dort sicher zuzuordnenden Kosten abgezogen. Das Ergebnis ist der Deckungsbeitrag dieses Bereiches, der gemeinsam mit den Deckungsbeiträgen der anderen Bereiche die übergeordneten Kosten abdecken muss.

Beispiel: Deckungsbeitragsrechnung für Vertriebswege

Die folgende Tabelle zeigt eine vereinfachte Deckungsbeitragsrechnung für den Vertriebsbereich eines Unternehmens, das über den stationären Einzelhandel im Inland, über Großhändler im Ausland und über den Onlineshop weltweit seine Produkte vertreibt. Nach Abzug der Herstellungskosten für die verkauften Produkte entsteht der Rohertrag je Vertriebsweg, der um die direkten Kosten wie Versand, Personal, Reisekosten usw. reduziert wird. Dadurch entsteht der Deckungsbeitrag I der einzelnen Vertriebswege, der zur Deckung bisher nicht verteilter Kosten verwendet werden kann.

In einem zweiten Schritt werden weitere Kosten wie Marketing und IT-Umlagen, die entweder dem analogen Vertriebsweg oder dem digitalen Geschäftsmodell zugeordnet werden können, berücksichtigt. Es entsteht ein Deckungsbeitrag II, der den Erfolg des analogen und des digitalen Vertriebsweges separat angibt.

Im nächsten Schritt werden alle verbleibenden Kosten der Vertriebsabteilung, im Wesentlichen in diesem Beispiel Marketingkosten für die Markenpflege und die Kosten der Gesamtvertriebsleitung, von der Summe der Deckungsbeiträge II abgezogen. Das Ergebnis zeigt den Deckungsbeitrag III, der den Erfolg der Vertriebsabteilung bestimmt. Dieser Betrag geht wieder ein in die Berechnung für das Gesamtunternehmen, wo dann die Kosten der Verwaltungsabteilungen und anderer, übergeordneter Bereiche abgezogen werden. So entsteht das Unternehmensergebnis.

Vertriebsweg	A Inland	B Export	C Online
Nettoumsatz	2.500.000	1.200.000	2.900.000
Herstellungskosten	1.300.000	850.000	1.200.000
Rohertrag	**1.200.000**	**350.000**	**1.700.000**
Versand	0	25.000	220.000
Personal	450.000	120.000	0
Reisekosten	5.000	19.000	0
Mieten	85.000	7.000	0
Marketing direkt	60.000	10.000	290.000
IT-Umlagen direkt	25.000	15.000	470.000
Sonstiges direkt	15.000	2.000	57.000
Deckungsbeitrag I	**560.000**	**152.000**	**663.000**
Marketing allgemein	87.000		0

Vertriebsweg	A Inland	B Export	C Online
IT-Umlagen allgemein	14.000		35.000
Sonstiges allgemein	5.000		0
Deckungsbeitrag II	**606.000**		**628.000**
Marketing Marke		36.000	
Leitung Vertrieb		254.000	
Vertrieb Sonstiges		84.000	
Deckungsbeitrag III		**860.000**	

Tab. 6: Deckungsbeitragsrechnung Vertriebswege

Solche Rechnungen können nicht nur für unterschiedliche Vertriebswege vorgenommen werden. Alternativ oder parallel zur Vertriebswegerechnung können andere Einheiten gebildet werden. So sind die Deckungsbeiträge unterschiedlicher Produktgruppen oder unterschiedlicher Standorte auch unabhängig von den Vertriebswegen interessant, um richtige Entscheidungen zu treffen. Für digitale Geschäftsmodelle, die parallel zu traditionellen Abläufen existieren, sind Informationen interessant, die zwei Gliederungsschemata der Deckungsbeitragsrechnung mischen. So kann z.B. festgestellt werden, welche Deckungsbeiträge die einzelnen Produktgruppen jeweils im traditionellen und im digitalen Vertriebsweg erwirtschaften. Ergebnis dieser Betrachtung kann sein, einzelne Produktgruppen nur über einen der Vertriebswege zu vertreiben.

Beispiel: Deckungsbeiträge in Produktgruppen und Industrie 4.0

Das Unternehmen verkauft neben den aufwendigen und erklärungsbedürftigen Maschinen auch Ersatzteile. Seit zwei Jahren werden alle Produkte auch im Onlineshop vertrieben. Das Controlling hat in einer Untersuchung festgestellt, dass die Deckungsbeiträge der Produktgruppen »Maschinen« und »Ersatzteile« sehr unterschiedlich sind, in Abhängigkeit vom Vertriebsweg.

Deckungsbeiträge 20XX		
absolut EUR		
	analoger Vertrieb	digitaler Vertrieb
Maschinen	824.000	125.000
Ersatzteile	570.000	1.240.000

Deckungsbeiträge 20XX		
prozentual vom Umsatz		
	analoger Vertrieb	digitaler Vertrieb
Maschinen	65 %	35 %
Ersatzteile	45 %	70 %

Tab. 7: Matrix der Deckungsbeiträge

Die Tabelle zeigt die Deckungsbeiträge sowohl absolut als auch prozentual vom Nettoumsatz. Eine Analyse ergab, dass der Vertrieb der erklärungsbedürftigen Maschinen über den Onlineshop zu sehr vielen Rücksendungen und damit zu hohen Kosten geführt hat. Dadurch ist der Deckungsbeitrag der Produktgruppe Maschinen im digitalen Vertrieb mit 35 % wesentlich geringer als im analogen Vertrieb. Auf der anderen Seite wird beim Verkauf der Ersatzteile über das Internet teure persönliche Beratung gespart, was zu hohen Deckungsbeiträgen der Ersatzteile im digitalen Geschäftsmodell führt.

Ergebnis der Betrachtung dieser Deckungsbeitragsrechnung war die Herausnahme der Maschinen aus dem Onlineshop. Die Kunden konnten sich zwar über das Angebot an Maschinen digital informieren, für den Kauf wurde jedoch immer ein persönliches, also analoges Verkaufsgespräch geführt. Kunden, die Ersatzteile bestellen wollten, wurden hingegen auf den Onlineshop verwiesen. Der Verlust der analogen Ersatzteilverkäufe und der digitalen Maschinenverkäufe konnte nicht sofort durch Verkäufe auf anderen Wegen kompensiert werden. Dadurch gingen zwar die Umsätze etwas zurück, die Summe der Deckungsbeiträge konnte jedoch wesentlich gesteigert werden.

In digitalen Geschäftsmodellen ist die Deckungsbeitragsrechnung aussagekräftiger als in analogen. Aufgrund der besseren Informationslage bei den digitalen Modellen können viele Kostenarten genauer den Vertriebswegen, Produktgruppen oder anderen Einheiten zugeordnet werden. Das macht die Rechnung exakter, die im Rahmen der Zielerreichung zu treffenden Entscheidungen werden besser. Der Erfolgsbeitrag einzelner Gruppen wird exakt deutlich und hängt nicht von oft ungenauen und veralteten Verteilschlüsseln ab.

5.1.7   Inhalt: Kostenmanagement

In engem Zusammenhang mit der Zielerreichung steht das Kostenmanagement. Das Kostenmanagement besteht aus vielen Maßnahmen, die kurz-, mittel- oder langfristig die Kosten senken sollen. Damit ist es ein wichtiger Baustein, der für die Zielerreichung genutzt werden muss. Zu Beginn der Überlegungen zum Kostenmanagement muss im verantwortlichen Fachbereich erkannt werden, dass es einen Bedarf an Maßnahmen zur Kostensenkung gibt. Dazu tragen verschiedene Anlässe bei:

- Im Rahmen einer Zielvereinbarung werden Ertrags- oder Kostenziele vereinbart, die den Verantwortlichen zwingen, die Kosten zu reduzieren. Dazu können auch Nebenbedingungen gehören, die maximale oder relative Kosten zum Inhalt haben.
- Im Tagesgeschäft wird festgestellt, dass sich bestimmte Kostenarten nicht wie erwartet verhalten. Sie steigen gegenüber der Vergangenheit oder sinken nicht, obwohl sie in der Branche sinken. Die Informationen hierzu liefert das Controlling.
- Eine besondere Situation zwingt das Unternehmen dazu, drastisch Kosten zu senken. Das kann eine interne Krise sein (z. B. der Verlust eines großen Kunden). Es gibt auch externe Krisengründe, z. B. der Lockdown in Folge einer Pandemie. Inhaltlich entspricht die Reaktion auf eine Krisensituation der Zielvereinbarung, denn es werden kurzfristige Kostenziele durch die Krise gesetzt.

Kommt der Fachbereich nicht von allein zu dem Ergebnis, dass die Kosten zu senken sind, muss das Controlling entsprechend darauf hinweisen. Die folgende Abbildung zeigt die Schritte im Kostenmanagement, an denen das Controlling beteiligt ist.

Abb. 14: Kostenmanagement mit Controlling-Beteiligung

Zunächst berichtet das Controlling über die Kostenhöhe, deren Entwicklung und die Abweichungen zu Ziel, Plan oder Vorgabe. Durch eine entsprechende Gestaltung der Berichte oder indem es die Kostenverantwortlichen direkt anspricht hilft das Controlling dabei, dass diese die Notwendigkeit zu Kostensenkungsmaßnahmen erkennen. Da das Controlling die Abhängigkeiten der Kostenhöhe von vielen Parametern feststellen und nachweisen kann, wird es beim Finden der Maßnahmen beteiligt. Es prüft

u. a. durch Wenn-Dann-Rechnungen eine mögliche Wirksamkeit der Maßnahmen. Bei den ausgewählten Maßnahmen werden durch standardisierte Berichtsfunktionen sowohl die Kosten als auch ihre Ergebnisse überwacht. Die Wirksamkeit wie auch die Entwicklung der Kostengröße werden wiederum berichtet, was den Kreis zur regelmäßigen Berichterstattung über die Kosten schließt.

Inhaltlich werden die Maßnahmen zur Beeinflussung der Kosten in drei Gruppen geteilt: die kurzfristigen, die mittel- und die langfristigen Maßnahmen:

- Kurzfristige Maßnahmen werden ergriffen, wenn sofortige Wirkung erzielt werden muss. Das ist z. B. in einer plötzlichen Krisensituation der Fall. Die zu erreichende Kostensenkung ist oft ohne Alternative. Daher spielen eventuelle Spätfolgen der kurzfristigen Reaktionen, die aufgrund der mangelnden Vorbereitungszeit bei den kurzfristigen Maßnahmen verstärkt auftreten, zunächst keine Rolle.

> **!**   **Hinweis: Vorbereitung erweitert Möglichkeiten**
>
> Kostensenkungsmaßnahmen mit kurzfristigem Erfolg verlangen ein drastisches Eingreifen in bestehende Strukturen. Die notwendige Einsparung geht oft zulasten von zukünftigen Chancen. Viele Kostenblöcke, z. B. die Personalkosten, verweigern sich kurzfristigen Maßnahmen, z. B. aus rechtlichen Gründen. Daher ist es notwendig, dass das Controlling das Unternehmen durch den Aufbau einer flexibleren Kostenstruktur auf mögliche Krisensituationen vorbereitet.
>
> Das geschieht z. B., indem bereits heute Arbeitszeitkonten für die Mitarbeiter vereinbart werden oder ein Teil des Personalbedarfs über Zeitarbeitsfirmen gedeckt wird. So kann in Krisensituationen schnell Einfluss auf die Kosten genommen werden. Es gibt für viele Kostenarten Wege, um die Möglichkeiten kurzfristiger Kostensenkungen ohne gefährliche Auswirkungen für die Zukunft zu erweitern. Im Einkauf kann z. B. durch die Zusammenarbeit mit mehreren Lieferanten oder Dienstleistern die Möglichkeit zum Wechsel, mit dem die Senkung von Versandkosten einhergeht, geschaffen werden. Der Vertrieb kann durch einen Onlineshop, der sich bereits bewährt hat, den Abbau des Außendienstes mit den damit verbundenen Auswirkungen auf die Kundenbetreuung kompensieren. Das Controlling kann sicher noch viel mehr Möglichkeiten finden.

- Mittelfristige Maßnahmen im Kostenmanagement gehören zum Tagesgeschäft. Sie werden initiiert, wenn aufgrund von Zielvereinbarungen neue Werte erreicht werden müssen oder wenn die aktuelle Entwicklung Verbesserungen notwendig macht. Sie erlauben eine bessere Vorbereitung der für die Aktionen notwendigen Entscheidungen. Die Maßnahmen bewegen sich meist in den bekannten Strukturen und nutzen neue Möglichkeiten, wie die Digitalisierung, nur vorsichtig. Die mittelfristigen Maßnahmen gehören gemeinsam mit den kurzfristigen Maßnahmen ins Kostenmanagement des operativen Controllings.
- Die langfristigen Maßnahmen des Kostenmanagements beschäftigen sich mit der Umsetzung von strategischen Kostenzielen. Die einzelnen langfristigen Maßnahmen sind in der Regel umfangreicher als die kurz- und mittelfristigen, die Aus-

wirkungen sind bedeutender. Es bietet sich ausreichend Zeit, auch schwierige Positionen der Kostenrechnung, z. B. die Personalkosten, anzugehen. Auch ist es möglich, Strukturen zu verändern, z. B. durch neue Produktionsverfahren, durch Outsourcing von IT-Leistungen oder durch eine intensive Nutzung von digitalen Möglichkeiten.

Die hiermit abgeschlossene Beschreibung von Aufgaben und Inhalten des Controllings zeigt, dass immer auch die in jedem Bereich enthaltene Führungsfunktion bedacht werden muss. Damit den Verantwortlichen in den Fachbereichen die richtigen Berichte, Inhalte und Hilfestellungen geliefert werden können, benötigt der Controller neben seinem Zahlenwissen auch ein umfangreiches Wissen über die jeweiligen operativen Abläufe. Das kann er nur dann erreichen, wenn er eng mit den Fachbereichen zusammenarbeitet. Die Digitalisierung hilft dabei.

5.2   Besonderheiten bei digitalen Geschäftsmodellen

Diskutiert wurde bereits die Tatsache, dass in digitalen Geschäftsmodellen sowohl die Geschwindigkeit als auch die Datenmengen wesentlich größer sind als bei traditionellen Abläufen. Das muss Auswirkungen auf das operative Controlling haben. Reagiert das Controlling nicht auf diese Änderungen, kommen die Controllingberichte zu spät oder sind unpassend. Das digitale Geschäftsmodell kann nicht mehr erfolgreich gesteuert werden.

Ebenso wichtig ist es, dass sich das Controlling bei den operativen Abläufen mit den neuen, zusätzlichen Inhalten in digitalen Geschäftsmodellen beschäftigt. Neue Techniken und Abläufe machen neue Untersuchungen und Berichte notwendig. Zieldefinitionen müssen sich den neuen Gegebenheiten anpassen, Maßnahmen z. B. zum Kostenmanagement kämpfen mit neuen Unwägbarkeiten. Diese Besonderheiten digitaler Geschäftsmodelle haben Einfluss auf die Steuerung der Unternehmen. Darauf muss das operative Controlling reagieren.

5.2.1   Steigende Geschwindigkeit

Dass in digitalen Geschäftsmodellen wesentlich schneller gearbeitet wird, wurde bereits an mehreren Stellen diskutiert. Das gilt vor allem im Tagesgeschäft. Darauf muss das operative Controlling reagieren und seine Instrumente anpassen, manchmal sogar neu erfinden.

- Die Berichte aus dem operativen Controlling müssen sich der neuen Geschwindigkeit anpassen. Dabei muss auf mehreren Ebenen reagiert werden:
  - Die Controllingberichte müssen schneller erstellt werden. Es reicht nicht mehr, die Kostenentwicklung 4 Wochen nach dem Ende eines Monats und nach dem

Monatsabschluss – nachdem die Finanzbuchhaltung den Monatsabschluss fertiggestellt hat – zu berichten.
– Die Inhalte der Controllingberichte müssen sich auf kleinere Zeiteinheiten beziehen. Monatsberichte werden zu Wochen- oder Tagesberichten.

> **!**   **Hinweis: Sinnvoller Berichtszeitraum**
>
> Die Technik in digitalen Geschäftsmodellen lässt an vielen Stellen auch aktuelle Berichte mit Zeiteinheiten im Minuten- oder Sekundentakt zu. So können die Besuchsfrequenz und der Umsatz eines Onlineshops theoretisch sekündlich ermittelt werden. Die Verbräuche und die Leistung einer Fertigungsanlage können ebenso für kleinste Zeiteinheiten festgehalten und berichtet werden. Diese Detailliertheit ist nicht immer sinnvoll, eine Überlastung der menschlichen Aufnahmemöglichkeit muss vermieden werden. Im operativen Controlling muss eingeschätzt werden, wie detailliert die Zeiträume für die Bezüge der Auswertungen des Controllings sein dürfen, damit die Aussagen noch verarbeitet und verstanden werden können.

– Die Wege der Berichterstattung müssen sich den neuen Geschwindigkeiten anpassen. Papierberichte entsprechen nicht mehr der notwendigen Schnelligkeit, sie sind durch digitale Berichte zu ersetzen. Die Verteilung der Berichte in digitalen Geschäftsmodellen erfolgt über digitale Kommunikationskanäle mit entsprechender Berichtssoftware (BI, Business Intelligence).
• Den schnelleren Berichten folgen schnellere Entscheidungen. Wenn die Inhalte des operativen Controllings früher zur Verfügung stehen, können die Verantwortlichen auch früher entscheiden. Sie müssen dies tun, wenn die berichteten Werte, z. B. Abweichungen vom geplanten Verbrauch einer Maschine, zu Problemen führen können und wenn bei Marktentwicklungen andere Teilnehmer auf den digitalen Märkten ebenso schnell reagieren. Das Controlling muss diese schnellen Entscheidungen möglich machen und durch geeignete Informationen unterstützen.
• Schnelle Entscheidungen führen an sich schon zu schnellen Ergebnissen. Hinzu kommt, dass die Reaktionsgeschwindigkeit der Systeme in digitalen Geschäftsmodellen kürzer ist als in traditionellen. Die Ergebnisse der Entscheidungen treten kurzfristig ein und müssen ebenso kurzfristig vom Controlling festgestellt werden.
• Die schnellen Ergebnisse, die den Entscheidungen gefolgt sind, müssen ebenso schnell überprüft werden. Im operativen Controlling werden also die Abweichungen der Istwerte von den erwarteten Werten innerhalb kürzester Zeit festgestellt und berichtet. Wie schnell das geschehen muss, liegt in der Natur des berichteten Inhalts. So können Belastungsveränderungen in einer Maschine sofortige Verbrauchsveränderungen erzeugen, die möglichst in Echtzeit zu kontrollieren sind. Dagegen gibt es z. B. kurzfristig anberaumte Marketingaktionen, deren Ergebnisse erst mittel- und langfristig zu erkennen und daher auch später zu berichten sind.

Die Geschwindigkeit in digitalen Geschäftsmodellen steigt an allen Stellen. Oft gibt es auch weiterhin die Gelegenheit, bekannte und bereits in analogen Abläufen genutzte Berichte für dann verkürzte Zeiträume zu erstellen, zu prüfen, auszuwerten und weiterzugeben. In anderen Bereichen entstehen digitale technische Systeme, die Inhalte des operativen Controllings auf neuen Wegen, z. B. autonom, ermitteln und kommunizieren. Die autonomen Abläufe ersetzen die manuelle Arbeit des Controllers. Aufgabe des Controllers ist es, diese selbstständig arbeitenden Abläufe zu gestalten und zu steuern.

> **Hinweis: Fremdsysteme integrieren**   !
>
> Die in digitalen Geschäftsmodellen oft schnell entstehenden Informationen müssen möglichst nahe an der Technik bereitgestellt werden. So werden die Leistungen und Verbräuche von Fertigungsanlagen durch deren digitale Steuerung zur Verfügung gestellt, die Software für den Onlineshop bietet eigene Möglichkeiten, die aktuellen und vergangenen Daten aus den Kundenaktivitäten abzurufen. Diese Fremdsysteme können von den Entscheidern selbst genutzt werden, um schnell zu reagieren. Besser ist es, wenn diese Fremdsysteme in das operative Controlling integriert werden. So wird sichergestellt, dass die Daten plausibel, die Werte definiert sind und die weitere Nutzung sichergestellt werden kann. Für Ad-hoc-Entscheidungen der Verantwortlichen vor Ort muss der direkte Zugriff auf diese Informationen möglich sein, für weitergehende Auswertungen daraus ist das Controlling zuständig.

5.2.2   Big Data

Allein die Entstehung vieler Daten für kürzeste Zeiteinheiten (z. B. Klicks pro Sekunde) in digitalen Geschäftsmodellen lässt die Datenmengen gegenüber traditionellen Anwendungen wesentlich steigen. Hinzu kommen neue Daten, die bisher nicht gekannt wurden oder nicht notwendig waren, auch diese für kürzeste Zeiträume. So entsteht Big Data. Das operative Controlling des Unternehmens verändert sich durch die riesigen Datenmengen ganz wesentlich.

Betroffen ist zunächst die Arbeitsweise des Controllings. Um aus den riesigen Datenmengen der digitalen Geschäftsmodelle diejenigen Daten herauszufiltern, die für das operative Arbeiten notwendig sind, müssen neue Arbeitsweisen genutzt werden. Big Data ist oft zu wenig strukturiert, um direkt verarbeitet zu werden. Besondere Methoden wie das Data Mining müssen eingesetzt werden, um die zu großen und sich zu schnell ändernden Datenmengen in den Griff zu bekommen. Schon die digitale Technik in der Controlling-Abteilung, also die Rechner, Speicher usw., muss so verbessert werden, dass die Datenmengen schnell importiert werden können und eine möglichst schnelle Verarbeitung der unterschiedlichen Datentypen möglich ist.

Auch inhaltlich verändert Big Data das operative Controlling an mehreren Stellen:

- Durch die sehr detaillierten Daten aus den technischen Abläufen in digitalen Geschäftsmodellen können ebenso detaillierte Auswertungen entstehen. Das erhöht den operativen Bezug der Controllingberichte wesentlich.

Beispiel: Vertriebscontrolling

Einen großen Vorteil aus Big Data kann der Vertrieb ziehen. Die sehr detaillierten Daten lassen Auswertungen für jedes Produkt und jeden Kunden, jeden Zeitraum und jeden Zusammenhang zwischen Produkten oder Kunden zu. Das wird intensiv im digitalen Marketing genutzt. Vor allem profitiert davon das Vertriebscontrolling. Einzelne Produkte und/oder Kunden können sehr detailliert beobachtet werden. Der Aufwand, um die gleiche Information in traditionellen Modellen zu erhalten, ist wesentlich größer.

!   **Hinweis: Überinformation vermeiden**

In der Praxis des operativen Controllings kommt es aufgrund der möglichen Detaillierung immer wieder zu dem Problem der Überinformation. Nicht immer ist jede mögliche detaillierte Darstellung sinnvoll, oft geht der Überblick verloren. Die operativen Entscheidungen werden zu kleinteilig, zu wechselhaft. Der Blick für die übergeordneten Entwicklungen muss vom Controlling geliefert werden.

- Große Datenmengen bedeuten auch immer detaillierte Informationen. Im operativen Controlling kann durch den hohen Grad der Detaillierung die Verteilung von Kosten und die Zuordnung von Leistungen wesentlich realistischer gestaltet werden. So kann beispielsweise die IT-Kostenverteilung nicht mehr nur anhand der Anzahl der Anwender erfolgen, möglich ist auch die Verteilung anhand von Zugriffen und Speicherkapazitäten, also aufgrund der echten Nutzung und Kostenverursachung.
- Verbunden mit neuen technischen Möglichkeiten lassen große Datenmengen Kosten, die bisher als fix behandelt wurden, zu variablen Kosten werden. Zum einen können eigene Investitionen durch Cloud-Dienste ersetzt werden, die dann nach Beanspruchung abgerechnet werden. Zum anderen liefert Big Data die notwendigen Verteilinformationen.

Beispiel: Prototyping in der Entwicklung

Die Entwicklung von Prototypen in einer digitalen Umwelt ist wesentlich preiswerter, als reale Modelle zu schaffen. Die Kosten der teuren Software, die das Unternehmen dazu angeschafft hat, belasteten bisher die gesamte Konstruktionsabteilung. Eine variable Zuordnung zu Produkten war wirtschaftlich nicht möglich. Wenn Prototyping mittels einer Cloudanwendung betrieben wird, entstehen jetzt Kosten nur bei der tatsächlichen Nutzung. Dabei erfolgt eine exakte Zuordnung der Nutzung und damit der Kosten zu den einzelnen Produkten. Die fixe Zuordnung zu den Konstruktionskosten weicht der variablen Zuordnung zu einzelnen Produkten. Die operativen Entscheidungen können genauer werden.

5.2.3   Neue Inhalte

Die neuen digitalen Abläufe und die neuen, zusätzlichen Daten wecken das Interesse an neuen Controllinginhalten. Die Parameter für die Ziele verändern sich, die Einflussgrößen werden digital. Das zeigt sich im operativen Controlling digitaler Geschäftsprozesse in neuen Berichten und Ergänzungen bzw. Veränderungen der bestehenden Berichte.

- Eine wichtige Rolle in digitalen Geschäftsmodellen spielt die digitale Technik. Sie bestimmt mit ihren Kapazitäten und Verfügbarkeiten den Grad der möglichen Nutzung digitaler Anwendungen. Da Kapazitäten und Verfügbarkeit digitaler Technik bezahlt werden müssen, kommt es zu einer Beeinflussung der Kosten und Erträge in allen Kostenstellen und in allen Produktgruppen – wichtige Inhalte im operativen Controlling. Reagiert wird mit Berichten über die technische Verfügbarkeit, über Unterbrechungszeiten und andere Einschränkungen der IT-Nutzung. Gleichzeitig sind Berichte über die Belastung der IT-Systeme, die Nachfrage nach den Leistungen der digitalen Technik über den Tag, die Woche, das Jahr verteilt wichtig für operative Entscheidungen, z. B. zum weiteren Ausbau der Technik, die für digitale Geschäftsmodelle notwendig ist.
- Die digitalen Geschäftsmodelle sind geprägt von autonomen Abläufen. Diese erledigen die Aufgaben im Unternehmen ohne menschliche Eingriffe, schnell und ungehindert von Abteilungsgrenzen. Damit wird es immer wichtiger, den Prozess an sich zu kennen und zu beurteilen. Für das operative Controlling bedeutet dies, die Prozesskostenrechnung aktiver und regelmäßig zu betreiben. In traditionellen Geschäftsmodellen wird die Prozesskostenrechnung nur sehr stiefmütterlich behandelt. Der Aufwand für unregelmäßige Untersuchungen ganzer Prozesse ist hoch. In digitalen Geschäftsmodellen müssen die Strukturen geschaffen werden, um die Kosten und andere Informationen zu einzelnen Prozessen schnell und zuverlässig ermitteln zu können.
- Die interne und externe Kommunikation ist ein wichtiger Bestandteil des Erfolgs digitaler Geschäftsmodelle. Damit ist sie notwendigerweise ein Inhalt des operativen Controllings. Neben indirekt zuordenbaren Größen wie Umsatz mit digitalen Partnern oder Produktionszeit für Industrie 4.0-Aufträge gibt es technische Informationen, die über die Qualität und den Umfang der digitalen Kommunikation Auskunft geben. An den Schnittstellen zwischen den Systemen fallen Daten an, die leider immer wieder in Big Data untergehen. Hier kann das Controlling den Um-

fang der Kommunikation und deren Qualität feststellen. Für den Erfolg digitaler Geschäftsmodelle ist eine funktionierende Kommunikation zu wichtig, als dass die Informationen aus den Schnittstellen wie Volumen, Fehlerrate und Belastung den Technikern allein überlassen werden.

- Was für die Schnittstellen gilt, gilt gleichermaßen für die Fehlerprotokolle, die in digitalen autonomen Abläufen entstehen. Sie geben Auskunft über den Grad der tatsächlichen Automatisierung der Abläufe. Darum sollte die Überwachung der Fehlerprotokolle zum Inhalt des operativen Controllings gehören.

5.2.4   Andere Zielsysteme

Die Unternehmenssteuerung durch Zielvereinbarungen ist auch in digitalen Geschäftsmodellen ein wichtiger Weg, um große Organisationen zu führen. Das Controlling erkennt signifikante Unterschiede zwischen traditionellen und digitalen Geschäftsmodellen bei der Art und Weise, Ziele zu vereinbaren. Die üblichen Controllingmethoden, mit Zielen umzugehen, funktionieren nicht. Sie müssen angepasst werden.

- Ein großer Teil der Ziele in digitalen Geschäftsmodellen hat einen technischen Inhalt. Die Anzahl der Klicks im Onlineshop, die Kapazität der digitalen Strukturen für die Disposition von Logistikaufträgen oder die Anpassung der Bandbreiten an die Nachfrage sind Inhalte, die sowohl im Verkauf, im Marketing als auch in der IT als Zielvorgaben möglich sind.
- Wenn in Zielen innerhalb digitaler Geschäftsmodelle wie gewohnt Umsätze, Preise oder Kosten vorgegeben werden, sind zumindest Nebenbedingungen mit technischem Inhalt vorhanden. So kann die Nutzung vorhandener und der Ausbau neuer digitaler Strukturen gesteuert werden.
- Digitale Inhalte werden immer öfter zum Ziel an sich. So kann die Anzahl der Lieferanten, die sich an Industrie 4.0 beteiligen, als Zielgröße verwendet werden. Oder das Verhältnis des Umsatzes über traditionelle Vertriebswege zum digitalen Vertriebsweg wird vorgegeben, um die Konzentration auf das digitale Geschäftsmodell zu forcieren.
- Die Ziele in digitalen Geschäftsmodellen sind weniger statisch. Inhalte und vor allem die Größenordnungen ändern sich häufiger als in traditionellen Strukturen.
- Die Ziele in digitalen Geschäftsmodellen haben mehr Nebenbedingungen als in vergleichbaren traditionellen Strukturen, um die komplexere Umgebung abzubilden. Vor allem wird über Nebenbedingungen das Delegieren von Entscheidungskompetenz an autonome Abläufe gesteuert. Aus solchen Nebenbedingungen werden Regeln und Grenzwerte für die autonomen Entscheidungen abgeleitet.
- Die Zeithorizonte der Ziele in digitalen Unternehmen sind kürzer als zu der Zeit, zu der noch traditionell gearbeitet wurde. Das hat nicht nur Auswirkungen auf die Überwachung der Zielerreichung durch das Controlling, es verkürzt darüber hinaus die Planungszyklen. Auch das muss im operativen Controlling nachvollzogen werden.

Aus den Zielvereinbarungen entstehen die Maßnahmen, die für die Zielerreichung durchzuführen sind. Diese ändern sich, wie auch die Ziele sich ändern, wenn aus einem traditionellen ein digitales Geschäftsmodell wird. Ebenso wie die Ziele sich durch den kürzeren Zeithorizont und den steigenden Detailgrad vermehren, wächst auch die Zahl der möglichen Maßnahmen. Das ist gut, da so die Möglichkeiten für die Zielerreichung zunehmen. Leider sind die Maßnahmen schwerer planbar, weil sich digitale Systeme mit großer Geschwindigkeit verändern. Diese Kurzlebigkeit, verbunden mit dem hohen Veränderungsgrad, führt zu einer steigenden Komplexität der Planung. Das operative Controlling muss die genutzten Instrumente so wählen, dass dieser Entwicklung Rechnung getragen wird.

5.2.5 Neue Organisation

Start-ups mit digitalen Geschäftsmodellen entwickeln von vornherein eine Organisationsstruktur, die sich von den Hierarchien und Verantwortungen in traditionell arbeitenden Unternehmen unterscheidet. Unternehmen, die ihre Geschäftsmodelle durch digitale Abläufe ergänzen oder sie ganz in ein digitales Modell transferieren, müssen feststellen, dass die hergebrachten Hierarchien in dem digitalen Umfeld nicht optimal sind. Das hat auch wesentlichen Einfluss auf das Controlling, vor allem für die operative Steuerung:

- Die Hierarchien in digitalen Geschäftsmodellen sind flacher als in vergleichbaren traditionellen Strukturen. Der Grund liegt in der Notwendigkeit, schnell auf Anforderungen des digitalen Marktes und der digital arbeitenden Partner reagieren zu müssen. Das geht nur, wenn die Entscheidungswege kurz sind. Gleichzeitig werden viele Entscheidungen an digitale autonome Abläufe übertragen, was eine Steuerung der digitalen Entscheidungen auf operativer Ebene notwendig macht. Das Controlling muss wegen solcher Änderungen neue Berichtsstrukturen schaffen. Berichte mit zusammengefassten Zahlen des Unternehmens müssen detaillierter werden. Werte müssen sich auf kleinere, operative Einheiten beziehen. Die Inhalte sind direkter und verständlicher darzustellen. Die Zahl der Berichtsempfänger steigt, die Notwendigkeit von Ad-hoc-Berichten ebenfalls, da auf der operativen Ebene wichtige Entscheidungen auch außerhalb des Tagesgeschäftes gefällt werden.

> **Hinweis: Expertise schaffen** !
>
> Die Praxis zeigt, dass in vielen Unternehmen nach der Transformation in ein digitales Geschäftsmodell die Mitarbeiter auf der operativen Ebene Entscheidungen nur zögernd und oft zu vorsichtig treffen. Auf jeder Hierarchiestufe kommen neue Ziele und Ermessensspielräume hinzu, über die Controllingberichte Informationen liefern. Die Mitarbeiter müssen auf die neuen Inhalte und Aufgaben vorbereitet werden. Das Personalwesen muss dafür sorgen, dass an den neuen Schaltstellen auch Mitarbeiter arbeiten, die mit dem Mehr an Verantwortung umgehen können. Das Controlling muss sicherstellen, dass die Berichte korrekt gelesen und die Informationen richtig verstanden werden.

- In digitalen Geschäftsmodellen liegt der Schwerpunkt der Organisation auf den Prozessen, die es zu digitalisieren gilt. Die Organisation nach Funktionen verliert an Bedeutung. Damit verändert sich auch die Arbeit im Controlling. Dort wird die klassische Prozesskostenrechnung intensiver genutzt als bisher. Die Berichte über Kostenstellen oder Unternehmensbereiche werden zwar noch erstellt, dienen oft aber nur als Datenbeschaffer für die Prozesskostenrechnung. Die Frequenz der funktionsbezogenen Berichte wird reduziert, der Empfängerkreis verändert sich. Die Werkzeuge zur Prozesskostenrechnung müssen optimiert und für den regelmäßigen Gebrauch angepasst werden.

!   Hinweis: Umgestaltung schwierig

In jungen Start-ups ergibt sich die prozessorientierte Organisation meist von allein, wenn nicht traditionell geprägte Manager die Strukturen bestimmen. Das Denken in Prozessen ist dort der beste Weg, um Erfolg zu haben. Die Umgestaltung einer bestehenden Organisation von Funktionen nach Prozessen ist anspruchsvoll und zeitraubend. Es kommt zu Kämpfen um die Verantwortung für begehrte Prozesse, die Abteilungsgrenzen werden nicht überwunden und es entstehen plötzlich Bereiche, die keinen Verantwortlichen haben, da die Aufgaben keinem Prozess zugeordnet werden. Das Controlling hilft bei der Umstellung durch passende Berichte, identifiziert Bereiche ohne Verantwortung und muss sich auf lange Übergangszeiten mit doppelter Berichterstattung einstellen.

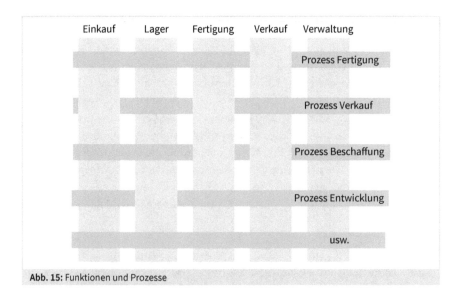

Abb. 15: Funktionen und Prozesse

Die Prozesskostenrechnung ist, wenn sie nur sporadisch ausgeführt wird, aufwendig und schwer interpretierbar. Solange die tatsächliche Verantwortung für einen Prozess nicht existiert, werden die Inhalte der Berichte aus der Prozesskostenrechnung immer funktional interpretiert. Verantwortung wird verschoben. Der Controller hat einen wesentlichen Anteil am Erfolg der prozessorientierten Organisation, wenn er die Berichte deutlich auf die Verantwortlichen der Prozesse ausrichtet und die Strukturen auf Ungereimtheiten untersucht.

Die wichtigsten Instrumente des operativen Controllings werden im Folgenden beschrieben. Da die Prozesskostenrechnung in digitalen Geschäftsmodellen eine wichtige Aufgabe erfüllt, wird sie neben der Abweichungsanalyse, der Liquiditätsplanung und den Wirtschaftlichkeitsberechnungen dargestellt. Begonnen wird mit dem wichtigsten Instrument im operativen Controlling, der Planung.

5.3 Das Controllinginstrument Planung

Die Planung im Unternehmen ist das wichtigste Instrument des operativen Controllings. Davon abzugrenzen ist die operative Planung, die vom Einkauf oder der Fertigung für ihr Tagesgeschäft erledigt wird. In dieser spezifischen Disposition geht es um Bestellmengen, Lieferzeiten, die Fertigungskapazität und um Losgrößen. Die Planung des Controllings hingegen greift weiter. Das Controllinginstrument der Planung gibt für die Arbeit in den Fachbereichen wichtige Anhaltspunkte, z. B. wenn mit Lieferanten die Belieferung des Jahres besprochen wird.

Die Aufgabe der Planung im Controlling ist es, die Grundlagen für die Unternehmenssteuerung zu legen. Die Zielvereinbarungen mit ihren Nebenbedingungen sind auch eine Art der Planung. Dazu werden die Planvorgaben und Ziele vom Controlling in eine systematische Struktur gebracht. Nur dann, wenn sich die Planung an die im Unternehmen geltenden Regeln, die Berechnungswege und Definitionen hält, kann sie ihrer Aufgabe innerhalb der Unternehmenssteuerung gerecht werden.

Beispiel: unterschiedliche Umsätze

Im Vertriebsbereich ist der Umsatz eine beliebte Zielgröße, an der ein Erfolg der Verantwortlichen gemessen werden kann. Nicht immer kann der zuständige Mitarbeiter auf alle Bestimmungsgrößen für das Zielobjekt Einfluss nehmen. So ist das Skonto, das die Kunden ziehen, von deren Entscheidungen abhängig, die Höhe von Jahresboni kann auch vom Umsatz in anderen Verantwortungsbereichen abhängen. Eine andere Möglichkeit für Abweichungen des Umsatzbegriffs z. B. im Vergleich des Wertes im Vertrieb und in der Buchhaltung können Verbrauchsteuer oder Rohstoffzuschläge sein. Für die Planung muss allen bewusst sein, welche Definitionen gelten. Das Controlling kann dabei eventuell notwendige Verrechnungen vornehmen.

Die Steuerung des Planungsprozesses ist eine der wichtigsten Aufgaben im Controlling. Ähnlich wie bei der Zielvereinbarung ist das Controlling verantwortlich für:

- die Beschaffung der grundlegenden Informationen, die für die Planung notwendig sind. Dabei werden die Werte der Vergangenheit, die Abhängigkeiten der einzelnen Planwerte voneinander und von anderen Parametern sowie die Daten externer Quellen berücksichtigt.
- die Unterstützung der Planenden, indem es Planwerte – beispielsweise aus komplexen Zusammenhängen wie Kalkulationen und Kapazitätsauslastung – ableitet bzw. berechnet.
- die Identifikation der Maßnahmen, die für die Planerreichung umgesetzt werden müssen. Gemeinsam mit den Planenden, die über die größere Fachkenntnis verfügen, werden die erwarteten Einflüsse der Maßnahmen auf Ergebnisse und Kosten berechnet.
- die Prüfung der Planwerte auf Plausibilität und Zulässigkeit. Dazu werden die Planergebnisse weiterberechnet und mit den Planungen anderer Fachbereiche verbunden, auch bis zur Ebene des Unternehmensergebnisses. Auf jeder Stufe erfolgt ein Abgleich mit Unternehmensstrategien und übergeordneten Zielen.
- die Ermittlung von Zwischen- und Gesamtergebnissen sowohl der Plan- und Zielwerte als auch der Nebenbedingungen.

In digitalen Geschäftsmodellen ist ein Instrument, mit dem mögliche Veränderungen frühzeitig erkannt werden können, besonders wichtig. Durch die detaillierte Planung aller Vorgänge im Unternehmen wird die Basis geschaffen, mit der die aktuelle Entwicklung verglichen werden kann. Nur so werden drohende Gefahren und ungünstige Veränderungen schnell genug erkannt. Die Planung schafft auch die Gelegenheit, mögliche drohende Verschlechterungen oder sich ergebende Chancen vorwegzunehmen. Typisch für digitale Geschäftsmodelle ist die Berechnung mehrerer Planungsszenarien mit unterschiedlichen Chancen und Risiken. Daraus kann dann ein Mittelwert für die aktuelle Planung errechnet werden, selbstverständlich vom Controlling.

> **Hinweis: Chancen erkennen**
>
> Wenn sich das gesamte Unternehmen in der Planungsphase mit den möglichen Entwicklungen der kurz- und mittelfristigen Zukunft beschäftigt, steigt das Bewusstsein für das Geschäft, für die Märkte. So können auch Chancen erkannt werden, die sich dem Unternehmen demnächst bieten, z. B. durch eine weitere Digitalisierung. Diese werden von der Fachabteilung und dem Controlling bewertet und dann entweder vollständig oder teilweise in die Planung übernommen. Dazu gehören auch die notwendigen Vorbereitungen auf die positive Entwicklung. Dadurch wird sichergestellt, dass die Chancen auch tatsächlich genutzt werden können.

5.3.1   Inhalt der Planung

Bei der Steuerung eines Unternehmens entstehen viele Informationen, aus denen Ziele, deren Parameter und Nebenbedingungen abgeleitet werden. Da alle Vereinbarungen zur Zielerreichung laufend überwacht werden müssen, müssen auch alle

Parameter geplant werden. Dabei reicht es für das operative Handeln nicht aus, die Planung nur auf den oberen Ebenen durchzuführen. Alle Werte sind auch auf den kleinsten in der Kostenrechnung und Buchhaltung erfassten Bereichen zu planen.

Planungsobjekte

Wer in Unternehmen nach den dort üblichen Planungsinhalten fragt, erhält unterschiedliche Antworten mit unterschiedlicher Gewichtung, je nachdem, welcher Mitarbeiter gefragt wird. Im Vertrieb kommt als erstes die Antwort: Umsatz. Der Einkauf nennt die Einkaufspreise. In der Fertigung wird die Leistung genannt, in den Verwaltungsbereichen stehen die Kosten an erster Stelle. Für das Controlling ist immer wichtig, dass jeder Verantwortliche sowohl die Leistungen als auch die Kosten seines Verantwortungsbereiches plant. Darüber hinaus gibt es auch qualitative Objekte, die in die Planung einbezogen werden müssen.

- Die wichtigste Leistung des Unternehmens, die zu planen ist, ist der Umsatz. Dieser ist ein wichtiger Parameter für den Unternehmenserfolg. Grundsätzlich gilt, dass ein hoher Umsatz gut ist für das Unternehmen. Es gibt jedoch auch Ausnahmen.

Beispiel: Bei digitalen Geschäftsmodellen ist weniger oft mehr

Bei der Transformation eines traditionellen, stationären Einzelhandels in einen Onlineshop kann trotz sinkendem Umsatz das Ergebnis verbessert werden. Durch die Schließung der Einzelhandelsgeschäfte werden teure Innenstadtmieten gespart, ebenso Personalkosten für den Verkauf. Diese werden teilweise ersetzt durch höhere IT-, Marketing- und Logistikkosten. Die Planung wird sehr schnell feststellen, ob hier aufgrund der sinkenden Kosten ein geringerer Umsatz nicht sogar das Ergebnis verbessert.

- Die Produktionsleistung spielt in der Planung des Fertigungsbereichs eine ausschlaggebende Rolle. Sie muss ausreichend groß sein, um die geplanten Absätze, die sich wiederum aus den geplanten Umsätzen ergeben, möglich zu machen.
- Jeder Bereich erbringt eine Leistung, die geplant werden muss. Wenn das nicht der Umsatz oder die Produktionsleistung ist, müssen andere Leistungszahlen gefunden werden. Im Einkauf kann das z. B. das Einkaufsvolumen oder die Anzahl der Bestellungen sein, in der Buchhaltung ist das die Anzahl der Buchungen, der Kreditoren und Debitoren. Aufgabe des Controllings ist es, solche Leistungswerte zu finden und messbar zu machen.
- Im digitalen Geschäftsmodell gehören auch technische Größen zu den Planungsobjekten. So wird die verfügbare Bandbreite geplant, die Anzahl der Klicks im Onlineshop oder die Konversionsrate, die den Erfolg eines Besuchs auf der Seite des Onlineshops angibt. Die auf dem Markt erhältlichen Standardlösungen für den Onlineverkauf bieten regelmäßig die aktuellen Zahlen an.

> **!   Hinweis: Zusammenarbeit**
>
> In digitalen Geschäftsmodellen gibt es eine Vielzahl von Planungsobjekten, die in der traditionellen Organisation nur durch die Zusammenarbeit mehrerer Abteilungen eingeschätzt werden können. Die Konversionsrate gibt an, wie viele aktive Besuche im Onlineshop zu einem tatsächlichen Kauf führen. Um die Entwicklung dieses Wertes zu schätzen, müssen viele Informationen aus unterschiedlichen Bereichen kombiniert werden. Die IT muss die technische Verfügbarkeit und Qualität der Shoplösung planen, im Marketing sind Aktivitäten notwendig, um durch Produktpräsentation im Shop die Konversionsrate zu verbessern. Der Verkauf bringt durch entsprechende Aktivitäten die richtige Zielgruppe in den Shop. Nur gemeinsam kann die wichtige Kennzahl Konversionsrate geplant werden. Koordiniert wird das im Controlling.

- Durch das Erbringen der Leistungen entstehen im Unternehmen Kosten. Diese sind selbstverständlich zu planen, um auch ein Planergebnis bestimmen zu können. Die Bedeutung des Planungsobjektes Kosten ist groß.
- Selbstverständlich sind auch die Preise zu planen, sowohl im Verkauf als auch im Einkauf. Der Umsatz allein reicht nicht, da für die Planung von Kapazitäten und Leistungen, z. B. in der Fertigungsabteilung, Mengen notwendig sind. Aus der Umsatz- und Preisplanung können die zu erwartenden Mengen errechnet werden.
- Aus den bisherigen Planungsobjekten kann das Controlling wesentliche Teile der Geldströme für die Liquiditätsplanung ermitteln. Darüber hinaus sind weitere Geldflüsse wie Kredite (Aufnahme, Tilgung) oder Zahlungen in Verbindung mit den Eigentümern (Einlagen, Dividendenzahlungen) in die Planung aufzunehmen.
- Großen Einfluss auf die Planung der Geldströme hat die Investitionsplanung. Der Ersatz vorhandener oder die Anschaffung zusätzlicher Vermögensteile beeinflusst die Liquidität und die Kosten. Bestimmend ist die zusätzliche Leistung, die sich aus den Investitionen ergibt. Alle Größen müssen geplant werden.
- Über die bisher beschriebenen quantitativen Planungsobjekte hinaus gibt es weitere, die qualitative Gesichtspunkte beinhalten. Während z. B. die durchschnittliche Produktentwicklungszeit noch mathematisch ermittelt und daher auch geplant werden kann, kommt es bei dem Planungsobjekt »Kostengünstige Fertigung durch optimierte Konstruktion« zu Bewertungsproblemen. Solche Werte können auch zusätzlich zur eigentlichen Unternehmensplanung vereinbart werden, haben aber durchaus auch Einfluss auf das Planergebnis.

Bei genauerer Betrachtung sind bereits erste Zusammenhänge zwischen den eben beschriebenen Planungsobjekten zu erkennen. So kann z. B. die Leistung des Fertigungsbereichs erst geplant werden, wenn der geplante Absatz feststeht. Die verlangte Produktionsleistung kann zu notwendigen Investitionen führen, die wiederum Auswirkungen auf die Geldflüsse haben. Schon hier zeigt sich, dass die Unternehmensplanung eine Gemeinschaftsarbeit ist, gesteuert und verantwortet vom Controlling.

Planungsdetails

Nachdem feststeht, was geplant wird, muss definiert werden, wie detailliert das zu erfolgen hat. Zum einen gibt es Zahlenblöcke, die auf bestimmten Ebenen ausreichen, auf darunterliegenden Ebenen muss dagegen detailliert werden. Neben der Aufteilung großer Zahlenwerte in ihre einzelnen Bestandteile muss die Planung auf unterschiedlichen Hierarchieebenen erfolgen. Da die verantwortlichen Bereichs- und Abteilungsleiter durch Zahlen geführt werden sollen, müssen die Planwerte auch auf deren Ebene vorhanden sein.

Beispiel: Vielfältiger Umsatz

Den Umsatz als eine Summe anzugeben, reicht auf der Führungsebene aus, um das Unternehmensergebnis zu planen. Zur Steuerung ist dieser eine Betrag aber nicht geeignet. Dazu muss die Umsatzplanung differenzierter sein. So sind die Umsätze der unterschiedlichen Vertriebsabteilungen (Inland, Export, digital) separat zu planen. Auf der nächsten Ebene wird der Umsatz geplant je Verkaufsgebiet, Standort oder Onlineshop. Diese detaillierte Planung wird dann auf jeder Ebene weiter verfeinert, indem die Planwerte je Artikelgruppe oder sogar je Artikel geschätzt werden.

Gleichzeitig verhilft ein hoher Detaillierungsgrad in der Planung zu besserem Verständnis der Planungsobjekte. Parameter werden erkannt und können einzeln geplant werden. Das Planergebnis wird besser. Aus den Abhängigkeiten zwischen den Unternehmensbereichen folgt ebenso die Notwendigkeit einer detaillierten Planung. So müssen Umsatz und Preis je Artikel geplant werden, um daraus den Absatz je Artikel errechnen zu können. Dieser Wert ist Voraussetzung für die Planung im Bereich Fertigung und Einkauf, die auf die Mengen je Artikel als Planungsgrundlage angewiesen sind.

- Der Umsatz und die damit verbundenen Objekte Preis und Absatz werden je Artikel geplant. Wenn das nicht möglich ist, muss zumindest eine Planung je Artikelgruppe erfolgen.
- Die Umsatzplanung erfolgt auf der Basis der Kunden, wenn diese regelmäßig Umsätze in relevanter Höhe generieren. Alternativ ist die Planung je Einzelhandelsgeschäft möglich. Die Planung je Verkäufer ist im Einzelhandel ebenfalls eine Hilfe. Wird über einen Außendienst verkauft, plant man je Verkaufsgebiet. Mehrere dieser Einzelplanungen können zusammengefasst werden, z. B. zu den Planwerten eines Vertriebsweges.
- Der Kostenblock wird für die Planung zunächst in jede Kostenart gegliedert. Dadurch wird es möglich, die erwarteten Entwicklungen bei den Kostenarten separat zu erkennen und zu berücksichtigen.
- Die Planung der einzelnen Kostenarten der Gemeinkosten erfolgt auf der Ebene der Kostenstellen. Mehrere Kostenstellen können zu einer Abteilung oder einem Bereich zusammengefasst werden. Die Summe aller Kostenstellen ergibt den Unternehmensplanwert je Kostenart.

- Die Kostenarten, die als direkte Kosten in die Herstellungskosten eingehen, werden in Abhängigkeit von den geplanten Absatzmengen berechnet.
- Die Zusammenfassung der Einzelplanwerte zu Planwerten von Unternehmensbereichen, Standorten und anderen Organisationseinheiten wird durch die Addition der Einzelplanungen erreicht.

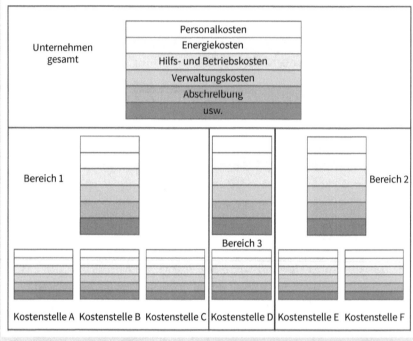

Abb. 16: Kostenartenplanung in Kostenstellen, Bereichen, Unternehmen

Und wieder bietet ein digitales Geschäftsmodell wesentliche Vorteile gegenüber der traditionellen Arbeitsweise. Da die Daten zu Umsätzen und Kosten aufgrund der digitalen Quellen wesentlich detaillierter sind, kann auch die Planung detaillierter und damit besser werden. Das Controlling nutzt diesen Vorteil, indem es seine Planungsprozesse entsprechend anpasst.

> **! Hinweis: Verantwortung für Konsistenz der Planung**
>
> Eine möglichst detaillierte Planung auf den verschiedenen Unternehmensebenen macht es notwendig, die Einzelplanungen zu größeren Einheiten, nämlich zu den Kostenstellen, Abteilungen und zum Gesamtunternehmen zusammenzufügen. Dabei geht es nicht immer nur um reine Addition. Die Praxis zeigt, dass es bei der Abgabe der Planzahlen durch die Verantwortlichen oft zu Diskrepanzen zwischen den Einzelwerten und dem Gesamtwert kommt. Verantwortlich für die Konsistenz dieser Daten ist das Controlling. Es muss prüfen und nicht kritiklos übernehmen.

Art von Planwerten

Grundsätzlich ist es gleichgültig, wie von den verfügbaren Informationen auf den Planwert geschlossen wird. Der Controller muss nur die Möglichkeit haben, eine tatsächliche Zahl zu ermitteln. Diese wird für die Arbeit mit der Planung verwendet.

- Die für den Controller einfachste Werteart ist die absolute Zahl. Wenn der Planwert als absolute Zahl vorgegeben wird, gibt es keine Missverständnisse. Der Wert kann sowohl vom Planenden als auch vom prüfenden Controlling eingeordnet werden.
- Eine beliebte Version der Planwerte ist die Angabe einer Veränderung. Dabei muss der Ausgangswert genau definiert sein. Ein solcher Planwert kann z. B. sein: Steigerung des Umsatzes gegenüber dem Planwert des aktuellen Jahres um 10 %.

Beispiel: Fehlende Ausgangsbasis

Es ist eine beliebte Version der Planung mit Veränderungswerten, sich auf das laufende Jahr zu beziehen, z. B. die Senkung der Personalkosten im kommenden Jahr um 5 % gegenüber dem laufenden Jahr. Da die Planung in der Regel noch vor Abschluss des laufenden Jahres erfolgt, steht der tatsächliche Wert für das aktuell laufende Jahr noch gar nicht fest. Wie soll das Controlling rechnen? Wird für die noch offenen Zeiträume der Planung der Budgetwert verwendet? Gibt es einen aktuellen Forecast-Wert, der verwendet werden könnte? Hat der Planende eine eigene Vorstellung von der Entwicklung in den verbleibenden Monaten? Die Planung muss eindeutig sein und die Ausgangsbasis exakt definieren. Wenn sich der Planende entsprechend einen Wert erarbeitet hat, sollte dieser auch angegeben werden.

- Eine letzte Möglichkeit, den Planwert anzugeben, ist die Verwendung von Abhängigkeiten. Dabei wird der Planwert als Teil einer Formel angegeben, die einen variablen, ebenfalls geplanten Wert enthält. Der Bezugswert kommt meist aus einem anderen Verantwortungsbereich. So kann die Höhe der Materialkosten beispielsweise als das Ergebnis der Multiplikation des Materialeinsatzes pro Stück mit der Planmenge für ein Produkt angegeben werden. Da der Controller die Planmenge aus der Fertigungsplanung kennt und den Einkaufspreis aus der Beschaffungsplanung, kann er die absolute Höhe der Materialkosten errechnen.

5.3.2 Planungsinformationen

Die Qualität der Planung hängt in hohem Maße von den für die Vorhersage verfügbaren Daten ab. Je mehr Daten es gibt und je aktueller und besser sie sind, desto besser ist das Planungsergebnis. Hier haben Controller in digitalen Geschäftsmodellen einen tatsächlichen Vorteil auf allen Ebenen.

- Grundlage der Planung sind immer die aktuellen, bisher realisierten Werte. Sie bilden den Ausgangspunkt für die erwarteten Veränderungen. Daher werden für die Planung der Zukunft die in der Gegenwart, der aktuellen Periode, aufgelaufenen Daten verwendet. In digitalen Geschäftsmodellen liegen diese wesentlich früher vor als in Systemen, in denen ohne komplexe digitale Unterstützung gearbeitet wird. Viele Daten werden direkt bei ihrer Entstehung verfügbar, weil dies digital geschieht. Abschlüsse, z. B. in der Buchhaltung, können schneller erstellt werden, wenn die Arbeit in den Abteilungen digital erledigt wird. Damit sind die Entscheidungen, die bei der Planung getroffen werden müssen, durch bessere und aktuellere Informationen unterstützt.
- Aus den Vergangenheitswerten lassen sich bereits wichtige Entwicklungen, z. B. ein Rückgang bestimmter Absätze, erkennen. Hinzu kommen erwartete Veränderungen in der Zukunft. Die Informationen darüber stammen aus den Märkten und aus allgemeinen Quellen. Digitale Geschäftsmodelle nutzen diese Quellen für unterschiedlichste Aufgaben, z. B. im Marketing. Die digitalen Strukturen, um solche Informationen zu gewinnen, werden auch für die Planung genutzt. In digitalen Geschäftsmodellen ist die Informationslage über eine mögliche zukünftige Entwicklung von Absätzen, Preisen oder Kosten daher besser als in traditionellen Modellen. Das Controlling muss dies erkennen und dafür sorgen, dass diese schnell gewonnenen Informationen für die Planungsarbeit in den Fachbereichen genutzt werden.
- Im Unternehmen werden vielfältige Maßnahmen geplant, um das Geschäft weiterzuentwickeln und um auf drohende Ereignisse zu reagieren. Dadurch werden die erwarteten Mengen und Preise für Absatz und Kosten verändert. Die Planung muss das berücksichtigen. In digitalen Geschäftsmodellen bieten sich wesentlich mehr Möglichkeiten für solche Maßnahmen, z. B. in Form weiterer digitaler Abläufe. Gleichzeitig können digitale Maßnahmen in ihrer Wirkung besser überwacht werden, was zu einer besseren Einhaltung der Planwerte führt.

Welche Informationen beschafft werden müssen und welche Quellen dafür genutzt werden sollen, ist in hohem Maße abhängig von der Planungsaufgabe. Das Controlling muss eine Mindestqualität der verwendeten Daten garantieren. Darum liegt die Hoheit bei der Beurteilung der Informationen, die im Planungsprozess benutzt werden, im Controlling. In digitalen Geschäftsmodellen kommen neue Informationsinhalte hinzu, die Einfluss auf das Ergebnis und damit auch auf die Planung haben. Dazu gehören Informationen über die digitale, technische Entwicklung, über technische Kapazitäten im Unternehmen und bei dessen Partnern, über Veränderungen der digitalen Infrastruktur, aber auch über drohende Einschränkungen aufgrund von gesetzlichen Vorgaben und steigenden Sicherheitsproblemen. Die Einschätzung der eigenen Entwicklung und ihrer Auswirkungen auf die Planungsergebnisse hängt auch von der digitalen Entwicklung der anderen Marktteilnehmer ab. Informationen darüber müssen für die Planung beschafft werden.

Beispiel: Veränderungen digitaler Märkte

Für den Erfolg der digitalen Geschäftsmodelle ist das Marktumfeld ausschlaggebend. Je größer der Anteil der potenziellen Kunden ist, die bereit sind für einen digitalen Kauf, desto mehr Potenzial hat der digitale Vertriebsweg. Je mehr Mitbewerber ebenfalls digitale Vertriebswege aufbauen, desto mehr Anbieter müssen sich das Potenzial im digitalen Markt teilen. Das digitale Geschäft wird schwieriger. Daher gehören Informationen darüber in den Planungsprozess.

5.3.3   Planungsverantwortung

Am Planungsprozess sind alle Führungskräfte und Entscheider im Unternehmen beteiligt. Die Akzeptanz eines Planes, der ja auch ein Ziel für die verantwortlichen Mitarbeiter darstellt, steigt selbstverständlich, wenn diejenigen, die den Plan umsetzen müssen, auch an dessen Aufstellung beteiligt sind. Verantwortung für den Plan trägt jeder in seinem Bereich. Auswirkungen des Planes in einem Bereich betreffen immer auch andere Abteilungen.

> **Hinweis: Plan und Ergebnis, unterschiedliche Verantwortungen**   **!**
>
> Planverantwortung heißt, dass der Mitarbeiter die Verantwortung für das Erreichen seiner Planwerte hat. Er ist dafür verantwortlich, dass die von ihm selbst geplanten bzw. mit ihm vereinbarten Werte realistisch und erreichbar sind. Das bedeutet aber nicht, dass er auch allein für das Ergebnis die Verantwortung trägt. Gerade in digitalen Geschäftsmodellen gibt es viele plötzliche Entwicklungen, die außerhalb des Einflussbereichs des Unternehmens liegen und eine Planung lediglich für den Zeitraum eines Jahres bereits schwer machen. Die Planenden tragen nicht allein die Verantwortung für das Ergebnis in ihrem Verantwortungsbereich. Sie müssen allerdings die Planung mit dem Wissensstand, den sie zum Planungszeitpunkt hatten, realistisch durchgeführt haben.

- Die Mitarbeiter auf den operativen Ebenen sind verantwortlich für die Planung der dort entstehenden Leistungen, Kosten und anderer Parameter. So ist der Shopmanager des Onlineshops für private Verbraucher verantwortlich für dessen Umsatz, dessen Kosten und Klickraten und andere Kennzahlen. Der Manager für den B2B-Shop verantwortet die gleichen Werte für seinen Vertriebsweg.
- Die Leiter von Kostenstellen und Abteilungen sind verantwortlich für die Planzahlen in ihren Bereichen. Wenn die Abteilung oder die Kostenstelle keine Unterteilung hat, stimmen die Verantwortungsbereiche für das operative Geschäft und die Planung überein. Gibt es jedoch mehrere operative Planungen in einem Bereich, muss der verantwortliche Leiter diese zusammenfassen und mit Zahlen der Bereichsleitung ergänzen. Er trägt weiterhin die Verantwortung für die Gesamtplanung in seiner Abteilung. Es ist seine Führungsaufgabe, seine Mitarbeiter zu einer

realistischen Planung zu bringen und diese mit der Gesamtplanung seines Bereiches abzustimmen.

- Gibt es in der Hierarchie des Unternehmens weitere Zwischenstufen, sind die entsprechenden Mitarbeiter für deren Planzahlen verantwortlich. Auch sie müssen
die Teilpläne der ihnen zugeordneten Untergliederungen steuern und abstimmen.
- Zuletzt trägt die Unternehmensführung für den Gesamtplan die Verantwortung.
Vor allen Dingen muss sie den Plan dazu nutzen, das Unternehmen und alle Mitarbeiter in die gewünschte Richtung zu führen. Dafür gibt sie die Rahmenbedingungen der Planung vor. Sie trägt die Verantwortung für die Umsetzbarkeit des
Planes.
- Die größte Verantwortung im Planungsprozess trägt das Controlling. Durch digitale Abläufe und Planungsanwendungen wird das Controlling von der eigentlichen Planungstätigkeit entlastet, muss sich aber in digitalen Geschäftsmodellen
wesentlich intensiver um die Planungsinhalte kümmern. Dazu gehört, für eine
vollständige Abdeckung aller Inhalte, die zu planen sind, Sorge zu tragen und die
rechnerische Korrektheit der Planwerte sicherzustellen. Neben der Aufgabe, die
verwendeten Informationen zu prüfen, gehört es darüber hinaus zum Verantwortungsbereich des Controllings, die Planenden auf nicht erkannte Abhängigkeiten
und übersehene planungsrelevante Parameter hinzuweisen.

Die Verantwortungen im Planungsprozess sind also exakt verteilt. Es muss sichergestellt sein, dass der Planende auch tatsächlich Verantwortung tragen kann. Zum einen
muss er durch seine Ausbildung, seine Erfahrung und die ihm zur Verfügung stehenden Informationen dazu in der Lage sein, die Planung durchzuführen. Zum anderen
muss der verantwortlich Planende die Möglichkeit haben, auf die Planwerte Einfluss
zu nehmen. Hat nicht er, sondern ein anderer Mitarbeiter diesen Einfluss, dann muss
dieser Mitarbeiter auch die Planungsaufgabe und damit die Verantwortung übernehmen. Diese Voraussetzungen sind in digitalen Geschäftsmodellen oft nicht gegeben.
Durch die Verschiebung der Entscheidungen auch auf untere operative Ebenen, stehen Fähigkeit und Kompetenz nicht immer im notwendigen Ausmaß zur Verfügung.

Beispiel: Verkauf und Marketing

Für den Erfolg im Onlineshop spielen viele Kennzahlen eine Rolle, die sich aus
den Aktivitäten des digitalen Marketings ergeben. Die Verantwortung für das Marketing liegt dabei in den Händen von entsprechenden Fachleuten. Dem Shopmanager fehlt die hierarchische Einflussmöglichkeit auf das Marketing, er kann also
seinen Bereich aufgrund fehlender Entscheidungsbefugnis hinsichtlich wichtiger
Parameter nicht verantwortlich planen. Eine übergeordnete verantwortliche
Stelle muss die Abstimmung der Planung und der dafür notwendigen Maßnahmen zwischen alle Beteiligten mit Einfluss oder Verantwortung übernehmen.

Kommt dieser Shopmanager aus dem traditionellen Geschäftsmodell mit stationären Einzelhandelsgeschäften, so fehlt ihm vielleicht auch die Erfahrung für die Planung von Onlineshops. Wenn er die Zusammenhänge zwischen Kaufentscheidungen digitaler Kunden und Klickrate, Konversions-Raten oder ausreichender Internet-Bandbreite nicht kennt, kann er auch den Umsatz dort nicht richtig planen. In einem solchen Fall muss die Fähigkeit dazu geschaffen werden, z. B. durch Schulungsmaßnahmen.

Grundsätzlich wird in digitalen Geschäftsmodellen eine Vielzahl von Entscheidungen auf operative Ebenen verlagert, auch solche Entscheidungen mit wesentlichem Einfluss auf das Unternehmensergebnis. Unterstützt werden die Mitarbeiter, die mit bisher nicht vorhandenem Einfluss ausgestattet werden, durch autonome Abläufe, in denen viele Entscheidungen durch das digitale System vorbereitet oder sogar selbst getroffen werden. Das darf allerdings nicht dazu führen, dass auch die Planung auf diese autonomen Abläufe abgeschoben wird. Vielmehr ist die Planung der Anlass dafür, die für die künstliche Intelligenz notwendigen Regeln, Parameter und Grenzen zu überprüfen. Diese müssen u. U. angepasst werden. Das Controlling steuert auch diesen Prozess.

5.3.4   Zeithorizonte

Der Zeithorizont einer Planung bestimmt auch deren Realitätsnähe. Je weiter in die Zukunft geplant wird, desto ungewisser ist der Eintritt des Geplanten. Das ist verständlich, weil die Ungewissheit immer größer wird, je weiter die zu planenden Ereignisse in der Zukunft liegen. Dennoch muss ein Unternehmen auch langfristig wissen, wohin die Entwicklung gehen soll. Der Problematik steigender Ungewissheit wird Rechnung getragen, indem die langfristige Planung weniger detailliert ist. Für das Tagesgeschäft wird allerdings mittel- und kurzfristig geplant.

Der Langfristplan des Unternehmens beschäftigt sich mit einem Zeitraum von 5 und mehr Jahren. Damit gehört er ins strategische Controlling, mit dem wir uns später beschäftigen werden. Dennoch spielt der Langfristplan eine wichtige Rolle für die Planung im operativen Controlling: Er gibt die vom Management geplanten Rahmenbedingungen vor.

Beispiel: Umsatz und Digitalisierung

Wenn der Langfristplan eine Umsatzverdoppelung in den nächsten 5 Jahren vorsieht und dieses Wachstum vorwiegend durch digitale Geschäftsmodelle erwirtschaftet werden soll, dann müssen auch die kurzfristigeren Pläne des Unternehmens dies berücksichtigen. Es ergibt keinen Sinn, in dieser Situation operativ einen Umsatzrückgang für Jahr 1 der Langfristplanung zu planen. Vielmehr müssen die kurzfristigeren Pläne so gestaltet werden, dass die langfristigen Ziele erreicht werden können.

Die Mittelfristplanung hat einen Zeithorizont von 1 Jahr. Sie wird in der Regel »Budget« genannt. Die Mittelfristplanung ist, wie oben beschrieben, eine sehr detaillierte Planung aller wirtschaftlich wichtigen Parameter und Werte. Am Budget werden die Leistungen der Verantwortlichen im Unternehmen gemessen. Ein Budget wird nach seiner Verabschiedung nicht mehr verändert.

- Die Realität hält sich allerdings nicht an diese Veränderungssperre. Die Werte entwickeln sich immer anders als geplant. Darauf regieren die verantwortlichen Entscheider mit Maßnahmen, um die Budgetwerte ganz oder zumindest teilweise zu erreichen oder um positive Entwicklungen zu sichern und auszuweiten. Dennoch ist es notwendig, für die operativen Arbeiten eine aktualisierte Planung zu erstellen.

Ein solcher Forecast plant die budgetierten Werte neu. Dabei werden die bisherigen Entwicklungen im Budgetjahr sowie die noch zu erwartenden Entwicklungen und eventuelle Maßnahmen berücksichtigt. Die Werte des Forecasts dienen dazu, kurzfristige operative Entscheidungen zu treffen (z. B. die Rahmenverträge über Liefermengen abzuschließen) oder bereits getroffene Entscheidungen zu revidieren (z. B. eine vorhandene Rahmenvereinbarung in ihrer Menge zu reduzieren). Ein Forecast wird üblicherweise alle drei Monate erstellt.

> **!** **Hinweis: Aufwand für Forecast notwendig**
>
> Der Forecast wird in vielen kleinen und mittleren Unternehmen nicht systematisch gemacht. Bei operativen Entscheidungen berücksichtigt jeder Entscheider die aktuellen Entwicklungen, die er kennt. Das ist nicht ausreichend. Vor allem in einem sich schnell änderndem Umfeld, typisch für digitale Geschäftsmodelle, ist eine ständige Prüfung der Entwicklungen und eine schnelle Reaktion auf Abweichungen ein Erfolgsgarant.
>
> Der durch den Forecast entstehende Planungsaufwand ist notwendig. Im Controlling kann er wesentlich reduziert werden, indem digitale Unterstützung auch durch autonome Planungstools genutzt wird. Dadurch entsteht ein Forecast mit autonom errechneten Planwerten, die allerdings noch manuell überarbeitet werden müssen. Der Aufwand für das Controlling und die planenden Fachbereiche reduziert sich jedoch wesentlich. Kürzere Zeiträume für den Forecast werden möglich. Sie sind in digitalen Geschäftsmodellen auch sinnvoll.

- Eine spezielle Form des Forecasts ist die **rollierende Planung**. Der Planungshorizont des Forecasts ist dabei nicht auf das Ende des Budgetjahres fokussiert. Es werden immer 12 Monate geplant. Nach dem Ende eines Monats werden die verbleibenden 11 Monate des bisherigen Planjahres überarbeitet und ein neuer Monat wird angehängt. Da dies den Planungsaufwand vervielfacht, werden oft nur die Kernwerte wie Umsatz, Preise wichtiger Rohstoffe, Kapazität der Fertigung, Konversionsraten und durchschnittliche Warenkörbe der aktuellen Entwicklung durch die verantwortlichen Planer in den Fachbereichen angepasst. Die anderen Plangrößen werden vom Controlling errechnet. Der Vorteil liegt darin, dass immer eine volle Jahresplanung verfügbar ist. Operative Entscheidungen mit mittelfristigen Auswirkungen werden dadurch besser.

	Jahr 1				Jahr 2				Jahr 3				Jahr 4				Jahr 5				Jahr 6				Jahr 7			
	Q1	Q2	Q3	Q4	Q1	Q2	Q3	Q4	Q1	Q2	Q3	Q4	Q1	Q2	Q3	Q4	Q1	Q2	Q3	Q4	Q1	Q2	Q3	Q4	Q1	Q2	Q3	Q4
Langfristplanung	Beginn Jahr 1				Beginn Jahr 2				Beginn Jahr 3																			
Budget	Jahr 1				Jahr 2				Jahr 3																			
Forecast		F2				F2				F2																		
			F3				F3				F3																	
				F4				F4				F4																
rollierende Planung	Budget 1																											
		F2 rol.																										
			F3 rol.																									
				F4 rol.																								
					Budget 1																							

Abb. 17: unterschiedliche Planungshorizonte

Die obige Abbildung zeigt, wie sich die verschiedenen Planungsarten im Hinblick auf die Dauer ihrer Gültigkeit unterscheiden. Jedes Jahr wird ein neuer Langfristplan erstellt, der allerdings zu wesentlichen Teilen aus dem alten, noch vier Jahre gültigen Plan besteht. Für jedes Jahr wird ein eigenes Budget erstellt, das genau ein Jahr Gültigkeit hat. Der erste Forecast (F2) wird zu Beginn des zweiten Quartals des Jahres aufgestellt und hat eine Gültigkeit von 3 Quartalen. Der zweite Forecast (F3) wird zu Beginn des dritten Quartals erstellt, der Forecast F4 zu Beginn des vierten Quartals. Die Gültigkeit endet immer am Ende des Budgetjahres. Die rollierende Planung beginnt mit dem Budget. Monatlich oder wie hier abgebildet je Quartal wird die bisherige Planung angepasst und um eine Zeiteinheit verlängert. Das führt dann am Ende des Jahres zum Budget des nächsten Jahres.

5.3.5 Planungsprozess

Der Planungsprozess kann traditionell grundsätzlich auf zwei Arten organisiert werden, die beide ihre Berechtigung haben:

Top-Down

- Bei der Top-Down-Organisation werden die Planziele immer von den vorgesetzten Stellen vorgegeben. Die Unternehmensführung plant ein Gesamtergebnis und die Nebenbedingungen. Diese Daten werden an die nächste Ebene, in der untenstehenden Grafik die Bereiche, weitergegeben.

- Die untergeordnete Stelle prüft die Vorgaben auf Machbarkeit. Wird die Realisierung nicht für möglich gehalten, kommt es zur Rückkopplung. Mit der vorgesetzten Ebene muss das verlangte Planziel diskutiert werden, bis ein Einvernehmen erzeugt wurde.

> **! Hinweis: Controlling greift ein**
>
> Ein wichtiger Vermittler in den Diskussionen zwischen den Hierarchiestufen ist das Controlling. Es muss unbedingt verhindern, dass entweder die vorgesetzte Stelle das gewünschte Ergebnis aufgrund ihrer Stellung durchsetzt oder dass ein mögliches, realistisches Ziel durch dauernde Diskussionen verwässert wird. Eine Akzeptanz realistischer Planvorgaben auf allen Ebenen ist Ziel und Voraussetzung für das Funktionieren des Plans.

Wird die Planungsvorgabe akzeptiert, wird sie verteilt auf die nachfolgenden Abteilungen oder auf andere Einheiten. Die Summe der »verteilten« Vorgaben muss das vorgegebene Ziel darstellen.
- Die Verteilung und Weitergabe erfolgt solange, bis eine operative Einheit erreicht ist. Hier wird der eigentliche Planwert festgelegt. Daraus ergeben sich dann wieder Kosten und Maßnahmen, die vom Controlling im Gesamtergebnis berücksichtigt werden.
- Die Teilergebnisse aller Planungseinheiten werden im Controlling zusammengeführt, der Gesamtplan entsteht. Dieser wird nochmals mit den Vorgaben und Vorstellungen der Unternehmensführung abgeglichen. Nach seiner Genehmigung wird der Plan kommuniziert.

Bottom-Up
- In der Methode Bottom-Up ist die Planungsrichtung umgekehrt. Es wird zunächst auf den operativen Ebenen geplant. Damit dies nicht zu vollkommen unerwünschten Ergebnisse führt, wird den Planungen ein Rahmen vorgegeben. Das Controlling bestimmt mit der Unternehmensführung die Rahmenbedingungen. So werden den operativen Einheiten Vorgaben wie ein erwartetes Wachstum, anzunehmende Kostensteigerungen oder die verstärkte Nutzung digitaler Strukturen gemacht.
- Die operativen Einheiten planen entsprechend der Istwerte, ihren Erwartungen und den Vorgaben die Leistungen und Kosten in ihrem Verantwortungsbereich. Selbstverständlich werden sie dabei von ihren übergeordneten Stellen und dem Controlling unterstützt.
- Die Planwerte der operativen Einheiten werden zu den Bereichs- oder Abteilungsplanungen zusammengefasst. Dabei werden sie hinsichtlich der Übereinstimmung mit den unternehmensweiten Vorgaben und den Ideen der Bereichs- oder Abteilungsleiter geprüft. Ergänzt werden sie um weitere Planwerte, die sich aus der Bereichs- oder Abteilungsleitung ergeben.
- Nach der Zusammenführung auf den unterschiedlichen Ebenen entsteht zum Schluss die Unternehmensplanung. Diese wird vom Controlling aufbereitet und

gemeinsam mit der Unternehmensleitung wird geprüft, wieweit die Vorgaben eingehalten werden. Die Unternehmensleitung stellt fest, ob das Ergebnis für das Unternehmen akzeptabel ist. Falls nein, wird nachverhandelt. Falls ja, wird der Unternehmensplan kommuniziert.

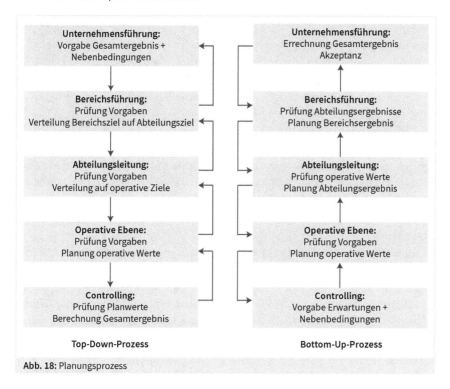

Abb. 18: Planungsprozess

Rückkopplung

Ein wichtiges Instrument beider Planungsmethoden ist die Rückkopplung, die zum Informationsaustausch zwischen den Planenden führt. Immer dann, wenn Planwerte eines Bereichs Auswirkungen auf andere Bereiche haben, muss die Planung auch zwischen den in den jeweiligen Bereichen Betroffenen abgestimmt werden. Es kann sein, dass dann eine bereits abgeschlossene Planungsstufe verändert werden muss. Dieser Vorgang kann sich mehrfach wiederholen. Weil nur mit einer engen Abstimmung ein realistischer Plan entsteht, muss das Controlling Wege schaffen, über die Rückkopplungen möglich werden.

Beispiel: Preissensibilität

Grundsätzlich wird zunächst der Absatz eines Unternehmens geplant, bevor der Einkauf und die Fertigung planen können. Aufgrund der geplanten Absatzmenge steht die Menge der dafür notwendigen Rohstoffe fest, die in der Planperiode vom Einkauf zu beschaffen sind. Dieser plant daraufhin den Einkaufspreis, der zumindest theoretisch von der einzukaufenden Menge abhängt.

Jetzt können die Herstellungskosten kalkuliert werden. Das kann dazu führen, dass sich der geplante Verkaufspreis als zu niedrig erweist. Er muss höher geplant werden, was wiederum den Planabsatz reduziert. Jetzt werden weniger Rohstoffe benötigt, was zu noch höheren Einkaufspreisen führen kann. Dieser Kreis der Rückkopplungen muss an einer Stelle unterbrochen werden. Gelingt das nicht, ist am Ende der Planungsrunden das Produkt nicht mehr im Angebot vorhanden. Das kann durchaus korrekt sein, wenn die Herstellung einfach zu teuer ist.

Planungsmethoden in digitalen Geschäftsmodellen

In digitalen Geschäftsmodellen können beide Planungsmethoden, Top-Down oder Bottom-Up, eingesetzt werden. Das Controlling bestimmt mit dem Grad der Nutzung digitaler Planungshilfen die Qualität und Geschwindigkeit der Planung. Autonom arbeitende Planungsanwendungen können die Planenden und den Controller an vielen Stellen unterstützen und die in den Fachbereichen ungeliebte Planungsaufgabe vereinfachen:

* Mit autonomen Anwendungen zur Unternehmensplanung kann die Informationsbeschaffung systematisiert werden. Dazu werden Inhalte und Quellen definiert, die Anwendungen beschaffen dann die notwendigen Informationen.
* Die großen Datenmengen, die für digitale Geschäftsmodelle typisch sind, können mithilfe digitaler Controllinginstrumente bearbeitet werden, bevor die Ergebnisse dieser Arbeit als Informationen an die Planenden gehen. Die Gefahr der Überinformation schwindet.
* Aus den digital vorliegenden Informationen, zu denen ja auch die Vergangenheitswerte und die Rahmenbedingungen der Planung gehören, kann künstliche Intelligenz einen Vorschlagswert errechnen. Dieser ist mehr als ein rein rechnerisches Ergebnis. Voraussetzung ist dafür aber eine exakte Steuerung der Regeln und Parameter für die autonomen Entscheidungen.

> **!** **Hinweis: Optimal für Forecast**
>
> Ein solcher Einsatz künstlicher Intelligenz für eine autonome Planung eignet sich optimal für die Aufstellung eines Forecasts. Dort liegt bereits eine Planung, das Budget, zugrunde, die aufgrund von Istwerten angepasst wird. In der Praxis wird diese digitale Unterstützung bereits genutzt. Die dahinterliegende künstliche Intelligenz wird dabei häufig gar nicht erkannt, beispielsweise dann, wenn in Berichten auf zukünftig zu erwartende Abweichungen hingewiesen wird. In der Budgetplanung können autonome Abläufe viele Standardvorgänge durch Planungsvorschläge verbessern und beschleunigen.

* Die Planvorschläge aus der autonomen Verarbeitung der Plandaten werden durch manuelle Eingriffe verändert oder ergänzt. Die dazu einzurichtenden Abläufe ent-

halten eine sofortige Prüfung der manuellen Werte auf die Einhaltung der Planvorgaben und Rahmenbedingungen. Der Planende kann sofort reagieren und Alternativen verwenden.

- Nach der Akzeptanz der vorgeschlagenen Werte oder bei der Eingabe manueller Planungsdaten wird sofort berechnet, wie sich diese Werte auf andere Bereiche auswirken. So kann eine große Anzahl an Rückkopplungen eingespart werden.

Beispiel: Preissensibilität autonom

Die Abhängigkeit des Einkaufspreises für die Rohstoffe eines Produktes, z. B. von der Einkaufsmenge oder von der Jahreszeit der Beschaffung, gehören zum Datenbestand, der für die Planung zur Verfügung steht. Plant der Verkauf die Absätze des Produktes, prüft das digitale System sofort die Herstellungskosten und die Angemessenheit des Verkaufspreises. Eventuell notwendige Korrekturen werden ohne Zeitverlust dem Verkauf gemeldet, der seine Verkaufspreise und die davon abhängigen Verkaufsmengen entsprechend anpassen kann.

Hinweis: Verlust an Flexibilität !

Werden die Rückkopplungen im Planungsprozess durch autonome Berechnungen ersetzt, kommt es zu einem signifikanten Rückgang der persönlichen Abstimmungen zwischen den beteiligten Menschen. Dadurch geht Flexibilität verloren, die in der gemeinsamen Diskussion zu neuen Lösungen führen kann. Die steigende Qualität künstlicher Intelligenz sorgt jedoch dafür, dass mögliche Lösungen immer öfter auch digital gefunden werden. In entscheidenden Situationen sollten autonome Entscheidungen, die zu negativen Planveränderungen in mindestens einem Bereich führen, von den Menschen der betroffenen Bereiche und dem Controlling gemeinsam geprüft werden.

- In autonom arbeitenden digitalen Planungssystemen führt jede manuelle Planung und jeder neue Planungsschritt zur neuen Berechnung der übergeordneten Ergebnisse. Theoretisch könnte also jeder Planende feststellen, welche Auswirkungen seine Eingabe auf das Gesamtergebnis hat. Praktisch ist das meist nicht gewünscht. Daher gibt es die Möglichkeit, lediglich die Ergebnisse anzuzeigen, die unmittelbar den jeweiligen Verantwortungsbereich betreffen.
- Mit der gleichen Systematik können Wenn-Dann-Rechnungen durch die Planenden selbst vorgenommen werden. Sie können selbst feststellen, was passiert, wenn z. B. die Absatzmenge für den Planungszeitraum reduziert wird. Um die Belastung des operativen IT-Systems zu reduzieren, werden für die individuellen Vergleichsrechnungen eigene Systeme verwendet, die nur bestimmte, für das Gesamtergebnis wichtige Zusammenhänge prüfen, aber keine Gesamtrechnung erstellen.
- Die unternehmensweite Planung ist ein komplexer und zeitaufwendiger Prozess. Mit digitalen Abläufen muss das Zeitmanagement wesentlich strenger sein, damit

zusätzliche Abhängigkeiten wie beschrieben berücksichtigt werden können. Die digitale Technik verkürzt den gesamten Prozess, weil Zwischenrechnungen entfallen und Ergebnisse schneller vorliegen. Nicht zuletzt kann der digitale Prozess wesentlich leichter kontrolliert werden, nicht pünktlich erledigte Planungen fallen sofort auf, die Verantwortlichen können zur Erledigung ihrer Aufgabe aufgefordert werden.

Die Digitalisierung des Planungsprozesses führt also zu wesentlichen Vorteilen, verlagert allerdings eine Vielzahl von Aufgaben und Informationen in die Vorbereitung der Planung. Regeln müssen aufgestellt, Grenzwerte ermittelt und eingegeben werden. Die Transformation des traditionellen Systems in ein digitales Vorgehen erfolgt in der Praxis meist schrittweise. Eine Abgrenzung zwischen Planungsschritten und Verantwortungsbereichen bei der Einführung der digitalen Hilfen ist gut möglich. In digitalen Geschäftsmodellen allerdings muss die Planung möglichst viele digitale Abläufe nutzen, um die notwendige Geschwindigkeit erreichen zu können und Big Data beherrschbar zu machen.

Die Planung in digitalen Geschäftsmodellen hat jedoch ein wesentliches Problem bei der Nutzung der typischen Planungsmodelle Top-Down oder Bottom-Up. Diese sind für Planungsabläufe in hierarchischen Strukturen entwickelt worden. Die für digitale Geschäftsmodelle notwendige Prozessbetrachtung wird kaum unterstützt. Sollen die Kosten und Leistungen der Prozesse im Rahmen der Planung ermittelt werden, müssen zunächst die Kosten der einzelnen Prozessschritte geplant sein. Dazu müssen die Kostenstellen und andere Einheiten mit Planwerten versehen worden sein. Die Verantwortungen sind nur schwer in Übereinstimmung zu bringen. Ein Weg in eine praktikable Planungsmethodik für prozessorientiert digitale Geschäftsmodelle könnten die folgenden Schritte sein:

- Planung der Gemeinkosten in den einzelne Kostenstellen oder organisatorischen Einheiten, die einzelne Schritte in den Prozessen leisten (z. B. Bestellung im Einkauf, Abwicklung eines Kundenauftrags im Backoffice, Verbuchen einer Ausgangsrechnung mit Zahlungseingangsbuchung und Forderungsmanagement) durch die verantwortlichen Stelleninhaber.
- Planung der Leistung der einzelnen Unternehmensbereiche. Daraus abgeleitet wird die Planzahl der benötigten Prozessdurchläufe (z. B. Anzahl des Prozesses Warendisposition, Bestellung, Einlagerung oder Anzahl der abzuwickelnden Aufträge vom Kundenbesuch im Onlineshop, über die Auftragsvergabe, Abwicklung des Zahlungsverkehrs, die Bearbeitung und den Versand).
- Die Summe der Kosten der einzelnen Prozessschritte wird mit der benötigten Zahl der Proessdurchläufe multipliziert. Das Ergebnis sind die Kosten der einzelnen Prozesse im Planungszeitraum.
- Jeder Prozess plant auch eine Leistung. Damit wird auch die Unternehmensleistung in Form von Absatz, Preisen und Umsatz geplant.

- Nun kann das Planergebnis des Unternehmens berechnet werden. Gleichzeitig wird erst jetzt die tatsächliche Belastung der einzelnen Stellen durch die Prozessschritte erkennbar. Ist die Diskrepanz zu den in den Prozessen zugrunde gelegten Planparametern, die Einfluss auf die Höhe der geplanten Kosten haben, wesentlich, muss der Plan angepasst werden.

In digitalen Geschäftsmodellen ist der Planungsprozess wesentlich gestraffter, kontrollierbarer und im Ergebnis besser, wenn die großen Datenmengen mit autonomen Abläufen verknüpft werden. Die manuelle Planungsaufgabe wird reduziert und unterstützt. Gleichzeitig wird die Planung für jeden Zeithorizont komplexer, da es eine strukturierte Planung von oben nach unten oder umgekehrt erschwert, wenn sich die Verantwortung an Prozessen ausrichtet.

5.4   Die Abweichungsanalyse

Das Instrument der Planung bleibt »stumpf«, wenn nicht festgestellt wird, ob die geplante Werte auch tatsächlich eingetreten sind. Dabei spielt die Beurteilung des für die Planung Verantwortlichen nicht die wichtigste Rolle. Es geht vielmehr darum, das Unternehmen durch geeignete Maßnahmen zum Ziel zu bringen. Dafür ist es notwendig, regelmäßige den Istwert festzustellen und ihn einem Vergleichswert gegenüberzustellen. Es spielt dabei keine Rolle, welcher Vergleichswert verwendet wird. Neben den häufig verwendeten Planwerten können das auch Branchenwerte sein oder technisch maximale Kapazitäten.

> **Hinweis: Regelmäßigkeit ist Voraussetzung**
>
> Damit Fehlentwicklung im Unternehmen, in den Bereichen und Abteilungen oder auf der operativen Ebene rechtzeitig erkannt werden, ist eine permanente Überwachung der Abweichungen zwischen Plan und Ist notwendig. Nur so kann frühzeitig auf unerwartete Entwicklungen reagiert werden und es können Maßnahmen initiiert werden. Während in traditionellen Geschäftsmodellen »permanent« bedeutet, dass die Abweichungen monatlich, oft mit erheblichem zeitlichem Verzug, festgestellt werden, ist das in digitalen Geschäftsmodellen für wichtige Inhalte zu langsam. So muss z. B. die Auslastung der Kapazität in Industrie-4.0-Modellen tatsächlich permanent überwacht werden, damit die aktuellen Fertigungsaufträge entsprechend disponiert werden können. Auch auf Abweichungen bei den Besucherzahlen im Onlineshop muss innerhalb weniger Stunden reagiert werden, um negative Entwicklungen zu stoppen.

Obwohl tatsächlich viele Vergleichswerte denkbar sind, ist der Vergleich zwischen Istwerten und dem Budget üblich und sinnvoll. Im Budget sind Kapazitäten, Branchenwerte oder Marktzahlen berücksichtigt. Ein Tausch der Vergleichswerte von Budget zu Forecast nach dessen Erstellung ist sinnvoll, um näher an der Realität zu bleiben.

5.4.1 Inhalt des Vergleichs

Der Vergleich findet für jedes geplante Element des Budgets statt. Da alle Planwerte letztlich von der operativen Einheit kommen, wird der Vergleich auch dort vorgenommen. Werden die Zahlen einer übergeordneten Einheit verglichen, kann es zu einem Informationsverlust kommen. Das wiederum kann wesentliche Auswirkungen auf das Gesamtergebnis haben.

Beispiel: Dramatischer Verlust

Im Beispielunternehmen gibt es im Bereich »Verkauf Inland« zehn Verkaufsbezirke, die ihren Umsatz für das Budgetjahr geplant haben. Außerdem wird seit einem Jahr ein Onlineshop betrieben, der die geplanten Umsatzrückgänge im traditionellen Geschäft auffangen soll. Nach drei Monaten ergibt sich für die Umsatzwerte das folgende Bild:

Umsatz Jan-März Verkauf Inland					
	Vorj. EUR	Plan EUR	Ist EUR	Abw. EUR	Abw. %
Summe	1.196.000	1.222.000	1.197.000	-25.000	-2,0%

Tab. 8: Abweichung im Verkauf Inland

Die Abweichung von -2% gibt keinen Anlass zur Sorge, der Wert liegt im erwarteten Ungewissheitsbereich der Planung, der Umsatz liegt sogar etwas über dem Vorjahreswert. Der Blick in die detaillierte Rechnung zeigt jedoch ein ganz anderes Bild.

Umsatz Jan-März Verkauf Inland					
	Vorj. EUR	Plan EUR	Ist EUR	Abw. EUR	Abw. %
Summe	1.196.000	1.222.000	1.197.000	-25.000	-2,0%
Gebiet 1	101.000	90.000	92.000	2.000	2,2%
Gebiet 2	92.000	85.000	87.000	2.000	2,4%
Gebiet 3	130.000	120.000	125.000	5.000	4,2%
Gebiet 4	110.000	102.000	104.000	2.000	2,0%
Gebiet 5	78.000	75.000	77.000	2.000	2,7%
Gebiet 6	100.000	96.000	97.000	1.000	1,0%
Gebiet 7	118.000	110.000	115.000	5.000	4,5%
Gebiet 8	102.000	95.000	101.000	6.000	6,3%

Umsatz Jan-März Verkauf Inland					
	Vorj. EUR	Plan EUR	Ist EUR	Abw. EUR	Abw. %
Gebiet 9	100.000	87.000	89.000	2.000	2,3 %
Gebiet 10	115.000	112.000	115.000	3.000	2,7 %
Online	150.000	250.000	195.000	-55.000	-22,0 %

Tab. 9: Abweichungen detailliert auf Gebietsebene

Die Zahlen zeigen, dass in den Verkaufsgebieten 1 – 10 bessere Ergebnisse als geplant erzielt wurden. Diese waren jedoch bereits niedriger als im Vorjahr geplant worden, um der nachlassenden Nachfrage im »analogen Geschäft« zu entsprechen. Das zeigt sich im Ist jedoch nicht im erwarteten Ausmaß, was an sich erfreulich ist. Allerdings liegt die Zukunft des Unternehmens, der Onlineshop, mit -22 % wesentlich hinter den Planungen zurück. Also fehlt die Entwicklung des Vertriebsweges, der unausweichlich die Zukunft bestimmen wird. Das kann verhängnisvoll werden. Die verantwortlichen Manager für »Verkauf Inland« müssen reagieren. Ohne die Vergleiche auf der operativen Ebene wäre diese Notwendigkeit nicht aufgefallen.

Neben der richtigen operativen Ebene des Vergleichs muss auch die zeitliche Übereinstimmung beim Vergleich sichergestellt sein. Das bedeutet nichts anderes, als dass die Istwerte und die Planwerte aus dem gleichen Zeitraum stammen müssen. Wenn ein Monat verglichen wird, muss sowohl der Planwert für diesen Monat vorgegeben sein als auch der Istwert. In traditionellen Geschäftsmodellen sind Monatszeiträume die Regel, im technischen Bereich wird bei schnelllebigen, verderblichen Gütern vielleicht noch die Tageskapazität geplant und beobachtet. In digitalen Geschäftsmodellen sind dagegen wesentlich kurzfristiger Zeiträume üblich, geplant und überwacht. Einige Beispiele:

- Der Umsatz im Onlineshop wird im Tagesverlauf je Stunde ermittelt und, wenn entsprechende Planwerte vorliegen, auch verglichen. Damit kann noch während des Tages auf Veränderungen reagiert werden.
- In der Buchhaltung werden die digitalen Eingangsrechnungen in eine autonome Rechnungsprüfung gegeben. Der Anteil der fehlerfrei gelesenen Rechnungen wird ebenso täglich erfasst wie der Anteil der Rechnungen, für die auch eine Bestellung im System gefunden werden konnte. Fehler, also nicht korrektes Lesen oder fehlende Bestelldaten, führen zu zusätzlichem Aufwand in der Buchhaltung. Diese Leistungsdaten werden täglich erfasst und mit täglichen Plandaten verglichen. Bei signifikanten Abweichungen kann reagiert werden, indem z. B. intern bisher nicht eingehaltene Bestellrichtlinien durchgesetzt werden oder die Technik zur OCR-Identifikation justiert wird.
- Für immer mehr digitale Anwendungen wir die Cloud als Speicherplatz und Server genutzt. Das verursacht Kosten, auch in Abhängigkeit von der Anzahl der Nutzun-

gen. Die Tagesverteilung wird festgehalten und zeigt Spitzen auf. Diese Information kann zu einer Optimierung der Kostenstruktur genutzt werden. Daher sind die
Tageswerte zu planen und mit den aktuellen Werten zu vergleichen.

- Das digitale Geschäftsmodell Industrie 4.0 lebt von einem schnellen Datenaustausch mit den Partnern und darauf aufbauenden von autonomen Entscheidungen vor allem in der Disposition. Das macht Kennzahlen erforderlich, die sich mit
der stündlichen oder täglichen Auslastung von Kommunikationswegen aber auch
von Maschinen befassen. Der auf diesem Weg das Unternehmens erreichende Umsatz sowie die auf diesem Weg das Unternehmen verlassenden Bestellungen können den jeweiligen Stunden- oder Tageswerten zugeordnet werden. Es ist wichtig,
schnell zu erkennen, wenn sich die geplanten und notwendigen Werte ändern. Nur
ein kurzfristiges Eingreifen kann Fehlentwicklungen rechtzeitig stoppen.

> **! Hinweis: Planwerte autonom errechnen**
>
> Es ist mühsam, für jede Stunde oder auch nur für jeden Tag eines Budgetjahres die Planwerte
> manuell festzulegen. Dazu gibt es autonome Anwendungen, die z. B. aus der Vorgabe von mo-
> natlichen Umsätzen die Stundenverteilung jedes Tages aus den Vergangenheitswerten errech-
> nen. Der Controller kann das in autonomen, vernetzten Systemen tun. Es reicht aber auch eine
> einfache Excel-Tabelle, mit deren Hilfe eine Verteilung vorgenommen werden kann.

Abweichungen werden in der Praxis nicht immer korrekt berechnet. Vor allem in den
Auswertungen, die Anbieter digitaler Leistungen liefern, z. B. Klickraten auf der Website des Shopanbieters oder die Verteilung des Abrufs von Cloud-Services, entstehen
undefinierte Aussagen zu Unterschieden im Ist und Plan. Oft ist nicht angegeben, womit verglichen wurde, meist können die eigenen Planwerte nicht integriert werden.
Darum muss das Controlling in digitalen Geschäftsmodellen die Qualität der Vergleiche besonders prüfen.

Abweichungen müssen für den Controlling-Bericht die folgenden Qualitätsmerkmale
erfüllen:
- Es werden nur signifikante Abweichungen bearbeitet. Die Signifikanz hängt ab
vom Einfluss des betrachteten Objektes auf das Gesamtergebnis des Unternehmens oder des verantwortlichen Bereiches. So kann eine 10%ige negative Abweichung in der Kapazität der Kommunikationswege toleriert werden, wenn z. B.
die Kapazität nur wenig ausgelastet ist. Ein 10%iger Rückgang des Umsatzes ist
jedoch bedrohlich für das Unternehmen.
Die Grenzen der Signifikanz müssen für alle wichtigen Objekte individuell bestimmt werden. Die Höhe der Abweichungen bestimmt auch den Kreis der Informationsempfänger, die darüber informiert werden. So wird z. B. eine Abweichung
von -5% vom geplanten Umsatz im Verkauf Inland zwar der Bereichsleitung, nicht
jedoch der Unternehmensleitung gemeldet. Das Controlling muss abschätzen, ob
bzw. aufgrund welcher Kriterien Informationen an wen weiterzugeben sind, und

hat entsprechende Regeln aufzustellen. Bestimmend dafür sind immer auch die Risikobereitschaft der übergeordneten Stellen und die operative Selbstständigkeit der untergeordneten Stellen.

Hinweis: Signifikanz als Filter   **!**

Durch die Beschränkung der weiteren Verarbeitung von Abweichungen auf signifikante Werte, wird die Zahl der Unterschiede, die notwendigerweise zu berichten sind, stark reduziert. Die Prüfung auf Signifikanz dient als Filter, damit sich die Verantwortlichen auf die wichtigen Themen konzentrieren können. Das ist gerade in digitalen Geschäftsmodellen mit der Vielzahl an Kennzahlen und Informationen besonders wichtig.

---

* Die Vergleichswerte, also die Plan- und Istwerte, müssen die gleiche Einheit haben. Der Wert der Abweichung wird ebenfalls in dieser Einheit berichtet. Wird er dadurch zu klein, muss dessen Signifikanz geprüft werden. Wird also ein Wert in Millionen EUR berichtet und liegt die Abweichung im Tausenderbereich, ist die Bedeutung sicherlich gering.
* Der Vergleich muss immer zwei Werte bezogen auf den gleichen Zeitraum umfassen. Der Vergleich von Jahreswerten dient nur der Statistik, für operative Eingriffe ist ein Jahr zu lang. Der Vergleich auf der Ebene von Quartalen ist eher selten und wird oft als Zusammenfassung der drei dazugehörigen Monate durchgeführt. Üblich ist die Prüfung auf Unterschiede im Monatszeitraum. Die Abweichungen können je Monat, kumuliert über verschiedene Monate und in der Entwicklung betrachtet werden.

Beispiel: Monatliche Umsatzabweichung

Die Umsatzabweichung für das Gesamtunternehmen wird in der Regel auf Monatsbasis erstellt. Ein Beispiel aus der Praxis zeigt die folgende Darstellung:

Umsatzvergleich Verkauf Inland												
in TEUR	**Jan**	**Feb**	**März**	**Apr**	**Mai**	**Jun**	**Jul**	**Aug**	**Sep**	**Okt**	**Nov**	**Dez**
Umsatz Plan	401	420	401	421	430	440	440	445	450	500	550	490
Umsatz Ist	394	408	395	399	425	409						
Abw. EUR	-7	-12	-6	-22	-5	-31						
Abw. %	-1,7%	-2,9%	-1,5%	-5,2%	-1,2%	-7,0%						
Umsatz Plan kum.	401	821	1.222	1.643	2.073	2.513	2.953	3.398	3.848	4.348	4.898	5.388
Umsatz Ist kum.	394	802	1.197	1.596	2.021	2.430	2.430	2.430	2.430	2.430	2.430	2.430
Abw. EUR	-7	-19	-25	-47	-52	-83						
Abw. %	-1,7%	-2,3%	-2,0%	-2,9%	-2,5%	-3,3%						

Tab. 10: Abweichungen Umsatz pro Monat, einzeln + kumuliert

Aus der Tabelle lassen sich alle für eine Entscheidung zu weitergehenden Maßnahmen notwendigen Informationen entnehmen. Die grafische Darstellung zeigt,
dass beim Betrachten der kumulierten Linie kaum eine Abweichung auffällt, die
monatlichen Abweichungen jedoch eine klare Sprache sprechen.

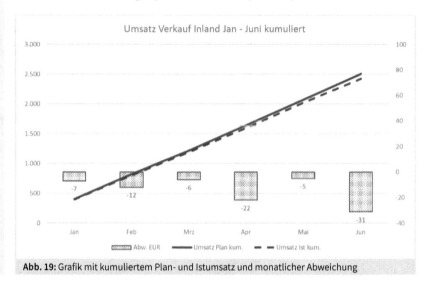

Abb. 19: Grafik mit kumuliertem Plan- und Istumsatz und monatlicher Abweichung

• In digitalen Geschäftsmodellen ist eine Abweichungsanalyse hinsichtlich der technischen Größen, die die Leistungsfähigkeit bestimmen, oder der damit in Verbindung stehenden Euro-Werte auch sehr kurzfristig möglich. Für manche Inhalte,
z.B. Klickraten oder Frequenzen im Onlineshop kann eine permanente aktuelle
Überwachung in Echtzeit richtig sein.

> **! Hinweis: positive Abweichungen**
>
> Nicht nur signifikante negative Abweichungen müssen berichtet werden, auch positive Ab-
> weichungen gehören in den Controlling-Report. Auf positive Entwicklungen, also Entwick-
> lungen, die besser als geplant verlaufen, müssen die verantwortlichen Mitarbeiter in den
> Fachbereichen ebenso hingewiesen werden, damit sie reagieren können. Zum einen ist es
> wichtig, die gute Entwicklung zu unterstützen, damit sie beibehalten oder sogar verstärkt
> werden kann. Zum anderen müssen weitere Fachbereiche im Unternehmen darauf reagie-
> ren, damit der Effekt nicht verpufft.
>
> Wenn z. B. eine wesentliche Absatzsteigerung eines Produktes gegenüber dem Planwert er-
> reicht wurde und diese durch externe Maßnahmen auch in der verbleibenden Planperiode
> anhalten soll, erhöhen sich die benötigten Produktmengen gegenüber dem Plan. Der Ein-
> kauf und/oder die Fertigung müssen ihre Planung, also die Einkaufsmengen und die Vertei-
> lung der Fertigungskapazität, darauf einstellen. Geschieht dies nicht, kann u. U. die erhöhte
> Nachfrage nicht bedient werden. Das kann den positiven Effekt ausgleichen oder ihn sogar
> ins Negative umleiten.

5.4.2 Analyse der Abweichungen

Die Abweichungen der Realität vom Plan werden berechnet, um darauf reagieren zu können. Das wiederum setzt voraus, dass die Gründe für die Abweichungen bekannt sind. Nur so können Maßnahmen richtig gewählt und erfolgreich werden. Gleichzeitig müssen die Ursachen ermittelt werden, um die für die Abweichungen Verantwortlichen zu erkennen. Das muss nicht immer der verantwortliche Planer sein, in dessen Zahlen die Abweichung auftritt.

Beispiel: unterplanmäßige Kapazitätsauslastung

Die Ist-Zahlen für die Kapazitätsauslastung in der Fertigung liegen um 20 % unterhalb des Planwertes, was wesentliche Auswirkungen auf die Fixkostendeckung im Produktionsbereich hat. Die Kapazität war aufgrund der Planung im Fertigungsbereich um diese Größenordnung erweitert worden, was sich in den ersten drei Monaten des Planungszeitraums als überflüssig herausgestellt hat.

Die Analyse dieser Abweichung deckt auf, dass die Ursache in einem reduzierten Auftragseingang lag. Dieser wiederum war bedingt durch fehlende Aufträge der Partner, die autonom über Industrie 4.0 mit dem Unternehmen zusammenarbeiten. Diese hatten in ihren Systemen die Prioritäten für die Auftragsvergabe so geändert, dass hauptsächlich andere Lieferanten bei gleichen Bedingungen zum Zuge kommen. Den Grund dafür erfuhr der Controller durch den Vertriebsleiter. Zu Beginn des Planjahres war die IT-Technik für die Anbindung der Partner nicht immer verfügbar gewesen. Softwarefehler hatten die Verarbeitung bereits platzierter, autonom generierter Aufträge verändert. Es kam zu Lieferproblemen, in Industrie 4.0 eine Todsünde.

Die Analyse der Abweichungen gehört zu den Aufgaben des Controllings. Es gibt Gründe, die mathematisch nachgewiesen werden können. Diese Mengen- und Preisabweichungen werden im normalen Arbeitsprozess des Controllings ermittelt. Warum sich Mengen und Preise verändert haben, kann nur in Zusammenarbeit mit den Fachbereichen ermittelt werden. Damit die Ursachen objektiv bekannt werden, müssen die Verantwortlichen unterstützt werden. Sonst wird aus einer Begründung schnell eine Entschuldigung. Damit ist niemandem gedient. Wichtig ist es, fehlerhafte Planwerte bzw. Aspekte, die bei der Planung problematisch sind, zu erkennen, um sie abzustellen.

Mathematische Analyse

Die Planwerte für Erträge und Kosten setzen sich immer aus zwei Komponenten zusammen, der Menge und dem Preis. Abweichungen vom Plan entstehen dann, wenn

der Preis, die Menge oder beide Komponenten nicht dem Planwert entsprechen. Inwieweit eine Preisveränderung oder eine Mengenveränderung zur Abweichung beigetragen hat, lässt sich mathematisch exakt feststellen.

Die Formel zur Berechnung des Anteils, den die veränderten Preise an der Abweichung
haben, lautet:

$$\text{Preisabweichung} = \text{Planmenge} \times (\text{Istpreis} - \text{Planpreis})$$

Die Planmenge der untersuchten Position (Absatz der Produkte, Verbrauchsmenge
der Rohstoffe, Einheit der Kostenart) wird multipliziert mit der Differenz zwischen
dem Istpreis und dem Planpreis für eine Einheit der Planmenge.

Beispiel: Kosten des digitalen Marketings

Im digitalen Marketing war eine Kostenposition in Höhe von 10.000 EUR für Internetwerbung geplant. Dafür sollten 100.000 Klicks auf die Website des Internetshops
generiert werden. Im Ist entstanden Kosten von 12.000 EUR für 110.000 Klicks.

Die folgende Tabelle zeigt die Plan- und die Istwerte. Die Abweichung beträgt
2.000 EUR, mit 20 % schon erheblich. Die Berechnung der Preisabweichung ergibt, dass von der Gesamtabweichung nur 909 EUR auf einen höheren als den geplanten Preis zurückzuführen sind.

	Anzahl Klicks	Kosten pro Klick (in Euro)	Summe Kosten (in Euro)
Plan	100.000	0,1000	10.000
Ist	110.000	0,1091	12.000
Abweichung			2.000
Preisabweichung	100.000	0,0091	909
Mengenabweichung	10.000	0,1000	1.000
gemeinsame Abweichung	10.000	0,0091	91

Tab. 11: Abweichungsanalyse digitales Marketing

Die Berechnung der Mengenabweichung ergibt einen Wert von 1.000 EUR. Die
Mehrmenge multipliziert mit dem Mehrpreis ergibt eine gemeinsame Abweichung von 91 EUR.

Die Ursachenforschung hat weiter ergeben, dass die höheren Kosten pro Klick
durch den Wechsel des Anbieters dieser Werbeleistung zustande gekommen

sind. Dieser hatte höherwertige Klicks, also mehr Erfolg pro Klick, versprochen. Die Überschreitung der gekauften Menge an Klicks war bedingt durch die Mengenstaffeln des Anbieters. Ob das Versprechen erfolgreicher Klicks eingelöst wurde, muss jetzt geklärt werden.

Die Mengenabweichung errechnet sich nach der Formel:

$$\text{Mengenabweichung} = \text{Planpreis} \times (\text{Istmenge} - \text{Planmenge})$$

Die Abweichung, die auf die Preisveränderung der ungeplanten Mengen zurückzuführen ist, ergibt sich aus:

$$\text{gemeinsame Abweichung} = \text{Gesamtabweichung} - \text{Preisabweichung} - \text{Mengenabweichung}$$

Mit diesen Informationen wird es möglich, die einzelnen Ursachen für die Abweichungen in den jeweiligen Verantwortungsbereichen zu finden und entsprechend zu reagieren.

Beispiel: Umsatz je Klick

Im Onlineshop des Unternehmens aus dem obigen Beispiel wird exakt festgehalten, welche Umsätze aus welchen digitalen Werbemaßnahmen entstehen oder welche ganz ohne digitale Werbung generiert werden können. Daher ist auch bekannt, dass aus den 110.000 Klicks der untersuchten Werbekampagne ein Umsatz von 1.875.000 EUR entstanden ist. Geplant waren für diese Werbeaktion, mit den daraus resultierenden Verkäufen einen Umsatz in Höhe von 1.500.000 EUR zu generieren. Auch für diese Abweichung von 375.000 EUR kann wieder untersucht werden, inwieweit die Ursachen in der Menge, also der Anzahl der Klicks, oder im Wert, also im Umsatz pro Klick liegen.

	Anzahl Klicks	Umsatz pro Klick (in Euro)	Summe Umsatz (in Euro)
Plan	100.000	15,0000	1.500.000
Ist	110.000	17,0455	1.875.000
Abweichung			375.000
Preisabweichung	100.000	2,0455	204.545
Mengenabweichung	10.000	15,0000	150.000
gemeinsame Abweichung	10.000	2,0455	20.455

Tab. 12: Umsatz je Klick in der Analyse

Grundsätzlich zeigt sich also, dass die negative Abweichung bei den digitalen Marketingkosten (Kosten höher als geplant) zu einer positiven Abweichung im Umsatz (Umsatz höher als geplant) geführt hat. Im Einzelfall kann jetzt z. B. weiter untersucht werden, ob die Deckungsbeiträge aus diesem Umsatz vergleichbar sind mit denen aus dem geplanten Umsatz. Ob dies sinnvoll und notwendig ist, entscheidet der Fachbereich, der Controller überprüft diese Entscheidung.

Voraussetzung für die Berechnung der Preis- und Mengenabweichung ist selbstverständlich, dass ein Preis und eine Menge geplant wurden. Nur wenn dem Controlling die Informationen hinsichtlich der Planung bekannt sind, können auch die mathematischen Abweichungen errechnet werden. Eine Erklärung der veränderten Preise und Mengen muss allerdings immer individuell erfolgen. Dazu ist die Beteiligung der Fachbereiche und der verantwortlich Planenden notwendig.

Interne Ursachen

Die Ursachen für die Abweichungen der Realität von den geplanten Erwartungen sind vielfältig. Die inhaltliche Abweichungsanalyse ist aufwendig, lohnt sich allerdings, da die Auswirkungen der Abweichungen ja schon bei der Bestimmung der zu untersuchenden Werte als signifikant eingestuft wurden. Eine erste Trennung der Untersuchungen in eine Suche nach internen und externen Gründen erleichtert die Aufgabe.

Zu den internen Gründen gehören oft Kostenentwicklungen, die so nicht geplant waren. Wenn z. B. das Projekt zur digitalen Rechnungsprüfung noch nicht abgeschlossen wurde, weil es in der IT-Abteilung an Personal fehlt, entstehen in der Buchhaltung höhere Personalkosten. Oder eine Fehlbedienung führt zum mehrwöchigen Ausfall einer Maschine, was zu einer geringeren Leistung der Produktionsabteilung und zu höheren Herstellungskosten führt. Die Abweichungsanalyse mit internen Ursachen deckt häufig Fehler auf, die im Unternehmen gemacht wurden.

Beispiel: isolierte Absatzsteigerung

Der Vergleich der Absatzzahlen auf Produktebene hat eine Absatzsteigerung für ein Produkt ergeben, wogegen vergleichbare Produkte, die sich in der Vergangenheit immer ähnlich entwickelt haben, im Absatz verloren haben. Die Analyse ergibt, dass die meisten Mengen des Produktes an Partner, die über das Geschäftsmodell Industrie 4.0 mit dem Unternehmen verbunden sind, verkauft wurden. Die Auftragsvergabe erfolgt automatisch anhand von dispositiver Lieferbereitschaft, die sich die Partner aus den Daten des Unternehmens selbst errechnen. Das Produkt mit der positiven Entwicklung ist für die Partner wohl attraktiv.

Das liegt an der kurzen Wiederbeschaffungszeit, die im Artikelstammsatz eingetragen und an die Partner übermittelt wurde. Bei den vergleichbaren anderen Produkten war schlicht vergessen worden, die verkürzte Produktionszeit, die aufgrund neuer Anlagen möglich wurde, in den Stammsatz zu übernehmen. Aufgrund der so fälschlich länger ausgewiesenen Lieferzeit wurden diese Artikel von den Kunden bei einem Konkurrenten bestellt. Die Abweichungsanalyse hat diesen Fehler aufgedeckt.

Die wichtigsten internen Gründe für Abweichungen zwischen Plan und Ist finden sich immer wieder in einer fehlerhaften Planung. Wenn ein Budgetzeitraum beginnt, z. B. am 01.01. eines Jahres, liegt der Beginn der Planungen schon mehrere Monate zurück. Bereits in dieser Zeit zwischen Planungsbeginn und Planbeginn haben sich viele Entwicklungen anders ergeben als angenommen. Wenn Parameter angenommen wurden, die keinen oder einen von der ursprünglichen Annahme abweichenden Einfluss auf die geplanten Werte haben, hat sich bereits zu Beginn der Planperiode ein falscher Startwert entwickelt. Als Ergebnis kommt es zu Abweichungen in der laufenden Periode.

Externe Ursachen

Die meisten Abweichungen haben ihre Ursache in externen Gründen. Das ist normal, da die Vorhersage von Entwicklungen, die außerhalb des eigenen Einflussbereichs liegen, noch schwerer ist als die im Unternehmen stattfindenden Entwicklungen. Außerdem ist das Verhalten von Marktteilnehmern nicht immer rational zu erklären. Gerade darum ist es wichtig, die externen Ursachen zu kennen und zu analysieren. Nur wer die Ursachen kennt, kann darauf mit geeigneten Maßnahmen reagieren. In der Praxis finden sich immer wieder einige extern begründete Abweichungen:

- Die am Markt erzielbaren Verkaufspreise entsprechen nicht den geplanten Preisen. Das wiederum kann unterschiedliche Gründe haben, z. B. ein Überangebot am Markt, neue Mitbewerber oder bekannte Mitbewerber, die einen Preiskampf begonnen haben.
- Die Nachfrage nach den Produkten des Unternehmens entspricht nicht den in der Planung festgelegten Erwartungen. Auch das hat wieder unterschiedliche Ursachen, z. B. ein Überangebot, zu hohe Verkaufspreise oder, mit wesentlicheren Auswirkungen auf das Unternehmen, eine Veränderung der Kundenbedürfnisse.
- Die Einkaufspreise für Rohstoffe, Materialien oder Bauteile sind höher (oder niedriger) als geplant. Dazu kann eine Knappheit im Markt beigetragen haben oder eine Preiserhöhung, die alle Lieferanten durchgesetzt haben.
- Die Qualität der gekauften Rohstoffe ist schlechter als geplant. Dadurch entstehen höhere Verarbeitungskosten.
- Der Betreiber der Onlineplattform hat ein Sicherheitsproblem, was die Nutzung über mehrere Tage eingeschränkt hat. Dadurch konnten digitale Marketingaktionen in den sozialen Netzwerken nicht durchgeführt werden.

- Ein wichtiger Industrie-4.0-Partner hat überraschend eine dreiwöchige Schlie-ßung seiner Fertigung eingeplant. Dadurch sind freie Kapazitäten im eigenen Pro-duktionsbereich entstanden.

Externe Ursachen von Abweichungen zwischen Ist und Plan können sehr vielseitig sein. Eine Beeinflussung der Situation ist nur sehr selten möglich, z. B. durch die Wahl eines anderen Lieferanten. Darum ist es umso wichtiger, auf diese externen Entwick-lungen schnell mit eigenen Maßnahmen zu reagieren.

Beispiel: Schlechte Planung

Wenn es eine signifikante Planabweichung mit externer Ursache gibt, kommt schnell der Vorwurf der schlechten Planung auf. Das kann so pauschal nicht bestä-tigt werden. Es gibt Entwicklungen, die kann ein Fachmann vorhersehen. Der Markt-eintritt eines neuen Anbieters ist ein Beispiel oder die Preisentwicklung für einen bestimmten Rohstoff. Es darf nicht vergessen werden, dass die Planung unter un-vollständiger Information stattfindet. So sind z. B. Missernten eines natürlichen Roh-stoffs nicht vorhersehbar, ein weltweiter Shutdown der Wirtschaften aller wichtigen Länder war bis zur Coronapandemie undenkbar. Wer will heute die zukünftigen Hin-dernisse vorhersagen, die dem Internet durch staatliche Organisationen in den USA oder in China in den Weg gelegt werden. Die Zukunft von öffentlichen Plattformen oder der internationalen Kommunikation hat aber wesentlichen Einfluss auf viele digitale Geschäftsmodelle. Planung ist immer ungenau, schlecht ist sie nur dann, wenn es Anzeichen für externe Entwicklungen gab, diese aber nicht erkannt wurden.

Abweichungen mit externer Ursache in digitalen Geschäftsmodellen werden geringer, haben aber dramatischere Auswirkungen. Es gibt in der Praxis immer mehr Beispie-le, dass die Planung in digitalen Geschäftsmodellen besser wird. Dazu trägt bei, dass die Informationen umfangreicher werden und schneller verfügbar sind. Gleichzeitig zur besseren Datenbasis werden die verfügbaren Entscheidungsalternativen aller am Marktgeschehen beteiligten Akteure beschränkt durch die digitalen Bindungen. So wird z. B. der Wechsel eines Lieferanten im Rahmen von Industrie 4.0 aufwendig, wenn neue Definitionen, Regeln und Technik notwendig werden.

Die Planung der Entwicklungen in digitalen Abläufen muss besser sein als die in traditio-nellen. Nur so können die steigenden Auswirkungen schon kleiner Störungen auf digitale Strukturen ausgeglichen werden. Digitale Geschäftsmodelle müssen mit dem Risiko der Abhängigkeit von der digitalen Technik umgehen. Schon ein kleiner Ausfall hat große Aus-wirkungen auf Verkäufe und Kosten. Die dramatischen Abweichungen einer solchen tech-nischen Störung können allerdings nicht in die normale Planung einfließen, da sie das gesamte Planergebnis zerstören würden. Daher ist das frühzeitige Erkennen der Abweichun-gen aufgrund externer Entwicklungen in digitalen Geschäftsmodellen weiterhin wichtig.

5.4.3   Präsentation der Abweichungen

Indem den verantwortlichen Mitarbeitern die Abweichungen mitgeteilt und Gründe dafür analysiert werden, sollen sie dazu gebracht werden, darauf zu reagieren. Sie sollen Maßnahmen einleiten, die gegen negative Entwicklungen vorgehen und positive Entwicklungen fördern. Dazu müssen die Entscheider deutlich auf die Abweichungen und deren Ursachen hingewiesen werden. Der Controller beeinflusst dieses Erkennen durch die Präsentation der von ihm festgestellten Werte.

> **Hinweis: Wesentlichkeit beachten**
>
> An dieser Stelle sei noch einmal darauf hingewiesen, dass die erste Aufgabe des Controllers ist, sich in der Abweichungsanalyse auf signifikante Abweichungen zu konzentrieren. Dadurch werden viele kleine, unwesentliche Werte gar nicht erst berichtet. Die Gefahr, dass wesentliche Informationen nicht erkannt werden, sinkt.

Zeitpunkt

Der Zeitpunkt, zu dem die Fachbereiche über Abweichungen zwischen Ist und Plan informiert werden, muss selbstverständlich so früh wie möglich gewählt werden. So können Maßnahmen frühzeitig geplant und gestartet werden, was die Erfolgsaussichten verbessert. Das ändert jedoch nichts an der Notwendigkeit, die Berechnungen im Controlling systematisch, zuverlässig und wirtschaftlich durchzuführen.

- Im Controlling gibt es einen Arbeitsablauf, der den Plan-Ist-Vergleich zeitlich so regelt, dass alle notwendigen Informationen vorhanden sind und berücksichtigt werden können. Dieser Ablauf ist in den Fachbereichen bekannt, sodass diese wissen, wann sie mit den entsprechenden Berichten rechnen können. Diese Regelmäßigkeit ist wichtig für die Qualität der Controlling-Ergebnisse und die Akzeptanz bei den Berichtsempfängern.
- In den regelmäßigen Berichten wird die Entwicklung von Abweichungen erkannt. Das führt dazu, dass besonders wichtige Inhalte auch außerhalb der regelmäßigen Arbeiten vom Controlling beobachtet werden. Wenn starke Veränderungen drohen, ist der Aufwand für eine kurzfristigere individuelle Beobachtung eines Istwertes sinnvoll. Der Bericht an die Fachabteilung erfolgt dann auch außerhalb der Termine für die regelmäßigen Information, wenn der Anlass das geboten sein lässt.

> **Hinweis: Frage der Fachabteilung als Anlass**
>
> Der Anstoß für eine individuelle Beobachtung von Istwerten kann auch aus den Fachabteilungen kommen. Diese erkennen anhand der regelmäßigen Berichterstattung drohende signifikante Entwicklungen zuverlässiger als der Controller. Der Weg, um eine individuelle Beobachtung anzustoßen, muss definiert sein, die Fachbereiche müssen die Möglichkeit, sie zu starten, kennen und nutzen wollen.

- In digitalen Geschäftsmodellen verkürzen sich die Zeiträume zwischen den Berichten vor allem für Inhalte, die mit der digitalen Technik zu tun haben (z. B. Klickraten, Auslastung von Kommunikationswegen). Regelmäßig zu berichten kann hier auch stündlich oder täglich bedeuten. Das ist eine wesentliche Änderung gegenüber der monatlichen Berichtsweise in traditionellen Geschäftsmodellen.
- Noch intensiver ist der permanente Bericht über Abweichungen zwischen Plan- und Istwerten. Er ist nur bei digitalen Anwendungen möglich, die einen permanenten Informationsstrom liefern. Das gilt z. B. für die Überwachung von Belastungswerten der Maschinen. Es handelt sich meist um technische Funktionen, die nach Vorgabe eines Sollwertes die Istwerte laufend gegenüberstellen. Nicht immer ist das Controlling beteiligt, oft fehlt dort auch die notwendige Fachkenntnis. Das Controlling sollte jedoch prüfen, ob die permanente Überwachung sinnvoll ist und ob sie ausreichend zuverlässig organisiert ist. Durch die Digitalisierung, die autonome Abläufe in der Verwaltung von Unternehmen ermöglicht, wird diese permanente Überwachung immer häufiger auch für Verwaltungsabläufe genutzt (z. B. Eingang digitaler Rechnungen), nicht mehr nur für die Maschinensteuerung.

> **!** **Hinweis: Big Data aus permanenter Abweichungsanalyse**
>
> Aus den Daten, die sich bei einer permanenten Abweichungsanalyse im Rahmen von digitalen Abläufen ergeben, können im Controlling Analysen über das kurz- und mittelfristige Verhalten der Istwerte gegenüber den geplanten Werten erstellt werden. Dazu wendet der Controller Instrumente an, um aus den Big Data die wesentlichen Werte zu ermitteln. Durchschnittswerte, gezählte Grenzüberschreitungen usw. können dann für mittelfristig wirkende Maßnahmen verwendet werden.

Beispiel: Permanentüberwachung Zugriff im Onlineshop

Der neue Onlineshop wurde, auch um die Kosten für den Dienstleister des Shops zu begrenzen, auf maximal 100 gleichzeitige Zugriffe beschränkt. Um Erfahrung über die Verteilung der Zugriffe durch die Kunden zu sammeln, wird die permanente Überwachung genutzt, die vom Dienstleister angeboten wird. Darin wird sekundengenau festgehalten, wie viele Zugriffe es jeweils aktuell gibt. Die Grafik zeigt die Verteilung an einem zufälligen Tag in der Zeit zwischen 10:00 und 11:00 Uhr.

Schnell zeigt sich, dass der Planwert von maximal 100 gleichzeitigen Zugriffen immer wieder überschritten wird, obwohl dies technisch abgefangen werden sollte. Ob es dabei zu Problemen mit der Verarbeitung kommt und dadurch Kunden behindert werden, ist unklar. Deutlich wird aber auch, dass die Grenze von 100 Zugriffen innerhalb dieser Stunde mehrfach exakt erreicht wird. In diesem Fall werden weitere potenzielle Kunden durch eine technische Vorrichtung daran gehindert, auf den Shop zuzugreifen.

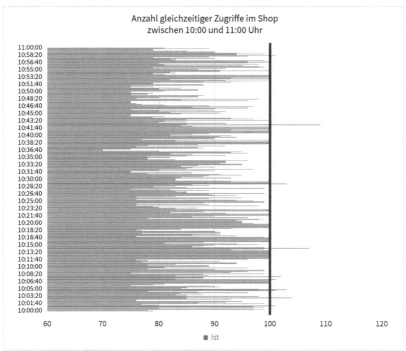

Abb. 20: Abweichung Planwert Zugriffe im Onlineshop

Die IT nutzt diese permanente Berichterstattung für die Optimierung ihrer technischen Ausrüstung. Der Nutzer mit größerem Einfluss auf den Erfolg des digitalen Geschäftsmodells ist das Marketing. Durch digitale Marketingaktionen werden kostenpflichtige Klicks generiert, die dann bei bereits erreichter Teilnehmergrenze zu einer Zugriffsverweigerung führen. Der Versuch, das digitale Marketing kurzfristig so zu steuern, dass die Werbung im Netz an das aktuelle Zugriffsaufkommen angepasst wird, ist gescheitert.

Im Controlling ist diese permanente technische Überwachung bekannt. Die darin enthaltenen Daten stehen für alle Tage des Betriebs des aktuellen Shops zur Verfügung. Daraus wurde der folgende Abweichungsbericht erstellt.

Zugriffe Onlineshop März bis Juni	Zugriffe	von Messungen
Planwert	100,0	
Mittelwert	89,4	
Anzahl Grenzwert	70,0	19,3 %
Anzahl oberhalb Grenze	10,0	2,8 %

Tab. 13: Verdichtete Abweichungswerte

Es zeigt sich, dass in 60 Fällen der Planwert von 100 erreicht wurde, in 10 Fällen wurde er überschritten. Fast 20 % der Zeit ist der Planwert nicht ausreichend, was eine technische Begrenzung darstellt. Der Durchschnittswert allein (89,4) hätte eine Abweichung ergeben, die nicht signifikant ist. Erst die permanente, dem digitalen Geschäftsmodell angepasst Überwachung und Abweichungsanalyse verschafft die Informationen, mit denen die Technik jetzt optimiert werden kann.

Inhalt

Der Inhalt der Berichte, die den verantwortlichen Entscheidern die Abweichungen von ihren Planwerten mitteilen, ist im Grunde immer identisch. Es spielt keine Rolle, ob innerhalb eines traditionellen oder digitalen Geschäftsmodells berichtet wird.

- Im Bericht wird der Planwert des Vergleichszeitraumes dargestellt. Die Darstellung sollte die gleiche Einheit haben wie bei der Planung, damit Verwechselungen sowohl beim Berichtsleser als auch beim Planenden ausgeschlossen werden.
- In der gleichen Einheit und der gleichen Aufmachung, aber deutlich gekennzeichnet, werden die Istwerte im Bericht dargestellt. Es erfolgt eine direkte Gegenüberstellung der Planwerte und der Istdaten.
- Die Abweichungen werden in direkter Verbindung mit den ursächlichen Plan- und Istwerten berichtet. Der Zusammenhang muss sofort erkannt werden.
- In den Bericht gehört auch die Entwicklung über mehrere Perioden, also z. B. die Umsatzzahlen der Monate Januar bis Juni für das erste Halbjahr. Das gilt sowohl für die Planwerte, die Istdaten als auch für die Abweichungen. So kann der Berichtsempfänger die Abweichung wesentlich besser einordnen.
- Sind die berichteten Daten abhängig von Parametern, werden diese ebenfalls berichtet. Voraussetzung ist selbstverständlich, dass diese Parameter geplant wurden und aktuelle Istwerte vorliegen. Dann kann von der Abweichung bei den Parametern auf die Abweichungen der Hauptwerte geschlossen werden.
- Die Abweichungen haben fast immer Auswirkungen auf andere Bereiche im Unternehmen und auf den Unternehmenserfolg. Diese können ebenfalls berichtet werden, damit der Verantwortliche die Wichtigkeit erkennt und seine Maßnahmen entsprechend planen kann.

Art der Präsentation

Die Art und Weise, wie das Controlling seine Ergebnisse präsentiert, ist für die Akzeptanz der Ergebnisse und das Erkennen der Inhalte so wesentlich, dass diesem Thema ein ganzes Kapitel gewidmet ist. Daher soll an dieser Stelle nur kurz auf Besonderheiten der Präsentation von Ergebnissen der Abweichungsanalyse eingegangen werden.

Es ist besonders wichtig, dass bei signifikanten Abweichungen die Verantwortlichen diese auch erkennen, als Risiko wahrnehmen und daraus ihre Schlüsse ziehen.

Wie diese Reaktion erreicht wird, hängt ab von der Persönlichkeit der Berichtsempfänger und der Schwere der Abweichung. Für übliche Abweichungen im erwarteten Bereich und bei kompetenten, risikobewussten Berichtsempfängern ist ein regelmäßiger Bericht in Form einer Tabelle, einer Grafik oder einer Beschreibung ausreichend. Darin wird die Abweichung dargestellt und besonders markiert. Bei Abweichungen, die im Controlling für besonders wichtig, weil mit erheblichen Risiken oder großen Chancen verbunden, angesehen werden, muss es eine besondere Art der Präsentation geben.

- In digitalen Geschäftsmodellen kommt es immer wieder zu Abweichungen, auf die schnell regiert werden muss. Darum sind Berichte außerhalb des regelmäßigen Reportings notwendig. Wenn die Notwendigkeit für solche Alarmberichte steigt, muss deren Erstellung systematisiert werden. Dazu gehören auch einheitliche Namen, eine einheitliche Gestaltung und Regeln für die Gründe, wann bzw. weshalb ein solcher Bericht zu erstellen ist.
- Besonders eindrucksvoll ist es meist, wenn die Berichte mit den Abweichungen vom Controller persönlich überbracht werden. Dazu sollte ein Termin vereinbart werden. Die Abweichungen werden erläutert und der Controller teilt seine Einschätzung mit. Gemeinsam kann jetzt über mögliche Reaktionen gesprochen werden. Auf jeden Fall ist sichergestellt, dass der betroffene verantwortliche Entscheider die Situation erkannt hat.

Hinweis: Aufmerksamkeit schaffen   **!**

Signifikante Abweichungen müssen auch in normalen Berichten schnell erkannt werden. Aufmerksamkeit wird durch eine Art der Darstellung geschaffen, die besondere Werte hervorhebt. Die Regeln dafür sollten für jeden Bericht gleich sein, damit jeder Leser die Besonderheiten sofort erkennt und wahrnimmt. So kann eine besondere Farbe, eine Schriftart oder ein bestimmtes Schriftformat darauf hinweisen, dass etwas beachtet werden muss. Für negative Abweichungen wird auch eine Dramatisierung je nach Größe der Abweichung verwendet. Je größer und wichtiger die Abweichung, desto größer oder farbiger wird der dazugehörige Wert im Bericht markiert.

Beispiel: Abweichungen vom Transformationsplan

Während der Transformation vom traditionellen Verkauf mittels Vertretern zu einem Online-Verkauf über Shops und Plattformen muss die Entwicklung in beiden Geschäftsmodellen regelmäßig überwacht werden. Dabei entsteht ebenso regelmäßig der unten abgebildete Beispielbericht. Die Abweichungen werden farbig markiert. Rot bedeutet eine negative Abweichung von mehr als 10 %, Grün kennzeichnet eine positive Abweichung, die größer ist als 10 %.

VK-Bereich	Absatz Plan Einheiten	Absatz Ist Einheiten	Preis Plan EUR/Einh.	Preis Ist EUR/Einh.	Umsatz Plan EUR	Umsatz Ist EUR	Abw. Absatz Einheiten	%	Abw. Preis EUR/Einh.	%	Abw. Umsatz EUR	%
Vertreter 1	5.000	4.800	33,50	31,50	167.500	151.200	-200	-4,0%	-2,00	-6,0%	-16.300	-9,7%
Vertreter 2	5.000	4.200	35,00	33,20	175.000	139.440	-800	-16,0%	-1,80	-5,1%	-35.560	-20,3%
Vertreter 3	6.100	5.900	32,90	32,50	200.690	191.750	-200	-3,3%	-0,40	-1,2%	-8.940	-4,5%
Vertreter 4	5.500	5.100	35,00	34,50	192.500	175.950	-400	-7,3%	-0,50	-1,4%	-16.550	-8,6%
Summe analog	21.600	20.000	34,06	32,92	735.690	658.340	-1.600	-7,4%	-1,14	-3,4%	-77.350	-10,5%
Online B2B	25.000	21.000	18,90	19,20	472.500	403.200	-4.000	-16,0%	0,30	1,6%	-69.300	-14,7%
Plattform B2B	7.500	8.000	21,60	22,10	162.000	176.800	500	6,7%	0,50	2,3%	14.800	9,1%
Online B2C	6.800	15.400	78,56	81,50	534.208	1.255.100	8.600	126,5%	2,94	3,7%	720.892	134,9%
Summe digital	39.300	44.400	29,74	41,33	1.168.708	1.835.100	5.100	13,0%	11,59	39,0%	666.392	57,0%
Summe	60.900	64.400	31,27	38,72	1.904.398	2.493.440	3.500	5,7%	7,45	23,8%	589.042	30,9%

Tab. 14: Markierte Abweichungen

Es zeigt sich, dass alle traditionellen Verkaufsgebiete mehr verloren haben als geplant, Vertreter 2 jedoch ein wesentlich schlechteres Ergebnis erzielt hat als seine Kollegen. Die Gründe dafür, gilt es jetzt zu untersuchen. Gleichzeitig entwickelt sich der Onlineshop für das traditionelle B2B-Geschäft wesentlich schlechter als geplant. Der Vertriebsleiter plant hier entsprechende Maßnahmen. Überrascht hat der unerwartete Erfolg des Onlineshops für Endverbraucher (B2C). Die Mengen wurden weit übertroffen, der hohe Marktpreis wurde durchgesetzt. Dieser Trend wird weiter unterstützt. So soll z. B. die eher halbherzig aufgebaute digitale Werbekampagne professionalisiert werden.

5.4.4   Maßnahmen

An dieser Stelle ist die Abweichungsanalyse an sich beendet. Wie das letzte Beispiel zeigte, ist die Berechnung der Unterschiede zwischen Plan und Ist ja kein Selbstzweck. Nach der Entdeckung und Präsentation der Abweichungen erfolgt zwingend eine Reaktion der Verantwortlichen. Da die so entstehenden Maßnahmen eng mit der Abweichungsanalyse verbunden sind und weil die Maßnahmen wiederum zusätzliche Aufgaben im Controlling entstehen lassen, soll hier kurz darauf eingegangen werden.

> **Hinweis: Keine Reaktion**   !
>
> Welche Reaktion erfolgt und ob überhaupt reagiert werden soll, entscheidet letztlich der für den Fachbereich verantwortliche Mitarbeiter. Die Entscheidung, keine Maßnahmen durchzuführen, ist dabei auch eine mögliche Reaktion. Wenn dies bewusst geschieht und begründet werden kann, z. B. durch zu hohe Kosten oder eine zu geringe Erfolgswahrscheinlichkeit, ist das in Ordnung. Wichtig ist nur, dass dem Entscheider klar ist, was geschieht.

Die gewählten Maßnahmen machen eine neue Planung erforderlich. Die Maßnahmen sollen das Ergebnis positiv verändern und sie verursachen Kosten. Sie haben also wesentliche Auswirkungen auf das Ergebnis des Unternehmens. Es bietet sich an, die Planung der Maßnahmen mit einem Forecast, also der Anpassung des bisherigen Budgets an die neue Situation, zu verbinden. In diesem Prozess müssen das gesamte Unternehmen und alle Planenden eingebunden werden. Es ist wichtig, alle Maßnahmen mit allen Bereichen, die entsprechende Auswirkungen zu bewältigen haben, abzustimmen.

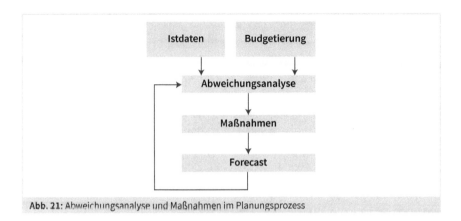

Abb. 21: Abweichungsanalyse und Maßnahmen im Planungsprozess

Die Gründe für die Durchführung von Maßnahmen liegen auf der Hand, sie sind aber differenzierter als auf den ersten Blick zu erkennen:

- In den meisten Fällen handelt es sich um negative Abweichungen vom Plan. Dann geht es in den Maßnahmen darum, diese negative Entwicklung zu stoppen. Dabei gibt es unterschiedliche Erfolgsaussichten.
    - Die Maßnahme kann dafür sorgen, dass die negative Entwicklung abgemildert wird. Das heißt, auch in der Zukunft werden die Istwerte schlechter sein als die Planwerte, jedoch in geringerem Ausmaß.
    - Die Maßnahme stoppt die negative Entwicklung für die Zukunft. Die Planwerte der kommenden Perioden werden erreicht, die Abweichung aus der Vergangenheit bleibt.
    - Im besten Fall kann durch die Maßnahme auch die Abweichung aus der Vergangenheit kompensiert werden. Dazu werden die Istwerte der Zukunft über den Planwerten liegen müssen, um das Minus der ersten Perioden noch ausgleichen zu können.
- In den Fällen einer positiven Entwicklung muss diese möglichst unterstützt werden. Maßnahmen bereiten das Unternehmen auf die zusätzliche Chance vor. Die Istwerte in den künftigen Perioden liegen also oberhalb der Planwerte.

Beispiel: Logistik neu aufstellen

Das Unternehmen konnte immer mehr Lieferanten dazu bewegen, sich in die Industrie-4.0-Abläufe zu integrieren. Daher sank die Inanspruchnahme der Lagerlogistik wesentlich dramatischer als vor einiger Zeit geplant. Bisher wurden bereits einige externe Lager aufgegeben, was die Logistikkosten gesenkt hat. Um den Anstieg der digitalen Disposition richtig in Ertrag umsetzen zu können, wird jetzt die Logistik vollständig neu organisiert. Kurzfristig wird eigene Lagerkapazität an Dritte vermietet, mittelfristig soll ein Lagergebäude verkauft werden.

Im komplexen System des Unternehmens haben Abweichungen in einem Bereich immer auch Auswirkungen in anderen Bereichen. Diese müssen durch weitere Maßnahmen minimiert werden, wenn sie negativ sind. Sind sie positiv, muss auch hier die Grundlage für die Nutzung der Chancen gelegt werden.

Beispiel: Einkaufsmengen anpassen

Im Onlineshop werden zwei Produktgruppen angeboten, Gartenbewässerungssysteme und Springbrunnenpumpen. Leider liegt der Absatz der Bewässerungssysteme weit unter dem Plan. Die gewählten Maßnahmen werden den Verlust nicht ausgleichen können. Dagegen ist der Verkauf der Springbrunnenpumpen weit besser als geplant. Damit diese überraschend hohe Nachfrage auch in Zukunft befriedigt werden kann, muss der Einkauf die Produkte aus dem Bereich Springbrunnenpumpen in größerer Stückzahl als geplant einkaufen. Tut er dies nicht, kann die Nachfrage nicht erfüllt werden, Umsatz geht verloren. Im Gegensatz dazu muss der Einkauf der Bewässerungssysteme gegenüber dem ursprünglichen Plan zurückgefahren werden, um die verfügbaren Mengen an die ungeplant niedrige Nachfrage anzupassen.

- Eine weitere Maßnahmenart fällt in den Verantwortungsbereich des Controllers. Die Ergebnisse der Abweichungsanalyse müssen in den Planungsprozess aufgenommen werden. Es ergeben sich neue Parameter für die Planung, bekannte Parameter wirken anders. Das muss systematisch festgehalten und in der zukünftigen Planung berücksichtigt werden. So sollen in Zukunft die Planwerte realistischer werden.

Die Maßnahmen als Reaktion auf die Abweichungsanalysen werden in den üblichen Planungsprozess integriert und gehen als Teil des Forecasts in die zukünftige Abweichungsanalyse ein. Es hat sich in der Praxis bewährt, Maßnahmen, vornehmlich wenn sie für den Erfolg des Unternehmens wichtig sind, besonders zu beobachten. Dazu richtet das Controlling die notwendigen Werkzeuge ein. Daten dazu können meist aus der Buchhaltung, die der Maßnahme entsprechende Kosten zuordnet, ermittelt werden.

- Zunächst wird festgestellt, ob die Maßnahme tatsächlich umgesetzt wurde. In der Praxis sinkt die Bereitschaft der Fachbereiche zur oft aufwendigen Durchführung, sobald sich die Situation wieder etwas verbessert oder sobald andere Aufgaben entstehen. Aufgabe des Controllings ist es, den Start und die Durchführung der vereinbarten Maßnahmen zu überwachen.
- Dabei kann auch festgehalten werden, ob die Umsetzung wie geplant oder nur halbherzig erfolgt. Werden die Planwerte der Maßnahmen nicht erreicht, ist die nächste Planabweichung bereits vorgezeichnet.

- Die Kosten der Maßnahmen sind nicht nur als Hinweis auf deren Umsetzung zu beobachten. Sie sollten auch im geplanten Rahmen bleiben. Dies muss wie in einem Projekt überwacht werden.
- Das gilt auch für den geplanten Erfolg, der sehr eng überwacht werden muss. Nicht immer reicht dazu die übliche Zeitspanne zwischen den Abweichungsanalysen aus. Besonders zu Beginn der Umsetzung müssen die Erfolge der Maßnahmen festgestellt werden.

Erst die Abweichungsanalyse macht die Unternehmensplanung zu einem wirksamen Instrument der Unternehmenssteuerung. Sie muss daher konsequent durchgeführt werden. Ihre größte Wirkung entfaltet sie, wenn sie mit aktuellen Plänen, also dem Budget und den darauf aufbauenden Forecasts arbeiten kann.

5.5 Das Instrument der Liquiditätskontrolle

Die Liquidität eines Unternehmens bestimmt dessen Überleben. Wenn es nicht mehr möglich ist, fällige Verpflichtungen zu erfüllen, ist die Insolvenz die rechtlich zwingende und wirtschaftlich notwendige Konsequenz. Darum ist Liquidität in jedem Unternehmen von besonderer Bedeutung. Das gilt auch in digitalen Geschäftsmodellen. Die üblichen Vorgehensweisen zur Sicherstellung der Liquidität greifen dort ebenfalls, sie müssen jedoch aufgrund wesentlicher Unterschiede zwischen dem Liquiditätsfluss in traditionellen Systemen und dem in digitalen Geschäftsmodellen neu strukturiert werden.

- In digitalen Geschäftsmodellen verhalten sich die Einnahmen aus den Erlösen anders als in der traditionellen Wirtschaft:
  - Im stationären Einzelhandel wird noch immer ein großer Teil des Geschäftes mit Barzahlungen abgewickelt. Der Verkauf im Onlineshop läuft bargeldlos. Bevor das Geld vom Zahlungsdienstleister gutgeschrieben wird, können einige Tage vergehen. Diese, wenn auch kurze, Verschiebung kann bei Liquiditätsproblemen das Aus bedeuten.
  - Im B2B-Geschäft sind traditionell Rechnungen mit einem Zahlungsziel üblich. Wird dieses Geschäft digital abgewickelt, werden oft die im Onlinegeschäft bewährten Zahlungswege wie Vorkasse, Kreditkarte oder PayPal genutzt. Dann ist der Zahlungseingang früher als beim traditionellen Geschäft.
  - Viele neue Unternehmen mit digitalem Geschäftsmodell haben zunächst noch gar keine Umsatzerlöse. Erst später steigen die Erlöse langsam an. Dennoch entstehen Ausgaben, die gedeckt werden müssen.
- Wenn der Einkauf im Rahmen der Digitalisierung seine Strategie ändert, dann ändert sich u. U. auch der Zahlungsausgang für die gekauften Waren und Dienstleistungen. Eine Internationalisierung der Beschaffung über das Internet bedeutet fast immer kürzere Zahlungsfristen für das kaufende Unternehmen, da digitale

Geschäfte auch mit digitalen, kurzfristigeren Zahlungsmethoden abgewickelt werden. Oder der Einkauf in China oder einem anderen Land muss per Akkreditiv bezahlt werden. Das reduziert den Kreditrahmen des Unternehmens und hat damit Einfluss auf die Liquidität.

Gleichzeitig muss sichergestellt sein, dass bei einer Zusammenarbeit im Rahmen von Industrie 4.0 die autonomen Bestellungen tatsächlich platziert werden können und von den Partnern auch angenommen werden. Dazu müssen die vereinbarten Zahlungsziele eingehalten werden, um zu verhindern, dass eine verspätete Bezahlung einer Rechnung den digitalen Ablauf stört. Damit wird aber die Möglichkeit genommen, kurzfristig die Zahlungsziele zu überschreiten, um einen Liquiditätsengpass zu überbrücken.

- Das Investitionsverhalten in digitalen Geschäftsmodellen wird von anderen Schwerpunkten beeinflusst:
    - Zum einen gibt es weniger Investitionen in digitale Technik. In digitalen Geschäftsmodellen wird mehr gemietet und nach tatsächlicher Nutzung bezahlt.
    - Zum anderen sind Investitionen in neue Anwendungen, die als Service digitalen Kunden angeboten werden sollen, notwendig. Datenbestände müssen aufgebaut werden, Programme werden erstellt. Das muss bezahlt werden.
    - Digitale Geschäftsideen leben von einem hohen Grad an Flexibilität. Neue Modelle der Nutzung teurer Investitionsgüter (vgl. das folgende Beispiel) ermöglichen eine solche Flexibilität und verschieben dadurch die Investition vom Nutzer der Leistung zum Hersteller der Maschinen.

Beispiel: Miete statt Verkauf in den Kennzahlen

Im Kapitel der Kennzahlen haben wir schon kurz den Hersteller von Zentrifugen für die Lebensmittelindustrie kennengelernt. Dieser verkauft seine oft mehrere Hunderttausend Euro teuren Maschinen nicht mehr an die Kunden. Stattdessen stellt er den Kunden die Zentrifugen zur Verfügung, ermittelt auf digitalem Weg, in welchem Umfang der jeweilige Kunde die Maschine nutzt, und stellt dann eine entsprechende Rechnung. Dadurch entfällt der Investitionsbedarf bei den Kunden des Unternehmens, die laufenden Kosten aber steigen aufgrund der regelmäßigen Maschinennutzung.

Gleichzeitig fehlt dem Hersteller der Zentrifugen der Umsatz, der sonst beim Verkauf der Maschine in einer Summe anfiel. Die Maschinen bleiben im Anlagevermögen des Herstellers, der einen entsprechenden Investitionsbetrag finanzieren muss.

- Der fehlende Zahlungseingang aus Verkaufserlösen in der Startphase eines Start-ups, eine Verschiebung der Realisierung von Forderungen oder ein höherer Investitionsbedarf müssen durch andere Quellen gedeckt werden. Typisch für digitale Geschäftsmodelle sind Fördermittel, die genau die Transformation in oder die

Schaffung von digitalen Strukturen fördern sollen. Sie verhalten sich in der Liquiditätsbetrachtung in der Regel wie Bankkredite.

- Typisch für digitale Geschäftsmodelle vor allem bei jungen Unternehmen ist eine sehr gemischte Eigenkapitalstruktur. Die Unternehmen nutzen unterschiedlichste Kapitalquellen mit unterschiedlichen Risiken. Mezzaninekapital, Private-Equity-Beteiligungen oder Crowdfunding werden kombiniert, Mitarbeiter werden in stillen Gesellschaften beteiligt. Für die Liquidität ist es wichtig, dass der geplante und notwendige Zahlungseingang gewährleistet wird.

Es gibt grundsätzlich zwei Wege, die Liquidität des Unternehmens zu berechnen. Dabei handelt es sich um zwei Varianten der Kapitalfluss- bzw. Cashflowrechnung. Die beiden Varianten unterscheiden sich darin, wie sie die tatsächlichen Zahlungsstrome berücksichtigen. Die sog. indirekte Berechnung des Cashflow bedient sich der Daten aus der Bilanz und der GuV, um die finanzielle Situation zu berechnen, die direkte Methode hingegen setzt an den zahlungswirksamen Vorgängen an.

! Hinweis: Liquidität der Zukunft

Die Cashflow-Rechnung ist grundsätzlich in die Vergangenheit gerichtet. Aus der Bilanz und der GuV werden die Veränderungen in der Vergangenheit ermittelt. Die Zahlungsströme werden bekannt. Liquidität ist aber eine Kennzahl, die ihre größte Bedeutung für die Zukunft aufweist. Denn dort muss das Unternehmen seinen Verpflichtungen nachkommen. Aus der Cashflow-Rechnung wird eine Liquiditätsplanung, wenn die Parameter für die Bestimmung des Cashflow geplant werden. Dann kann aus der Plan-Bilanz bzw. der Plan-GuV ein Liquiditätsplan erstellt werden.

5.5.1 Cashflow (indirekte Berechnung)

Startpunkt der indirekten Cashflow-Rechnung ist der Jahresüberschuss. Dieser ergibt sich aus dem Vergleich der Aktiva einer Bilanz mit den Passiva. Allerdings gibt es in der Bilanz wesentliche Veränderungen, die nicht zahlungswirksam sind. Diese müssen herausgerechnet werden. Das gilt auch für Erträge, die keine Zahlungen mit sich bringen, in der Bilanz aber ausgewiesen werden. Die eigentlichen Zahlungsströme sind für die indirekte Berechnung nicht relevant.

! Hinweis: Jahr oder Monat

Bilanz und GuV werden in den meisten Unternehmen nur einmal im Jahr erstellt. Zum Jahresabschluss gehört laut HGB auch eine Cashflow-Rechnung. Darum wird in der Beschreibung des Cashflow meist von Jahreswerten ausgegangen. So auch in diesem Buch. Grundsätzlich kann auch ein anderer Zeitraum, z. B. der Monat, gewählt werden. Dann müssen Bilanz und GuV monatlich aufgestellt werden. Das ist technisch nur ein Reporting aus der Buchhaltung, inhaltlich sparen sich viele Unternehmen jedoch die aufwendige Berechnung von Rückstellungen und Bewertungen, sodass die Monatsdaten nicht immer akkurat sind.

Der Jahresüberschuss muss also durch nicht zahlungswirksame Erträge und Aufwendungen korrigiert werden. Das Ergebnis ist der Cashflow aus der laufenden Geschäftstätigkeit. Die folgende Tabelle erläutert die wichtigsten Korrekturpositionen:

Korrekturposition	Zurechnung/Abzug	Erläuterung
Abschreibungen	Zurechnung	Den Abschreibungen stehen keine Auszahlungen gegenüber, diese wurden bereits bei der Investition getätigt. Sie müssen dem Jahresüberschuss hinzugerechnet werden
Veränderungen an Vorräten	je nach Veränderung	Die Vorräte werden bereits beim Kauf bezahlt und im Umlaufvermögen aktiviert. Im Jahresüberschuss sind nur die tatsächlich verbrauchten Vorräte berücksichtigt. Der Aufbau von Vorräten verbraucht Liquidität, ein Abbau verschafft Liquidität.
Veränderungen der Forderungen	je nach Veränderung	Steigen die Forderungen, erhält das Unternehmen zunächst weniger Geld von seinen Kunden. Der Zahlungseingang wird nach hinten verschoben. Sinken die Forderungen, steigt die Liquidität des Unternehmens.
Veränderungen an Verbindlichkeiten	je nach Veränderung	Steigen die Verbindlichkeiten, fließen finanzielle Mittel später an die Lieferanten. Sinken die Verbindlichkeiten, fließen sie früher. Das kostet Liquidität.
Veränderungen der Rückstellungen	je nach Veränderung	Rückstellungen beeinflussen als Kosten den Jahresüberschuss. Der Zahlungsausgang fehlt aber noch. Darum muss der Aufbau von Rückstellungen die Rechnung positiv korrigieren, der Abbau negativ.
Aktivierte Eigenleistungen	Abzug	Aktivierte Eigenleistungen erhöhen den Jahresüberschuss, die Auszahlungen dafür sind bereits erfolgt. Die Aktivierung verschiebt die Gewinnwirkung in die Zukunft, nicht aber die Auswirkung auf die Liquidität.
Veränderung von Wertberichtigungen	je nach Veränderung	Werden Wertberichtigungen aufgelöst, dann entsteht ein Ertrag, aber keine Einnahme, werden sie gebildet entsteht ein Aufwand aber keine Ausgabe. Entsprechend muss eine Korrektur erfolgen.

Tab. 15: Korrekturposten in der Cashflow-Rechnung

Der **Cashflow aus der laufenden Geschäftstätigkeit** gibt an, welche Finanzierungskraft das eigentliche Geschäft des Unternehmens hat. Der hier ermittelte Betrag wird aus eigener Kraft erwirtschaftet und steht für den weiteren Aufbau des Unternehmens, also für Investitionen, sowie für die Finanzierung inklusive der Zinsen und Auszahlungen an die Kapitalgeber zur Verfügung.

Auch in digitalen Geschäftsmodellen ist die Liquidität, die sich aus der gewöhnlichen Geschäftstätigkeit ergibt, zwar wichtig, aber sie ist nicht aussagekräftig. Das Unternehmen wird weitere Ein- und Ausgaben haben, z. B. für Investitionen. Der Cashflow aus gewöhnlicher Geschäftstätigkeit wird ergänzt um den Cashflow aus der Investitionstätigkeit des Unternehmens und den Cashflow aus der Finanzierungstätigkeit.

Der **Cashflow aus der Investitionstätigkeit** umfasst hauptsächlich die Auszahlungen, die für Investitionen getätigt wurden. Diese können dem Anlagenspiegel als Ergänzung zur Bilanz entnommen werden. Dabei sind selbstverständlich nur die gezahlten Beträge ohne Umsatzsteuer und abzüglich Skonti, Rabatte usw. zu verwenden. Die Umsatzsteuer wird über die Rückstellungen bzw. sonstigen Forderungen im Cashflow aus der gewöhnlichen Geschäftstätigkeit abgebildet.

> **! Hinweis: Immaterielle Wirtschaftsgüter**
>
> Für die Aktivierung immaterieller Wirtschaftsgüter, wie sie in Form von Software oder Datenbeständen in digitalen Geschäftsmodellen häufig zu finden sind, gibt es Unterschiede im Handels- und im Steuerrecht. Steuerrechtlich ist die Aktivierung selbsterstellter immaterieller Wirtschaftsgüter nicht erlaubt, im Handelsrecht gibt es ein Wahlrecht. Für die Cashflow-Berechnung macht das keinen Unterschied, selbsterstellte immaterielle Wirtschaftsgüter dürfen nicht in den Cashflow aus Investitionstätigkeit eingehen. Die Auszahlungen für die selbstgeschaffenen immateriellen Wirtschaftsgüter sind in Form von Gehältern, Dienstleistungen usw. bereits erfolgt. Eine Korrektur des Jahresüberschusses durch die Streichung der aktivierten Eigenleistungen hat dies bereits berücksichtigt.

Die Anlagenverkäufe beeinflussen den Cashflow in der Regel mit unbedeutenden Werten. Von den Einnahmen, die aus dem Verkauf von aktivierten Wertgegenständen erzielt wurden, sind eventuelle Gewinne abzuziehen bzw. Verluste hinzuzurechnen, da diese bereits im Jahresüberschuss und damit im Cashflow aus der laufenden Geschäftstätigkeit enthalten sind. Der Cashflow aus der Investitionstätigkeit ist in Unternehmen, die regelmäßig investieren, negativ.

Der dritte Teil der Kapitalflussrechnung ist der **Cashflow aus der Finanzierungstätigkeit**. Hier werden die Ein- und Auszahlungen im Zusammenhang mit der Unternehmensfinanzierung festgestellt. Kreditaufnahmen oder Tilgungen, Zahlung von Kapitalgebern und Zahlungen an Kapitalgeber (z. B. Dividenden) werden saldiert.

Mit diesen Kennzahlen kann jetzt die aktuelle Liquidität oder, wenn mit Planzahlen gerechnet wurde, die Planliquidität zum Endzeitpunkt der Planperiode errechnet werden:

	Liquidität zu Beginn der Periode
+	Cashflow aus der gewöhnlichen Geschäftstätigkeit
+	Cashflow aus der Investitionstätigkeit
+	Cashflow aus der Finanzierungstätigkeit
=	Liquidität am Ende der Periode

Diese indirekte Methode, die Liquidität zu berechnen, hat den großen Vorteil, dass alle erforderlichen Informationen im offiziellen Jahresabschluss enthalten sind. Die Berechnung kann also auch von externen Dritten durchgeführt werden. Die Methode ist bekannt, die Interpretation der Ergebnisse vielfach geübt. Die Schwierigkeiten, diese Kennzahl effektiv zu nutzen, beginnen mit der Planung – unabhängig davon, ob ein Unternehmen digital oder traditionell arbeitet. Es müssen sowohl die Bilanz als auch die GuV mit allen Anhängen geplant werden, um die Berechnungsformel anwenden zu können.

Für den Einsatz dieser Form der Liquiditätsplanung in digitalen Geschäftsmodellen gibt es weitere Kritikpunkte:
- Vor allem junge Unternehmen mit digitalem Geschäftsmodell verbrennen zu Beginn u. U. über viele Jahre viel Geld. Da spielt der Cashflow aus der gewöhnlichen Geschäftstätigkeit nur eine untergeordnete Rolle.
- Für eine effektive Planung sind die Werte zu weit von den eigentlichen Zahlungsströmen entfernt. Die Verbindung der Liquidität zu den tatsächlichen Einnahmen und Ausgaben ergibt sich immer erst durch die Interpretation der Ergebnisse der Cashflow-Rechnung. Das ist in der digitalen Welt mit ihren schnellen Veränderungen zu spät.
- Die Veränderungen von Vorräten, Forderungen und Verbindlichkeiten sind selbst in Unternehmen mit jahrelanger Erfahrung nur schwer zu planen. Oft handelt es sich dabei um eine Zeitpunktaufnahme. Die Werte ändern sich schnell und die Änderungen lassen sich direkt vor oder nach dem Zeitpunkt der Berechnung nur schwer beeinflussen. Wenn die digitalen Strukturen genutzt werden, um Bestände zu senken (Industrie 4.0), digital zu verkaufen mit Einfluss auf die Forderungen oder digitale einzukaufen mit Einfluss auf die Verbindlichkeiten, kommen weitere Unwägbarkeiten hinzu.

Die indirekte Methode der Kapitalflussrechnung eignet sich also nur bedingt für die Liquiditätsplanung in digitalen Geschäftsmodellen. Für eine langfristige Vorhersage, auf die nicht notwendigerweise aktuell reagiert werden muss, sind die Ergebnisse geeignet. Banken und potenzielle Kapitalgeber werden diese Zahlen für ihre Rendite-berechnungen und Beurteilungen verwenden. Für die kurzfristige Planung gibt es als Alternative die direkte Berechnung des Cashflow.

5.5.2   Direkte Berechnung

Die direkte Berechnung des Cashflow verwendet für den Cashflow aus der Investi-tionstätigkeit und den Cashflow aus der Finanzierungstätigkeit die gleiche Definition wie die indirekte Methode. Dort werden die durch Investitionen, Kredite und Zah-lungsvorgänge mit den Kapitalgebern bedingten Zahlungsströme direkt verwendet. Der Cashflow aus der gewöhnlichen Geschäftstätigkeit wird allerdings direkt aus den Zahlungsströmen errechnet. Die Formel lautet:

$$\text{Cashflow aus der gewöhnlichen Geschäftstätigkeit} =$$
$$\text{zahlungswirksame Erträge} - \text{zahlungswirksame Aufwendungen}$$

Bei den zahlungswirksamen Erträgen und Aufwendungen handelt es sich vorwiegend um die folgenden Positionen:

- Einzahlungen von Kunden, die aufgrund von Umsätzen entstehen. Dabei ist es unerheblich, ob Vorkasse, Sofortkasse oder ein Zahlungsziel gilt. Die Einnahmen werden dann berücksichtigt, wenn sie das Unternehmen erreichen.
- Sonstige Einnahmen gibt es z. B. aus Steuererstattungen, Versicherungsentschä-digungen oder Rückzahlung von Vorschüssen.
- Auszahlungen werden getätigt für Personal. Es ist sinnvoll, diese Position getrennt zu halten, um sie besser planen zu können. Neben den Zahlungen an die Mitarbei-ter kommt es zu Liquiditätsabfluss an das Finanzamt für die Lohnsteuer und an die Sozialversicherungsträger.
- Auszahlungen für den Kauf von Rohstoffen, Materialien, Bauteilen oder Handels-waren werden ebenfalls als eigener Zahlungsstrom betrachtet.
- Sonstige Auszahlungen beinhalten Mieten, Steuervorauszahlungen, Gebühren, Versicherungsbeiträge usw. In manchen Fällen ist es sinnvoll, für einzelne Positio-nen einen eigenen Zahlungsstrom zu planen.

> **Hinweis: Zahlungsströme in digitalen Geschäftsmodellen**
>
> Digitale Geschäftsmodelle nutzen in hohem Maße Dienstleister im Netz, die Beratung, An-wendungen oder Clouddienste gegen Gebühr verkaufen. Hier entstehen neue Zahlungs-ströme, die in traditionell arbeitenden Unternehmen keine große Rolle spielen. In digitalen Geschäftsmodellen werden diese Strukturen jedoch wesentlich intensiver genutzt, verur-sachen daher höhere Zahlungsausgänge. Zudem gibt es starke Schwankungen der zu zah-lenden Beträge, in Abhängigkeit von der Nutzung. All dies macht die separate Beobachtung durch eigene Zahlungsströme notwendig.

Die direkte Methode wird in digitalen Geschäftsmodellen deutlich häufiger angewendet, da die Beziehung zu den einzelnen Zahlungsströmen wesentlich intensiver ist als in der indirekten Methode. Das erleichtert vor allem die kurz- und mittelfristige Liquiditätsplanung, die aufgrund des hohen Geldbedarfs junger digitaler Unternehmen und aufgrund der Nutzungsabhängigkeit der Kosten notwendig ist.

5.5.3   Interpretation

In traditionellen Geschäftsmodellen verhalten sich die Kennzahlen zum Cashflow anders als in digitalen Geschäftsmodellen, besonders wenn die digitalen Modelle sich noch in der Startphase befinden. Die Aussagen zu den Werten der Liquiditätskontrolle müssen daher neu getroffen werden.

Unterschiedliche Interpretation			
	traditionell	**digital**	**Reaktion**
Cashflow aus der laufenden Geschäftstätigkeit	• Ziel ist ein hoher Wert • negative Werte implizieren wesentliche Probleme • Stetigkeit erwünscht	• Ziel ist ein hoher Wert • negative Werte sind in langer Anfangsphase üblich • Werte schwanken sehr stark	• Empfänger der Berechnung auf Besonderheit hinweisen • Erläuterungen hinzufügen
Cashflow aus der Investitionstätigkeit	• negative Werte üblich • Stetigkeit erwünscht • abwechselnd Perioden mit hohen und niedrigen Werten	• negative Werte üblich • hohe negative Werte für Investitionen in digitale Technik • Veränderungen im Investitionsverhalten bei Transformation	• Erläuterungen hinzufügen • eigene Leistungen für immaterielle Wirtschaftsgüter getrennt ausweisen
Cashflow aus der Finanzierungstätigkeit	• Kredite im Gleichklang mit Investitionen • wenig Bewegung bei Kapitalgebern, bis auf Dividenden	• große Vielfalt von Krediten, Fördermitteln und Kapital • viel Bewegung im Kapitalbereich, meist wachsend, oft Umschichtung	• besondere Beobachtung • intensive Planung • schnelle Reaktion auf notwendigen Liquiditätsbedarf
Cashflow gesamt	• ausgeglichen, positiv	• stark schwankend • durchaus auch negativ	• Vorsorge schaffen • enge Kontrolle

Tab. 16: Bewertung der Cashflow-Werte

Selbstverständlich ist das Ziel eines Unternehmens, möglichst viel Liquidität aus dem eigenen Geschäft zu erwirtschaften. In eingeführten, traditionellen und erfolgreichen

Unternehmen ist das auch regelmäßig der Fall. Nur in Ausnahmejahren darf der Cash-flow aus der gewöhnlichen Geschäftstätigkeit negativ sein. In digitalen Geschäfts-modellen ist das anders. Dort werden negative Cashflow-Werte, die aus Verlusten bedingt durch Anlaufkosten entstehen, für viele Jahre akzeptiert. Das gilt vor allem in der Anfangszeit. Selbst Unternehmen mit einem milliardenschweren Börsenwert erwirtschaften noch immer Verluste und negative Liquiditätssalden. Das immer wie-der erforderliche zusätzliche Kapital stammt von Kapitalgebern, die es mit der Hoff-nung auf spätere Gewinne und eine Wertsteigerung des Unternehmens zur Verfügung stellen.

> **! Hinweis: Problematische Transformation**
>
> Kommt es in einem traditionell arbeitenden Unternehmen zu einer Transformation des Ge-schäftsmodells, verursacht der Aufbau des digitalen Geschäftsmodells zusätzliche Ausga-ben. Auch beim gewöhnlichen Geschäftsverlauf entstehen hohe Kosten, ohne dass zunächst ausreichende Erträge und Einnahmen generiert werden. Der Cashflow aus dem laufenden traditionellen Geschäft muss diese Liquidität aufbringen, wenn nicht andere Geldquellen ge-zielt die Transformation finanzieren. Um diese problematische Situation zu meistern, ist eine differenzierte Liquiditätsplanung mit enger Kontrolle durch das Controlling notwendig.

Zu dem Verbrauch von Liquidität im laufenden Geschäft kommt noch die Notwendig-keit von Investitionen hinzu. Die Situation ist in digitalen Geschäftsmodellen geteilt. Zum einen kommt es zu weniger Investitionen in die IT-Systeme, da die modernen Wege der Versorgung mit digitaler Unterstützung z. B. über die Clouddienste gewählt werden. Andererseits gibt es digitale Geschäftsmodelle, die eine wesentliche Inves-tition z. B. in die Fertigungsanlagen verlangen, damit diese digital gesteuert werden können.

Kommt es zu einer Veränderung des traditionellen Geschäftsmodells, dann können sich die Investitionsauszahlungen dramatisch verändern. Wenn, wie bereits mehrfach beschrieben, Maschinen nicht mehr verkauft werden, sondern deren Nutzung berech-net wird, dann verändert sich das Investitionsverhalten sowohl des Maschinenherstel-lers als auch des Nutzers. Es kommt zu wesentlichen Abweichungen des Cashflow aus der Investitionstätigkeit im Vergleich zur gewohnten Liquidität.

Mit dem sich verändernden Verbrauch an Liquidität durch Investitionen und dem oft negativen Cashflow aus der gewöhnlichen Geschäftstätigkeit kommt der Finanzierung digitaler Geschäftsmodelle eine wichtige Rolle zu. Kredite und Kapital sind weniger starr als in traditionellen Geschäftsmodellen. Sie müssen schnell, kurzfristig und auf oft neuen Wegen die Liquidität des Unternehmens sichern. Neue Beteiligungsmodelle und staatliche Förderungen ersetzten übliche Sicherheiten. Plötzliche Liquiditätslö-cher müssen schnell geschlossen werden. Ohne vorherige Zusagen von Banken oder Kapitalgebern ist das nicht zu schaffen.

Die wesentlich volatilere Situation bei der Liquidität digitaler Geschäftsmodelle macht eine detaillierte und auf kurze Zeiträume ausgerichtete Liquiditätsplanung notwendig. Nur so kann schnell reagiert werden, wenn die finanziellen Mittel knapp werden. Für junge Unternehmen mit digitalen Geschäftsmodellen kann das schnell das Ende bedeuten. In einer Transformationsphase besteht ohne ausreichende Liquidität die Gefahr, dass das digitale Geschäft mehr Liquidität verbraucht als im traditionellen Geschäft erarbeitet wird. Auch das bedeutet ein hohes Risiko.

Hinweis: Negativer Cashflow ist nicht das Ende

Das Ziel ist ein positiver Gesamt-Cashflow. Das muss aber nicht so sein, weder in traditionellen noch in digitalen Geschäftsmodellen. In Zeiten hoher Investitionen oder in einer Periode mit einem schlechten Ergebnis kann auch der gesamte Kapitalfluss einen negativen Saldo aufweisen, solange zu Beginn der Periode ein ausreichendes Polster an Liquidität in Form von Kassen- oder Bankguthaben vorhanden war.

5.6   Kalkulationen

Wer mit Kalkulationen seine Verkaufspreise bestimmen kann, berechnet die notwendigen Werte in der Kostenträgerrechnung. Immer dann, wenn die Kalkulationen durch marktbezogene Kostenarten bestimmt werden und wenn sie bei der Preisfindung eine untergeordnete Rolle spielen, gehören sie in den Aufgabenbereich des Controllings. Beides ist in digitalen Geschäftsmodellen der Fall. Dem Kunden auf dem digitalen Markt sind die Kosten, die das Unternehmen für seine Leistung aufwenden muss, vollkommen gleichgültig. Er vergleicht die Preise mit vielen anderen digitalen Angeboten, die hohe Transparenz digitaler Märkte macht dies möglich. Gleichzeitig entstehen in digitalen Geschäftsmodellen neue Kosten, die nicht vom Produkt direkt verursacht werden, aber variabel sind zum Kunden und zum Verkaufsvorgang. Beides, die große Transparenz und die neue Variabilität von Kosten, machen neue Kalkulationsverfahren notwendig. Das kann die Kostenrechnung mit der Kostenträgerrechnung allein nicht leisten. Dazu werden Controllinginstrumente benötigt.

5.6.1   Herstellungskosten analoger Produkte

Die Herstellungskosten für die Produkte und Leistungen ändern sich, wenn die Beschaffung und die Fertigung mit digitalen Geschäftsmodellen arbeiten. Es fallen nämlich Vorteile vor allem im Gemeinkostenbereich an, die sinnvoll auf die Produkte und Kunden zu verteilen sind. Es entstehen gegensätzliche Bestrebungen, die beherrscht werden müssen:

- Es kommt zu Kostenvorteilen aufgrund von digitalen Abläufen, die durch die digitalen Kunden verursacht werden. Entsprechend verlangen diese, ihren fairen Anteil daran zu erhalten. Sie werden nicht bei Lieferanten kaufen, die die errungenen Kostenvorteile nicht für konkurrenzfähige Preise am digitalen Markt nutzen.
- Die Transparenz der digitalen Märkte sorgt dafür, dass die Preise, die für ein Produkt im digitalen Geschäftsmodell gelten, auch den Kunden bekannt werden, die noch auf analogem Weg mit dem Unternehmen zusammenarbeiten. Diese Kunden werden vergleichbare Preise verlangen, auch wenn die Verwaltung der analogen Aufträge und Kundenbeziehungen teurer ist.

Die verschiedenen Positionen in einer Kalkulation der Herstellungskosten sind von digitalen Geschäftsmodellen unterschiedlich betroffen. Manche Vorteile gelten fur alle Kunden, manche nur für die Kunden im digitalen Geschäftsmodell.

- Materialkosten
  Die Materialkosten verändern sich durch digitale Geschäftsmodelle dann, wenn sie z. B. durch die Ausweitung des Beschaffungsmarktes sinken. Diese Entwicklung findet automatisch über die Buchhaltung und die Bewertung den Weg in die Kalkulation. Sie gilt unabhängig davon, ob der jeweilige Kunde über die traditionellen oder über die digitalen Wege einkauft. Eine Veränderung aufgrund des digitalen Geschäftsmodells ist nicht notwendig.
- Materialgemeinkosten
  Bei der Arbeit in digitalen Geschäftsmodellen sollten die Materialgemeinkosten sinken. So wird durch Industrie 4.0 die Bestellarbeit automatisiert, die Kosten je Bestellung sinken. Auch das kommt allen Kunden zugute, gleichgültig über welchen Vertriebsweg diese kaufen.
- Fertigungslöhne
  Die Fertigungslöhne in digitalen Geschäftsmodellen können sinken, wenn z. B. die Fertigung digital gesteuert wird und viele Kunden über Industrie 4.0 in die Disposition eingebunden werden. Durch die bessere Auslastung der Fertigungskapazität sinken auch die benötigten Arbeitsstunden pro Einheit. Wenn dies durch die Digitalisierung des Maschinenparks möglich ist, haben alle Kunden einen Vorteil. Die Vorteile, die sich aus der Zusammenarbeit mit Kunden innerhalb von Industrie 4.0 ergeben, müssen nur diesem Vertriebsweg zugerechnet werden.
- Fertigungsgemeinkosten
  Aufgrund der besseren Kapazitätsausnutzung und weil die digitale Steuerung Vorteile bei der Planung von Instandhaltung und der vorbeugenden Wartung bringt, sinken die Fertigungsgemeinkosten bei digitalen Geschäftsmodellen. Ob und welchen Anteil Industrie 4.0 daran hat, ist nur schwer festzustellen und muss individuell erfasst werden. Inwieweit es eine Möglichkeit gibt, bisher als Gemeinkosten verteilte Kosten durch die digitale Zuordnung von Verbrauch zu Maschinennutzung und damit zum Produkt direkter zu verteilen, muss durch das Controlling geprüft werden.

Beispiel: Hohe Energiekosten

In vielen Branchen wie der chemischen Industrie oder bei der Herstellung von Nahrungsmitteln spielen die Energiekosten eine große Rolle. Üblich ist in traditionellen Modellen die Verteilung der Energiekosten auf die Produkte mittels der Maschinenstundensätze. Die Möglichkeit einer sinnvollen direkten Zuordnung fehlt meist. Wird eine Fertigungsanlage digital gesteuert, können die Energieverbräuche exakt den Fertigungszeiten zugeordnet werden. Da auch die gefertigten Produkte den Fertigungszeiten zugeordnet werden können, lassen sich in digitalen Geschäftsmodellen die Energieverbräuche in der Fertigung den Produkten direkt zuordnen, zumindest zum großen Teil.

Eine solche direkte Zuordnung ist allerdings nur sinnvoll, wenn die verbrauchte Energie für unterschiedliche Produkte wesentlich schwankt. Wenn der Energieverbrauch allein von der Maschinenzeit abhängig ist, kann die Verteilung über die Gemeinkosten beibehalten werden. Da sich viele solcher Möglichkeiten erst durch die Digitalisierung von Maschinen ergeben, sind sie den verantwortlichen Mitarbeitern oft gar nicht bekannt. Das Controlling muss daher gemeinsam mit diesen Fachbereichen eine intensive Prüfung der Zuordnungsmöglichkeiten vornehmen, wenn digitale Geschäftsmodelle eingeführt werden.

- Sondereinzelkosten
  Teil der Herstellungskosten sind auch die Sondereinzelkosten der Entwicklung und der Fertigung. Dabei handelt es sich um Kosten, die speziell für ein Produkt oder eine Produktgruppe anfallen und die nicht über die Gemeinkosten auf alle Produkte verteilt werden sollen. Beispiele dafür sind Kosten für ein besonders aufwendiges Prototyping (Sondereinzelkosten der Entwicklung) oder für eine besondere Qualität eines Werkzeuges (Sondereinzelkosten der Fertigung). Der Anteil der direkt zuzuordnenden Kosten in der Entwicklungsabteilung und in der Fertigung steigt in digitalen Geschäftsmodellen. Das Instrument der Sondereinzelkosten in der Kalkulation der Herstellungskosten kann daher intensiver genutzt werden als in traditionellen Strukturen.

Die Herstellungskosten werden sich in digitalen Geschäftsmodellen, die Bereiche wie Entwicklung, Materialwirtschaft und Fertigung betreffen, verändern. Einige Kosten, die bisher als Gemeinkosten verteilt werden mussten, werden durch detaillierte Daten zu direkten Kosten. Ob sich darüber hinaus Kostenvorteile in den Herstellungskosten durch digitale Geschäftsmodelle mit einem Bezug zum Vertriebsweg und damit zum Kunden ergeben, muss geprüft werden. In der Praxis sind diese meist nicht relevant. Damit kann in digitalen Geschäftsmodellen die Kalkulation der Herstellungskosten für analoge Produkte im gleichen Schema durchgeführt werden wie in traditionellen Strukturen.

5.6.2   Herstellungskosten digitaler Produkte

Die Kalkulation der Herstellungskosten für rein digitale Produkte muss dagegen im digitalen Geschäftsmodell angepasst werden. Die tatsächlichen Kosten des Produktes sind nur schwer, meist gar nicht feststellbar. Es gibt in der Regel keinen analogen Fertigungsprozess. Werden tatsächlich Produkte verkauft, z. B. eine App oder ein Datenbestand, dann wird der Code dazu digital kopiert oder es gibt Zugriffsrechte, die eine Nutzung ermöglichen. Werden digitale Leistungen verkauft, z. B. Speicherplatz in einer Cloud, dann sind die Kapazitäten vorhanden. Der neue Kunde nutzt diese ohne zusätzliche direkte Kosten für den Dienstleister.

> **!** **Hinweis: Suche nach direkten Kosten**
>
> Traditionell denkende Controller suchen auch in rein digitalen Geschäftsmodellen nach direkten Kosten. Dabei werden dann die Kosten für die Einrichtung des Kundenkontos als Beispiel genannt. Diese sind dem Kunden, nicht aber dem Produkt zuzuordnen. Außerdem wird dazu auch eine digitale Anwendung genutzt, die keine zusätzlichen Kosten verursacht, nur weil jetzt ein zusätzlicher Eintrag entstanden ist.

Mögliche Kostengrößen, die in digitalen Geschäftsmodellen mit digitalen Produkten ermittelt werden können, haben andere Inhalte, können aber ebenso Kennzahlen und Inhalte von Zielvereinbarungen sein wie traditionelle Herstellungskosten.

- Werden Datenbestände verkauft, dann mussten diese vorher aufgebaut werden. Das hat Kosten verursacht, die ermittelt werden können. Entweder sind Daten gekauft worden, dann steht der Kaufpreis fest. Oder die Daten sind selbst ermittelt worden, was zu »Fertigungskosten« für die Datenbestände geführt hat. Eine Division dieser Kosten durch die Anzahl der verkaufbaren Datensätze ergibt die durchschnittlichen Kosten einer Dateneinheit.
  Dieser Wert kann intern beobachtet werden, um die Kostenentwicklung festzustellen. Er eignet sich als Zielwert für die Mitarbeiter, die für die Schaffung der Datenbestände verantwortlich sind. Er eignet sich nicht als Kalkulationsgrundlage für einen Verkaufspreis, da nicht feststeht, wie oft der Datenbestand verkauft werden kann.
- Die zum Verkauf stehenden Datenbestände werden permanent aktualisiert. Das erhöht deren Wert. Gleichzeitig veralten die Informationen, was ihren Wert mindert. Solche Werte sind für die Beurteilung von Verantwortlichen und die Bewertung von Datenbeständen interessant, aber haben in der Regel keinen direkten Einfluss auf die erzielbaren Preise, die sich am Markt bilden.

- Ähnlich wie die Datenbestände verhalten sich auch Apps, wenn es um die Betrachtung der Kosten geht. Die Programme müssen erstellt werden. Das dürfte in den meisten Fällen der größte Kostenblock sein. Die App wird in den Shops und Stores bereitgehalten, Marketing soll Kunden finden, Provisionen an die Plattformen werden in oft exorbitanter Höhe gezahlt. Von diesen Kostenarten können die Kosten für die Bereithaltung der App und die Programmierkosten zu den Herstellungskosten gezählt werden. Die anderen Kostenarten gehören zu den Vertriebskosten, die eine wesentlichere Rolle spielen als in traditionellen Strukturen.
- Auch Cloudservices müssen geschaffen werden, was Kosten verursacht. Diese sind abhängig von einer maximalen Kapazität, vorgegeben durch Bandbreiten, Speicherplatz und Anzahl von Nutzern. Es können also Kosten errechnet werden, die sich auf diese Maximalwerte beziehen. Es ist nicht sinnvoll, für die Preisfindung auf die tatsächlichen Kosten der realen Auslastung zurückzugreifen. Auch für diese Produkte spielt für die Preisfindung der Marktpreis eine wichtige Rolle.

Rein digitale Produkte werden in digitalen Geschäftsmodellen vertrieben. Damit entsteht in diesen Strukturen die Notwendigkeit, die Kalkulation der Herstellungskosten neu zu definieren. Die Zuordnung von Kosten zu einem Produkt ist möglich, die Berechnung der Kosten einer verkauften Einheit jedoch nicht. Die mögliche Verkaufszahl bei digitalen Produkten, die allein durch Kopieren entstehen, ist theoretisch unendlich. Andere Leistungen sind durch eine maximale Kapazität, die jedoch in der Regel nicht erreicht wird, begrenzt. Eine Kalkulation als Teil der Verkaufspreisfindung ist nicht möglich.

> **Hinweis: Mindestpreise prüfen**
>
> Das Controlling errechnet die theoretischen Kosten je Einheit, indem es die Kosten des Produktes durch die maximale Kapazität bzw. die maximale Zahl potenzieller Käufer dividiert. Dadurch entsteht ein Durchschnittswert, der im Vergleich mit dem erzielten Verkaufspreis einen Anhaltspunkt für dessen Wirtschaftlichkeit gibt. Dazu müssen jedoch gerade in digitalen Geschäftsmodellen die Vertriebskosten und die Verwaltungskosten addiert werden. So entsteht ein Mindestpreis, der im Durchschnitt zur Kostendeckung notwendig ist.

Die folgende Abbildung zeigt für wichtige digitale Produktgruppen die Kostenblöcke, beginnend bei der Erstellung der Leistung. Diese sind für die einzelnen Gruppen inhaltlich unterschiedlich. Danach folgt jeweils der Kostenblock für die Bereitstellung der Produkte, für das digitale Marketing und für Provisionen, die beim Verkauf an die Betreiber von Shops oder Plattformen zu zahlen sind. Der letzte Punkt kann dabei eine signifikante Rolle spielen. So erhält Apple beim Verkauf einer App über den Apple Store ca. 30 % des Verkaufspreises.

Abb. 22: Kostenblöcke digitaler Produkte

5.6.3 Vertriebskosten

Die Vertriebsgemeinkosten werden in kleinen und mittleren Unternehmen als Durchschnittssatz auf die Produkte verrechnet. Nach Vertriebswegen wird nur selten differenziert. Das ist in digitalen Geschäftsmodellen anders, vor allem dann, wenn es parallel auch noch ein traditionelles Geschäftsmodell gibt. Da muss sichergestellt sein, dass die Vertriebskosten getrennt nach den Vertriebswegen, zumindest getrennt nach digital und traditionell, berichtet werden können.

- Der digitale Vertriebsweg muss über eine Schnittstelle zum Kunden verfügen. Das kann ein Onlineshop sein, eine Plattform oder ein eigener Internetauftritt mit Bestellmöglichkeit sein. Ersetzt wird dabei der traditionelle Verkäufer, der im Einzelhandelsgeschäft oder als Außendienstler die Kunden trifft.
- Auf digitalen Vertriebswegen müssen die Kunden mit digitalen Mitteln überzeugt werden. Digitales Marketing arbeitet mit Internetwerbung, sozialen Medien, Mailings usw. Die daraus entstehenden Kosten ersetzen die für traditionelles Marketing typischen Kosten. In digitalen Geschäftsmodellen ist eine Erfolgskontrolle einfacher als in traditionellen, da die Marketingkosten den Kunden und Produkten zuverlässig zugeordnet werden können.
- Auch im Rahmen von Industrie 4.0 sind die Vertriebswege digital. Dort werden Kunden durch die enge Zusammenarbeit und die gemeinsam geschaffenen Vorteile an das Unternehmen gebunden. Die Kosten dafür können den einzelnen Kunden und somit auch den von diesen gekauften Produkten zugeordnet werden.

Die Vertriebskosten können in digitalen Geschäftsmodellen dem Vertriebsweg und den einzelnen Kunden zugeordnet werde. Über die Kunden können sie auch den Produkten zugeordnet werden. Aus dem Vertriebsgemeinkosten in traditionellen Geschäftsmodellen werden zum großen Teil direkte Vertriebskosten in Bezug auf einzelne Kunden und Produkte. Das bedeutet eine Umstellung der Kalkulation, die vom Controlling initiiert und begleitet werden muss.

5.6.4   Verwaltungskosten

Die Kosten für Buchhaltung, Personal, IT usw. gehen in die traditionelle Artikelkalkulation als Verwaltungsgemeinkosten ein. Wie bei den Vertriebsgemeinkosten wird ein Zuschlagsatz ermittelt, der für alle Produkte gilt. Das ist anders bei digitalen Geschäftsmodellen, bei denen die Buchhaltung digitalisiert wird und andere Verwaltungsabläufe von autonomen Prozessen unterstützt werden. Das gilt grundsätzlich für alle Produkte und Kunden.

Eine Ausnahme hierzu gibt es für Kunden, die eine digitale Ausgangsrechnung akzeptieren. Hier kann ein Kostenvorteil ermittelt und in die kundenbezogene Artikelkalkulation einfließen. Fraglich ist die Signifikanz für die Kalkulation, da die Kosten pro Rechnung fix sind, auf der Rechnung aber unterschiedlich viele Artikelpositionen mit unterschiedlichen Mengen ausgewiesen werden.

> **Hinweis: Deckungsbeitragsrechnung pro Kunde und Vertriebsweg**   **!**
> Wichtig werden Vorteile in den Verwaltungskosten digitaler Geschäftsmodelle in der Deckungsbeitragsrechnung für digitale Kunden und digitale Vertriebswege. So läuft die Rechnungsstellung für Verkäufe im Onlineshop in der Regel vollkommen automatisch ab. Durch die üblichen Zahlungsweisen in digitalen Vertriebswegen ist auch kein Forderungsmanagement notwendig. Das sind Vorteile, die berücksichtigt werden, wenn man Deckungsbeiträge von traditionellen und digitalen Geschäftsmodellen miteinander vergleicht. In der Artikelkalkulation spielen sie keine Rolle.

Im Controlling wird geprüft, ob es für das digitale Geschäftsmodell einen anderen Verrechnungssatz der Verwaltungskosten geben muss als für die traditionellen Strukturen. Wird bei der Kalkulation der Artikelkosten im digitalen Vertriebsweg der gleiche Aufschlag verwendet, dann werden Kosten auf die neuen Vertriebswege und Kunden verteilt, die digital nicht anfallen. Es kommt wieder zur Diskrepanz der Kalkulationsmodelle.

5.6.5   Logistikkosten

In digitalen Geschäftsmodellen erfahren die Logistikkosten eine wesentliche Veränderung, die in den Kalkulationen berücksichtigt werden muss.

- Im Geschäftsmodell mit Industrie 4.0 sinken die Logistikkosten, da zum einen die autonome Disposition optimale Bestellmengen und damit optimale Transportkosten bewirkt. Zum anderen werden die Lagerbestände reduziert, da in der gesamten Wertschöpfungskette Sicherheiten geteilt werden.
- In digitalen Geschäftsmodellen mit neuen Vertriebswegen kommen Versandkosten hinzu, da die Ware, die sonst im Einzelhandel oder beim Großhändler abgeholt wird, versandt werden muss. Diese Kosten können trotz der Versandkostenbeteiligung der Kunden enorm sein.

Die sinkenden Logistikkosten durch Industrie 4.0 treffen alle Produkte und erscheinen automatisch durch die Verbuchung der niedrigeren Beträge in der Artikelkalkulation. Die höheren Versandkosten belasten nicht das Produkt, sondern den Vertriebsweg. Sie müssen wieder in der Deckungsbeitragsrechnung je Kunde und Vertriebsweg berücksichtigt werden.

5.6.6   Veränderung der Kalkulation

Die digitalen Abläufe verändern die Kosten für die Artikelkalkulation an vielen Stellen. Leider sind diese Veränderungen nicht eindeutig auf das Produkt zu beziehen, da sie vom Kundenverhalten abhängig sind. Kunden, die digital einkaufen, verursachen weniger Kosten als die, die noch traditionell kaufen. Gleichgültig, ob es sich um den Kauf im Onlineshop handelt, die Nutzung einer digitalen Plattform oder die autonome Bestellung innerhalb von Industrie 4.0, die Vorteile fallen oft im Bereich der Gemeinkosten an, die über Zuschlagssätze in die Kostenträgerrechnung eingehen.

Die beschriebenen direkten Kostenveränderungen betreffen dann einzelne Produkte und werden durch die Systematik der Artikelkalkulation automatisch dem Produkt zugeschrieben. Auswirkungen gibt es sowohl im traditionellen als auch im digitalen Ablauf. Schwieriger ist die Zuordnung der Kostenveränderungen auf die unterschiedlichen Vertriebswege.

> **!** **Hinweis: Vergleich digital mit traditionell**
>
> Die Zuordnungsprobleme von Kostenveränderungen tauchen nur dann auf, wenn es traditionelle und digitale Vertriebswege nebeneinander gibt. Gibt es nur digitale Vertriebswege, haben alle Abläufe die gleiche Kostenstruktur, die für alle Kunden gültig ist. Es kann an dieser Stelle wieder mit gemeinsamen Zuschlagssätzen für die Vertriebs- und Verwaltungsgemeinkosten gearbeitet werden.

Diese Situation führt dazu, dass für ein Produkt, je nach Vertriebsweg, unterschiedliche Kalkulationen erstellt werden müssen. Das folgende Schema zeigt die möglichen Unterschiede in den Gemeinkosten, die zu Unterschieden in den Selbstkosten führen.

traditionell	digital
Materialkosten	
Materialgemeinkosten traditionell	Materialgemeinkosten digital
Fertigungslöhne	
Fertigungsgemeinkosten traditionell	Fertigungsgemeinkosten digital
Herstellungskosten traditionell	Herstellungskosten digital
Vertriebsgemeinkosten traditionell	**Vertriebsgemeinkosten digital**
Verwaltungsgemeinkosten traditionell	Verwaltungsgemeinkosten digital
	Versandkosten Onlineshop
Selbstkosten traditionell	**Selbstkosten digital**

Tab. 17: Kalkulationsschema Selbstkosten

Die so ermittelten Selbstkosten dienen dazu, die erzielten Verkaufspreise auf die notwendige Mindesthöhe zu prüfen. Die liegen in der Regel im digitalen Vertriebsweg unter denen im traditionellen Vertriebsweg. Diese Situation der gespaltenen Selbstkosten ist nicht neu, auch eine Trennung der Vertriebswege zwischen Inland und Ausland führt zu Abweichungen z. B. in den Vertriebsgemeinkosten. Neu ist die Vielzahl an Einflüssen auf die unterschiedlichsten Kostenarten. Neu ist auch, dass in einem regional nicht getrennten Markt zwei unterschiedliche Vertriebswege existieren, die auch noch wesentliche Kostenunterschiede aufweisen.

> **Hinweis: Dilemma der Preisfindung**
>
> Durch die unterschiedlichen Selbstkosten eines Produktes in Abhängigkeit davon, ob der Vertriebsweg traditionell oder digital ist, kann es zu Problemen in der Preisfindung kommen. Der digitale Markt ist äußerst transparent. Die geringeren Selbstkosten der dort anbietenden Unternehmen führen tendenziell zu einem niedrigeren Preisniveau. Dieses Preisniveau ist aber für den traditionellen Vertrieb zu niedrig. Die logische Folgerung ist eine Preisspaltung. Unterschiedliche Preise für ein Produkt sind aber auf regional gleichen Märkten nur schwer durchsetzbar. Immer mehr Kunden werden im traditionellen Markt für das gleiche Produkt vom gleichen Anbieter keinen höheren Pries bezahlen wollen als im digitalen Vertriebsweg. Wege, die aus diesem Dilemma führen, sind aufwendig. Eine Möglichkeit wäre z. B. der Aufbau einer zweiten, rein digitalen Marke, um einen Vergleich unmöglich zu machen.

5.7 Wirtschaftlichkeitsberechnung

Mit der Wirtschaftlichkeitsberechnung hält das Controlling ein mächtiges Werkzeug für das operative Controlling in der Hand. Die Ergebnisse der Berechnung bestimmen, ob Investitionen getätigt werden oder Projekte sinnvoll realisiert werden können. Meist wird in der Praxis die Wirtschaftlichkeitsberechnung für zukünftige Vorhaben durchgeführt. Viel zu selten wird nach deren Abschluss geprüft, ob die geplanten Werte auch realisiert werden konnten. Das ist aber notwendig, um die Qualität der Berechnungen mit ihren Annahmen und Planungen feststellen zu können.

Das Controlling führt nicht nur die Berechnungen aus, es steuert auch den Prozess. Die Fachabteilungen, die verantwortlich für das Vorhaben sind, müssen entsprechende Planwerte liefern. Da das Controlling aus diesen Vorgaben die Planung macht, die dafür verwendeten Formeln bestimmt und den Grad der Genauigkeit festlegt, hat es einen großen Einfluss auf die Entscheidungen. Von der Unternehmensführung gewünschte, für die Umsetzung der Unternehmensstrategie notwendige Projekte können auch dann umgesetzt werden, wenn sie eigentlich nicht wirtschaftlich sind.

Beispiel: Unwirtschaftliche Digitalisierung

In der Unternehmensstrategie ist eine möglichst weitgehende Digitalisierung aller Unternehmensbereiche vorgegeben. Daher soll ein unternehmensweit nutzbares Dokumentenmanagementsystem eingeführt werden. Der Anlass dafür ist die Umstellung der Rechnungsprüfung in der Kreditorenbuchhaltung auf digitale Abläufe. Dazu muss jeder Mitarbeiter im Unternehmen, der Rechnungen freigeben darf bzw. muss, Zugriff auf das DMS haben. Die Lizenzkosten dafür sind so hoch, dass die wirtschaftlichen Vorteile der digitalen Rechnungsprüfung aufgebraucht werden.

Das Controlling entscheidet in dieser Situation, die Kosten für das Dokumentenmanagementsystem aus der Wirtschaftlichkeitsberechnung des Projektes »Digitale Rechnungsprüfung« herauszunehmen. Es besteht Einigkeit mit der Unternehmensführung, dass der Zugriff auf das System der digitalen Dokumentenverwaltung zur IT-Grundversorgung an jedem Arbeitsplatz gehört. Ohne diese Vorgehensweise würden viele Projekte zur Digitalisierung nicht oder in wesentlich geringerem Maße wirtschaftlich sein. Die Umsetzung der Strategie wäre gefährdet.

Eine Wirtschaftlichkeitsbetrachtung wird immer dann angestellt, wenn besondere Vorhaben außerhalb des Tagesgeschäftes geplant sind. Die geplanten Maßnahmen werden nur dann durchgeführt, wenn die Wirtschaftlichkeitsberechnung ein positives Ergebnis liefert. In der Regel ist die Entscheidung für das geprüfte Vorhaben abhängig von einer Mindestprofitabilität. Dabei werden auch mehrere Alternativen verglichen. Insoweit hat die Wirtschaftlichkeitsberechnung auch eine Steuerungsfunktion für die Lenkung knapper Mittel in die profitabelsten Bereiche.

5.7.1 Anlässe

Eingesetzt wird die Wirtschaftlichkeitsberechnung durch das Controlling traditionell bei größeren Investitionsvorhaben. Wenn neue Maschinen die Kapazität erweitern sollen, neue Gebäude gekauft oder zusätzliche Fahrzeuge angeschafft werden. Bei Ersatzinvestitionen wird eine aufwendige Wirtschaftlichkeitsberechnung nur dann angestellt, wenn wesentliche Veränderungen durch den Ersatz zu erwarten sind oder es mehrere deutlich unterschiedliche Alternativen gibt.

Eine besondere Herausforderung ist die Wirtschaftlichkeitsberechnung von IT-Investitionen. Die Kosten sind meist hoch, aber planbar. Die Vorteile sind dagegen fast immer qualitativer Natur und müssen erst rechenbar gemacht werden. Das gilt auch und insbesondere für Projekte, die in ein digitales Geschäftsmodell führen. Für einen solchen Transformationsprozess ist vor allem die Kostenentwicklung schwer zu planen. Rechenbare Vorteile ergeben sich erst spät und erst nach einem komplexen Verrechnen qualitativer Pluspunkte.

In digitalen Geschäftsmodellen selbst spielen Investitionen eine weniger wichtige Rolle als in traditionell arbeitenden Unternehmen. Dafür kommt es häufig zu neuen Projekten, auch im Tagesgeschäft, die ihre Wirtschaftlichkeit immer wieder neu beweisen müssen. In Unternehmen, die sowohl digitale als auch traditionelle Geschäftsmodelle verfolgen, kommt es auch zu gemischten Projekten, bei denen einerseits typische traditionelle Investitionen getätigt werden, die aber andererseits auch von der Digitalisierung beeinflusst werden.

Beispiel: Verschiedene Anlässe

In digitalen Geschäftsmodellen kommt es auch zu Investitionen, die nicht unmittelbar mit der Digitalisierung zu tun haben. So werden neue Fahrzeige angeschafft oder ein neues Lager wird gebaut, weil die Absätze steigen. Typische Beispiele für Anlässe, zu denen eine Wirtschaftlichkeitsberechnung durchgeführt wird, sind:

- Eine abgeschriebene aber noch nutzbare Fertigungsanlage wird ausgetauscht, weil sie nicht digital gesteuert werden kann und in Industrie 4.0 integriert werden soll. Den Kosten für die neue Anlage stehen die Vorteile der Integration gegenüber.

- Für eine digitale Marketingaktion sollen eine Million stark spezifizierte Kundenadressen mit E-Mail-Adresse gekauft werden. Den Kosten für die Nutzung der Adressen stehen die durch die Aktion generierbaren Umsätze gegenüber.
- Die eigenen Server im Rechenzentrum, die für Backup-Lösungen genutzt wurden, sollen durch Clouddienste abgelöst werden. Die Kosten für die Clouddienste entstehen, während die Kosten für eine Neuanschaffung und Wartung der eigenen Server eingespart werden.
- In der Buchhaltung sollen die Eingangsrechnungen digitalisiert werden. Die Rechnungsprüfung soll in einen digitalen Ablauf überführt werden. Zur Rechtfertigung der Kosten werden Personaleinsparungen und Zeitvorteile genannt.

Die Anlässe für eine Wirtschaftlichkeitsberechnung verändern sich in digitalen Geschäftsmodellen gegenüber der bisherigen Situation. Die Vorgehensweise, der Vergleich von Vorteilen und Nachteilen, bleibt zwar gleich. Was genau die Vor- und Nachteile sind, wird aber durch die Digitalisierung bestimmt.

5.7.2   Vorteile

Die Vorteile von Investitionen oder Projekten bestehen immer entweder aus niedrigeren Kosten oder aus zusätzlichem Umsatz. Kostensenkungen, z. B. durch den Wechsel von eigenen Servern zu Cloud-Services, beeinflussen das Unternehmensergebnis direkt. Der Einfluss von zusätzlichem Umsatz hingegen muss über den daraus entstehenden zusätzlichen Deckungsbeitrag errechnet werden, denn zusätzlicher Umsatz verursacht immer auch zusätzliche Kosten. Die Werte müssen über die gesamte Zeitdauer der Nutzung errechnet werden. Dabei sind negative Ergebnisse gerade in der Anfangszeit durchaus möglich und erlaubt, wenn sich über den gesamten Nutzungszeitraum ein positives Ergebnis ausweisen lässt.

> **Hinweis: Kurze Zeiträume**
>
> Die Bestimmung des Gesamtzeitraums für die Wirtschaftlichkeitsberechnung in digitalen Geschäftsmodellen wird schwieriger. Für typische Investitionen in traditionellen Unternehmen bietet sich die gesetzlich zulässige Nutzungsdauer an oder sogar geht sogar darüber hinaus. Die Dauer einer Nutzung von Investitionen in digitale Strukturen ist deutlich kürzer, liegt real oft sogar unter der steuerlich möglichen Nutzungsdauer. Zudem ist die Innovationskraft in digitalen Geschäftsmodellen deutlich höher, was zu schnelleren Veränderungen und damit zu kürzeren Nutzungszeiträumen führt.
>
> Gleichzeitig werden in digitalen Geschäftsmodellen auch kurzfristig wirkende Projekte für die Wirtschaftlichkeitsbetrachtung interessant. Der sinkende Anteil an Fixkosten und der steigende Anteil an nutzungsabhängigen, variablen Kosten machen immer wieder Entscheidungen notwendig, die zu einem hohen finanziellen Aufwand führen und innerhalb kurzer Zeiträume umgesetzt werden. Zeiträume von wenigen Monaten werden die Regel.

Bei den Vorteilen, die im Rahmen einer Wirtschaftlichkeitsbetrachtung festgestellt werden, gibt es Unterschiede zwischen traditionellen und digitalen Geschäftsmodellen:

- Kosteneinsparungen

  Investitionen in digitale Strukturen sind wesentlich differenzierter als bei traditionellen Vorhaben. Der Anteil an Beratungskosten, Lizenzgebühren, Mieten oder nutzungsabhängigen Gebühren ist hoch. Die Wirtschaftlichkeitsberechnung muss daher mit schwankenden laufenden Kosten rechnen. Der Anteil an typischer Abschreibung mit gleichbleibenden Abschreibungsbeträgen ist eher niedrig. Der Controller kennt auch in traditionellen Unternehmen diese beide Kostentypen, die Gewichtung ist jedoch unterschiedlich. Der Anteil an Kosten, die in digitalen Projekten nicht aktiviert werden, ist wesentlich höher. Die Verteilung auf die Nutzungsdauer durch Abschreibung ist geringer. Es muss eine Verteilung der »weichen« Kosten wie Beratung und Einrichtung auf die Dauer der Betrachtung erfolgen.

  Gleichzeitig gibt es weiterhin Investitionen – auch in digitalen Geschäftsmodellen –, die typisch traditionelle Strukturen aufweisen. So werden z. B. Maschinen für die Fertigung gekauft, die digital gesteuert werden können. Diese sind Bestandteil des Digitalisierungsprojektes Industrie 4.0. In solchen Fällen werden typische traditionelle Inhalte von Investitionen mit typisch digitalen Strukturen der Projektkosten gemischt. Im Controlling muss sich die Struktur der Wirtschaftlichkeitsberechnungen diesen Veränderungen anpassen.

- Deckungsbeiträge

  Die Deckungsbeitragsrechnung verändert sich in digitalen Strukturen, wie wir bereits gesehen haben. Das führt dazu, dass in digitalen Geschäftsmodellen die Produkte wesentliche Unterschiede in den Deckungsbeiträgen aufweisen. So ist es beispielsweise sehr wahrscheinlich, dass die Verkaufspreise bei traditionellen und digitalen Vertriebswegen stark voneinander abweichen. Wichtig ist, dass die tatsächlichen Deckungsbeiträge für die Beurteilung digitaler Projekte herangezogen werden. Durchschnittliche Werte sollten nicht verwendet werden, da diese die vorhandenen Ungleichheiten egalisieren.

Beispiel: Höherer Umsatz durch digitales Marketing

Der für den Vertrieb verantwortliche Mitarbeiter will für den neuen Onlineshop eine mehrmonatige Marketingaktion mit Werbung im Internet und der Nutzung von Big Data, gekauft von einem Dienstleister, durchführen. Die Experten für digitales Marketing erwarten dadurch eine Umsatzsteigerung von 500.000 EUR. Bei einem durchschnittlichen Deckungsbeitrag von 25 % erwirtschaftet das Projekt einen Vorteil von 125.000 EUR.

Dabei wird allerdings übersehen, dass aufgrund der niedrigeren Verkaufspreise im Onlineshop der Deckungsbeitrag im digitalen Geschäftsmodell nur bei 20 % liegt. Der für die Wirtschaftlichkeitsbetrachtung ausschlaggebende Vorteil ist also geringer, er liegt bei 100.000 EUR.

Auf der Vorteilsseite in digitalen Projekten stehen häufig qualitative Verbesserungen, die vor der Berechnung in Euro umgewandelt werden müssen. Der Anteil solcher Situationen steigt mit dem Grad der Digitalisierung, da es häufig um verkürzte Abläufe, verringerte Fehler oder einfach um die Erfüllung von Forderungen externer Stellen geht. Um für die Qualitätsveränderung einen adäquaten Eurowert zu finden, braucht man, wie auch in traditionellen Strukturen, die Einschätzung von Fachleuten und man muss versuchen, eine Verbindung zu Kosten oder Deckungsbeiträgen zu schaffen.

Beispiel: Wachsende Kapazität

Das Beispiel-Unternehmen setzt mehrere gleichartige Fertigungsanlagen zur Herstellung von Kunststoffteilen ein. Die Auslastung liegt nahe bei 100 %, wobei Instandhaltungs- und Reparaturzeiten steigen und damit der Produktionsablauf oft gestört wird. Die Maschinen sollen mit einer digitalen Steuerung versehen werden, die eine permanente Überwachung von Belastungsparametern erlaubt. Dadurch wird es möglich, drohende Ausfälle zu erkennen und die Instandhaltung zu optimieren. Die Instandhaltungszeit sinkt, plötzliche Reparaturen werden fast vollständig eliminiert. Der Leiter des Instandhaltungsbereichs schätzt, dass durch diese Maßnahmen ca. 5 % mehr Kapazität in der Fertigung zur Verfügung steht.

Das bedeutet eine wesentliche qualitative Verbesserung der Instandhaltungsarbeit. Doch welchen Wert hat eine Ausweitung der realen Kapazität von 5 %? Eine übliche Vorgehensweise ist die Bewertung dieser zusätzlichen Kapazität mit dem durchschnittlichen Deckungsbeitrag der dort produzierten Produkte. Insgesamt wurde mit den selbst hergestellten Produkten ein Deckungsbeitrag von 2.000.000 Euro pro Jahr erzielt, eine Steigerung von 5 % bedeutet einen Vorteil von 100.000 Euro pro Jahr.

Der Controller meldet Bedenken an. Zum einen gibt es große Unterschiede der Deckungsbeiträge zwischen den einzelnen Produkten. Die Produkte mit hohen Beiträgen werden bereits an der Nachfragegrenze produziert, bisher nicht produziert werden die Produkte im Sortiment, die einen niedrigen Deckungsbeitrag haben. Dieser liegt bei nur noch 2 %. Der Vorteil sinkt auf 40.000 EUR pro Jahr. Der andere Anlass, den Durchschnittswert zu überdenken, ist die Frage, ob die zusätzliche Kapazität auch gebraucht wird. Der Vertrieb glaubt nicht, dass eine Absatzsteigerung von 5 % in den nächsten Jahren tatsächlich auch realisiert werden kann. Er geht von einer maximalen Steigerung in Höhe von 1 % pro Jahr aus.

Damit reduziert sich der Vorteil nochmals. Verwendet man die eben genannten Zahlen, ergibt sich – ohne bei der Berechnung Details zu berücksichtigen – für die kommenden Jahre folgende Vorteilsverteilung:

Jahr 1	ca. 8.000 EUR
Jahr 2	ca. 16.000 EUR
Jahr 3	ca. 24.000 EUR
Jahr 4	ca. 32.000 EUR
ab Jahr 5	ca. 40.000 EUR

Das ist eine vollkommen andere Ausgangslage als bei der Verwendung des Durchschnittswertes. Ob damit das Projekt unwirtschaftlich wird, hängt von weiteren Vorteilen und von der Höhe der Kosten ab.

Die Vorteile werden für jedes Jahr errechnet und zu jeweils einem Wert addiert. Die Planung muss realistisch sein. Im Controlling müssen daher die Angaben der Befürworter des Projektes kritisch geprüft und auf ihre Realitätsnähe untersucht werden. Da es in digitalen Geschäftsmodellen immer wieder zu ähnlichen Projekten kommt (z. B. regelmäßige Marketingaktionen, neue Teilnehmer in Industrie 4.0, neue Region in den Shop integrieren), entsteht in der Praxis eine gewisse Routine bei der Durchführung der Wirtschaftlichkeitsberechnung und der Beurteilung der geplanten Vorteile.

5.7.3   Nachteile

Wenn eine Maßnahme keine Kosten, sondern nur Vorteile generiert, ist eine Wirtschaftlichkeitsberechnung überflüssig. In der Regel müssen die bereits berechneten Vorteile jedoch mit entsprechenden Nachteilen bezahlt werden. Bei Investitionen muss der Kaufpreis bezahlt werden, Nebenkosten entstehen für die Planung, den Einbau und die Inbetriebnahme des Investitionsgutes oder für die Mitarbeiterschulung. In manchen Projekten entstehen zusätzliche Kosten, die alle Kostenarten betreffen können. In Wirtschaftlichkeitsberechnungen, die für oder in digitalen Geschäftsmodellen erstellt werden, nimmt die Zahl der zu berechnenden Investitionen ab. Zur Regel wird das Mieten von digitalen Strukturen, z. B. in der Cloud.

Die Kosten bzw. Nachteile müssen für die gleichen Zeiträume und die gleiche Zahl der Planperioden ermittelt werden, wie bei der Berechnung der Vorteile. Kommt es zu Einmalzahlungen wie z. B. zu Beratungskosten, müssen diese über eine bestimmbare Nutzungsdauer verteilt werden. Dabei ist abzuschätzen, auf welchen Zeitraum solche Kosten verteilt werden müssen.

Beispiel: Beratung immer wieder

Für die Planung der Digitalisierung von Fertigungsanlagen mittels einer Nachrüstung mit digitalen Steuerungen ist ein externes Ingenieurbüro beauftragt worden. Dieses hat ein technisches Konzept erstellt, die Steuerungen ausgewählt und die Schnittstellen programmiert. Dafür hat das Unternehmen 10.000 Euro gezahlt, die nach Ansicht des Steuerberaters nicht aktiviert werden sollen. Damit geht der Betrag in die Kosten des laufenden Jahres ein, für die Wirtschaftlichkeitsberechnung wird jedoch eine Verteilung notwendig. Da eine Prüfung des aktuellen Zustands in der Fertigung und der digitalen Entwicklung alle drei Jahre erfolgen soll, wird der Betrag auf drei Jahre verteilt. Danach wird mit einem ähnlichen Betrag pro Jahr für weitere Beratungsleistungen gerechnet. Damit wird für jedes Jahr der Wirtschaftlichkeitsberechnung ein Betrag von 3.333 Euro in die Kosten des Projektes übernommen.

Laufende Kosten für die Zukunft zu schätzen, ist nicht immer leicht. In digitalen Geschäftsmodellen gibt es viele Positionen, die von verschiedenen Parametern abhängig sind:

- Preisentwicklung
  Die Preise für Leistungen, die innerhalb eines digitalen Geschäftsmodells nachgefragt werden, unterliegen starken Veränderungen, die so aus der analogen Welt nicht bekannt sind. Die für diese Leistung notwendige Technik wird immer günstiger. Die steigende Zahl der Nutzer, die diese Leistung nachfragen, führt zu Skalenvorteilen bei den Anbietern. Ein steigendes Angebot am Markt für diese Leistungen zwingt die Dienstleister, im Kampf um den Kunden diese Vorteile an sie weiterzugeben.
- Abhängigkeit von Nutzung
  Ein großer Vorteil der Nutzung von digitalen Leistungen aus der Cloud liegt in der Möglichkeit, nutzungsabhängige Zahlungen zu leisten. Wenn auch nicht immer exakt nach der Inanspruchnahme der Leistung bezahlt wird, so sind die Lösungen in der Regel gut skalierbar und in Sprüngen flexibel. Für den Planer, der im Rahmen der Wirtschaftlichkeitsberechnung Annahmen machen muss, kommt also zur Schätzung des Preises die Schätzung der Nutzung hinzu. Dadurch entsteht eine hohe Komplexität.
- Weiterentwicklung
  In der digitalen Welt entwickeln sich neue Möglichkeiten und Abläufe rasend schnell. Die unternehmensinternen Abläufe sind darauf eingestellt, passen sich schnell an, auch ohne, dass große neue Investitionen oder Projekte notwendig sind. Das führt aber dazu, dass in den ursprünglichen Projekten Kosten verändert werden. Das lässt sich in der Planung nur schwer berücksichtigen.

Beispiel: Neue Schnittstellen

Für die nachrüstbaren digitalen Steuerungen werden individuelle Schnittstellen den Anschluss an die herstellerabhängigen Überwachungs- und Analyseprogramme ermöglichen. Das verursacht Kosten beim Kauf der Schnittstellen und laufende Kosten für deren Betrieb. Aktuell wird an vielen Stellen an Standardschnittstellen für den Datenaustausch in Industrie 4.0 gearbeitet. Vielleicht gibt es in drei Jahren eine Einigung der beteiligten Stellen auf einen Standard, die Schnittstellen werden ausgetauscht, die Betriebskosten verändern sich.

5.7.4 Das Ergebnis der Wirtschaftlichkeitsberechnung ermitteln

Das Ergebnis einer Wirtschaftlichkeitsberechnung ist einfach zu ermitteln. Die Kosten und anderen Nachteile werden von den Vorteilen abgezogen. Der so entstehende Wert ist der Profit, der sich aus der Investition oder dem Projekt ergibt. Ein negativer Wert zeigt an, dass ein Verlust erwirtschaftet wird, das untersuchte Projekt also nicht wirtschaftlich ist.

Die Berechnung des Ergebnisses erfolgt für jede der Perioden, für die Vor- und Nachteile ermittelt wurden. Es zeigt sich so sehr schnell, wie sich die Profitabilität über die Zeit entwickelt. Daraus können weitere Schlüsse gezogen werden. Eine über den Zeitraum sinkende Profitabilität lässt auf negative Einflüsse schließen, die u. U. bekämpft werden können. Um einen Vergleichswert zu erhalten, der alle Perioden einschließt, können die Periodenwerte abgezinst und dann zum Barwert verdichtet werden.

> **Hinweis: Abzinsung trotz Niedrigzinsen** !
>
> Trotz aktuell sehr niedriger Zinsen für Geldanlagen muss eine Abzinsung erfolgen. Der darin benutzte Zins orientiert sich an den Renditen anderer potenzieller Möglichkeiten der Geldverwendung. Außerdem muss das Risiko der Investition oder der Projektausgaben angemessen bezahlt, also verzinst werden.

Zum Abschluss dieses Kapitels noch zwei typische Beispiele für Investitionen bzw. Projekte in digitalen Geschäftsmodellen, die bereits teilweise beschrieben wurden.

Beispiel: Projekt im digitalen Marketing

Die oben bereits beschriebene mehrmonatige Marketingaktion soll zusätzlichen Umsatz mit entsprechendem Deckungsbeitrag generieren. Der Controller hat den für das digitalen Geschäftsmodell des Unternehmens typischen Deckungsbeitrag mit 100.000 Euro berechnet. Das entspricht auch in etwa den Ergebnissen zweier vergleichbarer Aktionen im letzten Jahr. Da die Aktion nur 4 Monate lang dauert und dieser Zeitraum vollständig im Geschäftsjahr liegt, wird auf eine Verteilung der Werte auf mehrere Perioden, z. B. Monate, verzichtet. Der Controller untersucht die Dauerhaftigkeit der Kundenbeziehungen aus den vorherigen Aktionen. Er stellt fest, dass 5 % der Kunden, die durch die Aktionen gewonnenen wurden, nach Ablauf der Aktion weitere Umsätze getätigt haben. Rechnet man das Ergebnis auf die geplante Aktion hoch, wird ein weiterer Deckungsbeitrag in Höhe von 20.000 Euro erwartet, was den gesamten Deckungsbeitrag also auf 120.000 Euro erhöht.

Auf der Kostenseite kommen mehrere Positionen zusammen:

Erste Nutzung der Adressen	ca. 15.000 EUR
Wiederholungsnutzung	ca. 10.000 EUR
E-Mail-Versand	ca. 25.000 EUR
Konzeption und Textgestaltung	ca. 10.000 EUR

In Summe werden also 60.000 Euro ausgegeben, um einen Vorteil von 120.000 Euro zu erreichen. Die Aktion ist wirtschaftlich und sollte durchgeführt werden.

Beispiel: Digitale Maschinensteuerung

Im obigen Beispiel einer Wirtschaftlichkeitsberechnung für die Nachrüstung von digitalen Maschinensteuerungen zur Optimierung der Instandhaltung wurden bereits zusätzliche Deckungsbeiträge errechnet. Diese steigen von 8.000 EUR in Jahr 1 auf 40.000 EUR in Jahr 5. Darüber hinaus kommt es zu Kosteneinsparungen in der Instandhaltung durch eine Optimierung von Wartungs- und Reparaturterminen, die durch die digitalen Steuerungen möglich werden. Insgesamt werden Vorteile in den fünf Jahren der Projektlaufzeit in Höhe von 226.500 EUR errechnet.

Dem gegenüber stehen zusätzliche Kosten für das Projekt. Es fallen Beratungskosten an, die eine einmalige Ausgabe von 10.000 EUR benötigen. Da diese alle drei Jahre wiederholt werden muss, wird ein Betrag von 3.333 EUR/Jahr kontinuierlich berücksichtigt. Der Kaufpreis für die digitalen Steuerungen inklusive des Einbaus und der Implementierung beträgt 120.000 EUR, die über die Laufzeit von 5 Jahren abgeschrieben werden. Die laufenden Kosten erhöhen sich im Laufe der Jahre von 6.000 EUR/Jahr auf 8.000 EUR/Jahr. Insgesamt fallen Kosten von 170.665 EUR an.

Nachrüsten digitale Steuerungen							
Jahr			1	2	3	4	5
zusätzliche Kapazitäten	%		5 %	5 %	5 %	5 %	5 %
zusätzlicher Deckungs-beitrag	EUR		8.000	16.000	24.000	32.000	40.000
Einsparung Personal-kosten	EUR		15.000	16.000	16.500	17.000	17.500
Einsparung Bereitschaft	EUR		4.000	4.000	4.000	4.000	4.000
Einsparung Fremd-firmen	EUR		2.500	1.500	500	0	0
Summe Vorteile	**EUR**	**226.500**	**29.500**	**37.500**	**45.000**	**53.000**	**61.500**
Beratung	EUR	10.000	3.333	3.333	3.333	3.333	3.333
Kaufpreis digitale Systeme	EUR	120.000	24.000	24.000	24.000	24.000	24.000
laufende Kosten Betreuung	EUR		6.000	6.000	7000	7.000	8.000
Summe Kosten	**EUR**	**170.665**	**33.333**	**33.333**	**34.333**	**34.333**	**35.333**
Saldo Vorteile – Nachteile	EUR	55.835	-3.833	4.167	10.667	18.667	26.167
Abgezinste Werte	**3 %**	**48.934**	**-3.718**	**3.921**	**9.735**	**16.526**	**22.470**

Tab. 18: Wirtschaftlichkeitsberechnung für Industrie 4.0/Instandhaltung

Damit ist das Ergebnis der Wirtschaftlichkeitsberechnung mit einem Saldo von 55.835 EUR positiv. Um eine Vergleichbarkeit mit anderen Projekten herstellen zu können, muss die Verteilung des aus dem geprüften Projekt resultierenden Vorteils auf die Jahre berücksichtigt werden. Im ersten Jahr ist der Saldo von Vor- und Nachteilen sogar negativ, wird aber in der Zukunft positiv und steigt an. Mit einer einfachen Zinsrechnung kann ein abgezinster Wert ermittelt werden. Dieser liegt bei einer angenommenen Verzinsung von 3 % bei 48.934 EUR. Das liegt etwas unter dem nicht abgezinsten Wert, was auf die im Projektverlauf steigende Profitabilität zurückzuführen ist.

Hinweis: Alternativlosigkeit ersetzt keine Wirtschaftlichkeit   !

In der Praxis werden Projekte zur Digitalisierung durchaus auch negative Ergebnisse in der Wirtschaftlichkeitsbetrachtung aufweisen. Dann kommt oft der Hinweis, die Transformation in ein digitales Geschäftsmodell sei alternativlos, da das traditionelle Modell keine Zukunft mehr habe. Trotzdem ist es nicht sinnvoll, ein digitales Geschäftsmodell umzusetzen, ohne dass dieses wirtschaftlich erfolgreich sein kann. Am Ende wird ein solches digitales Unternehmen nicht lange am Markt bleiben. Wenn es keine Alternative zur digitalen Arbeitsweise gibt, diese aber unter den gegebenen Bedingungen für das Unternehmen nicht positiv sein kann, bleibt keine andere Wahl, als das Unternehmen zu schließen. Auch das kann das Ergebnis einer Wirtschaftlichkeitsberechnung sein.

5.8   Prozesskostenrechnung

Die Prozesskostenrechnung ist ein bewährtes Instrument des Controllings traditioneller Geschäftsmodelle. Da die Durchführung im Vergleich zu anderen Aufgaben im Controlling recht aufwendig ist, wenn aussagefähige und belastbare Ergebnisse erzielt werden sollen, wird die Prozesskostenrechnung in den meisten Controllingabteilungen nicht regelmäßig angewandt. Das muss sich in digitalen Geschäftsmodellen aus mehreren Gründen ändern:

* Wachsende Bedeutung
  In digitalen Geschäftsmodellen spielen Prozesse eine wesentlich wichtigere Rolle als in traditionellen Modellen. Die Abläufe sind wesentlich stärker in wertschöpfenden Prozessen organisiert. Autonome Abläufe machen an Abteilungsgrenzen nicht Halt. Sie überspringen sie, entscheiden mehrere Sachverhalte aus unterschiedlichen Abteilungen gleichzeitig und autonom. Nur so kann der Arbeitsablauf dem Datenfluss ungestört folgen. Nur so können die Vorteile digitaler Strukturen vollständig realisiert werden.

* Veränderte Verantwortung
  In Organisationsstrukturen trägt derjenige die Verantwortung, der das Organisationsobjekt beeinflussen kann und soll. Während das in traditionellen Unternehmen mit hierarchischer Organisation die Stellen in der Hierarchie sind, werden in prozessorientierten Unternehmen die Prozesse zum Objekt der Organisation. Daher muss es Verantwortliche für die einzelnen Prozesse geben. Die Verantwortung reicht von Personalentscheidungen über das operative Handeln bis zur Planung der wirtschaftlichen Parameter. Ziele werden je Prozess vereinbart, nicht mehr je Kostenstelle, Abteilung oder Bereich.

* Bessere Datenlage
  Für die Prozesskostenrechnung werden sehr viel mehr Daten benötigt als für eine Kostenstellenrechnung. Letztlich muss im Controlling auf die Ergebnisse der Kostenstellenrechnung zurückgegriffen werden, um die Prozesse korrekt bewerten zu können. Das macht die Prozesskostenrechnung aufwendig und langwierig. In digitalen Geschäftsmodellen stehen die notwendigen Informationen dafür wesentlich schneller und detaillierter zur Verfügung. Oft stammen sie aus Big Data und können losgelöst von Kostenstellen ermittelt werden. Das macht die Durchführung wesentlich einfacher.

5.8.1 Prozessorganisation

Mit diesen Entwicklungen wächst also nicht nur die Bedeutung der Prozesskostenrechnung und steigt das Interesse an den Kosten, die in einem Prozess anfallen, auch die Daten dazu sind besser und einfacher zu bekommen. Dabei kommt es jedoch zu einem Problem, das vor allem in kleinen und mittleren Unternehmen auftritt, die ein traditionelles in ein digitales Geschäftsmodell überführen. Während junge Unternehmen bzw. Start-ups unbelastet die prozessorientierten Strukturen schaffen können, müssen sich traditionelle Unternehmen auf dem Weg in die digitale Welt von der hierarchischen Organisation lösen. Das ist nicht einfach, manchmal nicht möglich oder nicht sinnvoll. Dann müssen gemischte Organisationsformen genutzt werden, die in der Theorie mit logischen Ergebnissen glänzen, in der Praxis jedoch wesentliche Probleme im operativen Handeln aufweisen.

- In jedem Prozess werden viele Aufgaben gemeinsam organisiert, wobei die Aufgaben jedoch aus verschiedenen Funktionsbereichen kommen (z. B. Debitorenbuchhaltung für Kunden verschiedener Vertriebswege).
- Vor allem in kleinen und mittleren Unternehmen sind die jeweiligen Aufgaben nicht so umfangreich, dass sie von einer oder mehreren Personen nur für diesen Prozess erledigt werden müssen (z. B. Debitorenbuchhaltung für einen Vertriebsweg).
- Es entstehen regelmäßig Stellen, deren Mitarbeiter in mehreren Prozessen eingebunden sind (z. B. ein Debitorenbuchhalter für Inlandskunden, ausländische Abnehmer und für Kunden des digitalen Vertriebsweges).
- Gleichzeitig gelten für diese Stellen auch noch hierarchische Gliederungen (z. B. die Abteilung Buchhaltung für alle Buchhalter).

Es entsteht eine Matrixorganisation, in die einzelne Mitarbeiter und mehrere Verantwortungsbereiche eingebunden sind. Auch wenn die disziplinarische Unterstellung per Anweisung zu regeln ist, kommt es im operativen Handeln immer wieder zu Problemen der Priorisierung und der zeitlichen Belastung. Das gewünschte Verantwortungsgefühl aller an einem Prozess beteiligten Personen tritt so nicht ein.

Für die Darstellung der sehr komplexen Zusammenhänge in der gesamten Prozessorganisation eines Unternehmens gibt es komplexe digitale Programme. Die Grafik 23 zeigt nur einen kleinen Ausschnitt aus der Prozessorganisation und sehr vereinfacht die Zusammenhänge in den Prozessen. Die in der Realität wesentlich komplexere Situation macht die Aufgabe einer sauberen und verständlichen Prozesskostenrechnung für den Controller nicht einfacher.

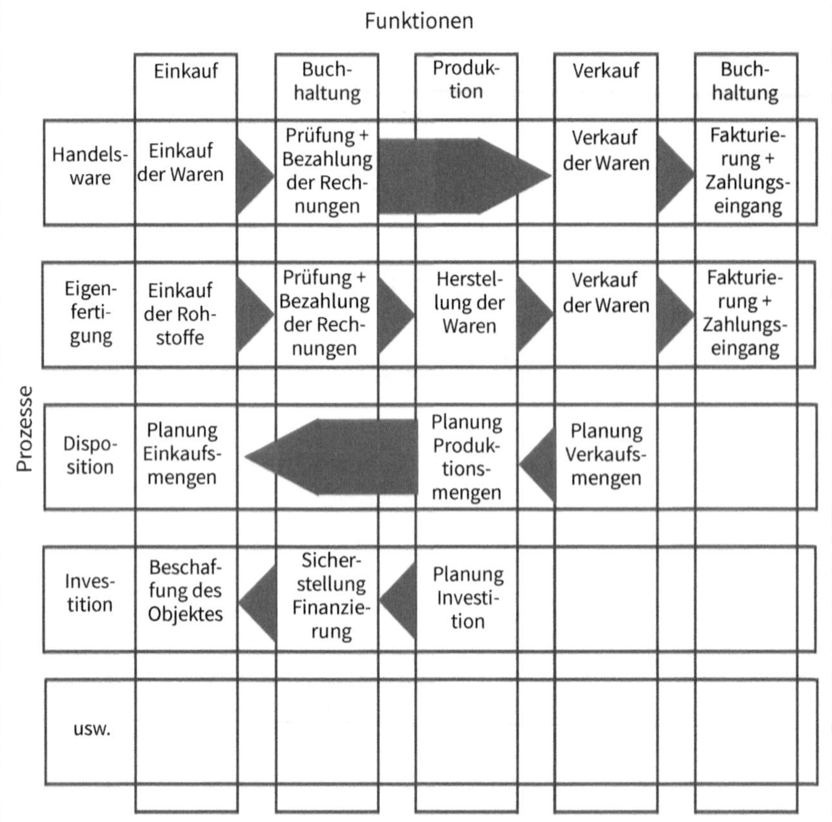
Funktionen
Einkauf
Buch-haltung
Produk-tion
Verkauf
Buch-haltung
Prozesse
Handels-ware
Einkauf der Waren
Prüfung + Bezahlung der Rech-nungen
Verkauf der Waren
Fakturie-rung + Zahlungs-eingang
Eigen-ferti-gung
Einkauf der Roh-stoffe
Prüfung + Bezahlung der Rech-nungen
Herstel-lung der Waren
Verkauf der Waren
Fakturie-rung + Zahlungs-eingang
Dispo-sition
Planung Einkaufs-mengen
Planung Produk-tions-mengen
Planung Verkaufs-mengen
Inves-tition
Beschaf-fung des Objektes
Sicher-stellung Finanzie-rung
Planung Investi-tion
usw.

Abb. 23: Vereinfachte, auszugsweise Darstellung einer Prozessorganisation

5.8.2 Technik der Prozesskostenrechnung

Die Technik, die bei der Durchführung der Prozesskostenrechnung im Controlling angewandt wird, ist auch in digitalen Geschäftsmodellen nicht neu. Voraussetzung für die Durchführung ist eine gut ausgebaute, funktionierende und schnelle Kostenstellenrechnung, da aus dieser viele der notwendigen Daten stammen.

- Prozessauswahl
  Zunächst wird die gesamte Unternehmensaktivität in einzelne Prozesse zerlegt, die einen Vorgang möglichst weit und überschneidungsfrei definieren. Dabei wird nur auf die sachlichen Abläufe Bezug genommen, hierarchische Zuordnungen dürfen dabei keine Rolle spiele. Ein typischer Prozess ist z. B. »Purchase to Pay«, der alle Aktivitäten vom Einkauf von Waren, Rohstoffen usw. bis zur Bezahlung der Eingangsrechnungen abbildet. Ein Prozess auf der Verkaufsseite kann alle Vorgänge von der individualisierten Werbung im Internet bis zur Auslieferung des Auftrages, der über den Onlineshop erteilt wurde, umfassen.

- Prozessschritte
Der gesamte Prozess wird in einzelne Schritte oder Teilprozesse zerlegt. Die Grenzen der jeweiligen Teilprozesse orientieren sich dabei an den Kostenstellen, die Werte zu den Kosten liefern können. Wichtig ist, dass die Grenzen der einzelnen Schritte eindeutig sind, es keine Überschneidungen gibt, und dass keine Aufgaben im Prozess vergessen werden. So kann sich der Prozess »Purchase to Pay« in die Schritte Bedarfsermittlung, Lieferantenauswahl, Preisverhandlungen, Bestellung, Wareneingang, Rechnungseingang, Rechnungsprüfung, Rechnungsbuchung und Bezahlung gliedern.
- Bewertung
Jeder Teilprozess muss mit den durch ihn verursachten Kosten bewertet werden. Dazu werden die entsprechenden Daten aus der Kostenstellenrechnung verwendet. Oft können einzelnen Kosten den Prozessschritten direkt zugeordnet werden. Dann muss keine Verteilung auf mehrere Schritte durchgeführt werden. So können z. B. die Schritte Rechnungseingang, Rechnungsprüfung und Rechnungsbuchung in einer digitalen Anwendung zur Bearbeitung digitaler Eingangsrechnungen sehr genau mit Kosten versehen werden. Der Rechnungseingang erfolgt entweder digital mit Kosten für die Mail oder analog mit den Kosten für das Scannen. Die Rechnungsprüfung erfolgt innerhalb eines Dokumentenmanagementsystems mit den entsprechenden Kosten für die Speicherung und den Workflow. Die abschließende Verbuchung der Rechnungen in der Kreditorenbuchhaltung verursacht Kosten für die Schnittstelle zwischen der Prüfung und dem Buchungssystem und für die Fehlerbearbeitung.

Hinweis: Viele Prozessschritte   !

Je mehr Prozessschritte bekannt und bewertet sind, desto besser ist das Verständnis für die Kostenentwicklung innerhalb eines Prozesses. Damit möglichst viele Schritte im Prozesse definiert werden können, müssen die dazu notwendigen Daten zur Verfügung stehen. In digitalen Geschäftsmodellen können diese Daten mit geringem Aufwand erzeugt werden. Das Ergebnis der Prozesskostenrechnung in digitalen Geschäftsmodellen wird besser. Optimierungen können vorgenommen werden.

- Ergebnis
Das Ergebnis der Prozesskostenrechnung ist die Darstellung der Kosten, die ein Prozess verursacht. Dazu werden die Kosten der einzelnen Teilprozesse addiert. Für eine Bewertung der Leistung des verantwortlichen Mitarbeiters durch dessen Vorgesetzten sind sowohl die Höhe der Gesamtkosten als auch die Kosten für jeweils einen Prozessdurchlauf wichtig. Für die Ermittlung des Durchschnittswertes ist es notwendig, eine bestimmende Größe zu wählen. Das ist im Prozess »Purchase to Pay« in der Regel die Bestellung. Ob sich die Kosten tatsächlich in der Abhängigkeit der gewählten Größe entwickeln, ist nicht immer eindeutig zu erkennen. Im Controlling werden daher Untersuchungen angestellt, welche Bezugsgrößen

tatsächlich den größten Einfluss auf die Prozesskosten haben. Das könnten neben der Anzahl der Bestellungen auch die Anzahl der Eingangsrechnungen sein oder die Summe aller Bestellpositionen.

- Abhängigkeiten
Um die Kosten eines Prozesses richtig zu verstehen und beeinflussen zu können, müssen die Abhängigkeiten bei der Kostenentstehung bekannt sein. Je detaillierter die Prozessschritte gewählt werden, desto differenzierter können sich die Abhängigkeiten zeigen. Sicher sind die Kosten des Prozesses »Purchase to Pay« abhängig von der Anzahl der Bestellungen, da diese einen großen Einfluss hat auf die Zahl der Lieferungen und Eingangsrechnungen. Außerdem ist die Zahl der Bestellungen bestimmend für die Zahl der Bedarfsmeldungen. Doch hat die Zahl der Eingangsrechnungen auch zu tun mit der Anzahl der Teillieferungen und der Retouren. Die Zahl der Rechnungsprüfungen hat zu tun mit der Zahl der nicht vorhandenen oder nicht mit der Rechnung übereinstimmenden Bestellungen. An diesen Stellen kann eine Kostenoptimierung ansetzen, wenn entsprechende Daten vorhanden sind.

Die Prozesskostenrechnung wird in digitalen Geschäftsmodellen mehr Gewicht bekommen und mit mehr Routine regelmäßig durchgeführt werden. Die durch die Prozessorganisation schwindende Genauigkeit der Kostenstellenrechnung erschwert die Bewertung der Prozessschritte. Die wachsende Zahl zur Verfügung stehender, detaillierter Daten verbessert die Ergebnisse. Mit zunehmender Digitalisierung wird die Prozesskostenrechnung im Controlling einen organisatorischen und inhaltlichen Wandel erfahren.

5.9   Projektcontrolling

Das Projektcontrolling steuert individuelle Vorhaben, die nicht zum Tagesgeschäft gehören. Das können größere Investitionen sein oder eine Reorganisation der Abläufe, die Umstellung auf neue Software oder eine Qualifizierungsoffensive für die Mitarbeiter, um ihre Kenntnisse digitaler Anwendungen zu verbessern. In Bezug auf digitale Geschäftsmodelle hat das Projektcontrolling zwei besondere Bedeutungen:

1. In digitalen Geschäftsmodellen wird das Tagesgeschäft mit wachsendem Umfang durch autonome Abläufe erledigt. Alle anderen Aufgaben werden in Form von Projekten abgewickelt. Das vergrößert die Anzahl der Projekte, die mithilfe des Controllings gesteuert werden müssen.
2. Die Transformation eines traditionellen in ein digitales Geschäftsmodell ist selbst ein Projekt. Dessen Wichtigkeit für das Unternehmen ist so groß, dass eine intensive Kontrolle und Steuerung notwendig sind. Das Projektcontrolling erfüllt diese Aufgabe.

5.9.1   Die Technik des Projektcontrollings

Die Unterschiede in der Technik des Projektcontrollings in traditionellen und digitalen Geschäftsmodellen liegen in der Geschwindigkeit und in der Zahl der verfügbaren Daten. Außerdem werden digitale Anwendungen für das Projektcontrolling genutzt. Die Arbeit dieses Controlling-Werkzeugs lässt sich inhaltlich in die folgenden Schritte gliedern:

- Schritt 1: Definition und Identifikation

   Die Ideen für ein Projekt stammen in der Regel aus den Fachbereichen und sind durch die operative Arbeit bestimmt. Aufgabe des Controllings ist es, gemeinsam mit den Verantwortlichen, das Projekt exakt zu definieren. Was soll genau gemacht werden? Was soll erreicht werden? Wie lange kann das dauern? Mithilfe der Antworten auf diese Fragen wird eine Projektdefinition formuliert, in der alle wichtigen Gesichtspunkte klar und eindeutig festgehalten sind. Wichtig ist auch, dafür zu sorgen, dass ein Projekt exakt identifiziert werden kann, meist durch die Vergabe einer Projektnummer. Diese dient dazu, auch außerhalb der Projektgruppen eine klare Zuordnung, z. B. für die Verbuchung von Kosten durch die Buchhalter oder in autonomen Abläufen, zu ermöglichen.

> **Hinweis: Systematik für eine Identifikation**
>
> Daten zu Projekten entstehen aus vielen Anlässen auch außerhalb des betroffenen Fachbereichs. Der Einkauf wird tätig, in der Buchhaltung werden Kosten und Zahlungen verbucht. Dafür ist eine eindeutige Identifikation der Projekte notwendig. Damit nicht jedes Projekt anders bezeichnet wird und dadurch Unsicherheit entsteht, baut das Controlling eine Systematik der Identifikationsnummern für alle Projekte im Unternehmen auf. Darin kann z. B. die Kombination aus Kostenstellennummer, Projektjahr und einer laufenden Nummer eine eindeutige Zuordnung und schnelle Identifikation ermöglichen.
>
> So kann z. B. das dritte Projekt im Jahr 2021 in der Kostenstelle 470011 die Identifikationsnummer
>
> **202147001103**
>
> erhalten.

- Schritt 2: Ergebnisplanung

   Die Planung der Ergebnisse beschränkt sich nicht auf das Endergebnis. Es werden auch Zwischenergebnisse, die für die Projektsteuerung wichtig sind, festgelegt. Während der am Ende des Projektes feststellbare Zustand keine Verbindung mehr zeigt zu den Projektabläufen, kann in den Zwischenergebnissen eine Verbindung zum Ablauf des Projektes festgestellt werden.

Beispiel: Zwischenergebnis Projektkonzeption

Ein typisches Projekt ist der Kauf, die Installation und die Inbetriebnahme einer neuen Fertigungsanlage. Das Endergebnis sollen zusätzliche Kapazitäten und/ oder veränderte Kosten sein. Auf dem Weg dahin gibt es mit der Projektkonzeption ein Zwischenergebnis, das allein für die Projektsteuerung wichtig ist, nicht für den Projektinhalt, die Investition, selbst.

Der Controller achtet darauf, dass alle Zwischenergebnisse und das Endergebnis in einen korrekten Zeitablauf gebracht werden. Dazu werden die notwendigen Zeiten für die Erledigung der Schritte geschätzt.

- Schritt 3: Kostenplanung
  An dem eben erwähnten Zeitablauf der Ergebnisse kann sich die Planung der Kosten und Zahlungen ausrichten. Dabei werden sowohl die Projektkosten als auch die Kosten für das Projektobjekt geplant. Zu den Projektkosten gehören z. B. Beratungskosten, zu den Objektwerten gehören die Zahlungen für eine Maschine. Nicht alle in der Ergebnisplanung festgeschriebenen Zwischenergebnisse haben eine finanzielle Dimension. Es gibt auch qualitative Ziele, die innerhalb des Projektes erreicht werden müssen.
- Schritt 4: Wirtschaftlichkeitsberechnung
  Nach der Ergebnis- und Kostenplanung liegen alle Informationen vor, um eine detaillierte Wirtschaftlichkeitsberechnung durchführen zu können. Ist das Ergebnis positiv, folgen die nächsten Schritte im Projektcontrolling. Ist es negativ, wird das Projekt nicht realisiert. Als Alternative kann eine veränderte Definition mit angepassten Ergebnissen und neuen Kosten geprüft werden.
- Schritt 5: Aufstellen Zeitverlauf
  Aus den vorliegenden Planungen der Kosten und Ergebnisse legt das Controlling einen Zeitverlauf fest. Daraus geht hervor, zu welchem Zeitpunkt welche Kosten bereits angefallen und welche Zahlungen getätigt sein sollen. Außerdem entsteht ein Zeitstrahl, auf dem alle Ergebnisse eingetragen sind. Bestimmte Zeitpunkte werden als Meilensteine definiert. Den dort geplanten Zustand der Ergebnisse zu erreichen, ist notwendig, um das Projekt erfolgreich und im geplanten Zeitverlauf zu beenden. Darum werden diese Meilensteine besonders detailliert dokumentiert und später geprüft.
- Schritt 6: Ermittlung Istwerte
  Während der Projektarbeit werden alle Aktivitäten protokolliert. Vor allem werden die Kosten und Zahlungen festgehalten und die Ergebnisse notiert. Die Informationen über Kosten und Zahlungen kommen aus der Buchhaltung, wo die entsprechenden Projektidentifikationen erfasst werden. Die Zuordnung zu den Projektdaten des Controllings erfolgt dann automatisch. Die im Projektverlauf er-

reichten Ergebnisse werden bei den regelmäßigen Treffen der Projektgruppe erfasst oder vom Controller abgefragt. Auch dazu gibt es digitale Anwendungen, die die Projektsteuerung erleichtern, indem sie die notwendigen Informationen z. B. aus digitalen Protokollen entnehmen und an das Controlling weiterleiten.

Hinweis: Abhängigkeit von der Aktualität

Die Aktualität der Projektsteuerung ist abhängig von der Aktualität der Protokolle und der Arbeit in der Buchhaltung. Nur wenn alle Rechnungen für Kosten oder Zahlungen von den Lieferanten zeitnah erstellt und von der Buchhaltung verbucht werden, sind auch alle Istwerte zum Zeitpunkt der Überprüfung durch das Controlling aktuell. Sollten an dieser Stelle Probleme erwartet werden, z. B. weil der Lieferant grundsätzlich nur langsam seine Leistungen fakturiert, müssen vorab Plandaten erfasst werden. Das verursacht einen hohen Zusatzaufwand, der aber für eine zeitnahe Steuerung unvermeidbar ist.

---

* Schritt 7: Reporting an die Verantwortlichen
  In regelmäßigen Abständen berichtet das Controlling über den Stand des Projektes. Werden wichtige Meilensteine erreicht, kann auch außerhalb der regelmäßigen Berichterstattung ein Report erstellt werden. Das gilt auch, wenn das Controlling zwischenzeitlich feststellt, dass aktuelle Werte gefährlich weit von den Planwerten entfernt liegen. Die Schritte 6 und 7 wiederholen sich bis zum Projektende.

5.9.2   Digitale Besonderheiten

In digitalen Geschäftsmodellen spielen Projekte eine größere Rolle als in traditionellen Strukturen. Gleichzeitig unterliegen sie den Besonderheiten digitaler Anwendungen, die an verschiedenen Stellen im Controlling erkennbar sind.
* In digitalen Geschäftsmodellen gibt es viele autonome Abläufe, die einen großen Teil der operativen Tagesarbeit erledigen. Die Menschen, die in diesen Strukturen arbeiten, konzentrieren sich darauf, das Unternehmen weiter zu optimieren. Dazu sind Aufgaben zu erledigen, die in Projekten organisiert werden. Ein Beispiel dafür ist die gezielte Ausweitung des Kundenkreises, der sich über Industrie 4.0 mit dem Unternehmen verbindet.
* Gleichzeitig werden die Aufgaben, die sich als Projekt organisieren lassen, kleiner. Sie tauchen öfter auf, werden fast schon zum Tagesgeschäft und sind häufig auch operativ. Ihre Struktur und ihre Wichtigkeit lassen es ratsam erscheinen, sie als Projekte abzuwickeln, um eine entsprechende Steuerung aufsetzen zu können. Beispiele dafür finden sich in Aktionen im digitalen Marketing, die meist auf wenige Wochen und Monate beschränkt sind und sich regelmäßig wiederholen.

Aufgrund der Kosten und der Wichtigkeit des Erfolges dieser Maßnahmen für den Unternehmenserfolg ist eine enge Überwachung mit dem Werkzeug des Projektcontrollings gerechtfertigt.

- Wie bereits mehrfach festgestellt, steigt in digitalen Geschäftsmodellen die Geschwindigkeit, mit der auf die schnellen Entwicklungen in den Märkten reagiert werden muss. Das trifft auch auf die Projekte in digitalen Geschäftsmodellen zu. Sie müssen schneller abgewickelt werden, müssen sich an überraschende Änderungen anpassen und kurzfristige Entscheidungen ermöglichen.
- Für die einzelnen Projekte in digitalen Geschäftsmodellen stehen zusätzliche und detaillierte Informationen aus vielen Quellen zur Verfügung. An viele Stellen im Controlling kann Big Data aus den unterschiedlichen internen und externen Quellen verwendet werden. Diese Tatsache vereinfacht die Informationsbeschaffung und unterstützt so die Ausweitung der Aufgaben, die tatsächlich als Projekt organisiert und gesteuert werden.
- Mehr kleinere und schnellere Projekte, die besser mit Informationen versorgt werden können, müssen schnell und zuverlässig abgewickelt werden. Das trifft auch das Projektcontrolling. Digitale Anwendungen zur Teamarbeit, die die Projektarbeit strukturieren und die Zusammenarbeit unkompliziert machen können, gibt es bereits seit vielen Jahren. Beispiele dazu sind MS-Project oder Teams. Durch die Digitalisierung wird die Zusammenarbeit in digitalen Teams noch mehr vereinfacht, losgelöst von Orten und Zeiten. Dazu müssen sich die Teammitglieder einer engen Struktur unterwerfen, die alle Aktivitäten und Reaktionen digital verwaltet. Davon profitiert das Projektcontrolling. Ohne diese digitale Unterstützung ist der Aufwand für die steigenden Ansprüche an das Controlling von Projekten in digitalen Geschäftsmodellen nicht zu leisten.

Die digitalen Besonderheiten in digitalen Geschäftsmodellen unterscheiden sich im Projektcontrolling nicht stark von den übrigen Controllinginstrumenten. Für viele Controller bedeutet dies eine Umstellung der eigenen Arbeit, die vor allem in kleinen und mittleren Unternehmen bisher nur selten oder gar nicht eine explizite Projektsteuerung beinhaltete.

5.9.3   Beispiel

Ein typisches Beispiel für ein Vorhaben, das in traditionellen Strukturen eines analogen Vertriebsweges nicht als eigenes Projekt mit intensivem Controlling erledigt werden würde, ist eine Marketingaktion. Diese würde strikt geplant und im Tagesgeschäft umgesetzt. Am Ende wird festgestellt, ob bzw. inwieweit die Aktion erfolgreich war. In digitalen Vertriebswegen sind digitale Marketingaktionen absolut bestimmend für den Erfolg. Daher muss auch früh im Verlauf des Projektes festgestellt werden, ob sich der gewünschte Erfolg einstellt. Das wird im Folgenden anhand der beispielhaften Projektorganisation einer Werbekampagne, die den Verkauf im neuen Onlineshop zur Weihnachtszeit unterstützen soll, beschrieben.

Die Definition des Projekts ist relativ einfach: Es soll eine Werbekampagne in den Monaten November und Dezember durchgeführt werden, die den Verkauf im Online-shop des Unternehmens von Produkten für Weihnachten wesentlich erfolgreicher gestalten soll als er ohne diese Aktion wäre. Das Projekt erhält die Identifikation MAR-2021023WEIH.

Für die Ergebnisse, die durch die Arbeit im Projekt entstehen, wird eine Teilung vor-genommen. Zum einen werden die Ergebnisse für die Zeit vor dem Beginn der Werbe-kampagne geplant, zum anderen die Ergebnisse, die während der Kampagne erzielt werden. Es wird mit unterschiedlichen Zeiteinheiten geplant: Monate für die Zeit vor, Wochen für die Zeit nach Kampagnenbeginn. Es kommt zur in Tabelle 19 dargestellten Planung.

Die für das Projekt notwendigen Kosten werden selbstverständlich in den gleichen Zeiträumen geplant wie die Ergebnisse. Dabei fallen interne Kosten an für Mehrarbeit im Projekt, die Nutzung zusätzlicher digitaler Anwendungen usw. Die Agentur erhält 15.000 Euro für ihre Konzeption. Die Daten der potenziellen Kunden werden zu Beginn der Umsetzung gekauft, die Werbung wird in Abhängigkeit von der Klickraten bezahlt (vgl. Tabelle 20).

Die Wirtschaftlichkeitsberechnung vergleicht den zusätzlichen Umsatz, der mit ca. 3,2 Mio. Euro geplant ist, mit den Gesamtkosten von ca. 100.000 Euro. Der Umsatz führt bei einem durchschnittlichen Deckungsbeitrag von 15 % zu einem Plus von ca. 480.000 Euro. Damit ist das Ergebnis positiv, das Projekt wird durchgeführt. Der Zeit-verlauf ergibt sich aus den Tabellen.

Die Istwerte wurden regelmäßig im Projektteam erfasst oder in der Buchhaltung ver-bucht. Die technischen Werte wie die Anzahl der Klicks kamen aus der IT-Abteilung. Zu jeder Periode wurde direkt nach ihrem Abschluss ein Controllingbericht erstellt. Die Tabelle 21 zeigt den abschließenden Bericht, aus dem auch die Dramatik der Ent-wicklung erkennbar ist.

MAR2021023WEIH Projektsteuerung Plan

Monat	Jul	Aug	Sep	Okt	Nov				Dez			
Kalenderwoche					45	46	47	48	49	50	51	52
Qualitativ	interne Konzeption	Auswahl Agentur	Vorstellung Konzeption	Entscheidung								
Anzahl Klicks					15.000	20.000	30.000	50.000	60.000	40.000	30.000	10.000
Umsatz					150.000	245.000	360.000	590.000	750.000	700.000	340.000	70.000

Tab. 19: Planung Ergebnisse Projekt

MAR2021023WEIH Projektsteuerung Plan

Monat	Jul	Aug	Sep	Okt	Nov				Dez			
Kalenderwoche					45	46	47	48	49	50	51	52
interne Kosten	2.000	2.000	2.000	2.000	500	500	500	500	500	500	500	500
Agentur Konzeption			5.000	5.000	5.000							
Daten					35.000							
Werbung					2.250	3.000	4.500	7.500	9.000	6.000	4.500	1.500

Tab. 20: Planung Kosten Projekt

MAR2021023WEIH Projektsteuerung Ist

Monat	Jul	Aug	Sep	Okt	Nov				Dez			
Kalenderwoche					45	46	47	48	49	50	51	52
Qualitativ	interne Konzeption	Auswahl Agentur	Vorstellung Konzeption	Entscheidung								
Ist Qualitativ	OK	OK	OK	OK								
Anzahl Klicks Plan					15.000	20.000	30.000	50.000	60.000	40.000	30.000	10.000
Ist Anzahl Klicks			·		5.000	6.000	5.000	15.000	50.000	60.000	40.000	8.000
Umsatz Plan					150.000	245.000	360.000	590.000	750.000	700.000	340.000	70.000
Ist Umsatz					50.000	75.000	68.000	165.000	545.000	850.000	460.000	56.000
interne Kosten Plan	2.000	2.000	2.000	2.000	500	500	500	500	500	500	500	500
Ist interne Kosten	1.500	2.100	2.200	800	300	400	1.000	400	0	400	0	0
Agentur Konzeption Plan			5.000	5.000	5.000							
Ist Agentur			3.500	6.000	4.500		2.500					
Daten Plan					35.000							
Ist Daten					25.000		7.500					
Werbung Plan					2.250	3.000	4.500	7.500	9.000	6.000	4.500	1.500
Ist Werbung					650	780	650	1.950	6.500	7.800	5.200	1.040

Tab. 21: Projektcontrolling nach Abschluss

In den Monaten Juli bis Oktober liefen die Aktivitäten plangemäß, die internen Kosten waren in Summe etwas niedriger. Aufgrund der Empfehlung der Agentur wurden bei der Auswahl der für die Werbeaktion gekauften Adressen einige Abstriche an die Qualität gemacht. Dadurch konnten 10.000 Euro gespart werden. Schon in den ersten Wochen zeigte sich, dass die Klickraten deutlich hinter den Erwartungen zurückgeblieben waren. Das hatte wesentlichen Einfluss auf den zusätzlichen Umsatz, der weit unter Plan lag. Die dadurch niedrigeren Werbekosten waren dafür kein Ausgleich.

Nach dem Controllingbericht über die zweite Aktionswoche (KW 46) reagierten die Verantwortlichen. Die Agentur besserte ihr Konzept nach, zusätzliche Adressen wurden gekauft. Dadurch kamen Klicks und Umsatz langsam an die Planwerte heran, überschritten sie sogar in KW 50 und 51. Dadurch konnte ein vollständiger Misserfolg vermieden werden. Es wurden immerhin ca. 2,3 Mio. Euro an zusätzlichem Umsatz generiert. Ohne das schnelle und eindeutige Projektcontrolling wäre die Fehlentwicklung später aufgefallen, eine Korrektur wäre dann nicht mehr möglich gewesen.

6 Berichterstattung

Beim operativen Controlling verändern sich durch die Digitalisierung die Art des Controllings, seine Inhalte und die Zeitbezüge. Dabei spielen sowohl digitale Hilfsmittel für das Controlling eine Rolle als auch neue digitale Strukturen im Unternehmen. Aus den gleichen Gründen muss sich die Form der Berichterstattung ändern. Die Ergebnisse der Arbeit des Controllings müssen an die Empfänger berichtet werden, sodass sie zur richtigen Zeit, am richtigen Ort und in der richtigen Form ankommen. Das digitale Umfeld verlangt angepasste Informationen zur sofortigen Verarbeitung. Passt das Controlling seine Berichterstattung nicht an, verlieren die zu berichtenden Fakten an Wirkung. Die Anpassung muss an vielen Stellen durchgeführt werden.

Insbesondere müssen die Berichte selbst auch in ihrer Form an die digitalen Möglichkeiten angepasst werden. In digitalen Geschäftsmodellen spielt die Papierform der Berichte nur noch eine sehr kleine Rolle. Listen als Berichtsart, allerdings in digitaler Form, werden wieder bedeutender als Mittel, um große Datenmengen übersichtlich ordnen zu können. Die digitalen Formen der Zusammenarbeit ermöglichen dem Controlling einen direkten Kontakt zu den Berichtsempfängern, wenn auch über digitale Wege. Das führt zu neuen Berichtsarten, in denen die Möglichkeiten digitaler Anwendungen und einer digitalen Berichterstattung genutzt werden.

Umstritten ist in allen Unternehmen, gleichgültig ob traditionelle oder digitale Geschäftsmodelle verfolgt werden, eine mögliche Einflussnahme des Controllers auf die Art der Wahrnehmung seiner Ergebnisse. Digitale Hilfsmittel schaffen neue Möglichkeiten der Manipulation und vereinfachen die Nutzung alter. Digitale Geschäftsmodelle liefern das Umfeld für neue Formen der Darstellung und damit auch die Werkzeuge, die Aufmerksamkeit des Berichtsempfängers zu beeinflussen.

Die Schnelllebigkeit in digitalen Geschäftsmodellen hat bereits bei den Instrumenten im operativen Controlling eine Veränderung bewirkt. Dieser Gesichtspunkt bekommt auch bei der Art der Berichtserstattung eine wichtige Bedeutung. Die in traditionellen Unternehmen manchmal recht behäbige Erstellung und Verteilung der Berichte kann in der schnelllebigen digitalen Welt nicht überleben.

Der Kreis der Berichtsempfänger umfasst auch die Personen, die außerhalb digitaler Geschäftsmodelle Controllingberichte empfangen. Hinzukommen weitere Empfänger alter und neuer Berichte, die Entscheidungen in digitalen Geschäftsmodellen an neuer Stelle treffen und dafür die notwendigen Informationen benötigen. Die besonderen Anforderungen autonomer Abläufe kreieren einen neuen Empfängertyp, der schnell und emotionslos bedient werden muss.

Die Berichte in ihrer neuen Form, mit ihren neuen Inhalten und dem digitalen Zeitbezug müssen dem digitalen Umfeld angemessen verteilt werden. Die bereits bewährten Verteilsysteme wie Business Intelligence erhalten einen weiteren Schub. Besonders auf digitale Bedürfnisse zugeschnitten ist die Möglichkeit der Berichtsempfänger, sich ihre Controllingberichte selbst zu erstellen. Das führt aber nur dann zu einem gültigen Ergebnis, wenn dabei Regeln des Controllings befolgt werden.

Es ist also notwendig, die Berichterstattung des Controllings in digitalen Geschäftsmodellen an die Digitalisierung anzupassen. Da im Controlling schon immer digitale Hilfsmittel genutzt wurden, auch in traditionellen Geschäftsmodellen, führt die Veränderung der Berichterstattung nicht zu vollkommen neuen Berichten. Jeder Controller muss individuell prüfen, ob bei den jeweiligen Berichten die Art und Weise des Reportings an die digitalen Abläufe und Inhalte angepasst werden muss.

6.1   Berichtsarten

Die Ergebnisse der Berechnungen des Controllings sind immer in Form von Zahlen darstellbar. Selbst qualitative Inhalte werden gemessen und sind entweder in eine Skala umgerechnet oder als Ja/Nein bzw. 1/0 Ergebnis zu berichten. Da Zahlen zwar exakt sind, aber deren Aussage nicht immer von allen Berichtsempfängern schnell und korrekt wahrgenommen werden, gibt es im Controlling eine lange Tradition der Nutzung unterschiedlicher Berichtsarten in Form von Grafiken. Digitale Anwendungen ermöglichen eine neue, engere Kommunikation zwischen dem Controller und den Berichtsempfängern.

Vorab kann grundsätzlich festgehalten werden, dass ein Bericht auf Papier in digitalen Geschäftsmodellen keine Berechtigung mehr hat. Das gilt allerdings auch bereits für die früheren Geschäftsmodelle, wurde dort jedoch nicht immer vollständig umgesetzt. Es gibt außerhalb der digital arbeitenden Welt noch immer Entscheider, die ihre Controllingberichte ausdrucken. Um das zu vermeiden, müssen digitale Hilfsmittel wie das digitale Dokumentenmanagement den Umgang mit digitalen Berichten so komfortabel machen, dass der Umgang mit Papier für alle uninteressant wird. Selbst die Controllingberichte, die als Grundlage für Entscheidungen in der Buchhaltung benötigt werden und damit relevant sind für eine Betriebsprüfung des Finanzamtes, können digital erstellt und aufbewahrt werden. Dazu gibt es rechtliche Vorgaben, die eingehalten werden müssen.

Papierberichte haben auch für das Tagesgeschäft in digitalen Geschäftsmodellen keine Bedeutung mehr. Für die Erstellung repräsentativer Unterlagen, die z. B. Geschäftspartnern, wie Banken, großen Kunden oder wichtigen Lieferanten, in Verhandlungen überreicht werden, können noch Papierausdrucke genutzt werden. Dabei handelt es sich immer um die physische Ausgabe eigentlich digital vorliegender Berichte. In diesem Fall können einige typische Berichtsarten auch als Ausdruck verwendet werden, z. B. Listen oder Grafiken. Andere digitale Berichte wie Dashboards oder Videos sind nicht geeignet.

6.1.1 Listen

Die meisten im Controlling verarbeiteten Daten liegen in Listenform vor. Alle in einer Datenbank vorhandenen Datensätze können die Form annehmen, in der ein Datensatz die Zeile einer Liste darstellt. Listen gibt es für Kunden mit Umsätzen, Deckungsbeiträgen oder Vertriebskosten, Artikel mit Umsätzen, Herstellungskosten, Beständen usw. Auch Listen mit den Kosten aller Kostenstellen oder mit allen Buchungen eines Lagers gehören dazu. Listen sind aufgrund ihrer Unbegrenztheit allerdings sehr unübersichtlich. Dafür, schnelle Aussagen treffen zu können, sind sie nicht geeignet.

Darum werden Listen als Berichtsart nur dann verwendet, wenn die Anzahl der Zeilen und Spalten überschaubar bleibt. Damit soll erreicht werden, dass der menschliche Berichtsempfänger die Inhalte auch versteht.

> **Hinweis: Große Listen für spezielle Aufgaben** !
>
> Auch in traditionellen Geschäftsmodellen werden große Listen aus dem Controlling verwendet, wenn mit ihnen eine spezielle Aufgabe erledigt werden muss. Wenn z. B. das Controlling für viele Tausend Artikel aus den Ergebnissen der Kostenrechnung die Herstellungskosten neu berechnet hat, können diese aus der so entstandenen Liste der neuen Kosten in die Stammdaten übernommen werden. Das Controlling liefert dann diesen Bericht in digitaler Listenform.

Aktuell kommt es zu einer Renaissance des Berichtes in Listenform durch die digitalen Geschäftsmodelle. Das hat zwei Gründe:

1. In digitalen Geschäftsmodellen entstehen viel mehr Daten als bei einer traditionellen Arbeitsweise. Diese Daten liegen in Form von Datenbeständen und damit in Form von Listen vor. Wo es z. B. bisher eine Besuchsfrequenz des Einzelhandelsgeschäftes pro Tag gab, gibt es jetzt eine Liste der Anzahl der Besucher im Onlineshop pro Minute. Diese Liste kann für Aufgaben im digitalen Geschäftsmodell interessante Inhalte haben.
2. Es gibt digitale Hilfsmittel, mit denen auch sehr umfangreiche Listen schnell ausgewertet werden können. Das geschieht sowohl von menschlichen Berichtsempfängern als auch in autonomen Anwendungen. Damit kann sich der Entscheider aus den offiziellen Listen des Controllings die für ihn notwendigen Informationen heraussuchen. Dafür gibt es eine eigene Form der Berichtsverteilung, das Self Service Controlling, das im Kapitel 6.5.3. besprochen wird.

Die Berichte in Listenform werden allein durch die großen Datenmengen so unübersichtlich, dass Menschen ohne digitale Hilfsmittel mit ihnen nur arbeiten können und
wollen, wenn ihr Umfang begrenzt ist. Dabei bringen Listen den Berichtsempfängern
wesentliche Vorteile:

- Listen sind klar gegliedert. Jede Zeile hat einen bestimmbaren Ordnungsbegriff,
  jede Spalte hat einen definierten Inhalt. Die vermeintliche Unübersichtlichkeit
  entsteht durch die große Anzahl an Zeilen und Spalten.
- Die Listen können mit Zwischensummen zusätzlich gegliedert werden. Außerdem
  entstehen so zusätzliche Informationen im Controllingbericht.
- Die Listeninhalte können mithilfe digitaler Verarbeitungsprogramme nach unterschiedlichen Merkmalen immer wieder neu sortiert werden. Dadurch wird es dem
  Berichtsempfänger erleichtert, auch großen Listen mit vielen Zeilen die wichtigen
  Aussagen zu entlocken.

Beispiel: Kundenliste mit unterschiedlichen Aussagen

Eine Liste mit allen Kunden, ihren Umsätzen, den dazugehörigen Wareneinsätzen
und dem sich daraus ergebene Rohgewinn ist bei mehreren Tausend Kunden zunächst nicht aussagefähig.

KD-NR	Kundenname	Shop	Umsatz EUR	Wareneinsatz EUR	Rohgewinn EUR
100163	Name 25	1	8.391	3.416	4.975
101807	Name 54	2	4.154	1.668	2.486
101990	Name 35	2	8.527	4.150	4.377
104130	Name 20	3	2.994	694	2.300
105394	Name 26	3	486	121	365
106732	Name 42	1	5.224	2.231	2.993
108147	Name 4	1	947	399	548
111181	Name 100	1	8.549	4.237	4.312
111307	Name 1	3	6.999	1.400	5.599
111909	Name 83	2	8.412	3.878	4.534
112039	Name 23	2	9.596	4.219	5.377
112645	Name 93	2	2.133	1.057	1.076
113110	Name 17	2	1.424	677	747

KD-NR	Kundenname	Shop	Umsatz EUR	Wareneinsatz EUR	Rohgewinn EUR
113949	Name 15	3	4.557	1.134	3.423
115562	Name 47	2	754	373	381
117289	Name 66	3	10.105	3.013	7.029
118611	Name 46	3	8.907	2.105	6.802
123258	Name 97	2	4.077	1.964	2.113

Tab. 22: Beginn einer Kundenliste mit ca. 100 Seiten

Erst die Sortierung nach dem Umsatz lässt aus den vielen Hundert Kunden eine Auswahl entstehen, die eine Betrachtung lohnend macht. Die Abbildung beschränkt sich auf die Anzeige der ersten 10 Zeilen der Liste, also der zehn Kunden mit dem höchsten Umsatz.

KD-NR	Kundenname	Shop	Umsatz EUR	Wareneinsatz EUR	Rohgewinn EUR
117289	Name 66	3	10.105	3.013	7.029
156098	Name 28	2	9.985	4.189	5.796
181836	Name 57	3	9.891	2.469	7.422
198696	Name 96	2	9.796	4.638	5.158
156995	Name 44	2	9.757	4.258	5.499
112039	Name 23	2	9.596	4.219	5.377
161292	Name 50	1	9.570	4.312	5.258
156848	Name 74	2	9.567	3.941	5.626
156118	Name 55	2	9.559	4.549	5.010
132356	Name 59	1	9.518	4.708	4.809

Tab. 23: Kundenliste nach Umsatz sortiert

Es zeigt sich, dass alle unterschiedlichen Onlineshops (für private Verbraucher, für gewerbliche Kunden und eine Vermittlungsplattform) Kunden mit den höchsten Umsätzen ausweisen. Doch wie jeder Controller weiß, ist der Umsatz nicht ausschlaggebend, besser ist der Rohgewinn.

KD-NR	Kundenname	Shop	Umsatz EUR	Wareneinsatz EUR	Rohgewinn EUR
178495	Name 24	3	9.487	2.058	7.429
181836	Name 57	3	9.891	2.469	7.422
133077	Name 6	3	9.126	1.985	7.141
117289	Name 66	3	10.105	3.013	7.029
118611	Name 46	3	8.907	2.105	6.802
148154	Name 84	3	8.670	1.921	6.749
130243	Name 85	3	7.826	1.905	5.921
134322	Name 94	3	8.296	2.444	5.825
132909	Name 21	3	8.065	2.252	5.813
156098	Name 28	2	9.985	4.189	5.796

Tab. 24: Kundenliste nach Rohgewinn sortiert

Die entsprechend sortierte Liste zeigt, dass von den 10 Kunden mit den höchsten Rohgewinnen neun aus dem Onlineshop 3 stammen. Das sollte eine Prüfung vonseiten des Vertriebs des Unternehmens auslösen.

- In den Listen sind alle Detailinformationen enthalten. Es gibt keinen Informationsverlust durch die Verdichtung zu Summen, Durchschnitten oder anderen Kennzahlen.
- Listen sind, wenn sie nicht vorsätzlich begrenzt werden, vollständig. Sie stellen die Information über den gesamten Bereich zur Verfügung, ohne dass bereits eine Vorauswahl stattgefunden hat.
- Der Inhalt der Listen ist noch vollkommen objektiv. Es hat keine Beeinflussung der Aussage durch das Controlling stattgefunden. Allerdings gibt es auch keine Hilfe bei der Auswertung und keine Einordnung der Aussagen.

Controllingberichte in Form von Listen haben Vor- und Nachteile, auch für das Controlling. Es bedeutet weniger Arbeit, da keine Auswertungen verlangt werden. Gleichzeitig kann aber auch nicht die Wahrnehmung auf wichtige Inhalte gelenkt werden. Die Interpretation erfolgt durch den Berichtsempfänger. Bei einer guten Zusammenarbeit können der Fachbereich und das Controlling die Auswertung der Listen gemeinsam durchführen.

6.1.2 Grafiken

Das Berichtsinstrument der Grafiken erlebt in digitalen Geschäftsmodellen einen weiteren Aufschwung. Auch ein großes Datenvolumen kann für den Menschen überschaubar grafisch dargestellt werden. Gleichzeitig bietet die digitale Arbeitsweise neue Möglichkeiten, Grafiken für die Vermittlung von Controllinginhalten zu verwenden. So können wichtige Zeitverläufe von Zahlen aktuell in einem Livestream dargestellt werden. Wenn aber nur Zahlen über den Bildschirm rauschen, kann der Berichtsempfänger damit wenig anfangen. Werden die einzelnen Werte aber in Linien- oder Balkendiagrammen dargestellt, werden sie besser verstanden.

Zeitpunkt	Anzahl	Volumen	Auslastung
10:00:00	5	1325	0,3 %
10:00:05	55	47740	11,9 %
10:00:10	111	91575	22,9 %
10:00:15	109	44581	11,1 %
10:00:20	240	209280	52,3 %
10:00:25	472	317184	79,3 %
10:00:30	140	12180	3,0 %
10:00:35	49	4018	1,0 %
10:00:40	77	29414	7,4 %
10:00:45	79	69125	17,3 %
10:00:50	463	30095	7,5 %
10:00:55	140	39060	9,8 %
10:01:00	315	65835	16,5 %
10:01:05	34	28866	7,2 %
10:01:10	77	23408	5,9 %
10:01:15	27	15525	3,9 %
10:01:20	394	231278	57,8 %
10:01:25	339	38307	9,6 %
10:01:30	249	160071	42,3 %

Zeitpunkt	Anzahl	Volumen	Auslastung
10:01:35	279	207676	51,9%
10:01:40	47	3854	1,0%
10:01:45	232	79112	19,8%
10:01:50	349	62122	15,5%
10:01:55	443	314530	78,6%
10:02:00	340	94520	23,6%
10:02:05	20	2880	0,7%
10:02:10	143	43901	11,0%
10:02:15	26	11492	2,9%
10:02:20	494	328016	82,0%
10:02:25	79	50955	12,7%
10:02:30	218	7630	1,9%
10:02:35	338	167986	42,0%
10:02:40	70	15260	3,8%
10:02:45	138	122682	30,7%
10:02:50	488	166896	41,7%
10:02:55	426	4686	1,2%
10:03:00	472	212872	53,2%
10:03:05	370	255300	63,8%
10:03:10	383	231331	53,3%
10:03:15	157	110999	27,7%
10:03:20	457	111965	28,0%
10:03:25	71	45014	11,3%
10:03:30	413	52451	13,1%
10:03:35	252	178416	44,6%
10:03:40	272	175168	43,8%

Tab. 25: Liste von Datensätzen im Livestream

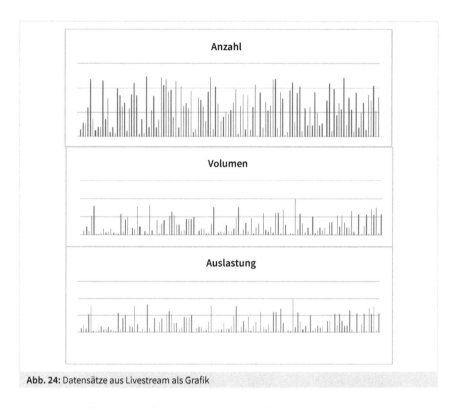

Abb. 24: Datensätze aus Livestream als Grafik

Die obige Grafik zeigt, verglichen mit der unmittelbar davor gezeigten Liste, die dreifache Menge an Datensätzen. Es handelt sich dabei um die technische Belastung und die Anzahl potenzieller Kunden in einem Onlineshop über einen gewissen Zeitraum. Die Menge an Informationen, die im Bild dargestellt werden kann, ist größer als die in einer komplexen Liste, das Verständnis der Werte besser.

Gleichzeitig wird durch die beiden obigen Grafiken ein weiterer Gesichtspunkt bei der Wahl der grafischen Darstellung in digitalen Geschäftsmodellen deutlich. Die Grafiken in diesem Buch sind statisch, zeigen nur einen Ausschnitt aus dem Geschehen. In der Realität wird die Darstellung den aktuellen Entwicklungen aber im Sekundentakt angepasst. Die Werte wandern über das Anzeigegerät. Die wichtige Aussage über die aktuellen Veränderungen kommt hinzu. Das ist typisch für digitale Geschäftsmodelle. Das Controlling muss diese Form der grafischen Darstellung seiner Ergebnisse noch lernen. Bekannt sind sie eher aus Anwendungen zur technischen Überwachung von Systemen. Sie können aber auch mit wirtschaftlich sinnvollen Inhalten gefüllt werden.

In der digitalen Struktur gibt es neben den bekannten Methoden weitere Möglichkeiten, um grafische Darstellungen aussagefähiger zu machen. Da die Darstellung digital erfolgt, können z. B. bewegliche Elemente verwendet werden. Pfeile oder wechselnde Farben können den Betrachter der Grafik auf besondere Inhalte aufmerksam machen.

Es gibt die Möglichkeit, die Grafiken mit interaktiven Elementen zu versehen. Die Darstellung kann sich vergrößern, wenn mit dem Mauszeiger über die Grafik gefahren wird, die Skalen können verändert werden oder die Verlinkung mit anderen Inhalten ist möglich.

> **! Hinweis: Keine Übertreibung**
>
> Wer diese interaktiven Möglichkeiten digitaler Grafiken gerade kennenlernt, ist von ihnen oft so begeistert, dass er viele dieser Inhalte in eine Grafik packt. Das kann zu viel werden. Die Grafik muss für den Betrachter auch in ihrer Gesamtheit noch aussagefähig bleiben. Die interaktiven Elemente müssen daher mit Bedacht ausgewählt und sparsam verwendet werden. Dann wird das Ziel, den Betrachter für bestimmte Aussagen zu sensibilisieren, erreicht.

In digitalen Geschäftsmodellen gibt es umfangreichere Möglichkeiten, Grafiken zu gestalten, als bei der Nutzung analoger Prozesse. Der Grafiktyp, die Farben, die Skalen und vieles mehr können an die Bedürfnisse der Adressaten angepasst werden. Da die Möglichkeiten für den Einsatz von Grafiken in digitalen Geschäftsmodellen durch einen erweiterten Nutzerkreis und durch den Einsatz von standardisierten Kommunikationsprogrammen nochmals größer werden, ist eine strikte Einhaltung der Regeln, die grundsätzlich für die grafische Darstellung vorgegeben werden, notwendig. So sollten die Inhalte in immer den gleichen Grafiktypen dargestellt werden. Die Wahl der Farben sollte festgelegt und nicht von Bericht zu Bericht verändert werden. Durch solche Regeln wird erreicht, dass der Empfänger dieser Berichte sich nicht immer wieder neu in die Darstellung einarbeiten muss.

> **! Hinweis: Lesegerät beachten**
>
> Die Wahl der grafischen Darstellung muss die Ausgabemöglichkeiten der genutzten Endgeräte berücksichtigen. Die gleiche Grafik sieht auf dem kleinen Bildschirm eines Smartphones anders aus als auf dem Bildschirm für die Präsentationen im Konferenzsaal. Farbwahl, Skalierung, oft sogar die Inhalte, müssen angepasst werden. Die gleichen Inhalte können in Abhängigkeit von dem aufrufenden Endgerät unterschiedlich aufbereitet werden. Das ist zusätzliche Arbeit für das Controlling, verbessert aber die Akzeptanz der Berichtsform.

6.1.3   Dashboard

Auch Dashboards sind keine Erfindung neuer digitaler Geschäftsmodelle. Sie sind seit vielen Jahren in Verwendung, wenn der Status verschiedener Parameter übersichtlich berichtet werden muss. Voraussetzung dafür ist die digitale Verknüpfung der Berichte und deren digitale Verteilung. Da dies in digitalen Geschäftsmodellen wesentlich einfacher ist, können Dashboards auch einfacher und sinnvoller umgesetzt werden. Das ist auch notwendig, da in digitalen Geschäftsmodellen mehr Parameter zeitnah beobachtet werden müssen, damit aktuelle und schnelle Entscheidungen getroffen werden können.

Abb. 25: Typisches Dashboard auf Unternehmerebene

Die obige Abbildung zeigt ein Dashboard mit typischen Inhalten, die in digitalen Geschäftsmodellen einen aktuellen Überblick über wichtige Parameter geben. So wird die aktuelle Auslastung der drei betriebenen Onlineshops angezeigt, die Planerfüllung für das laufende Jahr, den laufenden Monat und den aktuellen Tag ermittelt und angezeigt. Die Technik zeigt die Belastung des Systems durch die aktuellen Zugriffe. Da die Liquidität zumindest auf Monatssicht angespannt ist, wird auch die aktuelle Liquidität angezeigt. Ein Dashboard ist flexibel und kann die Inhalte vieler Controllingberichte darstellen, wenn diese darauf vorbereitet sind. Es stellt das Tor dar für weitere detaillierte Darstellungen, die sich der Nutzer dieser digitalen Technik aus dem Angebot des Dashboards auswählen kann.

Hinweis: Dashboard für autonome Anwendungen   !

In digitalen Geschäftsmodellen gibt es eine besondere Art von Dashboards, die von autonomen Anwendungen verwendet werden. Diese sind analog nicht sichtbar, halten aber wie in einem Dashboard wichtige Parameter für den Zugriff durch sich selbst steuernde Programme bereit. Im Bedarfsfall entscheidet die künstliche Intelligenz in Abhängigkeit von den Werten im Dashboard. Zwei Beispiele zeigen, dass dies einfacher ist als es sich anhört:

Ein Unternehmen betreibt drei Onlineshops, deren Auslastung zeitnah im Dashboard festgehalten wird. Die Zugriffe auf die drei Shops werden mithilfe digitaler Werbung generiert. Die Verteilung der Werbung auf die drei Märkte je Shop erfolgt durch eine autonome Anwendung. Diese stellt in regelmäßigen Abständen fest, ob ein Shop eine Auslastung von mehr als 75 % hat. Ist dies der Fall, wird die digitale Werbung für diesen Shop zurückgefahren und auf die Shops konzentriert, die eine niedrigere Auslastung haben.

Eine andere autonom arbeitende Anwendung steuert die Preisfindung in den Shops. Bei steigender Auslastung werden die Sonderangebote automatisch zurückgefahren. So steigen die Durchschnittspreise, die Nachfrage wird gesteuert.

In digitalen Geschäftsmodellen gibt es eine Vielzahl von Daten, die permanent beobachtet werden müssen. Das Controlling tut dies, indem es Dashboards einsetzt. Dabei können Dashboards auch aus nur einem Zeichen bestehen. Solange alles in Ordnung ist, ist dieses Zeichen grün. Wenn definierte Grenzen über- oder unterschritten werden, wechselt die Farbe zu Rot. Gleichzeitig mit der Änderung der Situation könnte auch eine Benachrichtigung auf das Smartphone des Berichtsempfängers gesandt werden. Dieser weiß dann, wenn er den Farbwechsel registriert oder die Nachricht gelesen hat, dass er reagieren und selbstständig weitere Anwendungen öffnen muss.

6.1.4   Video

Eine noch wenig genutzte Berichtsart für Controllingberichte ist das Reporting in Form eines Videos. Die Präsentation der Controllingergebnisse in kleinen Videos passt nicht nur in die digitale Kultur, die durch soziale Medien, das Teilen von Texten, Bildern und eben Videos geprägt ist. Ein Video ermöglicht es dem Controller sogar, seine Daten zu kommentieren und die Berichtsempfänger auf die gewünschte Interpretation hinzuweisen. Damit wird die Berichterstattung dynamisch. Besonders eignet sich die Präsentationsform des Videos im Rahmen von digitalen Geschäftsmodellen.

Allerdings eignen sich nicht alle Inhalte für eine Videopräsentation, ebenso wenig alle Empfängerkreise. Einige Bedingungen sollten beachtet werden, bevor ein Controllingbericht in Form eines Videos eingeführt wird:

- In einem Video lassen sich Inhalte darstellen, die auch in Form einer Grafik berichtet werden können. Grafiken sind ein wichtiger Bestandteil des Videos, um die Zahlen ansprechend aufzubereiten. Der Vorteil des Videos liegt darin, dass auch erklärungsbedürftige Werte und vor allem Ergebnisse dargestellt werden können. Die notwendigen Erläuterungen werden im Video gegeben. Die Inhalte dürfen allerdings nicht so komplex sein, dass das Video zu einer Online-Schulung wird.
- Das Video muss mit aktuellen Inhalten aufwarten. Der Zeitbezug muss deutlich genannt werden, damit spätere Aufrufe nicht zu Verwirrungen führen, da die Inhalte dann schon veraltet sind.

!   **Hinweis: Talente nutzen**

Viele verantwortliche Controller gehören noch zu der Altersgruppe, die Videos in digitalen Netzen zwar nutzen, aber nicht unbedingt schnell und einfach erstellen können. Zu groß sind Qualitätsbedenken und Vorbehalte. Viele junge Controller sind mit YouTube, TikTok und WhatsApp groß geworden und können die gewünschten Präsentationen schnell und mit wenig Aufwand erstellen. Diese Talente sollten genutzt werden, ergänzt um die Erfahrung der langjährigen Controller.

- Auch der Empfängerkreis muss für die Videopräsentation geeignet sein. Es ist wenig sinnvoll, Controllinginhalte in einem Video zu berichten, wenn ein großer Teil der Zielgruppe mit den Videos nicht umgehen will oder kann. In digitalen Geschäftsmodellen finden sich allerdings immer mehr Mitarbeiter, die bereits viel Erfahrung im Umgang mit digitalen Medien, also auch mit Videos, haben.

Beispiel: Digitales Marketing

Der Controller berichtet täglich über die im digitalen Vertriebsweg erzielten Verkaufszahlen. Dazu werden Grafiken bereitgestellt, in extremen Situationen werden auch Alarmwerte aktiv kommuniziert. Einmal pro Woche wird die Entwicklung in einem kurzen Video dargestellt, in dem der Controller die Umsatzzahlen in einen Bezug zu Deckungsbeiträgen, Marktanteilen und Absatzplan bringt. Die jungen Mitarbeiter, die für das digitale Marketing verantwortlich sind, kennen diese Form der Informationsvermittlung. Sie nutzen sie auch in ihren Marketingkampagnen und fühlen sich von dieser Berichtsform eher angesprochen als von Listen und trockenen Grafiken.

- Die Art des Videos muss der Situation angemessen sein. Es ist sicherlich erlaubt, Rekordzahlen mit Bild und/oder Ton zu vermelden, die die Aufmerksamkeit des Zuschauers wecken. Grundsätzlich muss die Berichterstattung auch per Video seriös bleiben.
- Ein großer Fehler vieler Controller, die ihre Arbeitsergebnisse in einem Video präsentieren wollen, sind zu lange Videos. Die Aufmerksamkeitsspanne der typischen Empfänger für diese Controllingberichte ist gering, Videos für die aktuell umstrittene, aber beliebte Plattform TikTok dürfen maximal 60 Sekunden lang sein. Eine Beschränkung auf die wirklich wichtigen Aussagen im Video ist notwendig.
- Das Video als Medium für Controllingberichte sollte sparsam, aber regelmäßig verwendet werden. Um die Neugier auf das neue Video aufrecht zu erhalten, muss die Berichterstattung Abwechslung bieten. Das ist ein Vorteil der Videoberichte gegenüber den sonst sehr statischen Controllingreports.

Hinweis: Ausprobieren und Lernen   !

Es ist nicht einfach, die Zahlen eines Controllingberichts für eine Videopräsentation aufzubereiten. Dazu muss viele Erfahrung gesammelt werden. Die für viele Menschen neue Form der Kommunikation zwischen Controlling und Fachabteilung muss langsam aufgebaut werden. Es ist wichtig, aus den ersten Versuchen zu lernen. Dazu muss es ein Feedback aus den Fachabteilungen geben. Solche Kommentare sind in der digitalen Welt üblich, entsprechende Funktionen dafür sind vorhanden. Die Nutzung, auch im Unternehmen, sollte unterstützt werden. Gleichzeitig bietet die verbale Präsentation von Ergebnissen die Möglichkeit, qualitative Parameter auch qualitativ zu berichten. Es entfällt die oft als manipuliert kritisierte Umwandlung der qualitativen Werte eines Ergebnisses in quantitative Werte. Zumindest kann die Vorgehensweise bei der Umsetzung erläutert werden.

6.1.5   Videokonferenzen

Mit der Videokonferenz wird die Entwicklung der Berichterstattung im Controlling – beginnend bei starren Listen und Grafiken, über aktuelle Dashboards und Videos bis hin zur interaktiven Kommunikation zwischen Controlling und Berichtsempfängern – abgeschlossen. In traditionellen Strukturen scheitert die oft wünschenswerte direkte Kommunikation zwischen dem Controlling und dem Adressaten der Berichte an fehlender Zeit, unterschiedlichen Arbeitsorten und Terminplanungsproblemen. Die direkte Besprechung der Controllingergebnisse findet bis heute auch in digitalen Geschäftsmodellen nur in Ausnahmesituationen, z. B. bei der Budgetplanung, statt.

Das kann sich durch digitale Technik und durch mehr Verständnis der digitalen Kommunikationsprozesse in digitalen Geschäftsmodellen ändern. Das in Zeiten der Corona-Pandemie viel genutzte Homeoffice wäre ohne die für die Videokonferenzen erforderliche Technik nicht in diesem Umfang möglich gewesen. Die Technik steht auch nach der Pandemie zur Verfügung und wird viele aufwendige persönliche Treffen ersetzen. Im Controlling kann das genutzt werden, um die Kommunikation mit Berichtsempfängern direkter zu gestalten. Termine können auf diese Weise wesentlich einfacher und mit weniger Kosten vereinbart und abgewickelt werden. Auch beteiligte Kollegen, die sich an anderen Standorten befinden, oder externe Dienstleister können so wesentlich einfacher involviert werden.

Der Vorteil einer Videokonferenz zur Präsentation der Controllingberichte liegt in der direkten Kommunikation zwischen dem Controller, der die Zahlen berechnet hat, und dem Informationsempfänger, der die Zahlen zu verantworten hat. Der Controller kann auf wichtige Inhalte direkt hinweisen, der Partner kann Fragen zur Berechnung stellen. Gemeinsam kann versucht werden, die Auswirkungen der Werte zu erörtern und Maßnahmen daraus abzuleiten.

Damit die Videokonferenz nicht zu formlos abläuft, sollte sie eine Struktur erhalten, die alle Beteiligten zu einem Ergebnis führt:
1. Im Controlling werden die Berichte erstellt, die in der Videokonferenz vorgestellt werden sollen. Dazu gibt es bereits erste Überlegungen über Ursachen und Auswirkungen der Ist-Entwicklung.
2. Die Teilnehmer an der Videokonferenz erhalten die Berichte, um sich vorzubereiten. Die vom Controlling festgestellten Diskussionspunkte werden mitgeteilt.
3. In der Videokonferenz erfolgt die eigentliche Präsentation der ermittelten Werte. Es werden Entwicklungen aufgezeigt und Berechnungswege erläutert.
4. Die wichtigen Werte, z. B. hohe Planabweichungen oder stark steigende Absatzzahlen, werden thematisiert. Das ist nicht nur Aufgabe des Controllings. Auch die anderen Teilnehmer werden dazu animiert, die für sie wichtigen Entwicklungen aufzuzeigen.

5. Gemeinsam werden die Gründe für diese Entwicklungen und die festgestellten Werte diskutiert. Dabei geht es nicht nur um negative Inhalte, auch positive Werte müssen analysiert werden.
6. Mögliche Maßnahmen, die aus den berichteten Werten resultieren, werden diskutiert. Der Controller gibt dabei erste Einschätzungen zu möglichen Ergebnissen.
7. Zum Abschluss der Videokonferenz müssen immer weitere Aktivitäten vereinbart werden. Dabei kann der Controller beauftragt werden, bestimmte Maßnahmen rechnerisch zu prüfen. Andere Teilnehmer werden mit der Umsetzung von Maßnahmen betraut.
8. Der Ablauf der Videokonferenz wird nach ihrem Abschluss protokolliert.

> **Hinweis: Chance zu Vieraugen-Gesprächen** !
>
> Es liegt in der Natur der Arbeit des Controllings, dass immer wieder auch negative Entwicklungen berichtet werden müssen und dass es dabei auch um Verantwortung geht. Darum gibt es viele Berichte, die vom Controlling nur dem Verantwortlichen berichtet werden. Die Technik der Videokonferenz erhöht die Chancen, individuelle Berichte persönlich unter vier Augen zu präsentieren und zu erläutern.

6.2 Besondere digitale Darstellungen

Die Abläufe in den digitalen Geschäftsmodellen nutzen selbstverständlich die digitalen Möglichkeiten für die Optimierung ihrer Arbeit aus. Das erleichtert auch die Arbeit im Controlling. Gleichzeitig bietet die Digitalisierung besondere Darstellungsformen, die in einer analogen Berichterstattung gar nicht möglich wären. Die Vorteile dieser digitalen Darstellungsformen liegen in der direkten Kommunikation und der Aktualität der Berichterstattung.

6.2.1 Interaktivität

Mit Controllingberichten wird die Arbeit im Unternehmen gesteuert. Die Berichtsempfänger sollen auf die Ergebnisse in den Reports reagieren, es sei denn, sie stellen fest, dass Reaktionen nicht notwendig sind. Der traditionelle Weg von der Berichterstellung zum Report, vom Report zu Erkenntnissen, von Erkenntnissen zu Maßnahmen ist sehr lang. Kurzfristig zu reagieren, ist so nicht möglich.

Durch die in digitalen Strukturen mögliche Interaktivität verändert sich dies. Der Berichtsempfänger reagiert auf die berichteten Zahlen, startet Maßnahmen und verändert Parameter. Das geschieht direkt bei der Nutzung des interaktiven Reports aus dem Controlling.
- Der Zeitverzug ist sehr kurz. Auf aktuelle Entwicklungen wird sofort reagiert.
- Im Controlling kann festgehalten werden, welche Maßnahmen eingeleitet wurden.

- Die erwarteten Auswirkungen der Reaktion werden in der interaktiven Anwendung berechnet. Die Ergebnisse können als Entscheidungshilfe dienen.
- Die Inhalte für einen solchen interaktiven Bericht müssen aktuell ermittelt werden können, Maßnahmen und deren Wirkung müssen bekannt sein.

> **!** **Hinweis: Unternehmensbereiche mit sinnvollen interaktiven Möglichkeiten**
>
> Interaktive Anwendungen werden seit der Verfügbarkeit digitaler Maschinensteuerungen in den Fertigungsabteilungen genutzt. Bisher geht es dabei vorwiegend um technische Inhalte. Digitale Geschäftsmodelle wie Industrie 4.0 integrieren in diese interaktive Berichterstattung auch wirtschaftliche Inhalte, die aus dem Controlling geliefert werden. Andere Unternehmensbereiche, die sich für interaktive Berichte eigenen, sind der Verkauf, der sein digitales Marketing tages- oder stundengenau steuert, oder die Logistik, die ihre Warenströme optimiert in Abhängigkeit von aktuellen wirtschaftlichen Parametern.

- Damit die interaktive Berichterstattung funktioniert, müssen enge Regeln entwickelt und berücksichtigt werden. So müssen mögliche Werte antizipiert werden können, die Zahl der Maßnahmen muss begrenzt sein. Auswirkungen der Maßnahmen müssen nach diesen Regeln berechenbar sein.

Die interaktiven Berichte des Controllings sind überall dort möglich, wo Abläufe im Minuten-, Stunden- oder Tagesrhythmus angepasst werden können. Im Grunde entsprechen die dadurch entstehenden Prozesse den autonomen Abläufen, nur dass die Entscheidung vom Menschen getroffen wird. Der Inhalt der Aufgabe ist also nicht so einfach definier- und vorhersagbar, dass sie an einen Softwareroboter übertragen werden könnte. Interaktive Berichte für Menschen sind oft der letzte Schritt vor dem Einsatz von künstlicher Intelligenz.

> **!** **Hinweis: Entwicklung noch offen**
>
> In technischen Systemen sind interaktive Berichte, diesmal mit technischen Inhalten, bekannt und bewährt. Dies auch auf Controllingberichte auszuweiten, ist eine noch neue Entwicklung in digitalen Geschäftsmodellen. Alle Beteiligten lernen noch. Wie sich diese Form der Berichterstattung weiterentwickelt, ist noch offen. Es gibt jedoch wesentliche Chancen für interaktive Controllingberichte.

6.2.2   Aktive Berichterstattung

Die Controllingarbeit in traditionellen Geschäftsmodellen ist meist sehr linear strukturiert. Die Geschäftsvorfälle werden verbucht, die Abschlüsse gemacht, die Werte werden ausgewertet. Dann wird regelmäßig zu festgelegten Terminen berichtet. Nur in sehr speziellen Fällen gibt es eine zeitnahe Überwachung besonderer Parameter. Die aktuelle Steuerung wird den Fachbereichen überlassen, die sehr nahe am Tagesgeschehen sind. Diese Abläufe ändern sich in digitalen Geschäftsmodellen.

Es gibt wieder die zwei Gründe für diese Veränderung, die viele Anpassungen im Controlling ermöglichen:

1. Das verfügbare Datenvolumen ist wesentlich größer, hat einen detaillierteren Inhalt und steht zeitnaher digital zur Verfügung.
2. Die Notwendigkeit, schnell zu entscheiden, ist in digitalen Geschäftsmodellen größer als bei traditionell arbeitenden Unternehmen.

Als Ergebnis gibt es nicht nur die traditionellen Controllingberichte in kürzeren Zeitabständen oder eine Live-Überwachung von Parametern. Es gibt auch Abläufe, in denen das Controlling zeitnah aktiv den Berichtsempfänger informiert, wenn bestimmte Ereignisse eintreten. Beispiele dafür sind sehr vielfältig. Sie finden sich überall dort, wo Informationen in traditionellen Strukturen zunächst nur die Fachbereiche erreichen, nicht das Controlling.

- Der Materialverbrauch einer Fertigungsanlage steigt über das erwartete Maß hinaus. Die bisher in der Fertigung notwendige Abfrage wird durch die aktuellen digitalen Verbrauchsmeldungen an das Controlling ersetzt.
- Die Anzahl der Besucher im Onlineshop fällt unter die Grenze, die für einen wirtschaftlichen Betrieb des Shops notwendig ist. Die Berichte der Verkäufer in der analogen Fachabteilung werden ersetzt durch echte, belastbare Zahlen.
- Die Lieferung wichtiger Rohstoffe wird sich um mehrere Tage verzögern, weil das Schiff aus Asien in einen Sturm geraten ist. Die Dispositionsdaten aus Industrie 4.0 sind schneller und genauer als die Kommunikationswege in traditionellen Logistikketten.
- Die Materialkosten für ein Produkt, das sich gerade in der Entwicklungsphase befindet, überschreiten die Grenze des als sinnvoll definierten Wertes für die Herstellungskosten. Dazu werden die aktuellen Plan-Stücklisten regelmäßig vom Controlling untersucht.

Notwendig wird diese zeitnahe Überwachung von wichtigen Parametern immer dann, wenn für eine erforderliche Reaktion auf die Entwicklung nur wenig Zeit zur Verfügung steht. So kann z. B. der erhöhte Materialverbrauch durch den Wechsel eines verbrauchten Werkzeuges wieder normalisiert werden, die Zahl der Besucher im Onlineshop wird durch Intensivierung des digitalen Marketings erhöht. Auf die Lieferverzögerung eines Rohstoffs wird mit einer veränderten Disposition in der Fertigung reagiert. Die Entwicklung des neuen Produktes wird eingestellt, bevor noch mehr Entwicklungskosten entstehen.

> **!** **Hinweis: Je schneller, desto besser**
>
> Typisch für die Bereiche, in denen die aktive Berichterstattung durch das Controlling erfolgreich ist, ist deren Abhängigkeit von der Reaktionsgeschwindigkeit. Je schneller auf eine Entwicklung reagiert wird, desto besser ist das Ergebnis. Kostensteigerungen werden abgefangen, Umsatzausfälle werden vermieden. Auch positive Entwicklungen gehören in diese Form der Berichterstattung. Wenn z. B. ein Produkt plötzlich eine besonders hohe Nachfrage aufweist, kann man durch sofortige Verlagerung der Bestände für eine zügige Abwicklung der Aufträge sorgen. Außerdem wird die Beschaffung der Produkte angestoßen. Eine schnelle Reaktion führt also zu einem besseren Ergebnis.

Gesteuert wird die aktive Berichterstattung in digitalen Geschäftsmodellen durch das Controlling. Dort wird entschieden, wann diese ereignisabhängigen Informationen an die Fachbereiche ausgegeben werden. Dazu werden gemeinsam mit den Empfängern der Berichte Regeln aufgestellt. Es werden Grenzen festgelegt, innerhalb derer sich die Werte bewegen dürfen. Gibt es diese Regeln nicht, legt das Controlling die Ereignisse fest, die zu einem Bericht führen.

> **!** **Hinweis: Entwicklung berücksichtigen**
>
> Bei der Definition der Regeln muss darauf geachtet werden, dass diese nicht immer wieder neu angepasst werden müssen. Soweit möglich werden daher keine festen Werte vorgegeben, die Grenzen errechnen sich stattdessen neu, je nach der bisherigen Entwicklung. Der durchschnittliche Materialverbrauch, reduziert um 20 %, könnte eine solche variable Grenze sein, der durchschnittliche Absatz zur gerade aktuellen Stunde jeweils an den letzten 30 Tagen eine andere.

Der Weg der aktiven Berichterstattung durch das Controlling wird unterstützt durch die digitalen Abläufe und Anwendungen, die im Unternehmen genutzt werden. Sie sind abhängig von der Art der berichteten Inhalte und der Arbeitsweise des Empfängers.

- Eine einfache und direkte Möglichkeit ist der persönliche Kontakt des Controllers mit dem Berichtsempfänger. Ein persönliches Gespräch oder ein telefonischer Kontakt ermöglichen eine direkte Abstimmung, werden aber durch die dafür notwendige Verfügbarkeit der Personen erschwert.
- Eine Mail kann aus den Controlling-Anwendungen heraus direkt erzeugt werden. Der Controller muss für die Berichterstattung nicht eingeschaltet werden, der Empfänger muss nicht erreichbar sein für ein persönliches Gespräch. Allerdings ist nicht sichergestellt, dass der Berichtsempfänger die Mail auch zeitnah zur Kenntnis nimmt oder nehmen kann.
- Auch ein Workflow kann automatisch aus den Controlling-Anwendungen heraus gestartet werden. Dieser Weg bietet den Vorteil, dass die Reaktion des Empfän-

gers kontrolliert werden kann. Es wird festgestellt, ob die Nachricht in der Fachabteilung gelesen wurde. Gleichzeitig können Handlungsempfehlungen mitgegeben
werden, die in den Workflow integriert sind. Auch deren Umsetzung kann so überwacht werden.

- Der direkteste Weg der aktiven Berichterstattung ist die autonome Umsetzung
von Reaktionen in Abhängigkeit zum Controllingbericht. Dazu werden in Abhängigkeit zu den im Controlling ermittelten Werte durch digitale Anwendungen
Maßnahmen initiiert. Weder der Controller noch der Verantwortliche in den Fachbereichen nehmen Einfluss. Die notwendige Steuerung erfolgt durch die Vorgabe
von Regeln für die Reaktionen. Dadurch wird eine schnelle und somit erfolgver-
sprechende Reaktion möglich.

Es zeigt sich erneut, dass in digitalen Geschäftsmodellen das Controlling teilweise neu definiert werden muss. Ging es bisher um die reine Berichterstattung und
eine anschließende Diskussion mit den Fachbereichen, wird das Controlling nun zu
einer selbstständig agierenden Stelle im Unternehmen. Das ist nur dann erfolgreich,
wenn es zu einer guten Zusammenarbeit zwischen Controlling und Fachbereich
kommt. Der Controller braucht für die Organisation der direkten Abläufe das Fachwissen aus den Unternehmensbereichen, der Verantwortliche in den Abteilungen
oder Bereichen ist auf die Expertise des Controllers angewiesen, um die digitalen
Chancen direkter Berichterstattung für sich und seinen Verantwortungsbereich nutzen zu können.

6.2.3   Beeinflussung durch das Controlling

Der Controller nimmt bewusst oder unbewusst immer Einfluss auf die Art und Weise,
wie die berichteten Ergebnisse in den Fachbereichen wahrgenommen werden. Die
Art der Berichterstattung, die Wahl von Grafiktypen, Farben oder Schrifttypen hat
bewirkt, dass Werte als dramatisch schlecht oder als noch fast normal eingeordnet
werden. Dabei werden die Werte nicht verändert, lediglich die Darstellung durch das
Controlling verändert die Wahrnehmung der Berichtsempfänger.

Beispiel: Die richtige Skalierung

Allein die Veränderung der Skala, die in einer Grafik verwendet wird, kann eine
vollkommen unterschiedliche Darstellung der vom Controlling errechneten Werte bewirken. Die folgende Absatz- und Umsatzkurve zeigt einen unauffälligen
Verlauf.

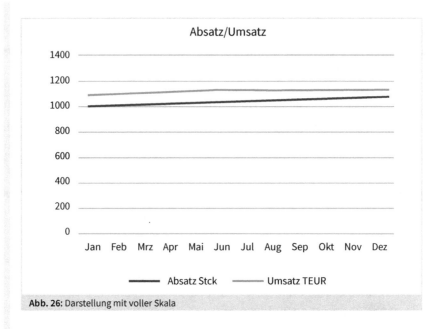

Abb. 26: Darstellung mit voller Skala

Die Entwicklung von Absatz und Umsatz erscheint recht gleichmäßig, größere Abweichungen sind nicht erkennbar. Das ändert sich in der folgenden Darstellung der gleichen Werte.

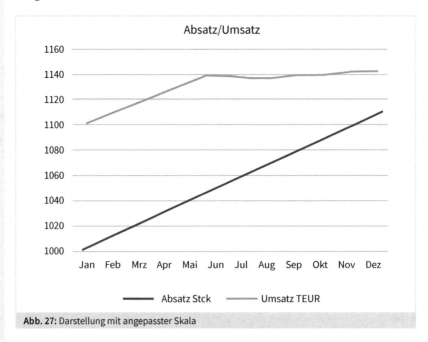

Abb. 27: Darstellung mit angepasster Skala

Die Skala wurde in der zweiten Grafik verkürzt, so dass die Veränderungen wesentlich detaillierter dargestellt werden. Jetzt wird sichtbar, dass sich die Umsatzentwicklung im Mai des Jahres von der positiven Absatzentwicklung gelöst hat. Die Preise müssen gesunken sein.

Wenn im Controlling solche Tricks bewusst genutzt werden, dann nur, um die notwendige Aufmerksamkeit zu erreichen. Meist geht es nicht um eine bewusste Manipulation der Berichtsempfänger, die Wahl der Stilmittel im Controlling erfolgt unbewusst. Das ist in digitalen Geschäftsmodellen problematischer als in traditionellen Unternehmen. Die Möglichkeiten zur Beeinflussung in digitalen Modellen sind wesentlich öfter gegeben, da detaillierter berichtet wird. Aus dem gleichen Grund entstehen differenziertere Möglichkeiten zur Gestaltung. Digital sind die Auswirkungen größer, da öfter und schneller berichtet und entschieden wird.

Im Controlling muss auch die unbewusste Möglichkeit der Manipulation von eigentlich neutralen Berichten bekannt sein. Nur so kann vermieden werden, dass die Auffassung des Controllings unbewusst zu sehr die Wahrnehmung durch die Berichtsempfänger beeinflusst. Selbstverständlich muss ein Ergebnis so präsentiert werden, dass die Inhalte klar werden. Veränderungen müssen erkannt, Grenzüberschreitung auch sichtbar sein. Das muss dann bewusst geschehen.

6.3   Zeitbezug

Dass der Zeitbezug für viele Abläufe in digitalen Geschäftsmodellen ein anderer ist im Vergleich zu traditionellen Strukturen, wurde bereits an mehreren Stellen diskutiert. Das gilt auch für die Berichterstattung des Controllings an die sehr unterschiedlichen Empfänger. Neben den auch weiterhin wichtigen regelmäßigen Berichten geht es vor allem um schnelle Informationen, die eine notwendige schnelle Reaktion im digitalen Ablauf möglich machen.

Hinweis: Zweimal Zeitbezug !

Digitale Geschäftsmodelle haben für das Controlling zweifachen Einfluss auf den Zeitbezug. Zum einen geht es um die Geschwindigkeit, mit der die Berichte fertiggestellt und an die Empfänger weitergegeben werden. Zum anderen ist der bisher feste Termin der Berichte zu einem festgelegten Berichtszeitraum zu beachten, der sich verändert. Beide Gesichtspunkte fließen ein in eine neue Organisation der Berichterstattung.

Echtzeitberichte

Wenn Daten schnell und regelmäßig anfallen und ebenso schnell und regelmäßig digital verfügbar gemacht werden, dann eignen sie sich für einen Echtzeitbericht. Die Grenze zu technischen Berichten ist dabei fließend. So werden aktuelle Belastungen von Maschinen zur Instandhaltung genutzt, aktuelle Standortdaten werden zur Steuerung von Logistikabläufen eingesetzt. Sobald zu den technischen Daten noch kaufmännische Informationen kommen, hat auch ein Controllingbericht eine Berechtigung. Wenn die Informationen auch noch kurzfristig genutzt werden, um schnelle Entscheidungen zu treffen, sind Echtzeitberichte das richtige Medium.

Anwendungsbereiche im digitalen Geschäftsmodell gibt es viele. Wie bereits kurz beschrieben können die Verbräuche von Fertigungsanlagen überwacht werden, die Umsatz- und Absatzentwicklung in digitalen Vertriebswegen eigenen sich ebenso. Die Logistik überwacht Warenströme und Dispositionen im Rahmen von Industrie 4.0, Dienstleister steuern mit Echtzeitberichten die Zugriffe ihrer Kunden auf Cloudservices.

Die Art, wie Daten in Echtzeit berichtet werden, hängt von den Daten selbst und der Verwendung der Berichte ab. So können wenige Zahlen eine Entwicklung summieren, z. B. lassen sich Absatz und Umsatz in Summe darstellen. Einzelwerte können über den Bildschirm laufen, wenn diese nicht zu zahlreich sind. Verbreitet sind grafische Darstellungen, die sich permanent an den aktuellen Werten ausrichten. Eine Mischung ist auch möglich.

Die folgende Abbildung zeigt eine Echtzeitinformation für einen Onlineshop. Er weist um 16:04 Uhr einen Umsatz von 227.000 Euro aus, das entspricht einer Planüberschreitung von 14%. Die linke Grafik zeigt die Entwicklung der Umsätze je Stunde, die rechte Grafik kumuliert die Werte und macht eine Hochrechnung des zu erwartenden Endergebnisses.

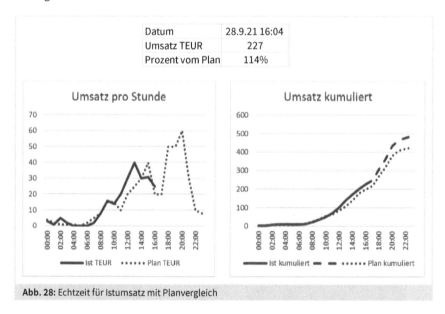

Abb. 28: Echtzeit für Istumsatz mit Planvergleich

In dieser Situation, kurz vor Ende der Arbeitszeit in der Versandabteilung, wurde vom Vertriebsleiter entschieden, am nächsten Morgen eine Stunde früher mit dem Versand zu beginnen, um den ungeplanten Umsatz, wie vom Kunden erwartet, kurzfristig realisieren zu können.

Aktuelle Berichte mit vorläufigem Status

Traditionell werden Controllingberichte mit einem klaren Bezug zu einem definierten Zeitraum erstellt. Erst wenn dieser vollständig abgeschlossen ist, das heißt, alle zugehörigen Vorgänge erfasst sind, wird der Controllingbericht erstellt. Das gewährleistet die Vollständigkeit des Berichts, wodurch Vergleiche mit vorherigen Perioden oder mit Planwerten zuverlässig gezogen werden können. Darum wird in der traditionellen Arbeitsweise das Vertriebscontrolling dann abgewickelt, wenn nach Abschluss der Fakturierung die Absätze und Umsätze feststehen. Alle Berichte mit Bezug zu Kosten und Erträgen können erst dann erstellt werden, wenn die Buchhaltung alle Buchungen für den betreffenden Zeitraum abgeschlossen hat.

Der Wunsch der Berichtsempfänger nach schnellen Informationen wird in digitalen Geschäftsmodellen dringlicher, da Entscheidungen schneller getroffen werden müssen. Das führt zu Echtzeitberichten, wenn Inhalte und Datenlage dies erlauben. Für Berichte mit einem Periodenbezug können vorläufige Berichte in einigen Fällen eine Lösung sein.

Beispiel: Vorläufige Reparaturkosten

Die Maschinen eines Fertigungsunternehmens sind alle digital steuerbar und in die Abläufe von Industrie 4.0 eingebunden. Die permanente technische Überwachung aller Funktionen mit vorbeugender Wartung und optimierten Reparaturterminen hat die Verfügbarkeit der Anlagen signifikant erhöht, allerdings auch die Instandhaltungs- und Reparaturkosten stark ansteigen lassen. Um an dieser Stelle frühzeitig reagieren zu können, ist der bisherige Controllingbericht über diese Kosten zu langsam. Er steht nach Abschluss der jeweiligen Periode in der Buchhaltung und den notwendigen Verteilungsarbeiten in der Kostenrechnung erst ca. 4 Wochen nach Monatsende zur Verfügung.

Um eine bessere und vor allem schnellere Information zu ermöglichen, wird ein Bericht aufgestellt, der für die aktuelle Periode die bisher gebuchten Werte vermittelt. Dieser Bericht kann von der Fachabteilung jederzeit aufgerufen werden. Allen Beteiligten ist klar, dass die Inhalte abhängig sind vom Buchungsstand in der Buchhaltung. Die Rechnungen müssen eingegangen sein, die Rechnungsprüfung muss stattgefunden haben, die Rechnung muss verbucht sein. Da die Buchhaltung die Eingangsrechnungen fast vollständig autonom prüft und verbucht,

217

ist die Freigabe der Rechnungen durch die Fachabteilung und der Eingang der Rechnungen von den externen Dienstleistern bestimmend für die Aktualität der Daten. An beiden Parametern kann die Fachabteilung selbst arbeiten.

Die aktuellen Berichte mit vorläufigem Status informieren die Entscheider frühzeitig über die Entwicklungen in ihrem Verantwortungsbereich. Entscheidungen können ebenso frühzeitig getroffen werden, negative Entwicklung werden schneller unterbrochen. Bezahlt wird dieser Vorteil, der gerade in digitalen Geschäftsmodellen wesentlich ist, durch zusätzlichen Aufwand in den Bereichen, die die Daten erzeugen. Gleichzeitig sind die vorläufigen Daten immer ungenau, sie können sowohl ein falsches positives Bild geben als auch die Situation zu negativ erscheinen lassen. In beiden Fällen kommt es zu falschen Reaktionen.

> **Hinweis: Sinkende Sensibilisierung**
>
> In der Praxis werden vorläufige Inhalte in aktuellen Berichten zunächst korrekt interpretiert. Der Berichtsempfänger weiß, dass die Daten nicht dem Endwert der Periode entsprechen müssen und ein Vergleich mit vorherigen Zeiträumen oder der Planperiode nicht zulässig ist. Diese Sensibilisierung geht jedoch im Laufe der Zeit verloren. Vor allem dann, wenn es lange Zeit normale Entwicklungen gibt, die sich jedoch plötzlich verändern, kommt es zu Verschiebungen der Daten innerhalb der Periode. Dabei kann diese Veränderung auch auf ein anderes Buchungsverhalten zurückzuführen sein. Es kommt immer wieder zu falschen Interpretationen, wenn die Sensibilisierung für die Vorläufigkeit verschwindet.

Regelmäßige Berichte

Selbstverständlich gibt es auch in digitalen Geschäftsmodellen viele Controllingergebnisse, die in regelmäßigen Abständen für abgeschlossene Perioden berichtet werden. Oft gibt es zusätzlich zur Berichterstattung in Echtzeit oder mit vorläufigen Werten eine Information für die Verantwortlichen nach Abschluss einer Periode und mit zusammenfassenden Werten.

Die regelmäßigen Berichte, die in der Regel monatlich, manchmal auch quartalsweise erscheinen, werden kaum zur Steuerung des aktuellen Tagesgeschehens in Onlineshops, auf Plattformen oder in der Lieferkette von Industrie 4.0 verwendet. Dazu sind sie zu langsam. Sie dienen der Steuerung der Rahmenbedingungen in allen Unternehmensbereichen.

Der Vorteil der traditionellen regelmäßigen Berichte liegt in der Zuverlässigkeit, mit der sie erstellt werden. Sie eliminieren starke Schwankungen, die im Tagesgeschäft entstehen können und haben übersichtliche Inhalte, die mit Vergangenheitswerten oft aus vielen Jahren verglichen werden können. Auch der Vergleich der Istsituation mit dem Plan ist hier sinnvoll, eine Abweichungsanalyse auf Tagesbasis bringt nur selten korrekte Ergebnisse. Alle Empfänger innerhalb des Unternehmens, die nicht mit

dem Tagesgeschäft befasst sind, und die externen Empfänger erhalten diese regelmäßigen Berichte aus dem Controlling für die übergeordnete Steuerung und Information.

Hinweis: Erfahrungen sammeln   !

Viele aufregende Entwicklungen, die sich auf Tagesbasis zeigen, werden durch erwartete
Ergebnisse im nachgelagerten regelmäßigen Bericht relativiert. Es gilt für neue digitale Geschäftsmodelle, Erfahrungen mit den aktuellen Werten zu sammeln und daraus auf die Entwicklung der regelmäßigen Ergebnisse zu schließen. So werden hektische Reaktionen, die
meist überflüssig sind, vermieden.

Das Controlling muss in Zusammenarbeit mit den Fachbereichen die richtige Mischung zwischen aktuellen Berichten mit Live-Daten oder vorläufigen Werten und den
regelmäßigen Berichten mit fundierten und vollständigen Daten finden. Die schnelleren Berichte müssen in der Lage sein, das Bauchgefühl zu unterstützten, vielleicht zu
korrigieren, und, wo notwendig, auch schnelle Entscheidungen zu ermöglichen. Die
regelmäßigen Berichte, die mit den gleichen Parametern arbeiten, zeigen das Ergebnis dieser aktuellen Steuerung und erlauben die Steuerung der Bereiche und des gesamten Unternehmens von einer höheren Warte aus.

Ad-hoc-Berichte

Bleiben noch die Berichte, die nicht durch das Controlling vorbereitet sind und nicht
regelmäßig oder aktuell erzeugt werden – die Ad-hoc-Berichte. Anlässe für Ad-hoc-
Berichte gibt es sowohl in traditionellen als auch in digitalen Geschäftsmodelle. Diese
Berichte werden immer dann erstellt, wenn neuer, temporärer Informationsbedarf
entstanden ist. Beispiele dafür sind Wirtschaftlichkeitsberechnungen für Investitionen oder Berechnungen der Auswirkungen einer Kostensenkungsmaßnahme.

In digitalen Geschäftsmodellen ist das nicht anders. Es gibt Anlässe, die es in tradi-
tionellen Strukturen nicht gibt, z. B. die Berechnung von Maßnahmen für das digitale
Marketing. In der Praxis steigt die Menge der Ad-hoc-Berichte mit zunehmender Zahl
der autonomen Anwendungen, da die Auswirkungen der Entscheidungen durch das
System geprüft werden sollen. Aus solchen Ad-hoc-Berichten werden oft regelmäßige
Berichte oder Berichte in Echtzeit und solche mit vorläufigen Werten.

Digitale Geschäftsmodelle bieten dem Controlling die Chance, mit den Berichten
wesentlich aktueller zu werden. Die beiden Gesichtspunkte des Zeitbezugs in der
Berichterstattung kommen zum Tragen, wenn die Berichte früher zur Verfügung ste-
hen und die Berichtszeiträume verkleinert werden können. Dadurch unterstützt das
Controlling die gerade in digitalen Geschäftsmodellen wichtigen Entscheidungen im
Tagesgeschäft auf der operativen Ebene. Das Bauchgefühl der dort verantwortlichen
Entscheider wird zumindest teilweise durch fundierte Daten ersetzt. Die Entscheidun-
gen werden besser.

6.4 Empfängerkreis

Bevor der Empfängerkreis für die Controllingberichte in digitalen Geschäftsmodellen definiert werden kann, muss festgestellt werden, wie sich die Verantwortlichkeiten in den digitalen Strukturen gegenüber der analogen Hierarchie verändert haben. Dabei gibt es drei Richtungen, in die die Verantwortung im Unterschied zu den traditionellen Strukturen wandert:

1. Es wird Verantwortung innerhalb der Hierarchie von oben nach unten verlagert. Die Ursache dafür ist die Notwendigkeit, schnelle Entscheidungen in digitalen Geschäftsmodellen zu treffen.

2. Eine wichtige Entwicklung innerhalb der gleichen Hierarchie ist die Verlagerung wichtiger operativer Entscheidungen vom Menschen hin zu einem autonomen Ablauf. Die Verantwortung für die Regeln und Parameter, die in den digitalen Abläufen vorgegeben sind, verlagert sich von der operativen Ebene zur darüberliegenden Hierarchieebene.

3. Die Entstehung vollständig digitaler Abläufe mit Schnittstellen in viele hierarchische Verantwortungsbereiche schafft eine neue Prozessverantwortung. Für wichtige Aufgaben in verschiedenen Abteilungen und Bereichen wird die Verantwortung zusammengelegt zu einer Zuständigkeit für den gesamten Prozess, auch wenn dieser Abteilungsgrenzen überschreitet.

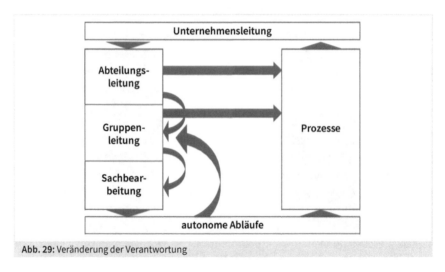

Abb. 29: Veränderung der Verantwortung

- Die Unternehmensleitung gibt weitere Verantwortung an die Abteilungsleitungen im Unternehmen ab, damit diese in digitalen Geschäftsmodellen schneller entscheiden können.
- Mit der gleichen Begründung gibt die Abteilungsleitung einen Teil ihrer Verantwortung an die darunter stehenden Hierarchiestufen ab. In der Abbildung 29 ist das die Gruppenleitung.

- Die Sachbearbeitung muss wesentlich mehr operative Entscheidungen treffen, da diese vor allem schnell erfolgen müssen. Dazu erhält sie zusätzliche Verantwortung.
- Gleichzeitig gibt die Sachbearbeitung, also die operative Ebene, Verantwortung und Entscheidung ab an autonome Abläufe.
- Das wiederum bewirkt, dass sich die Verantwortung für die Steuerung der Abläufe in die Gruppenleitung oder, falls es diese nicht gibt, in die Abteilungsleitung verschiebt.
- Gleichzeitig geben alle Hierarchiestufen Verantwortung ab an die Prozesse, die eine eigene Leitung erhalten. Dort wird die Sachbearbeitung neu organisiert und mit der verbleibenden Verantwortung ausgeführt.
- Die Verantwortung für die autonomen Abläufe liegt in der Hand der Prozessverantwortlichen.
- Die Steuerung der Prozesseinheiten in der Prozessorganisation liegt in der Hand der Unternehmensleitung.

Diesen Veränderungen gegenüber traditionell organisierten Verantwortlichkeiten folgt auch die Berichterstattung im Controlling. Wer Entscheidungen treffen muss, benötigt dazu die entsprechenden Informationen, also die Controllingberichte. Diese müssen in ihrer Art an die Arbeitsbedingungen vor Ort angepasst sein, sodass die Veränderung des Empfängerkreises oft auch eine Veränderung der Berichtsart und des Zeitbezugs nach sich zieht.

Wenn die Verantwortung für das operative Geschäft mit den dazugehörigen Entscheidungen innerhalb eines Verantwortungsbereiches in der Hierarchie nach unten verschoben wird, bleibt der Informationsbedarf für den Leiter des Bereiches vorhanden. Er wird auf die Berichte weiter zugreifen wollen, eventuell in geringerer Detailtiefe und weniger oft. Dennoch entsteht daraus ein zusätzlicher Aufwand für das Controlling, das die zusätzlichen Berichte erstellen muss. Die Kriterien dafür, wer die Controllingberichte erhalten soll, bleiben zwar gleich, die Zahl der Empfänger hingegen ändert sich.

- Die Unternehmensführung erhält grundsätzlich Zugriff auf alle Berichte, damit sie sich bei Bedarf über den Zustand der einzelnen Verantwortungsbereiche informieren kann. Für sie selbst werden eigene Berichte erstellt, die Daten auf einer hohen Verdichtungsstufe liefern. Neben den wichtigen Berichten über die Liquidität und das Ergebnis des Unternehmens, werden vor allem Informationen für die Steuerung der Unternehmensbereiche mit Plan-/Ist-Abweichungen geliefert.
- Den für Unternehmensbereiche verantwortlichen Mitarbeitern, also Bereichs-, Abteilungs- oder Gruppenleitern, werden die Istdaten ihres Verantwortungsbereiches berichtet. Hinzu kommen die Plan-/Ist-Abweichungen und die Abweichungsanalysen.

- Gibt es Mitarbeiter, die Verantwortung für einen Prozess tragen, müssen diese mit vergleichbaren Berichten versorgt werden. Der Bezug ist dann jedoch nicht der Unternehmensbereich innerhalb der Hierarchie, sondern der Prozess. Dabei kann es bezüglich des Berichtsumfanges zu Überschneidungen kommen mit den Berichten, die in der funktionsorientierten Hierarchie ausgeliefert werden.
- An die operativen Entscheider, also meist an die Sachbearbeiter, werden für die einzelnen Entscheidungen wichtige Informationen berichtet. Hier kommt es zu einer steigenden Zahl der Controllingberichte. Ebenso kommt es zum Einsatz der typischen digitalen Berichtsformen wie Echtzeitberichte oder aktive Berichte.

Hinweis: Doppelte Funktionen

Es gibt Stellen in der Hierarchie des Unternehmens, die sowohl Personalverantwortung tragen als auch operative Aufgaben wahrnehmen. Diese doppelte Funktion führt dazu, dass die Controllingberichte diesen Zustand berücksichtigen müssen. Es werden also die Daten des Gesamtbereiches und die Daten für operative Entscheidungen geliefert. Eine Trennung nach Personen ist in diesem Fall nicht möglich.

- Eine größere Bedeutung erhalten die Controllingberichte für die autonomen Abläufe. Diese werden erheblich mehr. Die Berichtsart passt sich dabei immer der jeweiligen Programmvorgabe an.

Hinweis: Controllingbericht erkennen

Die autonomen Abläufe entwickeln sich immer weiter. In diesem Zusammenhang wird der Informationsbedarf in vielen Fällen durch die betroffenen Fachleute in Zusammenarbeit mit den IT-Mitarbeitern festgestellt. Dabei wird nicht erkannt, dass es sich um einen Bericht handelt, der aus dem Controlling kommen muss. Darum ist bei neuen Abläufen in digitalen Geschäftsmodellen immer auch das Controlling zu beteiligen. So kann sichergestellt werden, dass die für die autonomen Entscheidungen notwendigen Daten korrekt sind und zuverlässig bereitgestellt werden. Das Controlling muss die Hoheit über die Unternehmensdaten behalten.

- Auch in digitalen Geschäftsmodellen gibt es die üblichen externen Berichtsempfänger wie die Banken, die Berater oder das Finanzamt. Gleichzeitig kommen neue Stellen hinzu, die auf Daten aus dem Unternehmen angewiesen sind. Das betrifft vor allem die enge Zusammenarbeit zwischen den beteiligten Unternehmen innerhalb von Industrie 4.0. Die notwendigen Inhalte werden dabei oft autonom digital übermittelt. Die Praxis zeigt, dass eine regelmäßige Zusammenfassung über das im operativen Geschäft notwendigen Maß hinaus nicht nur das Vertrauen in die Zusammenarbeit stärkt. Es hilft auch, Probleme, z. B. in der Technik oder in der Organisation, zu erkennen und zu beheben.

Der Empfängerkreis für Controllingberichte ist in digitalen Geschäftsmodellen größer als bei traditioneller Arbeitsweise. Die Zahl der externen Empfänger nimmt zu, weil die enge digitale Zusammenarbeit ein charakteristisches Zeichen der digitalen Geschäftsmodelle ist. Gleichzeitig steigen die Forderungen der Banken, Berater und vor allem des Staates immer weiter. Intern werden mehr Berichte für autonome Abläufe notwendig. Die Verlagerung von Entscheidungen auf operative Ebenen erhöht dort den Informationsbedarf, der mit Controllingberichten gedeckt werden muss.

> **Hinweis: Individuelle Anforderungen**
>
> Jeder Empfängertyp hat eigene Anforderungen an die Inhalte und die Art der Berichterstattung. Die Stellen, an denen Entscheidungen getroffen werden, verschieben sich innerhalb der Unternehmensstrukturen. Dadurch ändern sich nicht nur die Adressaten der Berichte, auch die Inhalte müssen an die neuen Empfänger angepasst werden. In der Regel ist es nicht möglich, den bisherigen Controllingbericht des Abteilungsleiters als Entscheidungsgrundlage für die auf die Ebene der Sachbearbeiter verschobene Entscheidung zu verwenden. Dabei sind auch Erfahrung, Ausbildung und Fähigkeiten zur Dateninterpretation zu beachten. Vollkommen verändern sich die Berichte, wenn sie in autonomen Abläufen verwendet werden.

6.5   Berichtsverteilung

Die Berichterstattung des Controllings verändert sich durch die Transformation eines Unternehmens in ein digitales Geschäftsmodell. Es gibt wesentlich mehr Berichtsempfänger, die Daten müssen schneller an den Empfänger gebracht werden und es gibt neue, digitale Berichtsarten. Das muss Einfluss haben auf die Art und Weise, wie die Berichte verteilt werden. Die auch in analogen Geschäftsmodellen verbreitete BI (Business Intelligence) erhält eine weitere Aufwertung. Die Verteilung der Daten direkt in die digitalen Abläufe benutzt vollkommen neue Wege. Ein Trend, das Self Service Controlling, verstärkt sich weiter und bedarf der Steuerung durch das Controlling.

6.5.1   Business Intelligence

BI-Systeme sind schon seit vielen Jahren in den Unternehmen vorhanden, um Controllinginhalte komfortabel und schnell an die Empfänger zu transportieren. Dabei handelt es sich um Anwendungen, die auf definierte Datenbestände aufsetzen und vorbereitete Berichte den Nutzern zur Verfügung stellen. Der Leser der Berichte kann bestimmte Einstellungen vornehmen, die den Report an die Informationsbedürfnisse anpassen, soweit diese Funktionen durch das Controlling für den jeweiligen Nutzer freigegeben sind:

- Die wichtigste Einstellung in BI-Berichten ist der Zeitbezug. Der Leser des Berichts kann die Zeiträume, für die der Bericht angezeigt werden soll, auswählen. Dabei sind einige Regeln zu beachten. So können Monatsberichte nur auf ganze Monate eingestellt werden, Vergleichszeiträume müssen die gleiche Länge haben usw.

- Die Datenbasis kann im Rahmen der sinnvollen Möglichkeiten angepasst werden. So können z. B. alle oder einzelne Artikel angezeigt werden, die Kunden aller Verkaufsbezirke oder nur die von einzelnen Verkäufern, die Verbrauchsdaten aller Fahrzeuge oder nur die der PKW ausgewertet werden.

- Der Leser des Controllingberichtes kann Daten, die in Listenform ausgegeben werden, durch Zwischensummen gliedern und dadurch die Darstellung der Daten übersichtlicher gestalten.

- Wenn der Controller dies vorgesehen hat, kann der Berichtsempfänger die Darstellungsart ändern. So wird aus einer Liste eine Grafik, deren Typ vom Nutzer des Systems an seine Wünsche angepasst werden kann.

- Eine wichtige Möglichkeit in Berichten, die über BI verteilt werden, ist die Drill-Down-Funktion. Mit einem Klick auf einen berechneten Wert werden dann die dazugehörigen Daten angezeigt. In der Regel handelt es sich dabei um Summen, deren einzelne Positionen dann aufgeblättert werden, oder um Schlüssel, die für eine andere Sichtweise sorgen. Das ermöglicht es dem Leser des Berichts, detailliertere Informationen gezielt für die Bereiche abzurufen, die ihn interessieren. Diese Funktion muss im Bericht programmiert sein. Dafür bieten BI-Systeme Standardwerkzeuge.

Beispiel: Umsatzinformationen

Über den Umsatzbericht im BI-System werden die Absätze, Umsätze und Preise der einzelnen Artikel angezeigt. Mit einem Klick auf die Artikelnummer wird der Umsatz dieses Artikels auf Tagesbasis angezeigt, wird auf die Umsatz-, Absatz- oder Preisangaben geklickt, werden die Daten für diesen Artikel je Onlineshop angezeigt.

Verkaufsdaten Artikel			
Zeitraum:	Jan-Mrz		
Artikel	Absatz	Umsatz	Preis
4711	580	6.269,20	10,81
4712	710	10.877,20	15,32
4780	1240	6.795,20	5,48
4850	100	3.781,00	37,81
4851	741	6.824,61	9,21
4892	301	4.647,44	15,44
5001	501	7.675,32	15,32

Abb. 30: BI-Bericht ohne Drill Down

Verkaufsdaten Artikel			
Zeitraum:	Jan-Mrz		
Artikel	**Absatz**	**Umsatz**	**Preis**
4711	580	6.269,20	10,81
4712	710	10.877,20	15,32
4780	1240	6.795,20	5,48
31.03.	14	3.781,00	5,51
30.03.	74112	6.824,61	5,62
29.03.	3019	4.647,44	5,53
28.03.	5015	7.675,32	5,53

Abb. 31: BI-Bericht mit Drill Down auf Tagesumsatz

Verkaufsdaten Artikel			
Zeitraum:	Jan-Mrz		
Artikel	**Absatz**	**Umsatz**	**Preis**
4711	580	6.269,20	10,81
4712	710	10.877,20	15,32
4780	1240	6.795,20	5,48
Shop 1	570	3.414,30	5,99
Shop 2	312	2.052,96	6,58
Plattform	358	1.327,94	3,71
4850	100	3.781,00	37,81

Abb. 32: Bericht mit Drill Down auf Shops

Die Aufgabe des Controllings in BI-Systemen ist dreigeteilt:

1. Im Controlling wird die Datenbasis gepflegt. In der Regel gibt es einen Datenbestand, einen Cube oder Würfel, der regelmäßig aus den Anwendungsprogrammen wie ERP, CAD usw. gefüllt wird. Die Aktualisierung und Sicherstellung der Datenqualität liegt im Verantwortungsbereich des Controllings.
2. Die im BI-System verfügbaren Berichte werden vom Controlling aufgebaut. Neben den Inhalten werden die Individualisierungsmöglichkeiten (Auswahl, Darstellung, Drill Down …) bestimmt.
3. Um die Zugriffe auf die unterschiedlichen Berichte und Datenbestände zu steuern, vergibt das Controlling die Berechtigungen an die einzelnen Berichtsempfänger. Damit wird sichergestellt, dass diese nur die Berichte und Inhalte nutzen können, die ihnen für ihre Aufgabe zustehen.

Mit diesen Aufgaben, die nur der Controller erfüllt, bleibt das Controlling verantwortlich für die gesamte Berichterstattung.

Beispiel: Grundrechenarten

Die BI-Systeme nehmen die Daten aus den gewählten Datenbeständen und machen daraus die Berichte. Die Daten werden dabei nicht verändert. Möglich sind Berechnungen innerhalb des Berichtes, also Summen, Durchschnitte, Anteile und Ähnliches, also etwas mehr als die Grundrechenarten. Sollen die zu berichtenden Daten verarbeitet werden, z. B. eine Kostenverteilung notwendig sein, muss dies im Controlling in einem vorgelagerten System geschehen. Der Berichtsempfänger kann dies nicht.

6.5.2   Berichte an autonome Anwendungen

Auch IT-Anwendungen in traditionellen Geschäftsmodellen enthalten autonome Entscheidungen, die über Regeln, Tabellen und Grenzwerte gesteuert werden. Damit werden z. B. Kontonummern in der Buchhaltung generiert oder Preisvereinbarungen mit Kunden gefunden. Im Unterschied dazu sind die autonomen Abläufe in digitalen Geschäftsmodellen wesentlich häufiger anzutreffen, die autonom getroffenen Entscheidungen wesentlich komplexer. So wird z. B. die Verteilung von benötigten Produktmengen innerhalb von Industrie 4.0 aufgrund von freien Kapazitäten, Kosten und Durchlaufzeiten vorgenommen. Damit steigt auch die Komplexität der für die autonomen Entscheidungen benötigten Datenmengen.

Je nach der benötigten Aktualität der Daten für die autonomen Entscheidungen müssen die Berichte des Controllings angepasst werden. Dass die Reports vollständig anders aussehen als die Berichte in Form von Listen oder Grafiken liegt am »Empfänger« der Informationen. Digitale Abläufe benötigen die Daten für die Entscheidungen in digitaler Form. Dazu werden Tabellen verwendet, die mit den notwendigen Inhalten gefüllt sind.

- Viele Tabellen werden unabhängig davon, ob sie aktuell gebraucht werden, gefüllt und nur dann angepasst, wenn sich Änderungen ergeben. Die Werte sind also sehr stabil, Veränderungen sind selten. Meist erfolgt die Anpassung manuell oder mittels individueller Programme. Oft ist für diese Aufgabe der Fachbereich zuständig. Da die Ergebnisse im Controlling landen, sollte dort zumindest eine Kontrollfunktion vorhanden sein.

Beispiel: Umsatzsteueränderung

Ein typisches Beispiel für eine relativ starre Datensituation wäre es, wenn Nummern von Umsatzsteuerkonten gefunden werden müssen. Die zu berechnende Umsatzsteuer wird in Abhängigkeit von Produktgruppe und Kundengruppe ermittelt. Verändern sich die Steuersätze, verändert sich auch die Kontonummer, da die Umsatzsteuer in der Buchhaltung auf ein Konto je Steuersatz verbucht wird. So ist eine Kontrolle der Brutto- und Nettoumsätze auch im Controlling möglich (Umsatzsteuerverprobung). Wenn sich also die Steuersätze der Umsatzsteuer ändern, gibt es neue Kontonummern, die in der Tabelle eingetragen werden müssen.

In digitalen Geschäftsmodellen spielt die Umsatzsteuer eine wichtige Rolle, wenn z. B. im Onlineshop an ausländische private Verbraucher verkauft wird. Dann sind Tabellen für alle Länder, in die geliefert wird, notwendig. Die Wartung wird sehr komplex, Fachwissen ist erforderlich. Das Controlling muss sicherstellen, dass auch diese Inhalte korrekt sind und in den Controllingberichten für die autonomen Abläufe richtig verarbeitet werden.

- Die nächste Stufe der Controllingberichte an autonom arbeitenden Anwendungen verbessert die Aktualität der bereitgestellten Daten. Die Tabellen werden beim Start einer digitalen Anwendung gefüllt. Das ist nur dann sinnvoll, wenn die Programme immer wieder neu gestartet werden, also nicht permanent laufen. Das ist z. B. bei der Produktionsplanung der Fall, die vielleicht täglich einmal gestartet und sonst nur in kleinerem Ausmaß automatisch optimiert wird.
Der Controllingbericht in Form der Tabelle wird jedes Mal beim Start der Anwendung gefüllt. Die Daten werden unter Berücksichtigung der Vorgabe von Regeln, Formeln und Grenzwerten aus dem Controlling ermittelt und digital zur Verfügung gestellt. Die Verantwortung für die Daten liegt im Controlling. Eine regelmäßige Kontrolle der Bedingungen und der Ergebnisse ist notwendig, um eine ausreichende Datenqualität zu gewährleisten.

Beispiel: Fertigungsplanung

Bei der täglichen Fertigungsplanung innerhalb von Industrie 4.0 müssen die Daten vieler in der Wertschöpfungskette beteiligter Partner, Kunden und Lieferanten berücksichtigt werden. Die innerhalb des Systems verteilten Informationen über Bedarfe, freie Kapazitäten und Lagerbestände müssen regelkonform aufbereitet und zur Verfügung gestellt werden. Intern werden die Werte aus den Beständen der Partner aufbereitet, um die fehlende Genauigkeit, zu der es in der Vergangenheit gekommen war, auszugleichen oder um eigene Sicherheitspolster zu schaffen. Die Verantwortung für diese Daten liegt beim Controlling.

- Controllinginhalte mit der höchsten Aktualität werden während der Anwendung dann berechnet und zur Verfügung gestellt, wenn sie tatsächlich benötigt werden. Es handelt sich um Daten, die sich sehr schnell ändern, von vorhergehenden Anwendungen abhängig sind und einen wesentlichen Einfluss auf die autonomen Abläufe haben. Das Controlling sorgt dafür, dass die für die Ermittlung der Werte notwendigen Informationen verfügbar sind und legt auch hier die Regeln, Formeln und Grenzwerte fest. Der Controllingbericht entsteht direkt in der Anwendung, wenn die Informationen benötigt werden.

> **! Hinweis: Überprüfung notwendig**
>
> Diese Form des Controllingberichtes ist sehr flüchtig. Der Wert wird ermittelt, die Entscheidungen werden getroffen, der nächste Vorgang folgt. Um die Verantwortung für diese Form des Controllingberichtes wahrnehmen zu können, muss das Controlling eine Möglichkeit haben, sowohl die ermittelten Werte, die dazu verwendeten Daten als auch die Entscheidung selbst zu prüfen. Dazu ist eine Protokollierung der Vorgänge in der digitalen Anwendung notwendig.
>
> Das ist möglich, da die Protokollierung programmiert werden kann. Eine dauernde Protokollierung vieler autonomer Entscheidungen mit den dazugehörigen Controllingdaten kostet Zeit und Speicherkapazität. Darum gibt es die Möglichkeit, die Protokollierung an- und auszuschalten. Nur für den Fall, dass es Probleme mit den Entscheidungen gibt oder dass eine regelmäßige Überprüfung ansteht, wird die Protokollfunktion aktiviert.
>
> Eine andere Form der Prüfung der autonomen Entscheidung und der dort verwendeten Controllingdaten besteht in Tests der digitalen Anwendungen. Dazu wird in einem Testsystem der Ablauf mit unterschiedlichen Werten geprüft. Schnelle Erkenntnisse liefert diese Prüfung dann, wenn Extremfälle verwendet werden und wenn die Werte so gewählt werden, dass sie die vorgegebenen Grenzen gerade über- oder unterschreiten.

Beispiel: Zahlungsverhalten des Debitors

Bei digitalen Vertriebswegen spielt die Geschwindigkeit, mit der eine Bestellung ausgeführt wird, eine wichtige Rolle für den Erfolg des digitalen Geschäftsmodells. Schnelle Entscheidungen noch während des Bestellvorganges zur Lieferfähigkeit des Produktes und zur Bonität des Kunden sind notwendig. Dazu wird z. B. der offene Saldo des Kundenkontos abgefragt, das bisherige Zahlungsverhalten hat ebenfalls Einfluss auf die Entscheidungen, einen Kunden gegen offene Rechnung zu beliefern.

Diese Informationen müssen in der digitalen Anwendung schnell und trotzdem zuverlässig zur Verfügung stehen. Das Controlling stellt dafür die notwendigen Regeln auf und definiert die Daten, die aus der Buchhaltung kommen und zur Kennzahl »Zahlungsverhalten« verdichtet werden. Grenzwerte werden dabei gemeinsam mit der Debitorenbuchhaltung und dem Vertrieb abgestimmt.

Auch in digitalen Geschäftsmodellen gibt es eine Vielzahl von Aufgaben, die von menschlichen Nutzern mithilfe digitaler Anwendungen erledigt werden müssen. Oft beinhalten diese Aufgaben auch das Lösen von Problemen, die autonom nicht verarbeitet werden konnten. Grundsätzlich erhalten die Nutzer bei ihrer Arbeit Hinweise zu den Objekten der Verarbeitung, für die sie ihre eigenen Entscheidungen treffen. Die Controllingberichte für die autonomen Anwendungen werden dann – selbstverständlich aktuell aufbereitet für den menschlichen Berichtsempfänger – direkt in die Anwendung gegeben.

In der Anwendung können die Werte z. B. auf einem Bildschirm dargestellt werden. Um Grenzüberschreitungen anzuzeigen, werden oft Farben verwendet oder Warntöne ausgegeben. Es gibt oftmals geäußerte Ansichten, dass es sich bei diesen Berichten, die direkt in durch den Menschen gesteuerte Anwendungen gegeben werden, aber auch die Berichte, die für die autonomen Anwendungen erzeugt werden, nicht um Controllingberichte handle. Es würden nur Zahlen aus dem Datenbestand genutzt werden. Die Kritiker übersehen, dass die Zahlen genau definiert sein müssen. Die Qualität der Inhalte muss gewährleistet werden, für Aktualität muss gesorgt sein. Es muss also jemanden geben, der Verantwortung für diese Daten trägt. Das ist das Controlling. Die Menge der entscheidungsrelevanten Daten, die für Anwendungen verwendet werden, in denen autonome Entscheidungen getroffen werden, wird immer größer. Das muss dazu führen, dass das Controlling in die Planung und Gestaltung dieser Prozesse eingebunden wird.

6.5.3 Self-Service-Controlling

Die Digitalisierung hat aus vielen Menschen IT-Fachleute gemacht, zumindest verfügen sie über ausreichende Fähigkeiten, um Apps selbst zu laden, zu installieren und zu nutzen. Die Bedienung digitaler Endgeräte gehört inzwischen weltweit zur Grundfähigkeit eines normal gebildeten Menschen. Die Leistung der IT-Fachleute wird weniger nachgefragt. Ähnliches geschieht aktuell mit dem Controlling. Der Trend zum Self-Service-Controlling wird durch die digitalen Geschäftsmodelle weiterhin wachsen.

- In den digitalen Geschäftsmodellen werden von den Dienstleistern für die einzelnen Funktionen umfangreiche Datenbestände geliefert. Diese werden vom Mitarbeiter in der Fachabteilung als mögliche Datenbasis für seinen Informationsbedarf genutzt. Das ist für ihn Tagesgeschäft.
- Die zunehmende Verbreitung von BI-Systemen verteilt das Wissen über die einfachen Funktionen dieser Tools. Die Auswertung der Datenbestände ist in den Augen der Controlling-Laien sehr einfach, die zugestandenen Funktionen reichen den Nutzern.
- Der Druck auf die Mitarbeiter der Fachbereiche, im Rahmen digitaler Geschäftsmodelle schnelle Entscheidungen zu treffen, wächst. Damit wächst auch der Bedarf an schnellen Informationen. Das Controlling bremst dabei, wenn es seine Aufgabe, die Qualität der Berichte zu gewährleisten, ernst nimmt.

Daher wird Self-Service-Controlling als Lösung präsentiert. Der Empfänger der Controllingdaten erhält dabei keinen fertigen Report. Er erhält Zugriff auf die Datenbestände und kann dann mit einem Tool, das dem BI-System sehr ähnlich, oft sogar ein Teil davon ist, die Reports selbst aufbauen und gestalten. Durch diesen Trend wird weitere Verantwortung in die Fachabteilung, manchmal sogar auf die operative Ebene verlagert. Self-Service-Controlling hat wesentliche Vorteile, aber auch gefährliche Nachteile.

- In der Fachabteilung können die benötigten Berichte aktuell erstellt werden. Sie sind dann, wenn sie gebraucht werden, zeitnah verfügbar. Der Nutzer muss allerdings selbst beurteilen, ob die Daten tatsächlich aktuell und inhaltlich in Ordnung sind.
- Die Befürworter des Self-Service-Controllings führen an, dass auf diesem Weg nur die Berichte entstehen, die operativ tatsächlich benötigt werden. Viel Controllingarbeit könne eingespart werden.
- Die Berichte lassen sich durch die Ersteller im Fachbereich schneller an aktuelle Veränderungen anpassen. Veränderte oder neue Märkte, zusätzliche Marketingmittel oder neue technische Entwicklungen in Industrie 4.0 können so schnell in den Berichten nachvollzogen werden.
- Für alle Entscheidungen im Unternehmen dürfen als Grundlage nur solche Daten verwendet werden, die exakt definiert sind. Fehlerhafte oder falsch interpretierte Daten führen unweigerlich zu falschen Entscheidungen. Die Datenqualität in Self-Service-Organisationen muss intensiv geprüft sein.
- Die Auswertungen der vorhandenen Datenbestände müssen anhand von vorgegebenen Formeln und Regeln erfolgen. Diese sind den Mitarbeitern ohne Controllingkenntnisse nicht immer bekannt. Die Ergebnisse, z. B. in Form von Kennzahlen, werden falsch berechnet.
- Jeder Fachbereich ist nur ein Teil des Gesamtunternehmens. Die Arbeit dort hat Auswirkungen in vielen anderen Bereichen. Daher muss auch über Inhalte berichtet werden, die nicht originär zum operativen Aufgabenbereich gehören. Das wird beim Self-Service-Controlling nicht immer korrekt erledigt.

Trotz der gravierenden Nachteile kann Self-Service-Controlling erfolgreich sein. Das Controlling muss weiter Verantwortung tragen – auch für diesen Bereich. Die Arbeit in den Fachbereichen darf nicht gegen das Controlling, sondern muss mit ihm erfolgen. Die Grenzen und die Regeln für das Self-Service-Controlling werden vom Controller vorgegeben. Um die Akzeptanz in den Fachabteilungen zu erhöhen, sollten die Grundstrukturen gemeinsam festgelegt werden.

- Das Controlling beschafft die Daten und stellt sie nach ihrer Prüfung und Aufbereitung für das Self-Service-Controlling zur Verfügung. Dabei ist auf eine hohe Aktualität zu achten.
- Das Controlling entwickelt gemeinsam mit den Fachbereichen grundsätzliche Berichte, die für vollständige und korrekte Berechnungen sorgen. Diese können dann im Self-Service-Controlling als Grundlagen verwendet werden.

- Fachbereich und Controlling entwickeln Regeln, mit denen die Korrektheit der Berechnungen geprüft werden kann (z. B. Abstimmung über Summen).
- Gemeinsam prüfen Controlling und Fachbereich regelmäßig die Ergebnisse der selbsterstellten Berichte.
- Das Controlling erstellt weiterhin Berichte mit übergeordneten, weniger operativen Inhalten und verteilt diese wie gewohnt. Dabei muss auf Einsparpotenzial geachtet werden. Wenn operative Inhalte bereits durch die Berichtsempfänger erstellt werden, kann im Controlling Zeit gespart werden.

Beispiel: Typische Fehler

Auch wenn das Controlling versucht, die selbstständige Berichterstattung in den Fachbereichen zu steuern, kommt es immer wieder zu Fehlern in den Reports. Typische Fehler sind die folgenden:

- Die Berichte arbeiten mit nicht aktuellen Daten und/oder haben einen falschen Zeitbezug. Vergleiche werden mit unterschiedlich langen Zeiträumen ausgeführt.
- Die im Bericht verwendeten Daten sind unvollständig. Durch vorhergehende Sortierungen und Auswahlen fehlen Teile, die nicht als fehlend erkannt werden.
- Die Verwendung falscher Berichtspositionen machen wichtige Entwicklungen unsichtbar. So sorgen z. B. falsche Skalen in Diagrammen dafür, dass Schwankungen zu klein aussehen oder dass niedrige Werte nicht dargestellt werden.
- Für die Berechnung von Kennzahlen werden falsche Formeln verwendet. So kann z. B. die Lagerreichweite mit einem Umsatz der letzten drei Monate berechnet werden, vorherige Vergleichszahlen wurden allerdings mit einem Jahresumsatz berechnet.

Die Berichterstattung im Controlling wandelt sich mit den Möglichkeiten der Digitalisierung. Besonders in digitalen Geschäftsmodellen ist die Veränderung deutlich zu spüren. Die statischen Controllingberichte, die erstellt und ohne Kommunikation verteilt werden, sind selten geworden. BI-Systeme ermöglichen eine flexible Anpassung der Berichte an die Bedürfnisse des Empfängers. Mit Dashboards wird die aktuelle Berichterstattung systematisiert. Die Chancen, die digitale Abläufe und Hilfsmittel für eine echte Kommunikation zwischen Controlling und Berichtsempfänger bieten, sollten genutzt werden. Die Diskussion der Controllingberichte, z. B. in einer Videokonferenz, hilft beiden Seiten. Die Berichtsempfänger verstehen die Berichte, im Controlling werden die Bedürfnisse der Fachbereiche nach Information verstanden. Eigentlich eine Win-Win-Situation.

7 Berichte von Extern

Dank der rasanten Entwicklung in der digitalen Technik spielen technische Kapazitäten für die Digitalisierung keine begrenzende Rolle mehr. Es gibt ausreichend Speicherplatz zu geringen Kosten. Die Organisation der Speicherung wird weiter optimiert und reduziert die benötigten Ressourcen immer weiter. Daher werden die großen Datenmengen, die in digitalen Geschäftsmodellen anfallen, vollständig aufbewahrt. Die Informationen aus den Onlineshops, den App-Stores, den Social-Media-Plattformen, den Industrie-4.0-Anwendungen oder einfach nur der Suchmaschinennutzung bleiben erhalten und können in Berichtsform abgerufen werden. Ein traumhafter Zustand für jeden Controller.

Hinweis: Schutz der personenbezogenen Daten !

Der Schutz der personenbezogenen Daten ist nicht überall auf der Welt so stark wie in der EU. Er scheint aber für die betroffenen Menschen auch nicht so wichtig zu sein, denn sie geben millionenfach den Anbietern digitaler Leistungen weitgehende Rechte für die Verarbeitung der bei der Nutzung von digitalen Anwendungen entstehenden Daten. So müssen personenbezogene Daten in der EU gelöscht werden, wenn sie nicht mehr benötigt werden. Auf dieses Recht verzichten die Nutzer von Shops, Plattformen oder Suchmaschinen durch die Akzeptanz der AGB. Sie haben auch keine andere Möglichkeit, wollen Sie die digitalen Angebote nutzen.

Dabei dürfte nur wenigen klar sein, dass Google heute noch weiß, welche Suchanfragen von einem Nutzer vor 10 oder 15 Jahren getätigt wurden. Das Internet vergisst nie, dieser Spruch gilt ohne Einschränkungen. Diese Daten aus Suchmaschinen, Shops oder Social-Media-Plattformen stehen zwar nicht uneingeschränkt und offen jedem Nutzer zur Verfügung, können aber im großen Umfang berichtet werden. In der Verantwortung des digitalen Controllings liegt es dann, die Informationen aus den externen Berichten regelkonform zu verwenden. Das ist nicht immer leicht, zu verführerisch ist der mögliche Gewinn. Wenn es jedoch zu einem Missbrauchsskandal kommt, kann der Schaden für das Unternehmen im digitalen Geschäftsmodell dramatisch sein.

Zu unterscheiden sind drei Typen von digitalen Informationen, die sich das Unternehmen aus dem Netz beschaffen lassen kann:

1. Es gibt Datensammlungen im Netz, die ohne jegliche Vertragsbeziehung jedem Interessierten zur Verfügung stehen. Diese digitalen Angebote kommen oft von staatlichen oder staatsnahen Stellen oder von privaten Organisationen. Ein Beispiel dafür sind die offiziellen Wechselkurse zum Euro, die von der Bundesbank allen Interessierten auf der öffentlichen Website sehr detailliert zur Verfügung gestellt werden.

2. Die bei der Nutzung eines digitalen Angebotes entstehenden Daten werden vom Anbieter der Dienstleistung, z. B. der Verkaufsplattform, in externen digitalen Berichten zur Verfügung gestellt. Die Daten werden u. a. für die Abrechnung der

Leistung benötigt oder werden als zusätzlicher Service zur eigentlichen Leistung mitgeliefert. Verkaufsstatistiken, Klickraten und viele andere Inhalte stehen zur Verfügung.

3. Die bei der Nutzung von Social-Media-Plattformen wie Facebook, Instagram, TikTok usw. entstehenden Daten werden aufbereitet und an Dritte verkauft. Das ist eine Einnahmequelle für Unternehmen, die diese digitalen Geschäftsmodelle nutzen. Die externen Berichte werden im Unternehmen in Marketingabteilungen, für die Entwicklung von Produkten, im Einsatz bei Produktionsverfahren oder eben im Controlling verwendet.

Grundsätzlich sind viele Berichte mit vielen Daten gut, da sie die Voraussetzung sind für gute Ergebnisse der Planung und damit bei der Unternehmenssteuerung. Im öffentlichen Netz schaffen die Daten Transparenz auf den Märkten. Viele Informationen stehen allen Interessierten offen. Auch kleine Unternehmen und Start-ups ohne eigene Controllingabteilung können sich Berichte über ihre Märkte, ihre Produkte und technische oder rechtliche Informationen kostengünstig aufbauen. Vor allem die Nutzung von Cloud-Services versorgt die Unternehmen mit den notwendigen Daten für die Beurteilung und Steuerung der operativen Arbeit. Unter Beachtung der Chancen und Risiken externer Berichte kann eine Einbindung in die eigene Controllingarbeit erfolgen.

7.1   Ein besonderes Angebot digitaler Dienstleister

Die Anbieter von digitalen Leistungen steuern sowohl die technischen Kapazitäten als auch die kaufmännische Profitabilität durch eine detaillierte Beobachtung der Aktivitäten innerhalb ihres Systems. Die dabei anfallenden Daten werden einerseits zur Abrechnung mit den Kunden benötigt, da viele Leistungen variabel in Abhängigkeit von der Nutzung bezahlt werden. Diese Daten stehen dem Kunden, also dem Unternehmen des Controllers, mit der Abrechnung in Form von digitalen Berichten zur Verfügung.

Gleichzeitig wissen die Betreiber von Onlineshops, Cloud-Services oder Kommunikationsplattformen, dass ihre Kunden das eigene Geschäft steuern müssen. Da es sich hier um digitale Geschäftsmodelle handelt, spielt Geschwindigkeit und damit Aktualität der Berichte für Entscheidungen eine wichtige Rolle. Darum muss die eigentliche digitale Leistung, der Onlineshop, die Plattform usw., durch zusätzliche Serviceangebote erweitert werden. In den so entstehenden externen Berichten enthalten sind Auswertungen der Aktivitäten, die bei der Nutzung der digitalen Dienstleistung angefallen sind. Diese werden in Form von Daten zur Verfügung gestellt.

Die Art des Angebotes, das der Dienstleister seinen Kunden macht, ist abhängig von der Art des digitalen Geschäftsmodells, das betrieben bzw. genutzt wird. Die folgende Tabelle zeigt typische Beispiele aus der Vielfalt möglicher Berichtsinhalte, die auch im Controlling genutzt werden können.

Dienstleistung	Daten	Bemerkung
Cloud-Dienste	Speicherbelegung	• Volumen der in der Cloud gespeicherten Daten für Abrechnung und Steuerung technischer Investitionen
	Dauer der Nutzung	• Dauer der Zugriffe auf die Anwendung in der Cloud zur Abrechnung
	Anzahl der Zugriffe	• Zahl der Zugriffe auf die Anwendung, auf bestimmte Daten usw. zur Abrechnung und zur Beurteilung der Arbeit auf unterschiedliche Systemteile
	Anzahl Nutzer	• Für die Abrechnung und für die Steuerung weiterer technischer Entwicklung
Suchmaschinen	Anzahl der Anfragen	• Entwicklung des Interesses an dem Suchbegriff (Unternehmen, Produkte …), • Beurteilung von Marketingaktionen, • Marktveränderungen
	Herkunft der Anfragen (technisch)	• Gerät, mit dem gesucht wird, • Beurteilung von Interesse mit Zuordnung zu Technik
	Herkunft der Anfragen (regional)	• Regionales Interesse am Suchbegriff, also am Unternehmen, Produkt …
	Informationen über Nutzer	• Alter und Geschlecht, • Beurteilung von Marketingaktionen

Dienstleistung	Daten	Bemerkung
Onlineshop	Besucher, Kunden	• Anzahl und zeitliche Verteilung der Besucher im Shop, • Anteil der kaufenden Besucher, für Steuerung von Marketing- und Vertriebsaktivitäten
	Herkunft der Besucher (technisch)	• Gerät, das für den Zugriff auf den Onlineshop genutzt wird, • Beurteilung der Besucher und Kunden, • Steuerung der Verkaufspreise
	Herkunft der Besucher (regional)	• Regionales Interesse, regionale Verkäufe für Steuerung der Vertriebsaktivitäten
	Herkunft der Besucher (Aktionen)	• Kommt der Besucher durch eigene direkte Suche, den Link einer Website, durch eine Marketingaktion, • Beurteilung und Steuerung der Marketingaktivitäten
	Klickraten	• Interesse der Besucher bzw. Kunden für einzelne Produkte, Informationen usw., • Steuerung der Produktdarstellung, • Berechnung von Kennzahlen mittels Kosten des Shops oder der Produktdarstellung zu Anzahl der Klicks
	Warenkörbe	• Anzahl und durchschnittliche Größe der Warenkörbe, • Berechnung von Kennzahlen mittels Kosten des Shops zu Warenkorbinhalten
	Retourenquoten	• Rückgaben laut gesetzlicher Vorschrift oder Servicepolitik des Unternehmens, • Berechnung von echten Umsätzen aus Verkäufen, • Kosten für Retouren
	Informationen über Besucher	• Alter, Geschlecht, Erstkunden, Marketingaffinität usw. • vorherige Herkunft für die Steuerung von Vertriebs- und Marketingaktivitäten

Dienstleistung	Daten	Bemerkung
Industrie-4.0-Services	Anzahl Anfragen	• Anzahl der Anfragen zur Disposition in der Lieferkette, • Potenzial für Absatz
	Anzahl Buchungen	• Anzahl der tatsächlich eingebuchten Vormerkungen oder Planungen, • Potenzial des Absatzes, • Kapazitätsoptimierung
	Wert Bestellungen	• Wert der tatsächlich gelieferten Waren über den digitalen Weg Industrie 4.0, • Feststellung des Erfolges, • Kennzahlen mit Kosten und Erfolg
	Anzahl Abweisungen	• Anzahl der abgelehnten Einbuchungen, zeigt Kapazitätsprobleme oder Probleme mit der Beschaffung, • Steuerung der Investitionsplanung
	Termintreue	• Lieferprobleme der Lieferanten und der eigenen Fertigung, • Beurteilung von Partnern im digitalen System
	Bestände	• Bestandswerte eigener Vorräte und die der Partner, • Erfolgskontrolle, • Kennzahlen mit Kosten und Bestandssenkungen
Soziale Medien	Leser, Follower	• Anzahl Besucher des Auftritts in den sozialen Medien, • Anzahl von Followern, • Möglichkeiten, Herkunft und individuelle Informationen der Besucher und Follower auszuwerten
	Likes	• Anzahl Zustimmung oder Ablehnung der Beiträge in sozialen Medien, • Erfolg der Aktivitäten
	Verbreitung	• Empfehlung oder Teilen der Beiträge, • Reichweite und Erfolg der Aktivitäten
	Weiterleitung	• Klick auf vorgegebene Links, z. B. in den Onlineshop, • Erfolg der Aktion in sozialen Medien

Dienstleistung	Daten	Bemerkung
Dienstleistung für Sicherheit	Anzahl Prüfungen	• Zahl der Sicherheitsprüfungen oder -aktivitäten, für Abrechnung, • Kosten pro Prüfung, • Steuerung der Investitionen in IT-Sicherheit
	Anzahl Angriffe	• Zahl der Angriffe oder versuchtes Eindringen, für Abrechnung, • Kosten pro Gefährdung, • Steuerung der Investitionen in IT-Sicherheit
	Herkunft Angreifer (technisch)	• Technische Ausrüstung der Angreifer, • Beurteilung der Bedrohung
	Herkunft Angreifer (regional)	• Regionale Verteilung der Angreifer, • Beurteilung der Bedrohung

Tab. 26: Wichtige Daten von externen Dienstleistern

Dienstleister für digitale Anwendungen gewinnen in digitalen Geschäftsmodellen an Bedeutung. Viele der notwendigen digitalen Abläufe werden externen Dritten übertragen. Dabei entstehen Daten, die im Unternehmen vor allem vom Controlling genutzt werden, um die eigenen Aktivitäten zu steuern und Pläne aufzustellen bzw. deren Realisierung zu kontrollieren. Diese Daten sind eine wichtige Ergänzung zum eigenen Datenbestand.

!

Hinweis: Zugriff sichern

Die Daten externer Dienstleister werden aufgrund der großen Mengen in der Regel nicht in die Speicher des Unternehmens transportiert. Sie bleiben beim Dienstleister, stehen dort als externe Berichte zur Verfügung. Wenn die Daten auch für zukünftige Auswertungen wichtig sind, müssen Vorkehrungen für einen sicheren Zugriff auch in der Zukunft getroffen werden. Fragen nach den Rechten an den Daten, wenn die Zusammenarbeit beendet wird, oder nach dem Zugriff, wenn der Dienstleister sein Angebot einstellt, müssen geklärt werden. Es bietet sich an, vorsichtshalber einen neutralen Ort für die Aufbewahrung einer Datenkopie zu vereinbaren, wenn die Chance zu einem individuellen Vertrag besteht. Ansonsten muss der Controller die entsprechenden Vorkehrungen treffen, z. B. eine eigene Kopie in der Cloud unterbringen oder zumindest verdichtete Werte (Summen, Durchschnitte, Veränderungen …) selbst speichern.

7.2 Digitale Angebote im Netz, kostenlos und kostenpflichtig

Das Internet ist eine Quelle für viele digitale Informationen, die auch ohne die Nutzung von Services angeboten werden. Einige Datenbestände werden kostenlos zur Verfügung gestellt, andere können gekauft werden. Nicht immer muss es dabei eine vertragliche Beziehung zwischen dem Unternehmen und dem Anbieter im Netz geben. Viele dieser Angebote werden im Unternehmen genutzt, vorwiegend im Bereich des Marketings oder der Technik mit den Bereichen Entwicklung und Fertigung. Einige Berichte können auch im Controlling eingesetzt werden.

7.2.1 Daten kaufen

Es gibt Anbieter im Netz, deren Geschäftsmodell ist das Sammeln vieler digitaler Daten und deren Verkauf. Besonders interessant sind Berichte über private Verbraucher, die vom Marketing verwendet werden können. Dazu werden die Aktivitäten der Menschen im Netz protokolliert und analysiert. Besondere Datensammler sind die sozialen Medien, wo sozialer Status, Vorlieben und bisheriges Verhalten ermittelt werden. Andere Datenhändler bieten den Zugriff auf technische Datenbanken an, wo Wissen z. B. zu Produktionsverfahren oder das Verhalten von Rohstoffen beschrieben ist.

> **Hinweis: Daten als »Material«-Kosten** !
>
> Immer mehr Produkte haben digitale oder digital unterstützte Funktionen. Diese arbeiten mit Daten, die zum Teil sehr aktuell sein müssen. So werden in der Landwirtschaft Roboter zur Feldbearbeitung entwickelt, die aktuelle Wetterdaten benötigen. Selbstfahrende Fahrzeuge benötigen aktuelle Daten über den Straßenverlauf und die Verkehrslage. Eine Beratungs-App für Finanzanlagen verwendet aktuelle Aktienkurse. Solche Datenbestände müssen zuverlässig zur Verfügung stehen. Die Kosten für entsprechende Verträge mit Datenlieferanten erhöhen die Kosten des Produktes. Sie müssen in der Kalkulation entsprechend berücksichtigt werden.

Die Nutzer im Unternehmen sind die Fachbereiche, die den Datenkauf in der Regel durchführen. Doch auch das Controlling kann profitieren. Die Informationen lassen sich zu Werten in Controllingberichten verdichten. So können aus den Daten für das Marketing Zielgrößen und Vergleichswerte im Vertriebscontrolling ermittelt werden. Technische Informationen können zur Planung eigener Verbräuche und Kosten eingesetzt werden.

Werden die externen Berichte gekauft, gibt es eine Definition der darin enthaltenen Daten. Diese muss mit der im Unternehmen verwendeten Definition in Übereinstimmung gebracht werden. Unter Umständen muss eine Anpassung in Form von Umrechnungen erfolgen. Für die Steuerung der Aktivitäten in den Fachbereichen, die solche Berichte kaufen und verwenden, sind die entstehenden Kosten wichtig. Diese können vom Volumen der Datenbestände abhängen oder von der tatsächlichen Nutzung in Form von Zugriffen.

7.2.2   Kostenlose Daten

Neben den im Internet gehandelten Datenbeständen bietet das Netz auch eine unübersichtliche Zahl an kostenlosen Berichten. Diese sind nicht immer automatisch
lesbar, sondern müssen aus den Webseiten, auf denen sich die Daten befinden, manuell übernommen werden. Einige Anbieter liefern auch Download-Möglichkeiten, über
die z. B. Excel-Tabellen mit den Daten erzeugt werden können.

Beispiel: Offizielle Wechselkurse

Für die Bewertung von Zahlungen, die in Fremdwährung erfolgt sind, werden die
offiziellen Wechselkurse benötigt. Diese werden von der Deutschen Bundesbank
in Frankfurt auf ihrer Website zur Verfügung gestellt. Dabei werden unterschiedliche Download-Formate angeboten.

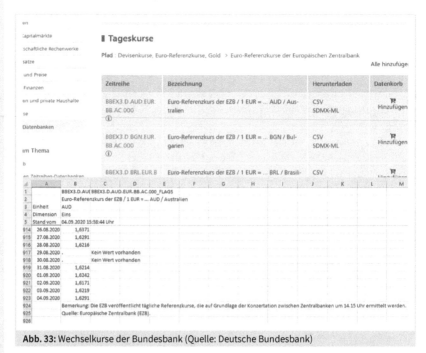

Abb. 33: Wechselkurse der Bundesbank (Quelle: Deutsche Bundesbank)

Die Abbildung zeigt im oberen Bereich den Ausschnitt der Website der Deutschen
Bundesbank, auf der die angebotenen Wechselkurse mit zwei Formaten, CSV für
Excel und SCMX-ML für den offenen Standard, abrufbar sind. Der untere Bereich
zeigt im Auszug den nach dem Abruf der CSV-Version entstandene Bericht in
Form einer Excel-Tabelle.

Wichtige, digitale und kostenlose Angebote im Netz für das Controlling werden von staatlichen Stellen wie Ministerien geliefert. Institutionen der öffentlichen Verwaltung wie die Bundesbank oder das statistische Bundesamt bieten weitere Berichte, die für die Unternehmenssteuerung und damit auch für das Controlling wichtig sind. Verbände, Vereine, andere Unternehmen oder Privatpersonen berichten ebenfalls digitale Daten, z. B. über Wikipedia oder auf der eigenen Website, deren Inhalte für Vergleichswerte, die Kalkulation oder Planung verwendet werden können.

Vor allem die öffentlichen staatlichen oder halbstaatlichen Stellen liefern eine Definition für ihre Daten mit. Diese ist nicht immer einfach zu interpretieren und muss mit den gewünschten Inhalten verglichen werden. Andere Anbieter liefern keine Beschreibung der veröffentlichten Daten. Dann ist deren Verwendung mit einer hohen Unsicherheit behaftet.

Für alle beschriebenen Möglichkeiten der Datenbeschaffung gilt, dass sich die Struktur der angebotenen Berichte verändern kann, wenn der Lieferant der Inhalte dies für notwendig hält. Eine Benachrichtigung der Nutzer dieser Berichte erfolgt nicht. Die kostenlosen Daten müssen also, gleichgültig aus welcher Quelle sie stammen, besonders vorsichtig genutzt werden.

Für das Controlling scheinen die beschriebenen Berichte aus externen Quellen, die nicht aus der Nutzung einer digitalen Dienstleistung stammen, wenig Brauchbares zu enthalten. Das trifft aber nicht immer zu:

- Bereits erwähnt wurde die Verwendung der Inhalte dieser externen Berichte als Vergleichswerte in Controllingberichten. Dort können Branchenwerte aus Verbandsveröffentlichungen oder Gesamtwirtschaftswerte, z. B. vom statistischen Bundesamt, Verwendung finden.
- Viele Verbände, wissenschaftliche Institute oder politische Organisation veröffentlichen Erwartungswerte für Parameter ihres Interessenbereiches. Diese können auch das eigene Unternehmen betreffen und für die Planung genutzt werden.
- Um die Unternehmenssituation richtig einschätzen zu können, müssen Kennzahlen z. B. zur Finanzierung mit üblichen Werten verglichen werden. Diese stammen aus den Veröffentlichungen von Mitbewerbern oder aus den im Bundesanzeiger veröffentlichten Jahresabschlüssen.
- Weitere im Tagesgeschäft genutzte Daten wie Wechselkurse, Aktienkurse, Börsenpreise werden für die Bewertung von Kosten, Beständen und Vermögen genutzt.

Hinweis: Digitales Controlling   !

Im Tagesgeschäft des Controllers gibt es eine Vielzahl von Berichten, die im Netz angeboten werden. Darin enthalten sind auch Informationen zur Entwicklung im Controllingbereich selbst. Es gibt einige Angebote im Netz von Vereinigungen oder Interessenvertretungen der Controller, die sich selbstverständlich auch mit der Veränderung im Controlling beschäftigen. Dort wird die Transformation in ein digitales Controlling diskutiert. Es gibt wichtige Hinweise auf aktuelle Entwicklungen, aber ebenso auf Standardabläufe. Diese Informationen können auch die Unternehmen nutzen, die kein eigenes Know-how im Controlling aufbauen wollen. Für eine erste Information oder für die Bestätigung von Erfahrungen bieten diese Internetinhalte kostengünstige Möglichkeiten.

7.3   Vorteile

Digitale Berichte aus externen Quellen werden verwendet, um die eigenen Datenbestände zu ergänzen. Dadurch wird es möglich, die Entwicklung des Unternehmens im Vergleich zu anderen Unternehmen, zur Branche oder zur Gesamtwirtschaft zu sehen. Auch ohne externe digitale Daten ist dies möglich. Die Bewertung erfolgt dann allerdings aufgrund von Annahmen, die keine Datenbasis haben. Bei der Diskussion der Vorteile muss wiederum die Trennung in Kostenpflicht oder Kostenfreiheit erfolgen.

7.3.1   Kostenpflichtig

Die kostenpflichtigen externen Daten haben gegenüber den kostenlos angebotenen Inhalten den Vorteil, dass sie definiert sind. Der Verkäufer muss eine gewissen Datenqualität garantieren, die vertraglich festgeschrieben ist. Darüber hinaus gibt es weitere Gründe, digitale Daten im Internet zu kaufen:

- Die angebotenen Daten in den typischen Bereichen Marketing und Technik sind sehr umfangreich. Es gibt riesige Datenmengen, aus denen einzelne Berichte gewählt werden können.
- Die große Datenmenge kommt auch aufgrund eines hohen Detaillierungsgrades zustande. Es gibt zu einem Objekt viele Gesichtspunkte, die in einzelnen Berichten dargestellt werden. Zum Beispiel kann das Kaufverhalten eines Verbrauchers über die Zeit dargestellt werden oder als Summe der letzten 12 Monate.
- Die externen Daten im Netz sind sehr aktuell, in manchen Anwendungen sind sie nur wenige Minuten alt. Gleichzeitig stehen viele historische Daten zur Verfügung. Die Berichte können entsprechend aufbereitet werden.
- Die Daten in den externen Berichten sind digital bearbeitbar, können sortiert oder separiert werden. Berechnungen sind möglich.
- Die Daten können aus den externen Berichten der verschiedenen Quellen in die eigenen Datenbestände integriert werden.

In der Regel können die Berichte vom Käufer genutzt werden, sie gehen aber nicht in dessen Eigentum über. Ist die Dauer der Überlassung oder die Anzahl der Nutzungen erreicht, werden die Daten dem Zugriff wieder entzogen.

7.3.2 Kostenlos

Die vielen im Internet angebotenen kostenlosen Berichte haben zunächst einmal den großen Vorteil, dass sie nicht bezahlt werden müssen. Der größte Nachteil, die fehlende Definition und die zweifelhafte Herkunft der enthaltenen Daten, kann durch den Vorteil, die vorliegenden Daten durch andere kostenlose digitale Informationen verifizieren zu können, ausgeglichen werden. Die Werte eignen sich gut für die Erstellung von Ad-hoc-Berichten, die sonst mit geschätzten Daten arbeiten müssten. Die Ergebnisse werden so sicherer und detaillierter.

> **Hinweis: Zwei unabhängige Quellen**
>
> An dieser Stelle noch einmal der wichtige Hinweis auf die fehlende Zuverlässigkeit von Daten aus dem Internet, die kostenlos verwendet werden sollen. Eine zweite unabhängige Quelle muss die Daten bestätigen, wenn sie in einen Controllingbericht einfließen sollen. Das verdoppelt den Aufwand für die Gewinnung solcher Daten.

Der Vorteil der geringen Kosten, die für freie Berichte im Internet entstehen, wird durch höhere Risiken bezahlt. Die im folgenden Abschnitt beschriebenen Risiken gelten besonders für kostenlose Daten.

7.4 Risiken

Die bei der Nutzung externer digitaler Berichte im Controlling vor allem in digitalen Geschäftsmodellen auftretenden Risiken sind abhängig vom Typ der Daten. Entstehen die Daten während der vertraglichen Nutzung digitaler Angebote, sind die Risiken geringer als in den anderen Fällen, wenngleich sie noch immer vorhanden sind. Die kostenpflichtig erworbenen Datenbestände von Datenhändlern bergen Risiken im mittleren Gefahrenbereich, die kostenlosen Inhalte müssen aufgrund hoher Risiken mit besonderer Vorsicht behandelt werden. Einige Beispiel:

- Die Qualität der Berichte, die es im Internet gibt, muss immer vor der Nutzung geprüft werden. Selbst bei gekauften, exakt definierten Daten kann niemand Fehler ausschließen. Bei kostenlosen Daten hängt die Qualität sehr von der Quelle ab. Die Zeitreihen der Wechselkurse aus dem Angebot der Deutschen Bundesbank dürften einen höheren Vertrauensvorschuss verdienen als Angaben aus einem Wikipedia-Beitrag. Im Controlling entsteht Aufwand für die Prüfungen und Plausibilitätskontrollen.
- Die Datenqualität sicherzustellen, wird durch fehlende oder ungenaue Definitionen der Berichtsinhalte erschwert. Annahmen ersetzen dann die eigentlich notwendige Gewissheit. Im Fall des Kaufs der Daten, z. B. bei Datenhändlern oder als Begleitservice bei der Nutzung von digitalen Dienstleistungen, können Definitio-

nen abgefragt werden. Bei den kostenlosen Angeboten ist das in der Regel nicht möglich.

- Nicht immer stimmt die vom Datenlieferanten gegebene oder sonst angenommene Definition der Daten in den externen Berichten mit der im Unternehmen verwendeten Definition überein. In diesen Fällen muss eine Anpassung stattfinden. Das verringert die Genauigkeit der Daten und erhöht den Aufwand.

> **! Hinweis: Vorteil für Start-ups**
>
> Neue Unternehmen mit digitalen Geschäftsmodellen arbeiten in hohem Maße mit digitalen Dienstleistern und externen Berichten. Die in den Start-ups verwendeten Definitionen werden oft aus den digitalen Beständen übernommen. Gegenüber Unternehmen mit einer langjährigen Vergangenheit und einem entsprechend gefestigten internen Berichtswesen gibt es also den Vorteil, dass die Definitionen und Gestaltung nicht mehr angepasst werden müssen.

- Nach der Prüfung und eventuellen Anpassung an die Definitionen im Unternehmen müssen die externen Berichte in das eigene Reporting integriert werden. Das für die Berichtsempfänger gewohnte Design muss hergestellt werden. Dazu gehören Farben, Gestaltungselemente oder die Größen der Einheiten (z. B. EUR oder TEUR). Ziel ist es, dass der Berichtsempfänger nicht erkennt, ob es sich um einen internen oder externen Bericht handelt. Lediglich der Blick auf die Quellenangabe gibt darüber Auskunft. Das bedeutet für das Controlling einen zusätzlichen Aufwand.
- Ein besonderes Risiko stellen die Daten in Berichten dar, die als Service bei der Nutzung digitaler Dienstleistungen anfallen. Der Dienstleister kennt die Inhalte der Berichte, er ist genau über die darin enthaltenen Daten informiert. Er kann diese nutzen, z. B. um die Daten des Unternehmens an Dritte zu verkaufen. Es verringert das Risiko nur gering, wenn dieses ohne Hinweis auf das Unternehmen, das die Dienstleistung mit den angefallenen Daten genutzt hat, geschieht.

> **! Beispiel: Verkauf in Eigenregie**
>
> Plattformbetreiber können auf der eigenen Plattform auch als Anbieter der dort verkauften Leistungen auftreten. Daneben gibt es weitere Verkäufer, die die Plattform für ihren Vertrieb nutzen. Der Dienstleister, der die Plattform betreibt, kann so erkennen, welche Produkte sich über seinen Vertriebsweg besonders gut verkaufen und welche lukrativ sind. Er kann dann den Verkauf dieser Produkte auf seiner Plattform selbst übernehmen. Für Dritte bleibt nur das weniger interessante Randsortiment.

Die Nutzung externer Berichte im Controlling von digitalen Geschäftsmodellen ist unvermeidlich. Zu viele Daten entstehen außerhalb des Unternehmens. Wer schnell auf die Daten zugreifen will und muss, der wird die externen Berichte entsprechend nutzen. Wichtig ist die Integration in das eigene Reporting.

7.5   Einbinden in eigenes Reporting

So wichtig externe Berichte und die darin enthaltenen Daten für digitale Geschäftsmodelle sind, so gefährlich können sie für das laufende Reporting aus dem Controlling sein. Eine hundertprozentige Sicherheit, dass die Daten aus externen Berichten korrekt sind, gibt es nie. Je mehr Einfluss das Unternehmen auf den Lieferanten der Daten hat, desto geringer ist das Risiko. Falsche externe Berichte können zu falschen Entscheidungen im Unternehmen führen, die Zeit und Geld kosten. Das wiederum kann sogar die Existenzgefährdung des Unternehmens zur Folge haben. Daher müssen alle externen Berichte in das eigene Reporting überführt werden.

Gleichzeitig kann die individuelle Nutzung externen Berichte durch die Mitarbeiter außerhalb des Controllings nicht unterbunden werden. Zum einen werden die Informationen aus dem Internet in den Fachbereichen gebraucht, um sich ein Bild von den Märkten und der allgemeinen Entwicklung zu machen. Zum anderen lassen sich nur so wichtige externe Datenquellen und neue digitale Anwendungen finden. Die Anforderungen der digitalen Geschäftsmodelle an die Mitarbeiter verlangen einen souveränen Umgang mit den verfügbaren Berichten im Netz. Da die Nutzung der externen Berichte durch einzelne Personen nicht eingeschränkt werden kann und soll, muss sie geregelt werden.

7.5.1   Eigenverantwortliche Nutzung im Fachbereich

Um das Risiko fehlerhafter Werte oder falscher Bezüge zu eigenen Berichten zu vermeiden, stellt das Controlling Regeln auf, die für die individuelle Beschaffung externer Berichte durch die Fachbereiche gelten.

- Die Suche nach Informationen im Internet und die Verwendung der gefundenen externen Berichte muss sehr bewusst geschehen. Die Unsicherheit solcher Informationen muss dem Mitarbeiter in den Fachbereichen bekannt sein.
- Die Quelle eines externen Berichtes muss hinsichtlich der Qualität der dort gelieferten Daten eingeschätzt werden. Das kann im Einzelfall durch den Berichtsempfänger geschehen, sollte in wichtigen Fällen aber gemeinsam mit dem Controlling erfolgen. Vor allem dann, wenn zu erwarten ist, dass die Daten regelmäßigen genutzt werden, lohnt sich die gemeinsame Einschätzung.
- Für Websites, die nicht als besonders vertrauenswürdig eingeschätzt werden, gilt die Regel, dass wichtige Daten von einer zweiten unabhängigen Quelle bestätigt werden müssen. Unabhängigkeit ist im Internet nicht einfach zu finden. Berichte werden verlinkt, Inhalte geteilt, Daten ohne Quellenangabe übernommen. Das macht die Suche nach einer tatsächlich unabhängigen Quelle sehr schwierig.
- Der Leser der externen Berichte kennt sich in der Regel mit den darin bewerteten Inhalten aus. Eine Prüfung auf Sinnhaftigkeit und Plausibilität der dort berichteten Werte kann also durchgeführt werden. Externen Berichten muss mit einem gesun-

den Misstrauen begegnet werden, damit unplausible Werte nicht ohne Weiteres akzeptiert werden.

- Entsteht beim Leser der externen Berichte Unsicherheit über die Qualität der dort gelieferten Daten, muss dieser Gelegenheit haben, sich mit dem Controlling darüber zu beraten. Das wird nur dann geschehen, wenn die Berichtsinhalte wichtig sind für die Arbeit im digitalen Geschäftsmodell. Der Weg zur gemeinsamen Bewertung (Ansprechpartner, Kommunikationsweg, Zeitpunkt …) muss geregelt sein.

!   Hinweis: Regeln müssen gelebt werden

Es reicht nicht, die beschriebenen Regeln aufzustellen und zu kommunizieren. Dann sind sie bald vergessen. Zunächst hilft es, wenn die Fachbereiche die Vorgaben für die Nutzung externer Berichte eigenverantwortlich erarbeiten, dabei aber vom Controlling unterstützt werden. Die Inhalte der Vorgaben müssen begründet werden. In regelmäßigen Schulungen werden die Regeln bei den Mitarbeitern aufgefrischt und neuen Mitarbeitern vermittelt. Nicht zuletzt sollte regelmäßig überprüft werden, ob diese Regeln eingehalten werden – was eine Voraussetzung für deren tatsächliche Einhaltung ist.

7.5.2   Integration in das Reporting

Das Controlling in digitalen Geschäftsmodellen ist auf Berichte externer Dienstleister angewiesen, wenn die eigene Berichterstattung vor allem im Bereich der digitalen Vertriebswege und in der Zuordnung technischer Kosten schnell, aussagefähig und kostengünstig sein soll. Unternehmen, die ein rein digitales Geschäftsmodell verfolgen, z. B. eine Wissensplattform betreiben, werden ihr gesamtes Controlling auf die eigenen digitalen Berichte ausrichten.

Verbreiteter sind Unternehmen, die ein digitales Geschäftsmodell neben traditionellen Strukturen betreiben oder bereits vollständig in die digitale Welt transformiert sind. Hier treffen vorhandene Berichtsstrukturen auf neue, unbekannte Strukturen digitaler Berichte. Das Controlling ist dafür verantwortlich, dass die externen digitalen Berichte in das eigene Reporting integriert werden. Auch dafür gibt es Regeln.

- In das regelmäßige Reporting werden nur solche externen Berichte integriert, deren Quellen bekannt und als vertrauenswürdig eingestuft sind. Einmalig oder selten genutzte Berichte externer Quellen werden genutzt, wenn sie den obigen Regeln der eigenverantwortlichen Nutzung durch die Fachbereiche entsprechen.
- Die externen Berichte werden eindeutig gekennzeichnet, sodass sie als solche zu erkennen sind. Die Quelle des Berichtes wird dauerhaft gespeichert. Das gilt auch für den häufigen Fall, dass aus den Berichten einzelne Daten in den Bestand des Controllings übernommen werden. Das führt dazu, dass jedes Datenfeld ein eigenes Quellenfeld besitzt. So kann auch noch in Zukunft eindeutig festgestellt werden, woher die Informationen stammen.

Beispiel: Planwert aus dem Netz

Der Umsatz im Unternehmen liegt nach Ablauf der Hälfte des Planjahres dramatisch hinter der Planung zurück. Für diese Entwicklung wird der Vertriebsleiter
verantwortlich gemacht. Er soll die Entwicklung zu optimistisch geplant haben.
Die für die Planungsrechnung zugrunde gelegte Marktentwicklung stammt aus
dem Bericht des Branchenverbandes, wie aus der Quellenangabe im Datenbestand des Controllings hervorgeht. Damit kann bewiesen werden, dass die
Planung des Vertriebsverantwortlichen nicht fahrlässig erfolgte. Ein Blick in den
aktuellen Bericht des Branchenverbandes, der im Internet abgerufen werden
kann, zeigt, dass die Fehleinschätzung erkannt und korrigiert wurde. Damit gibt
es keinen Anlass mehr für eine Schuldzuweisung. Es ist an der Zeit, Maßnahmen
zu ergreifen.

- Die aus dem digitalen Umfeld stammenden externen Berichte werden vor ihrer Integration in die eigenen Berichte auf Plausibilität geprüft. Dabei werden Summen
  und Durchschnitte gebildet, Grenzwerte getestet, Entwicklungen festgestellt und
  geprüft. Wichtig ist immer auch, dass festgestellt wird, ob die Berichte vollständig
  sind. Diese Plausibilitätsprüfung wird bei regelmäßig genutzten externen Berichten automatisiert. Erst nach einem positiven Ergebnis dieser Aktivitäten darf die
  Integration der Berichte und ihrer Daten in den Bestand des Controllings erfolgen.

> **Hinweis: Prüfung entdeckt Veränderung**   !
>
> Die Plausibilitätsprüfungen müssen immer wieder durchgeführt werden. Nur so können Ver-
> änderungen in den Strukturen, in den Definitionen oder in den berichteten Einheiten und
> Zeitbezügen erkannt werden. Die Quellen der externen Berichte verfolgen eigene Ziele mit
> den Reports. Diese ändern sich, was Einfluss auf die Inhalte der externen Berichte hat. Die
> Anpassungen an veränderte Ziele und Abläufe des externen Datenlieferanten werden von
> diesem nicht kommuniziert. Daher bleibt nichts anderes übrig, als die Kontrollen immer
> wieder durchzuführen. Der Schaden, den falsch integrierte Daten im System des Controllings
> anrichten können, ist enorm.

- Nach der positiv verlaufenen Kontrolle müssen die Daten der Berichte so umgerechnet werden, dass sie den eigenen Definitionen entsprechen. So muss die
  Einheit der Werte angepasst werden, z. B. von Euro auf Tausend Euro. Die Werte
  müssen anders auf die Regionen verteilt werden, z. B. anstelle von Süd-, West-,
  Nord-, Ost- und Mitteleuropa auf EU, Osteuropa und Skandinavien. Immer wieder
  entsteht Anpassungsbedarf, wenn der Zeitbezug im externen Bericht nicht zur
  eigenen Berichtsgröße passt. So könnten beispielsweise die minutengenau protokollierten Umsätze je Produkt für die eigene Berichterstattung auf Tagesumsätze
  konzentriert werden.

- Viele Controller verwenden die Daten aus den externen Berichten in den eigenen Reports. Sie verwenden nur die Daten, nicht den Bericht selbst. Wird dagegen doch der gesamte externe Bericht verwendet, muss dieser an die im Unternehmen vereinbarte Darstellungsform angepasst werden. Das bedeutet, dass Farben, Grafiken und andere gestalterische Elemente an die internen Gepflogenheiten angepasst werden. Gleichzeitig wird die Organisation der Zeitdarstellung übernommen, Bezeichnungen werden angepasst. Die dazu notwendige manuelle Arbeit lohnt sich nur, wenn der Bericht nicht mit eigenen Strukturen erstellt werden kann, weil z. B. die Kapazitäten der IT zu sehr belastet würden.

> **!** **Hinweis: Daten müssen vorhanden sein**
>
> Die Regeln für die Integration externer Berichte aus dem Internet in das Reportingsystem des eigenen Controllings verlangen Prüfungen, Interpretationen und Anpassungen der Inhalte auf sehr detaillierter Ebene. Dazu ist es notwendig, dass nicht der Bericht in seiner Darstellung übermittelt wird, sondern dass die Daten in digitaler Form vorliegen. Nur auf dieser Ebene können viele der notwendigen Anpassungen an die eigenen Datenstrukturen vorgenommen werden.

Das Controlling in digitalen Geschäftsmodellen muss das Bedürfnis der Fachbereiche nach ausreichender Information mit eigenen Berichten um die externen Berichte oder zumindest deren Inhalte ergänzen. Viele der für die gewünschte Detaillierung und die erwartete Geschwindigkeit notwendigen Daten sind nur von den digitalen Dienstleistern und anderen externen Anbietern zu erhalten. Die erkannten Risiken, die bei der Nutzung externer Berichte auftreten, müssen eingedämmt werden, was auch möglich ist. Unter der Verantwortung des Controllings spielen externe Berichte aus der digitalen Welt eine wichtige Rolle bei der Steuerung des Unternehmens und der operativen Aktivitäten in den Fachbereichen.

8 Strategisches Controlling in digitalen Geschäftsmodellen

Für Unternehmen mit digitalen Geschäftsmodellen ist eine der wichtigsten strategischen Entscheidungen bereits gefallen: die Entscheidung für das *digitale* Geschäftsmodell. Dennoch muss auch in diesen digital arbeitenden Unternehmen die langfristige Entwicklung gesteuert werden. Dabei geht es um die nachhaltige Sicherung der Überlebensfähigkeit sowie um das Finden und Nutzen langfristiger Erfolgspotenziale und das frühzeitige Erkennen der damit verbundenen Risiken.

Abb. 34: Strategie als Voraussetzung für operatives Controlling

Alle Aktivitäten im Unternehmen müssen so gewählt werden, dass sie die festgelegte Strategie unterstützen. Das gilt für das operative Geschäft wie für die Führungsaufgaben, auch alle Investitionsprojekte müssen sich an der Strategie orientieren. Für das Budget, das die kurz- bis mittelfristige Planung beinhaltet, gelten die Grenzen und Vorgaben dieser Unternehmensstrategie. Kosten, Absatz und Umsätze werden an der Strategie gemessen und ausgerichtet. Letztlich müssen alle Maßnahmen so gewählt werden, dass die Strategieplanung erfüllt wird.

Garant dafür, dass das operative Geschäft im Unternehmen zur Umsetzung der Strategie beiträgt, ist das Controlling.

- Bei der Festlegung der operativen Ziele im Rahmen der Unternehmenssteuerung werden die Vorgaben so ausgewählt, dass die langfristige Entwicklung des Unternehmens an die Strategie angelehnt wird.
- Das operative Controlling sorgt bei der Aufstellung des Budgets und anderer kurzfristiger Planungen dafür, dass damit die strategischen Ziele verfolgt werden. Das

ist nur möglich, wenn sich die kurzfristigen operativen Ziele und die langfristigen Unternehmensziele nicht widersprechen.

- Alle Maßnahmen zur Erreichung der Ziele oder als Reaktion auf die Ergebnisse der operativen Abweichungsanalysen müssen zur Strategie passen. Dafür wird im operativen Controlling gesorgt.

- Bei jedem Investitionsprojekt wird durch den Controller geprüft, ob die dadurch entstehenden langfristigen Festlegungen auch der strategischen Ausrichtung entsprechen. In den Wirtschaftlichkeitsberechnungen wird nicht die aktuelle Sachlage als Basis der Berechnungen verwendet, vielmehr wird die in der Strategie beschriebene anvisierte Situation eingesetzt. Dadurch wird die Ausrichtung aller Investitionen und Projekte auf das strategische Ziel hin erreicht.

- Immer dann, wenn das Controlling einen Spielraum für die Bewertung von Objekten hat oder wenn die Bewertung zur Steuerung angepasst wird, ist die Strategie ausschlaggebend für die Festlegung.

Beispiel: Vertriebssteuerung

Die Mitarbeiter in der Vertriebsleitung erhalten nach Ablauf des Vertriebsjahres eine Sonderzahlung, die sich an den erarbeiteten Deckungsbeiträgen orientiert. Um das strategische Ziel einer digitalen Ausrichtung der Vertriebswege zu erreichen, werden die auf den digitalen Vertriebswegen erreichten Deckungsbeiträge mit einem Bonus versehen, der von Jahr zu Jahr geringer wird. Gleichzeitig werden die Deckungsbeiträge aus dem traditionellen Geschäft mit einem wachsenden Malus belastet.

Damit die Motivation der Mitarbeiter entsprechend ausgerichtet wird, muss diese Korrektur offen mit den betroffenen Mitarbeitern vereinbart werden. Dazu muss, wie aus vielen anderen Gründen auch, die Unternehmensstrategie zumindest im Unternehmen kommuniziert worden sein.

Das strategische Controlling unterstützt den Prozess der Strategiefindung, um die langfristigen Planungsziele genau zu definieren. Nur so kann das Controlling auch die Ausrichtung aller Aktivitäten auf das Erreichen der strategischen Ziele garantieren. Gleichzeitig ist das Controlling die Abteilung im Unternehmen, die für die inhaltliche Unterstützung und Beschreibung der Gesamtstrategie geeignet ist, da für die Strategiefindung und für die auf die Strategie ausgerichtete Unternehmenssteuerung umfangreiche Analysen durchzuführen sind. Dazu verfügt das strategische Controlling über wirksame Werkzeuge.

Unternehmen haben schon immer Strategien aufgestellt, nach denen sie ihr Handeln ausgerichtet haben. Bewusst oder unbewusst wurden langfristige Ziele verfolgt. In digitalen Geschäftsmodellen allerdings unterscheidet sich das strategische Controlling von den traditionellen Vorgehensweisen:

- Grundsätzlich bieten digitale Geschäftsmodelle eine geringere Stabilität, da sich die dazugehörenden Märkte schneller verändern. Vertriebswege entstehen und werden zeitnah wieder verworfen. Darauf muss im strategischen Controlling mit einer stärkeren Überprüfung und den damit einhergehenden Korrekturmöglichkeiten reagiert werden.
- Strategische Ziele in digitalen Geschäftsmodellen werden diffuser definiert als in analogen Strukturen. Dadurch muss/sollte die größere Volatilität im Umfeld des Unternehmens strategisch geplant abgebildet werden.
- Die technische Entwicklung von Geräten und Anwendungen spielt in digitalen Geschäftsmodellen eine entscheidende Rolle. Der Stand der Technik bestimmt das Handeln aller Akteure in der digitalen Welt. Diese in der Unternehmensstrategie vorherzusagen, ist schwierig, das strategische Controlling hilft dabei.
- Das Unternehmen ist immer auf die Zusammenarbeit mit Partnern angewiesen. Lieferanten, Dienstleister, Banken und vor allem Kunden bestimmen in hohem Maße das Agieren in den Märkten. Deren Verhalten muss also in die Wahl der Strategie einbezogen werden.
- Im strategischen Controlling spielen die Datenbeschaffung und Auswertung eine wichtige Rolle. Dabei haben die digitalen Geschäftsmodelle den Vorteil, dass dort Daten für die Arbeit des Controllings in großen Mengen anfallen und damit automatisch vorliegen.
- Durch die veränderten Rahmenbedingungen in digitalen Geschäftsmodellen gegenüber der traditionellen Arbeitsweise entstehen neue Parameter, die eine Unternehmensstrategie beeinflussen. Bekannte Parameter verändern ihre Gewichtung.

Hinweis: Nebenrolle der Geschwindigkeit

In digitalen Geschäftsmodellen nutzen die Unternehmen neben Big Data auch den Faktor der steigenden Geschwindigkeit, um sich auf den Märkten zu profilieren. Diese spielt im strategischen Controlling allerdings nur eine Nebenrolle. Strategien werden für einen längeren Zeitraum aufgestellt, sie werden nicht permanent verändert. Damit können die Aufgaben zur Aufstellung und Erneuerung von Strategien zwar weniger mit aktuellen Entwicklungen verknüpft werden. Durch das strategische Controlling bietet sich jedoch die Chance auf eine Entdeckung von Entwicklungen, die sich nicht mit der Strategie vereinbaren lassen. Dann kann die Anpassung schneller erfolgen.

Das strategische Controlling in digitalen Geschäftsmodellen hat einen besonderen Blick auf die Bedingungen im Umfeld des Unternehmens, es sammelt Daten über diese und analysiert sie. Dazu setzt es die aus der traditionellen Struktur bekannten Werkzeuge ein, deren Inhalte an die digitale Welt angepasst werden müssen.

Im Rahmen der Strategie ist daher das Controlling auf zweifache Weise eingebunden: Es hat zum einen wichtige Aufgaben bei der Aufstellung und Formulierung der Strategie. Gleichzeitig sorgt das strategische Controlling dafür, dass die strategischen Ziele auch erreicht werden.

8.1 Analysen

Ein Unternehmen ist eingebettet in ein Umfeld, das von vielen Teilnehmern bestimmt wird. Manche Entwicklungen darin können beeinflusst werden, auf andere Entscheider besteht überhaupt kein Einfluss. Um eine realistische Unternehmensstrategie festlegen zu können, muss das Verhalten der Partner und übrigen Teilnehmer am wirtschaftlichen Geschehen sowie die Entwicklung in der Gesetzgebung, in der Technik und in der Gesellschaft vorhergesagt werden. Das ist nicht einfach, bestimmt aber den Erfolg. Je besser dies eingeschätzt wird, desto erfolgreicher kann die Strategie, die letztlich ein langfristiger Plan ist, bestimmt werden.

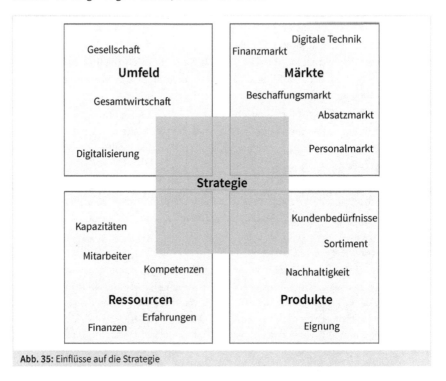

Abb. 35: Einflüsse auf die Strategie

Im Controlling werden die Daten, die gemeinsam mit der Unternehmensleitung und den Fachbereichen als notwendig und sinnvoll bestimmt wurden, gesammelt und analysiert. Die Analysen betreffen den (digitalen) Markt mit seinen Teilnehmern, die Produkte und das Umfeld, das die Arbeit des Unternehmens beinhaltet. Oft unterschlagen wird die Analyse der unternehmenseigenen Möglichkeiten, die begrenzend oder fördernd wirken können.

8.1.1 Die Analyse des Absatzmarktes

Der Markt ist der meist fiktive Ort, an dem das Unternehmen seine Produkte verkauft. Damit ist der Absatzmarkt für die meisten Unternehmen der bestimmende Faktor für den Erfolg, gleichzeitig muss in der Strategie festgelegt werden, welche Marktposition erreicht werden soll. Das ist die grundlegende Entscheidung für alle folgenden Maßnahmen.

> **Hinweis: Andere Märkte sind wichtig**
>
> Neben dem Absatzmarkt gibt es weitere Märkte, auf denen das Unternehmen sich bewegt. Waren und Rohstoffe werden auf dem Beschaffungsmarkt gekauft, Mitarbeiter auf dem Personalmarkt gesucht. Diese können je nach individueller Situation für das Unternehmen genauso wichtig oder wichtiger sein wie der Absatzmarkt. Darum werden diese im Folgenden noch separat näher ausgeführt.

In der Marktanalyse wird der Markt, auf dem das Unternehmen tätig ist, mit Hilfe der vorhandenen Daten beschrieben. Der Absatzmarkt bestimmt die Erfolgsseite der Tätigkeit, er begrenzt und bietet Potenziale. In digitalen Geschäftsmodellen ist der Markt in der Regel digital. Es gibt selbstverständlich viele digitale Geschäftsmodelle, die eine Versorgung von analogen Märkten mit Hilfe digitaler Strukturen beinhalten. Die folgenden Aussagen können auch auf diese Situation übertragen werden.

> **Hinweis: Parallele Märkte**
>
> Viele Unternehmen sind auf mehreren Märkten parallel tätig. So können Inlands- und Auslandsmarkt getrennt werden oder Fachhandelsmarkt und Discounter. Parallele Vertriebswege bedeuten in der Regel auch parallele Märkte. Eine nicht selten anzutreffende Situation mit Auswirkungen auf die Marktauftritte ist die gleichzeitige Aktivität auf einem traditionellen und einem digitalen Markt. Für jeden Markt, in dem das Unternehmen tätig ist, muss eine jeweilige Analyse erfolgen und anschließend auch eine eigene Strategie entwickelt werden. Übergeordnet muss die Aktivität auf den verschiedenen Märkten in der Strategie verankert sein.

Wie bei allen Analysen versucht das strategische Controlling auch bei der Marktanalyse, möglichst viele signifikante Daten über die einzelnen Objekte zu sammeln und auszuwerten. Das sind für den Absatzmarkt die Kunden und Mitbewerber. Darüber hinaus wird der Markt an sich untersucht. Grundsätzlich geht es zunächst darum, die für den gesamten Markt geltenden Werte zu ermitteln. In der eigentlichen Analyse erfolgt der Vergleich mit den eigenen Daten. Die folgenden typischen Objekte werden für die Analyse des Absatzmarktes betrachtet:

Die Kunden

Der Absatzmarkt ist der Ort, an dem das Unternehmen auf seine Kunden trifft. Je nach Geschäftsmodell können diese sehr unterschiedlich strukturiert sein. Es spricht vieles dafür, dass ein unterschiedlicher Kundenstamm auch zu mehreren differenzierten

Marktdefinitionen führen sollte. So unterscheidet sich der Verkauf eines Produktes an private Verbraucher fast immer vom Verkauf an gewerbliche Einkäufer. Es handelt sich dann neben dem Markt für Endverbraucher um einen zweiten Markt für gewerbliche Kunden. An dieser Stelle einige typische Daten, die zu den Kunden benötigt werden.

- Anzahl der Kunden, die auf dem Markt kaufen
- Regionale Verteilung der Kunden
- Altersstruktur der Kunden
- Geschlechterverteilung der Kunden
- Haushaltsgröße der Kunden
- Durchschnittliches Einkommen der Kunden
- Digitale Affinität der Kunden
- Entscheidungsparameter für den Kauf

Diese Beispiele sind, wie unschwer zu erkennen, für private Verbraucher aufgestellt, zu gewerblichen Kunden, Händlern usw. sind Unterschiede möglich. Die folgende Tabelle zeigt, welche dies sein können:

private Verbraucher	gewerbliche Kunden	Händler
Anzahl	Anzahl	Anzahl
Regionale Verteilung	Regionale Verteilung	Regionale Verteilung
Nutzung Digitalisierung	Nutzung Digitalisierung	Nutzung Digitalisierung
Durchschnittlicher Wert eines Kaufes	Durchschnittlicher Wert einer Bestellung	Durchschnittlicher Wert einer Bestellung
Alter	Unternehmensgröße	Unternehmensgröße
Geschlecht	Branche der Kunden	Verkauf in Branche
Haushaltsgröße	Einsatzgebiet	Verkaufswege
Durchschnittseinkommen	Bedeutung für die Kunden	Bedeutung für die Händler
Entscheidungsparameter	Entscheidungsparameter	Entscheidungsparameter

Tab. 27: Unterschiedliche Kundeninformationen nach Kundenart

Es zeigt sich, dass es Übereinstimmungen gibt, aber auch wesentliche Unterschiede. Für eine seriöse Analyse ist daher die Trennung dieser Kundengruppen in unterschiedliche Märkte notwendig.

Hinweis: Entwicklung nützlich

Für die Analyse dieser Daten ist es hilfreich, wenn deren Entwicklung über einen längeren Zeitraum sichtbar ist, denn dann kann hinsichtlich einer Strategie versucht werden, diese Entwicklung weiter zu planen. Das gilt für alle Daten, die in einer Analyse im strategischen Controlling verwendet werden.

Die Mitbewerber

Konkurrenz belebt das Geschäft, sie bestimmt aber auch den Erfolg des Unternehmens auf dem Absatzmarkt. Gemeinsam mit den Kunden sind die Mitbewerber die wichtigsten Größen, an denen sich das Unternehmen orientieren muss. Das gilt besonders in digitalen Märkten, da sich die Zahl und die Macht der anderen Verkäufer wesentlich schneller als in traditionellen Märkten verändern kann. Für eine Analyse werden folgende Daten benötigt:

- Anzahl der Mitbewerber
- Durchschnittliche Größe der Mitbewerber gemessen am Umsatz
- Durchschnittliche Größe der Mitbewerber gemessen am Absatz, falls dies möglich und sinnvoll ist
- Durchschnittliche Erfahrung der Mitbewerber am Markt
- Finanzieller Hintergrund der Mitbewerber
- Andere Vertriebswege
- Aktivitäten in der Digitalisierung
- Durchschnittliche Größe der Vertriebsstruktur

Die folgende Tabelle zeigt Beispiele für die verschiedenen Punkte:

Jahr	-2	-1	aktuell
Anzahl Mitbewerber	27	25	30
Ø Umsatzgröße	15,0 Mio. EUR	18,2 Mio. EUR	12,7 Mio. EUR
davon im Vergleichsmarkt	7,5 Mio. EUR	8,5 Mio. EUR	10,1 Mio. EUR
Ø Absatz	25.000 t	30.000 t	24.000 t
davon im Vergleichsmarkt	12.300 t	12.500 t	13.000 t
Ø Jahre Erfahrung im Markt	25	28	22
Ø Eigenkapital	3,0 Mio. EUR	2,5 Mio. EUR	1,8 Mio. EUR
Nutzung weiterer Vertriebswege	80 %	72 %	37 %
Digitalisierungsfortschritt	71 %	85 %	89 %
Ø Anzahl Vertriebsmitarbeiter	17	15	9

Tab. 28: Beispiel Mitbewerberdaten

Wie bereits benannt, ist die Anzahl der Kunden auf digitalen Absatzmärkten wesentlich größer als die der Mitbewerber. Daher werden für Kunden in der Regel Summen und Durchschnitte für die Analyse ermittelt. Für eine kleiner Zahl Mitbewerber können jeweils die individuellen Daten ermittelt werden. Das erleichtert die Einschätzung zu deren erwartbarem Verhalten in den kommenden Jahren.

> **! Hinweis: Prioritäten setzen**
>
> Für eine erfolgversprechende Analyse der Märkte ist eine möglichst genaue Einschätzung von Kunden und Mitbewerbern notwendig. Das gelingt besonders gut, wenn die Daten ein Gesicht haben, d. h. bestimmten Kunden und Mitbewerbern zugeordnet werden können. In digitalen Geschäftsmodellen mit digitalen Märkten ist die Zahl der Kunden und Mitbewerber oft so hoch, dass eine individuelle Betrachtung und vor allem auch Datenbeschaffung unmöglich ist. Es bietet sich an, die Analyse für die wichtigsten Kunden bzw. Mitbewerber individuell und für den Rest des Marktes summiert durchzuführen. Die Ergebnisse im strategischen Controlling digitaler Geschäftsmodelle werden dadurch besser.

Die Potenziale

Das Potenzial eines Marktes wird bestimmt durch den Bedarf an den Leistungen, die dort verkauft werden. Dieser Wert ist nicht fix, er verändert sich. Das kann unterschiedliche Gründe haben.

- Der Markt kann gesättigt sein, wenn die Leistungen bzw. die Produkte langlebig sind oder nur einmal gebraucht werden. Dann verringert sich der Bedarf.
- Durch Wachstum der Faktoren, die den Bedarf bestimmen, wächst auch der Bedarf und damit steigt das Potenzial. Wenn z. B. die Bevölkerung wächst, wächst auch der Bedarf an vielen Produkten. Geht die Bevölkerung dagegen zurück, sinkt das Potenzial.
- Der Bedarf kann durch Marketingmaßnahmen gesteigert werden. Das verbraucht allerdings sehr viel finanzielle und personelle Ressourcen eines Unternehmens. Daher kann der Bedarf über Marketingmaßnahmen nur von großen Unternehmen beeinflusst werden.
- Die Nachfrage nach vielen Produkten hängt von der aktuellen Mode oder von aktuellen Trends ab. So ist in den vergangenen Jahren die Nachfrage nach Smartphones weiter gestiegen, die nach Festnetztelefonen ist gesunken. Das hat Einfluss auf das Marktpotenzial.
- Die Veränderung von Umfeldbedingungen, z. B. durch die Umweltgesetzgebung, hat Einfluss auf die Faktoren, die eine Nachfrage bestimmen. Wenn z. B. für die Produktion CO_2-Zertifikate gebraucht und diese durch Beschlüsse des Gesetzgebers teurer werden, sollte diese Kostensteigerung die Preise am Markt erhöhen. Die Nachfrage ist preissensibel, so dass sie sinkt. Mit ihr sinkt auch das Marktpotenzial.

Es gibt also Märkte, deren Potenziale, d. h. die absatzbare Menge und die Preise, wachsen, so dass der Umsatz auf diesem Markt steigt. Es gibt ebenfalls Märkte mit gleichbleibendem Potenzial, die von den Optimisten als stabil bezeichnet werden, von den Pessimisten als stagnierend. Bei abnehmenden Märkten sinkt das Potenzial eines Marktes, indem der Absatz und/oder die Preise sinken. In Summe gibt es dort weniger Umsatz im Markt.

Die Aufgabe des Controllings ist es, diese Marktdaten zu sammeln, aufzubereiten und die Situation auf dem betrachteten Markt zu beschreiben. Im ersten Schritt der

Marktanalyse kann die für die Strategie wichtige zukünftige Entwicklung als mathematischer Trend vorgegeben werden. Die folgende Grafik zeigt beispielhaft, wie ein linearer Trend durch die einfache Nutzung einer Tabellenkalkulation ermittelt werden kann. (Die Echtdaten sind in der Farbe Schwarz dargestellt, der von der digitalen Anwendung errechnete Trend ist grau.)

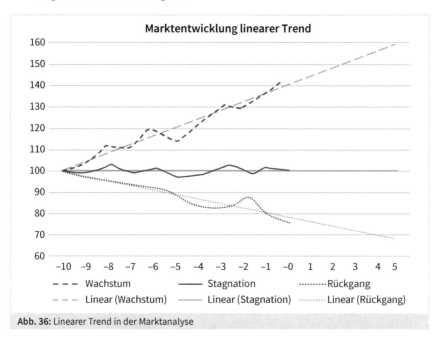

Abb. 36: Linearer Trend in der Marktanalyse

Kritiker können berechtigterweise einwerfen, dass es selten so eindeutige Verläufe der Marktentwicklung gibt. Gerade in digitalen Geschäftsmodellen verhalten sich die Märkte sehr volatil. Sie schwanken stark, vor allem, wenn es für die Produkte noch wichtige analoge Märkte gibt. Die Beispiele in der Grafik passen daher eher zu langjährig eingeführten traditionellen Märkten, obwohl einige davon durch die digitale Konkurrenz ebenfalls rasante Veränderungen aufweisen. Für sehr volatile Märkte gibt es wesentlich komplexere Methoden, eine zukünftige Entwicklung mathematisch zu berechnen. Die einfache lineare Trendrechnung wird dabei durch komplexe Formeln und logarithmische Abhängigkeiten ersetzt.

Die Informationslage für die Analyse des Absatzmarktes hat sich durch die digitalen Geschäftsmodelle wesentlich verbessert. Wie bisher schon gibt es Branchenverbände und statistische Ämter, die Absatz- und Umsatzzahlen veröffentlichen, allerdings jetzt digital. Der Jahresabschluss großer Unternehmen enthält ebenfalls Daten, die für eine Marktanalyse verwendet werden können. Die digitale Veröffentlichung der Abschlüsse erfolgt im Bundesanzeiger und ist in der Regel älter als 12 Monate. Die in den Jahresabschlüssen enthaltenen Daten sind allerdings nicht ausreichend. Um zumindest annähernd brauchbare Marktzahlen zu bekommen, muss das Controlling daher Annahmen und Schätzungen hinzuziehen.

Wenn auf digitalen Märkten verkauft wird, gibt es immer auch eine Statistik, die diese Vorgänge detailliert festhält. In Massenmärkten und bei Verkäufen über große Plattformen und Onlineshops gibt es große Datenmengen (Big Data), die von entsprechenden Dienstleistern angeboten werden. Solche Informationen helfen erheblich, realistische Daten für die Marktanalyse zusammenzustellen. Es bleibt noch viel Arbeit im strategischen Controlling, um eine fundierte Absatzmarktanalyse durchzuführen.

Die Analyse des Absatzmarktes

Aus den vorhandenen Werten kann das Controlling mit mathematischen Formeln einen ersten Trend für die Einschätzung der Entwicklung des Absatzmarktes errechnen. Da in vielen Fällen die öffentlich zu erlangenden Informationen nicht ausreichen, um eine realistische Aussage zu treffen, muss mit eigenen Einschätzungen und Annahmen gearbeitet werden. Diese betreffen unterschiedliche Inhalte sowohl zur Istsituation als auch zu zukünftigen Veränderungen. Diese Einschätzungen kann das Controlling nur gemeinsam mit den Fachbereichen bewerkstelligen. Bei wichtigen Annahmen, die das Analyseergebnis besonders beeinflussen, wird auch die Mitarbeit der Unternehmensleitung benötigt.

- Die Annahmen zur Größe des Gesamtmarktes, gleichgültig ob in Euro oder als Mengeneinheit, sind auch in den veröffentlichten Daten geschätzt oder basieren auf Eigenmeldungen der auf dem Markt aktiven Unternehmen. Daher muss eine Angabe immer plausibilisiert werden. Gibt es keine öffentlichen Zahlen, muss das Volumen des Gesamtmarktes selbst geschätzt werden.

> **!** **Hinweis: Besondere Aufgabe in digitalen Märkten**
>
> Mit der Wahl eines digitalen Vertriebsweges erweitert sich der Markt für das verkaufende Unternehmen ganz wesentlich. Theoretisch kann sich ein traditionell regional beschränkter Markt damit zu einem weltweiten Absatzgebiet erweitern. Gleichzeitig gibt es starke Schwankungen in digitalen Märkten. Dies macht die Einschätzung des aktuellen Marktes ebenso wie die der zukünftigen Entwicklungen schwierig, wenn es um digitale Geschäftsmodelle geht. Die Einschätzung unterschiedlicher Parameter hilft dabei, realistisch zu bleiben.

- In digitalen Geschäftsmodellen sowie mit der fortschreitenden Digitalisierung wird es zwar leichter, Daten über die Mitbewerber zu finden. Vollständig gelingt dies aber nicht. Außerdem verändert sich die Zahl der Mitbewerber in digitalen Märkten ständig, so dass die Feststellung tatsächlicher Werte der einzelnen Konkurrenten eine Sisyphusaufgabe für das Controlling ist. Hier hilft nur die mit dem Vertrieb gemeinsam durchgeführte Einschätzung der Wettbewerber, die nicht individuell erfassbar sind.

- Jeder Markt ist abhängig von verschiedenen Parametern, die seine Entwicklung bestimmen. Daher ist es zunächst Aufgabe des Controllings, sich mit den Fachbereichen auf die im betreffenden Markt gültigen Parameter zu einigen.

Hinweis: Parameter richtig wählen !

Die für die Entwicklung am Absatzmarkt verantwortlichen Parameter sollen als Indikator für die Zukunft des Marktes verwendet werden. Dafür ist nicht nur ein möglichst realistischer Zusammenhang zwischen Parameter und Marktentwicklung notwendig. Der Parameter muss auch berechenbar sein, d. h., es müssen die notwendigen Daten zur Verfügung stehen. Außerdem erlauben allgemein gültige Aussagen keine echte Beziehung.

So ist z. B. jeder Markt abhängig von der allgemeinen wirtschaftlichen Lage, messbar ist dies allerdings nur in wenigen Fällen. Viele Märkte sind real und nachweisbar abhängig von Modetrends, bestimmbar ist dieser Parameter aber nicht immer. Ungeeignete Parameter verschleiern die Ungenauigkeit einer Schätzung der Marktentwicklung und verursachen vermeidbaren Aufwand.

Anschließend werden die aktuellen Werte für diese Parameter und die Werte aus der Vergangenheit ermittelt. Auch hier kann das Controlling zunächst einen mathematischen Trend berechnen.

- Für die Analyse des Absatzmarktes ist das Verhalten der Kunden ein wichtiger Faktor. Geht die Digitalisierung der Verbraucher oder der gewerblichen Einkäufer weiterhin voran, dann verliert ein analoger Markt und ein digitaler Vertriebsweg gewinnt. Die eigene Einschätzung der zukünftigen Veränderungen basiert auf eigenen Erfahrungen, möglichst untermauert durch öffentlich zugängliche Marktuntersuchungen.

Hinweis: Eigene Untersuchungen beauftragen !

Bei der Festlegung einer Unternehmensstrategie spielen neue und veränderte Märkte eine wichtige Rolle. Gleichzeitig wird durch die Strategie eine Lenkung der vorhandenen Ressourcen des Unternehmens in eine bestimmte Richtung vorgegeben. Ist diese Richtung falsch, werden die Mittel verschwendet, u. U. ist die Existenz des Unternehmens gefährdet. Darum lohnt es sich in vielen Fällen, für eine grundlegende Strategie eigene Untersuchungen des Absatzmarktes zu beauftragen. Besonders, wenn neue Märkte erobert werden sollen, z. B. durch einen Transfer in einen digitalen Markt, fehlt die eigene Erfahrung. Aufgabe des Controllings ist es, die Wirtschaftlichkeit eines solchen Untersuchungsprojektes zu prüfen und mit dem Projektcontrolling eine sichere Abwicklung des oft unklaren Auftrages zu gewährleisten.

- Aus den gesammelten Daten und Einschätzungen kann dann die Entwicklung des Gesamtmarktes berechnet werden. Das ist wiederum Aufgabe des strategischen Controllings. Die Zusammenarbeit mit den Fachbereichen und der Unternehmensleitung ist an dieser Stelle notwendig, da grundlegende Daten für die Unternehmensstrategie festgeschrieben werden.

- Wenn das Verhalten der Mitbewerber Einfluss auf die Entwicklung am Absatzmarkt hat, dann muss dieser Einfluss bereits im vorherigen Schritt berücksichtigt werden. Das ist z. B. dann der Fall, wenn eine massive Ausweitung der digitalen Aktivitäten eines Mitbewerbers dazu führen wird, dass sich die Zahl der digital kaufenden Kunden wesentlich erhöht. Ansonsten ist die Entwicklung der Mitbewerber dahingehend abzuschätzen, welche Anteile am Markt sie in der Zukunft haben werden. Diese Frage muss beantwortet werden.

Steht fest, wie sich der Gesamtmarkt in den nächsten Jahren entwickelt, kann der Vergleich mit dem eigenen Unternehmen erfolgen. Die Istwerte und die Daten aus der Vergangenheit sind bekannt. Daraus werden die Marktanteile errechnet. Das ist eine einfache Rechnung:

$$\text{Marktanteil des Unternehmens} = \frac{\text{Umsatz des Unternehmens}}{\text{Umsatz im Gesamtmarkt}} \times 100$$

Wenn der Umsatz im Gesamtmarkt 100 Mio. EUR beträgt und der Umsatz des Unternehmens 10 Mio. EUR, dann ergibt der Marktanteil 10 %. Wichtig für ein realistisches Ergebnis ist die exakte Abgrenzung des Marktes, sowohl bei der Definition des Gesamtmarktes als auch bei der Berechnung der Umsätze des Unternehmens in genau diesem Markt. Da ein Unternehmen auf verschiedenen Märkten präsent sein kann, gibt es unterschiedliche Marktanteile zu berechnen.

Beispiel: digital und analog, privat und gewerblich

Das Unternehmen produziert Pumpen für Haus und Garten. Vertrieben werden diese sowohl an den privaten Verbraucher (digital mit einem Onlineshop und analog über Shopsysteme in Gartencentern) als auch an gewerbliche Kunden (digital über eine Handwerksplattform und analog über einen Handelsvertreter). So sind vier Märkte entstanden, für die Marktanteile berechnet werden:

Marktanteile digital und analog 202X			
in Mio. EUR	Marktumsatz	Eigener Umsatz	Marktanteil
digital, private Verbraucher	134,2	8,4	6,3 %
digital, gewerbliche Kunden	25,7	4,3	16,7 %
analog, private Verbraucher	287,9	28,1	9,8 %
analog, gewerbliche Kunden	187,8	5,3	2,8 %
Gesamt	635,6	46,1	7,3 %

Marktanteile digital und analog 202X			
in Mio. EUR	Marktumsatz	Eigener Umsatz	Marktanteil
Gesamt digital	159,9	12,7	7,9%
Gesamt analog	475,5	33,4	7,0%
Gesamt private Verbraucher	422,1	36,5	8,6%
Gesamt gewerbliche Kunden	213,5	9,6	4,5%

Tab. 29: Marktanteile in vier Märkten

Die Analyse zeigt, dass die Marktanteile im digitalen und im analogen Markt mit 7,9% bzw. 7,0% schon sehr nahe beieinander und nahe an den 7,3% der Gesamtbetrachtung liegen. Im Vergleich der einzelnen Märkte miteinander zeigt sich, dass der digitale Erfolg bei den privaten Verbrauchern noch viel Potenzial lässt. Der digitale gewerbliche Markt hingegen scheint für das Unternehmen erfolgreicher zu sein.

Diese Analyseergebnisse bilden die Grundlage der Strategie für jeden einzelnen Markt. Jeder Markt wird für sich betrachtet, die Gesamtsituation auf den anderen Absatzmärkten muss jedoch einbezogen werden. Nur so kann der Fluss von analog nach digital gesteuert, die Trennung von privaten und gewerblichen Kunden profitabel ausgebaut werden. Wichtig für die Entscheidungen zur Strategie sind auch die Vergangenheitswerte, damit die bisherige Entwicklung erkannt und verwendet werden kann.

Marktanteile digital und analog 202X			
in Mio. EUR	Jahr-2	Jahr-1	aktuell
digital, private Verbraucher	1,2%	2,4%	6,3%
digital, gewerbliche Kunden	0,0%	3,2%	16,7%
analog, private Verbraucher	11,5%	11,1%	9,8%
analog, gewerbliche Kunden	2,7%	2,6%	2,8%
Gesamt	7,5%	7,2%	7,3%
Gesamt digital	1,0%	2,5%	7,9%
Gesamt analog	8,4%	8,1%	7,0%

Marktanteile digital und analog 202X			
in Mio. EUR	Jahr-2	Jahr-1	aktuell
Gesamt private Verbraucher	9,9 %	9,3 %	8,6 %
Gesamt gewerbliche Kunden	2,6 %	2,7 %	4,5 %

Tab. 30: Entwicklung der Marktanteile

Die vom strategischen Controlling in der Analyse errechneten Werte müssen interpretiert werden, bevor sie als Grundlage für die strategische Zielsetzung dienen. Die Zahlen zeigen, dass die Digitalisierung des Marktes insgesamt zu einem Verlust an Marktanteilen führt (von 7,5 % auf 7,3 %). Dabei gewinnt der digitale Markt der gewerblichen Kunden an Bedeutung, der Erfolg ist dort größer als im digitalen Markt für die privaten Verbraucher. An diesem Punkt muss die Strategie ansetzen.

Grundsätzlich gibt es eine begrenzte Anzahl an Möglichkeiten, wie das Unternehmen strategisch auf die erwartete Marktentwicklung reagieren kann. Es kann zum Ersten die gleiche Richtung wie der Markt nehmen, zum Zweiten die entgegengesetzte Entwicklung oder es kann zum Dritten einfach verharren. Die Matrix der Möglichkeiten ist daher endlich.

	Markt wächst	Markt stagniert	Markt schrumpft
Marktanteil wächst	Wachstum schneller als Markt Umsatz steigt	Wachstum auf Kosten der Mitbewerber Umsatz steigt	Wachstum auf Kosten der Mitbewerber, gegen den Trend Umsatz steigt
Marktanteil stagniert	Wachstum wie der Markt Umsatz steigt	Verhalten wie der Markt Umsatz bleibt unverändert	Verluste wie der Markt Umsatz sinkt
Marktanteil sinkt	Potenzial wird nicht genutzt, Mitbewerber gewinnen mehr als Trend Umsatz je nach Situation höher oder niedriger	Potenzial wird nicht genutzt, Mitbewerber gewinnen Umsatz sinkt	Verluste größer als Markt Umsatz sinkt

Tab. 31: Möglichkeiten bei unterschiedlicher Marktentwicklung

Um die Stellung am Markt nicht zu verlieren, muss ein Unternehmen zumindest seinen Marktanteil halten. (Es sei denn, der Markt soll bewusst aufgegeben oder reduziert werden.) Soll der Umsatz gesteigert werden, geht das in einem wachsenden Markt am einfachsten. Ansonsten bedeutet Wachstum immer auch Kampf gegen Mitbewerber. Maßnahmen, die auf der operativen Ebene einen Vorteil gegenüber den Mitbewerbern gewinnen sollen, werden Gegenmaßnahmen bewirken. Das muss bei der Einschätzung des möglichen Ergebnisses in der Strategie berücksichtigt werden.

Auf der strategischen Ebene geht es (noch) nicht um einzelne Maßnahmen. Dennoch muss die Strategie ein realistisches Ziel haben, insofern sind Marktreaktionen auf die eigenen Aktivitäten einzubeziehen. Zur Strategie gehört es aber, die Märkte zu definieren, auf denen das Unternehmen tätig sein soll. So können Zielgruppen in den Fokus gestellt werden (privat oder gewerblich), die Konzentration auf bestimmte Regionen ist ebenso zulässig wie das strategische Ziel, aktuelle Märkte nicht mehr zu bedienen. An dieser Stelle wird die Steuerungsaufgabe des Controllings schon früh wahrgenommen. Das strategische Controlling hilft dabei, auch die Möglichkeiten, die von den digitalen Geschäftsmodellen geboten werden, zu nutzen.

8.1.2   Andere Märkte

Der Absatzmarkt ist bestimmend für den Erfolg des Unternehmens, andere Märkte können sich hingegen als begrenzend für diesen Erfolg erweisen. Um auf dem Absatzmarkt Leistungen anbieten zu können, muss das Unternehmen Waren einkaufen, sie verarbeiten und diese Aktivitäten finanzieren. In digitalen Geschäftsmodellen kommt noch hinzu, dass digitale Technik benötigt wird. Für digitale Aktivitäten sollte daher ein eigener Markt definiert werden.

Im strategischen Controlling muss geprüft werden, ob die für das strategische Absatz- bzw. Umsatzziel notwendigen Ressourcen auf diesen Märkten beschafft werden können. Das kann zu dem Ergebnis führen, dass die strategische Planung nicht wie vorhergesagt umgesetzt werden kann. Die möglichen Gründe dafür können sehr unterschiedlich sein:

- Rohstoffe, die für die Produktion der geplanten Absatzmengen gebraucht werden, können in den vorhandenen Strukturen nicht beschafft werden.
- Fertigungskapazitäten für die strategischen Mengen stehen aufgrund des bisherigen Investitionsverhaltens nicht zur Verfügung. Für die Finanzierung über Dritte gibt es aktuell keine Möglichkeit.
- Für eine strategisch geplante Ausweitung der Absatzmärkte werden zusätzliche Gebäude für Produktion und Verwaltung benötigt, die auf dem Markt für gewerbliche Gebäude beschafft werden müssen. Ob dieser das notwendige Angebot hat, ist nicht bekannt.
- Für die strategische Eroberung der digitalen Absatzmärkte ist entsprechend digital ausgebildetes Personal erforderlich. Das digitale Know-how kann bei den eigenen Mitarbeitern nicht generiert und es muss am Personalmarkt beschafft werden. Das Angebot dort ist begrenzt.
- Für die Ausweitung der digitalen Vertriebswege im gewerblichen Bereich ist die flächendeckende Versorgung mit Breitbandinternet eine Voraussetzung. Ob der Markt dies innerhalb des strategischen Planungszeitraums anbieten wird, muss geprüft werden.

Wird aufgrund der Analyse nicht erwartet, dass die notwendigen Ressourcen für das strategische Ziel am Absatzmarkt beschafft werden können, gibt es zwei Möglichkeiten für die Unternehmensstrategie:

- Die strategischen Ziele für den Absatzmarkt müssen angepasst werden. In der Regel bedeutet dies ein Verlust von Chancen, die erwarteten Absätze und Umsätze werden geringer. Damit sinkt auch der Erfolg dieser Strategie.
- Es können für die infrage kommenden Märkte eigene Strategien entwickelt werden, um die individuelle Situation des Unternehmens auf diesen Märkten zu verbessern.

> **! Hinweis: Unternehmensstrategie einfach halten**
>
> Aufgrund der notwendigen Aktivitäten auf allen möglichen Märkten dürfen nur die Ziele in die Unternehmensstrategie übernommen werden, die tatsächlich einen begrenzenden und anders nicht anzupassenden Einfluss auf die unternehmerische Tätigkeit haben. Die Strategie darf nicht zu komplex werden. Viele Aktivitäten auf den Märkten, die nicht Absatzmarkt sind, lassen sich operativ erledigen und müssen daher lediglich in die operative Planung integriert werden. Dass deren Erledigung nicht vergessen wird, ist Aufgabe des Controllings.

In digitalen Geschäftsmodellen erhält nicht nur der Markt für digitale Technik, Hardware und Anwendungen eine besondere Bedeutung, die ihn für eine eigene Betrachtung qualifiziert. Digitalisierung bedeutet auch auf den anderen Märkten eine mögliche Veränderung der Marktgesetze. Das muss durch das strategische Controlling sichtbar und genutzt werden.

Der Beschaffungsmarkt

Alle Unternehmen müssen, um ihre Leistung zu erbringen, die dafür notwendigen Ressourcen beschaffen. Es müssen Rohstoffe, Bauteile oder Handelswaren ebenso besorgt werden wie Maschinen, Fahrzeuge oder Flächen und Gebäude. Nicht nur für Dienstleister ist die Beschaffung von Personal wichtig. (Da der Personalmarkt besonders differenziert ist, wird er nachfolgend gesondert ausgeführt.)

Der Beschaffungsmarkt wird durch drei Parameter beeinflusst:

- Die Menge der am Markt angebotenen Waren ist begrenzt. Das gilt nicht nur für die einzelnen Märkte (z. B. in Deutschland, in der EU und in der Welt), das gilt auch für den Gesamtmarkt.
- Die am Markt agierenden Verkäufer bestimmen Vertriebswege, Mengen und die Verteilung. Diese sind entscheidend für die Marktstrukturen, vor allem dann, wenn es viele kleine Abnehmer gibt. Die Bedeutung digitaler Vertriebswege und damit eigener digitaler Märkte hängt auch ab von der Bereitschaft der Anbieter, sich für digitale Abläufe zu engagieren.
- Das Unternehmen ist nicht der einzige Käufer auf dem Beschaffungsmarkt. Es konkurriert mit vielen anderen Nachfragern. Die eigene Stellung auf dem Beschaffungsmarkt bestimmt den Erfolg im Kampf um Preise und Mengen.

Für unterschiedliche Produkte gibt es unterschiedliche Beschaffungsmärkte. Auf jedem davon ist das Unternehmen aktiv. Nicht jeder Markt muss im Rahmen der Strategiefindung oder -überwachung vom Controlling analysiert werden. Es geht hier nur um wichtige Waren, Leistungen oder andere Dinge, die für die strategisch geplante Entwicklung notwendig sind.

Beispiele: Viele mögliche Einflüsse
Um die Vielfalt der möglichen Begrenzungen, die eine Berücksichtigung in der Unternehmensstrategie erfordern, deutlich zu machen, folgt eine kleine Auswahl an Beispielen aus der Praxis des strategischen Controllings:

- Ein typisches Beispiel ist der Markt für einen Rohstoff, der knapp ist und dessen Nachfrage stetig steigt. So wird z. B. Melasse, ein Nebenprodukt der Zuckerherstellung, aufgrund des Rückgangs der globalen Zuckerproduktion in immer geringeren Mengen angeboten. Gleichzeitig steigt die Nachfrage in der Lebensmittelindustrie, bei der Tierfutterherstellung und in der Biochemie. Der Rohstoff kann nur schwer ersetzt werden, wenn die gewohnte Wirtschaftlichkeit erhalten bleiben soll.
- Die Unternehmensstrategie verlangt, mehr Mengen zu produzieren, dazu muss die Fertigungskapazität deutlich erweitert werden. Für eine neue Fertigungshalle wird ein Grundstück benötigt. Im Gewerbegebiet des Unternehmens sind nur noch wenige Grundstücke frei. Die Strategie muss sich in diesem Fall mit einem Vorratskauf beschäftigen.
- Die für die Strategie benötigten Waren werden derzeit in Deutschland eingekauft. Die Mengen dort sind aber nicht mehr ausreichend, der dadurch erforderliche Einkauf im Ausland wird wesentlich erhöhte Transportkosten mit sich bringen.
- Das Unternehmen braucht ein neues Rechenzentrum, wenn die aktuelle Strategie zur Digitalisierung umgesetzt werden soll. Im eigenen Gebäude ist dazu kein Platz vorhanden. Eine Anmietung ist nur in weit entfernten Gebäuden möglich.

Im Rahmen des strategischen Controllings muss die Entwicklung auf den als begrenzend erkannten Beschaffungsmärkten ebenso geplant werden wie auf dem Absatzmarkt. Dazu werden die historischen und die aktuellen Werte bestimmt. Anschließend werden die erwarteten Veränderungen vor allem anhand der Verkäufer und der konkurrierenden Nachfragen eingeschätzt. Das Ergebnis ist die erwartete Entwicklung auf den signifikanten Beschaffungsmärkten. Darauf aufbauend beantwortet das strategische Controlling vor allem Fragen wie:

- Gibt es die notwendigen Mengen der einzukaufenden Leistungen auf den bisher benutzten Märkten?
- Können diese Mengen dort vom Unternehmen eingekauft werden oder kommt es zukünftig zu einer Konkurrenz mit anderen Nachfragern?
- Gibt es weitere Märkte für die betreffende Leistung, auf denen das Unternehmen bisher nicht als Nachfrager aufgetreten ist? Wie sehen diese aus? Welche Kapazitäten gibt es dort?

- Wie reagieren die Preise für die Leistung auf diesen Märkten, wenn die erhöhte Nachfrage des Unternehmens bekannt wird? Gibt es Mengenrabatte? Wird das Angebot knapp und steigen daher die Preise?
- Wie verändern sich die Nebenkosten, z. B. die Transportkosten, wenn der Markt mehr Menge liefern oder wenn ein neuer Markt erschlossen werden muss?

Die meisten Analysen werden zu dem Ergebnis führen, dass der Beschaffungsmarkt für Waren und Leistungen nicht begrenzend auf die Absatzstrategie wirkt. Dennoch sollte diese Möglichkeit bewusst geprüft werden, denn nur so werden mögliche spätere negative Überraschungen vermieden. In vielen Fällen kann der Markt durch rein operative Aktivitäten an die neue Situation angepasst werden. Sind aber größere Veränderungen notwendig, müssen diese in die Unternehmensstrategie aufgenommen werden. Nachfolgend finden sich einzelne Beispiele zur Differenzierung:

- Die Erweiterung eines bestehenden Beschaffungsmarktes, z. B. durch Kauf bei einem zweiten Lieferanten, ist eine operative Aktion.
- Aktivitäten auf einem neuen Markt, z. B. in Fernost, sind bei wichtigen Waren und Leistungen in die Strategie zu übernehmen.
- Reaktionen auf erwartete Kämpfe mit anderen Nachfragern um ein begehrtes Produkt gehören in den operativen Bereich.
- Auch die Ausweitung des Einkaufs auf digitale Vertriebswege, die bisher nicht genutzt wurden, ist eine operative Aktion. Nur wenn bisher die Digitalisierung bewusst keine Rolle gespielt hat, muss diese Veränderung als Strategieveränderung dargestellt werden.
- Wenn Probleme bei der Beschaffung durch die enge Anbindung der Lieferanten an das Unternehmen durch Industrie 4.0 gelöst werden sollen, ist das eine strategische Ausrichtung des Unternehmens auf die weitere Digitalisierung.

> **! Hinweis: Unbeachtete Auswirkungen**
>
> Kommt es aufgrund eines Strategiewechsels zu einer signifikant niedrigeren Nachfrage des Unternehmens nach bestimmten Produkten, kann dies ebenfalls unerwünschte Auswirkungen auf dem Beschaffungsmarkt haben. So kann das Unternehmen mit seinen kleineren Abnahmemengen für große Lieferanten uninteressant werden, die Versorgung muss dann eventuell über den Großhandel erfolgen. Das ist ein neuer Beschaffungsmarkt mit anderen Bindungen und höheren Preisen. Solche Auswirkungen bleiben oft unbeachtet, beeinflussen aber das Ergebnis und können die Erreichung strategischer Ziele gefährden.

Personalmarkt

Eine besondere Form des Beschaffungsmarktes ist der Personalmarkt. Dort werden die benötigten Mitarbeiter gesucht und gefunden. Auch auf diesem Markt gibt es drei Parameter, die den Erfolg des Unternehmens in der Personalbeschaffung beeinflussen:

- Die Anbieter auf diesem Markt sind Menschen, die eine neue Anstellung suchen. Sie bilden das Potenzial an Bewerbern, aus denen das Unternehmen die offenen

Stellen besetzen kann. Das Angebot schwankt stark bzgl. der Anzahl der Bewerber und deren Fähigkeiten. Das Angebot kann durch Personalmarketing zugunsten des Unternehmens erweitert werden.

- Auf dem Markt sind Vermittler zwischen Bewerbern und Unternehmen tätig. Deren Bedeutung ist allerdings geringer als die der Verkäufer auf dem Beschaffungsmarkt für Waren. Eine Trennung der Märkte für den Weg mit und ohne Vermittler ist nicht sinnvoll, da es zu viele Überschneidungen gibt.
- Die Nachfrage anderer Unternehmen nach Bewerbern mit vergleichbaren Voraussetzungen bestimmt den Erfolg des Unternehmens bei der Suche nach geeignetem Personal. Diese Situation hat auch Auswirkungen auf die Kosten für die Mitarbeiter.

Wird bei der Analyse des Personalmarktes deutlich, dass es bei der Umsetzung der Strategie zu einem Engpass an Mitarbeitern mit notwendigen Fähigkeiten kommt, muss reagiert werden. Dazu sind operative Maßnahmen wie die frühzeitige Suche nach zusätzlichem Personal oder die Weiterbildung vorhandener Mitarbeiter möglich. Strategische Entscheidungen sind dann notwendig, wenn die Engpässe durch wesentliche Nutzung von Personalüberlassung, Dienstleistern oder Outsourcing behoben werden sollen und dies bisher nicht zur Debatte stand.

Beispiel: Digitale Personalstrategie

Die Digitalisierung ermöglicht neue, digitale Strategien zur Personalbeschaffung, nicht nur in digitalen Geschäftsmodellen. So kann die Suche nach geeigneten Mitarbeitern mit Online-Anzeigen und durch die Nutzung von digitalen Plattformen Erfolg versprechend sein. Dazu muss z. B. bei Xing oder StepStone ein entsprechendes Profil aufgebaut und aktuell gehalten werden. Gleichzeitig können neue, digitale Beschäftigungsformen, wie die Arbeit im Homeoffice, die Arbeitsbedingungen in den Augen vieler Bewerber verbessern.

Finanzmarkt

Strategieveränderungen kosten ebenso Geld wie der Aufbau neuer Unternehmen. Wenn Startups bzw. die neuen Strategien bestehender Unternehmen digitale Geschäftsmodelle beinhalten, wird die Finanzierung der notwendigen Maßnahmen häufig zu einer wichtigen Aufgabe. Die finanziellen Mittel müssen am Finanzmarkt besorgt werden. Dieser muss ebenfalls durch das Controlling analysiert werden, um festzustellen, ob die für die Strategie erforderlichen finanziellen Mittel verfügbar sind. Mögliche Wege zur Mittelbeschaffung gehören in die Unternehmensstrategie.

Das gilt besonders dann, wenn das Eigenkapital eine wichtige Rolle dabei spielt. So führt z. B. die Strategieaussage: »Wir wollen das Wachstum aus eigenen Mitteln finanzieren!« dazu, dass bestimmte Bedingungen erfüllt werden müssen:

- Das Unternehmen muss diese eigenen Mittel erwirtschaften, also profitabel sein.
- Die erwirtschafteten Gewinne führen gemeinsam mit den sonstigen Ereignissen im Unternehmen zu Liquidität.
- Die selbst erwirtschaftete Liquidität bleibt im Unternehmen und wird nicht an die Eigentümer ausgeschüttet.

Viele Eigentümer, Gesellschafter oder Aktionäre eines Unternehmens sind begeistert von einer neuen Unternehmensstrategie, in der digitale Geschäftsmodelle ausgebaut oder geschaffen werden sollen. Die Begeisterung endet oft dann, wenn es um die Finanzierung der digitalen Strategie geht. Der Verzicht auf Gewinnausschüttung fällt schwer, die Bereitstellung von frischem Kapital durch die Eigentümer muss für diese wirtschaftlich sein. Das Unternehmen konkurriert am Finanzmarkt mit anderen Nachfragern nach Liquidität.

Die andere Seite im Finanzmarkt bilden die Anbieter von Finanzmitteln. Das sind Banken, andere Anleger und Anbieter von Crowdfunding. Bei Letzteren handelt es sich um digitale Plattformen, die Beteiligungen vieler Anleger (die Crowd) mit jeweils kleinen Beträgen für bestimmte Unternehmensprojekte beschaffen und vermitteln. Diese Form der Finanzierung passt besonders gut, aber nicht nur, zu digitalen Geschäftsmodellen.

Die Analyse des Finanzmarktes für eine benötigte Finanzierung einer Unternehmensstrategie umfasst also unterschiedliche Inhalte, die insbesondere auf die Verfügbarkeit für digitale Geschäftsmodelle geprüft werden müssen.
- Zunächst stellt das Controlling fest, welchen Finanzbedarf es wahrscheinlich geben wird, wenn die angedachte Strategie umgesetzt wird. Die zeitliche Verteilung über die Planungsdauer spielt eine wichtige Rolle.
- Der Finanzbedarf wird auf Plausibilität geprüft, d. h. mit den vergangenen Werten verglichen. Dadurch wird deutlich, wie schwierig oder einfach die Beschaffung werden wird.
- Mögliche Geldquellen am Finanzmarkt werden ermittelt. Dabei kommen Eigentümer, Banken, Fördermittel oder auch digitale Geldquellen wie das Crowdfunding infrage.
- Die benötigte Summe wird mit den maximalen Beträgen einzelner Quellen verglichen. Die Wahrscheinlichkeit der Beteiligung der Finanzquellen wird geschätzt und bei der Strategiefindung berücksichtigt.

> **! Hinweis: Bedarf senken**
>
> In der Praxis des strategischen Controllings wird an dieser Stelle der Controller zum Spielverderber. Er ermittelt einen Finanzbedarf für die Strategieumsetzung und findet in der Analyse des Finanzmarktes keine ausreichenden Mittel. Leider wird diese Situation in vielen Unternehmen einfach ignoriert. Die zu teure Strategie wird implementiert, die Umsetzung wird sehr schwierig.

Wenn es um digitale Geschäftsmodelle geht, kann das Controlling durch das Aufzeigen von weiteren Möglichkeiten helfen. Diese Geschäftsmodelle enthalten viele Funktionen, die sowohl in Eigenregie durchgeführt als auch als Dienstleistung eingekauft werden können. So kann der Onlineshop gekauft und auf eigenen Servern betrieben werden oder die Aufgabe wird im Outsourcing über einen Cloud-Dienst übernommen. Dadurch erhöhen sich die laufenden Kosten, der Finanzbedarf für die Umsetzung der Strategie aber sinkt, die Finanzierung wird also einfacher. Darauf kann das Controlling hinweisen und entsprechende Berechnungen aufstellen.

Realistisch ist die Finanzierung von strategischen Veränderungen durch einen Mix von Mitteln aus verschiedenen Quellen. Die Eigentümer müssen ein Teil beisteuern, indem sie z. B. auf einen Teil der Gewinnausschüttung verzichten. Die Banken besorgen Fördermittel und ergänzen diese durch eigene Kredite. Besondere Projekte innerhalb der Strategie, vor allem wenn sie digital sind, können zusätzlich durch das Crowdfunding finanziert werden.

Ein solcher Mix bei der Liquiditätsbeschaffung bedeutet einen besonderen Aufwand bei der Beschaffung und Abwicklung. Wurde bisher nicht so differenziert finanziert, kommt es zu einem Strategiewandel in der Unternehmensfinanzierung. Das sollte so auch festgehalten werden und in die Unternehmensstrategie eingehen.

Markt für digitale Technik
In digitalen Geschäftsmodellen bildet sich auf dem Beschaffungsmarkt ein Teilmarkt, der eine besondere Beachtung verdient: der Markt für digitale Technik. Hier bestimmt das Angebot an Geräten, Dienstleistungen und Anwendungen die Möglichkeiten, die dem Unternehmen für die Umsetzung der eigenen Strategie bleiben. Die Nachfrage nach diesen Leistungen wird in Zukunft weiter steigen, weil immer mehr digitale Unternehmen entstehen und immer mehr analoge Geschäftsmodelle auf digitale Strukturen umgestellt werden.

Hinweis: Neue Betrachtung   !

Bisher ist es auf dem Markt für digitale Technik nicht zu Engpässen gekommen, darum findet sich aktuell kaum eine separate Analyse im strategischen Controlling. Die Zukunft wird mit der fortschreitenden Digitalisierung wesentlich höhere Ansprüche an die Marktteilnehmer stellen. Gleichzeitig steigen die Ansprüche der Unternehmen, die immer aufwendigere digitale Geschäftsmodelle betreiben wollen. Die Strategie in Unternehmen mit digitalen Geschäftsmodellen sollte daher so ausgerichtet sein, dass die erwartete Entwicklung am Markt für digitale Technik keine Probleme bereitet.

Die Parameter, die den digitalen Markt bestimmen, sind mit denen am Beschaffungsmarkt vergleichbar:

- Digitale Produkte sind bisher nur selten durch eine besondere Knappheit aufgefallen. Hardware wird in großen Mengen produziert, digitale Anwendungen sind kopierbar. Es gibt jedoch Engpässe bei den Dienstleistungen. Die Implementation von Anwendungen braucht in der Regel ein spezielles Know-how, vor allem wenn die Lösungen komplex sind. Personal mit den entsprechenden Kompetenzen ist knapp. Andere Dienstleistungen, wie z. B. die Nutzung einer Cloud, haben technische Kapazitätsgrenzen. Ob sich diese Situation für die eigene Unternehmensstrategie begrenzend auswirken kann, muss im strategischen Controlling geprüft werden.

- Die digitale Technik macht es grundsätzlich möglich, dass eine Vielzahl von Anbietern auf dem entsprechenden Markt vorhanden ist. Die Digitalisierung mitsamt ihrer engen Zusammenarbeit aller Beteiligten im digitalen Geschäftsmodell macht es aber notwendig, dass alle technischen Produkte vom Smartphone bis zum ERP-System gleiche Standards nutzen, um bestimmte Aufgaben, vor allem in der Kommunikation, zu erledigen. Diese Standards umzusetzen und laufend zu pflegen, ist teuer. Das wird den Trend zur Konzentration auf wenige Anbieter der digitalen Technik verstärken. An vielen Stellen wird dieser Markt schon von wenigen großen Unternehmen geprägt und die weitere technische Entwicklung wird noch mehr Konzerne wie Microsoft, SAP, Facebook, Alphabet usw. hervorbringen. Das reduziert den Wettbewerb auf dem Markt für digitale Technik.
- Der dritte Parameter, der den Markt für digitale Technik bestimmt, handelt von den Nachfragern, also auch den Unternehmen. Diese werden immer mehr und verlangen immer schnellere und umfangreichere Lösungen. Das verknappt das Angebot und führt dadurch zu problematischen Produkten, die schnell auf den Markt kommen, um die Nachfrage zu bedienen.

Den Markt für digitale Technik aus diesem Blickwinkel zu betrachten, ist noch neu. Im strategischen Controlling müssen die Entwicklungen dort analysiert werden, besonders hinsichtlich der geplanten eigenen Strategie. Wichtig für den Erfolg der digitalen Geschäftsmodelle ist die Akzeptanz bei den Partnern. Diese wiederum hängt zusammen mit einer ausreichenden Sicherheit der digitalen Anwendungen und der digitalen Technik – ein wichtiger Punkt in der Analyse dieses Marktes.

8.1.3   Produktanalyse

Der Erfolg am Absatzmarkt hängt von den im vorherigen Kapitel beschriebenen Kriterien ab. Vorausgesetzt wird dabei, dass die vom Unternehmen angebotenen Produkte und Leistungen auch nachgefragt werden. Diese müssen für den Markt passen und profitable Strukturen aufweisen. In der Strategie wird daher beschrieben, mit welchen Produkten das Unternehmen handeln will, welche Produktgruppen geplant sind und wie diese beschaffen sein sollen.

Hinweis: Keine Details

Die Strategie enthält keine detaillierte Beschreibung der Produkte, eine exakte Planung bis hin zu Stücklisten und Arbeitsplänen erfolgt erst in der operativen Planung. Hier geht es um Produktgruppen, um Qualitäts- und Preisniveaus und um Bedarfe am Markt.

Die Produktanalyse im Rahmen des strategischen Controllings kann viele Punkte umfassen. Für jedes Unternehmen, für jeden Markt und für jede Branche gibt es verschiedene individuelle Schwerpunkte. So unterscheiden sich digitale Produkte von analogen Produkten, Produkte für den analogen Markt von denen für einen digitalen Markt. Gemeinsam mit den Fachbereichen, also in der Regel dem Vertrieb, und der Unternehmensleitung werden die wichtigsten Parameter der Analyse vereinbart.

- Die Produktgruppe wird in der strategischen Planung immer festgelegt, damit sich die Strategie an diesem wichtigen Parameter orientieren kann. Da in der Regel bei vorhandenen Unternehmen klar ist, welche Produkte hergestellt werden, ist die Festlegung kaum ein Problem. Auch neue Unternehmen werden mit der Ausrichtung auf beschreibbare Produkte und Leistungen gegründet.
- In der Strategie wird festgelegt, welches Qualitätsniveau die Produkte haben sollen. Das bestimmt den Vertriebsweg, aber auch die Arbeit in der Entwicklungsabteilung, die Aufgabe in der Fertigung und die Kosten der Produkte.

Hinweis: Qualitätsniveau realistisch abbilden

In der Unternehmensstrategie sollten die Inhalte möglichst realitätsnah sein. Dabei verlangt niemand, eine bewusst schlechte Qualität der Produkte zu thematisieren, soweit es sie überhaupt gibt. Aber es ist ein Unterschied, ob das Unternehmen Kleidung für den Verkauf in großen Ketten herstellt oder für die Luxusboutiquen in den Hauptstädten der Welt. Auch Maschinen haben Qualitätsunterschiede, die auf Vertriebsweg und Zielgruppe ausgelegt sind. Eine Formulierung in der Strategie eines Herstellers von Handwerksmaschinen könnte lauten: Herstellung von Maschinen, die den besonderen Anforderungen im gewerblichen Einsatz bei Handwerkern genügen. Oder: Herstellung von Maschinen, die im Heimwerkermarkt ein hohes Qualitätsniveau bedienen. Es lohnt nicht bzw. ist vielmehr schädlich, in der Strategie falsche Qualitätsansprüche zu formulieren.

- Welche Bedürfnisse der Kunden werden durch das Produkt gedeckt? Das können Bedürfnisse des täglichen Bedarfs, Investitionen oder auch Luxusbedürfnisse der privaten Verbraucher sein. Bei gewerblichen Kunden geht es um regelmäßigen Bedarf, wiederkehrende Bedarfe oder um Investitionen.
- Das Preisniveau der Produkte spielt für den Erfolg eine wichtige Rolle. Daher wird analysiert, welches Niveau aktuell im Markt vorhanden ist. In der Regel reicht eine Gliederung in mittleres Niveau, in niedriges oder hohes Niveau, um eine Übereinstimmung von Märkten und Produkten in der Strategie festzustellen. Das gilt selbstverständlich für die aktuelle und für die in der Strategie geplante Situation.

- Bei der Beschaffung wird der Einkauf oder die Eigenfertigung unterschieden. Wird das Produkt von Dritten eingekauft, wird eine grundsätzliche Einkaufsstrategie festgehalten. Bei der Eigenfertigung kann die Fertigungstiefe von der strategischen Entscheidung abhängig sein.

> **! Hinweis: Besonderheit digitaler Anwendungen**
>
> Wenn das Unternehmen digitale Anwendungen verkauft, muss eine Trennung spätestens jetzt in verschiedene Produkte vorgenommen werden. Es gibt die Anwendung an sich, die als Lizenz verkauft und vermietet wird. Dann gibt es die Betreuung der Anwendung und der Anwender im laufenden Geschäft als weiteres eigenes Produkt. Die Wartung der Anwendungen mit der Weiterentwicklung ist ein drittes Produkt. Für jedes Angebot muss vor allem die Frage der Beschaffung geklärt werden.

- Für digitale Geschäftsmodelle kann es wichtig sein, die Eignung der eigenen Produkte für Industrie 4.0 zu prüfen. Gibt es geeignete Lieferanten für die digitale Zusammenarbeit? Werden Kunden das Produkt in die gemeinsame Disposition stellen? Wenn die Strategie Industrie 4.0 vorsieht, die Produkte aber technisch und/oder organisatorisch nicht in die vorgesehenen Abläufe passen, muss entweder die Strategie angepasst oder müssen die Produkte verändert werden.
- Das Alter der Produkte und der Stand innerhalb des Produktlebenszyklus ist eine typische Frage, die in der strategischen Analyse beantwortet wird. Ergebnis ist die Feststellung, ob langfristig für mehr Entwicklung, für mehr junge Produkte geplant werden muss.
- Nicht jedes Produkt ist für jeden Markt, für jeden Vertriebsweg geeignet. So sind digitale Anwendungen nur schwer über analoge Vertriebswege zu verkaufen, die Kunden wollen das Produkt sofort nutzen und daher über einen digitalen Vertriebsweg erwerben und downloaden. Aufwendig verpackte Produkte eignen sich nicht für das Massengeschäft mit gewerblichen Kunden. Waren, die über einen Onlineshop verkauft werden, müssen transportsicher verpackt und für den Versand optimiert sein. In der Analyse wird daher festgestellt, welche Produkte wie strategisch geplant verkauft werden können und welche noch angepasst werden müssen.

Beispiel: Präsentation im Onlineshop

In vielen digitalen Geschäftsmodellen werden Produkte im Onlineshop verkauft. Dazu müssen die Waren digital gut präsentiert werden, eine exakte Beschreibung ist notwendig, um dem potenziellen Kunden den direkten Kontakt mit dem Produkt im stationären Einzelhandelsgeschäft zumindest teilweise zu ersetzen. Gelingt dies nicht, ist das Produkt für den Onlinehandel nicht geeignet.

Da die Ansprüche der Kunden hinsichtlich eines direkten Kontakts vor allem im Massengeschäft sinken, wird dieser Gesichtspunkt allerdings immer weniger wichtig. Dennoch bestimmt er das digitale Geschäft mit einem weiteren Aspekt. Kleidung, ein Produkt, das viele Kunden erst nach dem Berühren und Anprobieren kaufen, lässt sich im Onlineshop nur mit einer großzügigen Rückgabepolitik vermarkten. Das bedingt eine entsprechende Organisation, die in der Strategie berücksichtigt werden muss.

- Kriterien zur Bewertung von Produkten ändern sich. Aktuell verlangen vor allem junge und moderne Kunden, dass Produkte nachhaltig, tierfreundlich, klimaschonend und nach hohen moralischen Standards, z. B. bei Kinderarbeit, hergestellt werden. Da die Zielgruppe mit diesen stetig wachsenden Ansprüchen digital sehr aktiv ist, gelten diese Kriterien grundsätzlich auch für den Vertrieb in digitalen Geschäftsmodellen. Die Beachtung solcher Forderungen ist dort besonders wichtig, da Fehler bei der Erfüllung dieser Kundenforderungen direkt digitale Auswirkungen in den sozialen Medien haben.

Hinweis: Nicht nur für Kunden

Unternehmen, die Produkte mit den aktuell nachgefragten Attributen wie nachhaltig, energieschonend, klimaneutral oder fair gehandelt anbieten, haben weitere Vorteile. Nicht nur die Kunden achten darauf, auch Mitarbeiter sind stärker motiviert, wenn sie für ein Unternehmen mit guten Produkten arbeiten dürfen. Geldgeber, also Eigentümer und Banken, prüfen diese Parameter ebenso und beurteilen die Planung des Markterfolgs positiver, wenn die Forderungen der Kunden nach Produkten, die auch sozialen Ansprüchen entsprechen, erfüllt werden.

- Zur Produktanalyse gehört des Weiteren die Untersuchung, ob das gesamte Sortiment strategisch aufgestellt wird. Für den Erfolg der Produkte am analogen oder digitalen Markt sind mehr als nur ein oder einige Produkte notwendig. Der Kunde verlangt eine breitere Auswahl und zusammengehörige Produkte. So wird eine Maschine nur dann verkauft, wenn auch Ersatzteile dazu angeboten werden. Kleidung hat nur Erfolg, wenn sie in verschiedenen Größen und Farben verfügbar ist. Ein von den Kunden als nicht ausreichendes Angebot empfundenes Sortiment lässt sich gerade in digitalen Geschäftsmodellen schnell feststellen und an andere potenzielle Kunden kommunizieren. Darum muss das Sortiment in der Strategie optimiert beschreiben werden.

Die beschriebenen Parameter einer Produktanalyse sind nur eine Auswahl der Punkte, die im strategischen Controlling weit verbreitet sind, es gibt darüber hinaus noch weitere. Aber nicht alle Punkte werden in die Analyse einbezogen. Die Produktstrategie konzentriert sich auf wenige, besonders wichtige Faktoren. Welche das sind, muss das Controlling auch hier in Zusammenarbeit mit den Fachbereichen festlegen.

Gerade eine Produktanalyse beinhaltet viele qualitative Kriterien. Nicht immer kann ein Wert als Ergebnis der Analyse mathematisch exakt errechnet werden, wie das z. B.

beim Marktanteil der Fall ist. Daher besteht die Aufgabe des Controllings auch darin, die oft subjektiv beeinflussten Einschätzungen und Beurteilungen zu objektivieren und durch geeignete Werkzeuge darzustellen. Das ist nicht nur, aber auch bei der Produktanalyse vor allem mit der Portfolioanalyse möglich, einem wichtigen Werkzeug des strategischen Controllings (siehe Kapitel 7.2.1).

8.1.4   Umfeldanalyse

Schon bei der Produktanalyse waren die wachsenden Anforderungen der Kunden an Nachhaltigkeit, Umweltschutz, Klimaneutralität, fairen Handel usw. wichtige Aspekte. Dies betrifft in vielen Fragen auch das Unternehmen als Ganzes. Die sich daraus ergebenden Konsequenzen für die Strategie können stark eingreifen in die Profitabilität des Unternehmens, in manchen Fällen kann die Existenz gefährdet sein.

Beispiel: Bestandsschutz allein gefährdet Existenz

In einem Industriegebiet existiert seit vielen Jahren ein Unternehmen der Abfallwirtschaft. Vielfältiger Müll, recycelbare Stoffe und Wertstoffe für die Stahlindustrie werden auf einem Grundstück bis an dessen Belastungsgrenze für mehr oder weniger lange Zeit gelagert. Regelmäßig kommt es zu Bränden mit starker Rauchentwicklung, was in der Bevölkerung zu Ängsten und Unruhe führt. Über die Jahre ist das zunächst weit vor der Stadt gelegene Industriegebiet von der Wohnbebauung eingeholt worden. Zuletzt wurden neue Baugrundstücke erschlossen, die direkt an das Abfallunternehmen angrenzen, selbstverständlich mit gesetzlichem Mindestabstand.

Das Unternehmen hat einen Mitbewerber in einer Nachbargemeinde gekauft, um die wirtschaftlich notwendige Größe für die Zusammenarbeit mit immer größer werdenden Kunden zu erreichen. Damit wurde die Strategie des Wachstums umgesetzt. Jetzt soll der Betrieb in der Nachbargemeinde geschlossen und auf ein angrenzendes Grundstück am Standort verlegt werden. Obwohl das Grundstück schon lange im Besitz des Unternehmens ist, wurde die Betriebserweiterung an dieser Stelle von den örtlich zuständigen Behörden nicht genehmigt.

Der Grund dafür ist der Druck, den Bürgerinitiativen und eine im Rat der Stadt vertretene Partei auf Verwaltung und Politik ausüben. Sie beklagen neben dem steigenden Lärm durch die LKW-Transporte und die Aktivitäten auf dem Grundstück eine Belastung der Umwelt durch eine unterstellte, nicht umweltgerechte Lagerung und Weiterverarbeitung der Abfallstoffe. Damit wird es dem Unternehmen unmöglich gemacht, die wirtschaftlich notwendigen Synergien aus dem Kauf des Mitbewerbers zu heben. Der gebotene Bestandsschutz des bisherigen Umfangs der Grundstücksnutzung reicht nicht aus. Die Strategie hat sich als Misserfolg erwiesen.

Neben möglichen Entwicklungen des Umfelds des Unternehmens durch gesellschaftliche Forderungen gibt es zwei weitere Bereiche, die auf die Entwicklung der Unternehmen Einfluss nehmen: die Digitalisierung und die wirtschaftliche Entwicklung. Diese drei Punkte müssen zum Inhalt einer Umfeldanalyse im strategischen Controlling werden.

Gesellschaftliche Entwicklung

Das obige Beispiel des Abfallentsorgungsunternehmens zeigt, wie wesentlich Veränderungen in der Gesellschaft und der Politik die Entwicklung eines Unternehmens beeinflussen können. Dabei geht es an dieser Stelle nicht um die Kunden, die über den Absatzmarkt Einfluss nehmen. Es geht um das direkte Umfeld vor Ort und das indirekte Umfeld in Form von rechtlichen Vorschriften. Da sich die Veränderungen in diesen Bereichen nur langsam ergeben, werden die Risiken in der Praxis nur selten rechtzeitig erkannt. Aufgrund der Langfristigkeit der Strategie eines Unternehmens müssen die Veränderungen in der Gesellschaft im strategischen Controlling analysiert werden.

Die Veränderung gesellschaftlicher Normen zeigt sich am Ende immer in der Anpassung der rechtlichen Vorschriften. Der gesellschaftspolitische Druck wird so groß, dass Gesetze zum Klimaschutz, zur Energiewende oder zur Verantwortung der Unternehmen für die Arbeitsbedingungen ihre Lieferanten in Asien oder Afrika erlassen bzw. verschärft werden. Die Änderungen treffen deutsche Unternehmen zunächst auf drei Ebenen:

- Die Kommunen an den Standorten der Betriebe bestimmen mit direktem Bezug das Umfeld des Unternehmens. So werden Genehmigungen zum Betrieb gegeben oder verweigert, Grundstücke mit Bedingungen verkauft, das Umfeld der bestehenden Betriebe durch Ausweisen von Wohngebieten oder Naturschutzgebieten verändert, der Straßenausbau, z. B. durch die Umwidmung einer Straße zur Fahrradstraße, ungünstig gestaltet.

Hinweis: Auch Förderung möglich

Selbstverständlich handeln die Kommunen nicht nur ungünstig für Unternehmen. Sie weisen neue Industriegebiete aus, sorgen für umweltverträgliche Verkehrsanbindung oder bauen Lärmschutzwälle zum Schutz der Unternehmen gegen Klagen aus dem benachbarten Wohngebiet. Das Risiko der Änderung von örtlichen Umfeldbedingungen für ein Unternehmen ist allerdings groß, sodass ein langjährig tätiges Unternehmen plötzlich in der Kritik stehen kann. Da dies die erfolgreiche Arbeit behindern kann, muss das strategische Controlling die mögliche Entwicklung vor Ort und die möglichen Auswirkungen auf das Unternehmen fortwährend analysieren.

- Neben den Kommunen sind weiterhin die Landkreise, die Länder und der Bund entscheidend. Vor allem der Bund kann durch die Gesetzgebung wesentlichen Einfluss auf das Arbeitsumfeld des Unternehmens nehmen. Gesetze zum Umweltschutz oder zur Energiewende und die dadurch entstehenden Belastungen haben dies eindrücklich bewiesen. Welche Entwicklung in den kommenden Jahren zu erwarten ist, ist für die Strategie vieler Unternehmen mitbestimmend.
- Übergeordnet und vor allem zeitlich oft wesentlich früher handelt die EU. Dort werden Themen diskutiert, die tief in das wirtschaftliche Umfeld der Betroffenen eingreifen. Die EU kann über ihre Richtlinien und Verordnungen die Nationalstaaten zwingen, besonderes Recht umzusetzen. Das kann Erleichterungen bringen für Unternehmen in einzelnen EU-Staaten, in der Regel kommt es jedoch zu einer Verschärfung der Situation. Gleichzeitig wiederum bieten die für alle Mitgliedsstaaten verpflichtenden EU-Standards für Unternehmen eine gute Voraussetzung, das eigene Geschäftsmodell auch in den anderen EU-Staaten zu betreiben.

Der Gesetzgeber ist noch immer unsicher im Umgang mit modernen digitalen Geschäftsmodellen. Viele aktuelle Regelungen, z. B. zur Gewinnversteuerung, passen nicht in die digitale Welt und lassen es zu, dass manche Regelungen als Ungerechtigkeiten zumindest wahrgenommen werden.

Regelungen, die digitale Geschäftsmodelle beeinflussen, sind z. B. die Regelungen zu den Rechten der Käufer auf digitalen Vertriebswegen oder Vorgaben zur Sicherheit personenbezogener Daten.

Beispiel: Kein Datentransfer in die USA

Viele digitale Geschäftsmodelle sind auf Anwendungen oder Verarbeitungskapazitäten im Netz angewiesen. Technisch ist es nicht relevant, wo auf der Welt die Server stehen und die Daten gespeichert sind. Personenbezogene Daten sind in der EU allerdings besonders stark gesetzlich geschützt, während der Zugriff von US-Behörden auf Daten jeglicher Art rechtlich zulässig ist. Europäische Gerichte haben daher den Transfer personenbezogener Daten in die USA als nicht vereinbar mit europäischem Datenschutzrecht beurteilt.

Damit verliert ein Geschäftsmodell, das auf Aktivitäten in sozialen Medien wie z. B. Facebook basiert, die Möglichkeit zu agieren, denn Facebook speichert alle Daten auf Servern in den Vereinigten Staaten. Dieses Geschäftsmodell eines deutschen Unternehmens muss sich aufgrund der gesetzlichen Vorgabe strategisch neu orientieren, wenn nicht eine andere Lösung, z. B. das Splitten der Speicherorte durch Facebook, installiert wird. Dass gerade in digitalen Geschäftsmodellen diese Entwicklung im digitalen Umfeld für die Strategiefindung besonders intensiv analysiert werden muss, zeigt die Reaktion der US-Behörden auf

Überlegungen dieser Art der Datenspeichersplittung. Die US-Behörden wollen die Auskunftspflicht über Daten jeglicher Art ausweiten. Bisher galt diese nur für Daten, die in den USA gespeichert sind. Zukünftig soll sie für alle Daten gelten, die von US-Unternehmen weltweit gespeichert werden.

Dabei ist Facebook nur ein Beispiel. Viele digitale Anwendungen sind abhängig von der Speicherung und Verarbeitung in den USA. Betroffen sind beispielsweise auch die Geschäftsmodelle, die auf Spracherkennung für Systeme wie Alexa oder Siri setzen oder die künstliche Intelligenz für autonome Fahrzeuge nutzen, selbst wenn diese in Deutschland fahren. Welches Geschäftsmodell möchte die eigenen, sensiblen Daten einem so unsicheren System anvertrauen? Dieses Beispiel zeigt, wie schnell grundsätzliche Voraussetzungen von digitalen Strukturen durch Veränderungen im digitalen Umfeld gefährdet werden können.

Die Beschaffung der Daten, die für eine belastbare Analyse des Umfelds von Unternehmen verwendet werden können, ist nicht immer einfach. Die an den Standorten des Unternehmens und eventuell dazugehöriger Betriebe entstehenden Entwicklungen können vom Unternehmen selbst noch relativ zuverlässig beobachtet werden. Die verantwortlichen Mitarbeiter müssen sich nur für ihr Umfeld interessieren und dort auftretende Entwicklungen in Bezug zum Unternehmen setzen. Die Entwicklungen auf Länder-, Bundes- und EU-Ebene hingegen finden sich in den Berichten von Interessenvertretungen, Verbänden, staatlichen Stellen und Wirtschaftskammern wieder. Häufig sind die wichtigen Informationen im Internet aufgeführt.

Hinweis: Entwicklung nutzen !

Der Einfluss der Entwicklungen im Umfeld des Unternehmens erscheint in erster Linie als Bedrohung, da viele Risiken entstehen. Es ergeben sich aber auch Chancen für Unternehmen, wenn sie ihre Strategie darauf einstellen. So können z. B. die Produkte so verändert werden, dass sie als nachhaltig gelten können. Lieferketten werden dahingehend entwickelt, dass sie den Ansprüchen an vernünftige Arbeitsbedingungen bei der Herstellung entsprechen. Aufgaben in digitalen Geschäftsmodellen werden selbst übernommen und nicht in einer Cloud im Ausland erledigt. Durch solche Anpassungen, die durch die Unternehmensstrategie gesteuert werden müssen, können Vorteile auf den Märkten realisiert werden. Die operativ anfallenden Kosten steigen dadurch jedoch in vielen Fällen.

Hinweis: Auf Überraschungen auch strategisch reagieren !

Trotz aller Planungen, operativ oder strategisch, gibt es immer wieder vollkommen überraschende Entwicklungen mit wesentlichen Auswirkungen auf die Unternehmen. Ein Beispiel dafür ist die Pandemie, die durch das Coronavirus ausgelöst wurde. Große Teile des wirtschaftlichen Handelns wurden gestoppt oder zumindest wesentlich verändert. Solche Situationen können vielleicht geahnt werden, in der Strategie sind sie nur selten enthalten. Zunächst muss selbstverständlich operativ reagiert werden, um negative Auswirkungen zu minimieren und sich ergebende Chancen zu nutzen. Eine solche Situation sollte jedoch Anlass dazu sein, die Unternehmensstrategie zu überprüfen und, falls notwendig, auf den neuen Erkenntnissen aufbauend eine Anpassung der Strategie vorzunehmen.

Gesamtwirtschaftliche Entwicklung

Jedes Unternehmen ist abhängig von der wirtschaftlichen Situation seines Umfeldes. Die Weltwirtschaft spielt eine Rolle bei der Beschaffung im Ausland und beim Absatz in weit entfernten Märkten. Die Lage der Wirtschaft in südeuropäischen Ländern hat Einfluss auf die Entwicklung des Euro-Kurses und der Zinsen. Das verfügbare Einkommen in Deutschland bestimmt den Konsum. Das hat unterschiedliche Einflüsse auf die verschiedenen Unternehmen. So reagiert der Absatz in der Industrie, die Grundnahrungsmittel herstellt, nur wenig auf konjunkturelle Schwankungen, der Absatz in Unternehmen, die Luxusartikel verkaufen, hingegen stark.

Im Rahmen der Strategiefindung wird durch das Controlling analysiert, in welchem Maße das Unternehmen von der allgemeinen Entwicklung der wirtschaftlichen Faktoren abhängig ist. Im Anschluss daran wird ermittelt, wie sich diese Faktoren in der Vergangenheit entwickelt haben und welche Werte aktuell vorhanden sind. Die zukünftige Entwicklung wird dann wieder gemeinsam mit den Fachbereichen und mit der Unternehmensleitung eingeschätzt.

> **!**
>
> **Hinweis: Wichtige Rolle der Unternehmensleitung**
>
> Die Mitarbeit der Unternehmensleitung bei der Einschätzung gesamtwirtschaftlicher Faktoren ist unabdingbar. Zumindest muss sie die Einschätzung der Controller und Fachleute in den Abteilungen prüfen und bestätigen. Die Entwicklung kann einen wesentlichen Einfluss auf die Situation des Unternehmens haben. Da die Parameter für die Faktoren so vielen unberechenbaren Einflüssen unterliegen, ist eine sichere Planung der gesamtwirtschaftlichen Entwicklung fast unmöglich. Zumindest irren sich viele Wirtschaftswissenschaftler auch in der Beratung der Bundesregierung immer wieder. Die Unternehmensleitung ist daher dafür verantwortlich, in solchen Situationen die Rahmenbedingungen, also z. B. die zu planende Entwicklung des Wirtschaftswachstums, vorzugeben.

Aus der großen Anzahl der Faktoren, die eine gesamtwirtschaftliche Lage definieren, sucht sich das Unternehmen diejenigen heraus, die messbaren Einfluss auf das Ergebnis haben können. Dazu gehören die folgenden Punkte:

*   Die Inflation beeinflusst die Entwicklung der Verkaufspreise. Außerdem bewirkt Inflation eine Veränderung des Konsumverhaltens. Eine hohe Inflation führt zu mehr Konsumausgaben, da für das vorhandene Geld heute mehr gekauft werden kann als morgen. Eine Deflation hingegen, das Angstgespenst jeder Zentralbank, verringert die Kaufneigung, da das gewünschte Objekt später preisgünstiger zu haben sein wird. Eine Deflation hat also wesentlichen Einfluss auf die Investitionstätigkeit von Unternehmen.

Hinweis: Spezielle Inflationsraten !

Die gesamtwirtschaftliche Situation wird durch eine gesamtwirtschaftliche Inflationsrate dargestellt. Darin sind unterschiedlichste Produkte und Märkte enthalten. Für die Beurteilung der unternehmensspezifischen Abhängigkeit sind spezielle Inflationsraten, die sich auf das Angebot des Unternehmens und dessen Märkte beziehen, besser geeignet. So gibt es den Index der Konsumgüterpreise, eine Rate für Investitionsgüter. Das Statistische Bundesamt veröffentlicht auch Werte für die Preisveränderungen bestimmter Produktgruppen wie Energie, Wohnen, Kultur usw.

- Das Wachstum einer Volkswirtschaft wird am Bruttoinlandsprodukt gemessen. Darin sind alle wirtschaftlichen Aktivitäten des jeweiligen Landes erfasst. Wächst dieser Wert, entsteht neue Wirtschaftskraft, die sich sowohl im Konsum privater Verbraucher als auch im Investitionsverhalten von Unternehmen niederschlägt. Auch dieser Wert ist sehr global, zeigt aber die wirtschaftliche Lage einer Volkswirtschaft sehr gut an. Für die Strategiefindung auf einer niedrigeren Ebene sollten auch hier spezielle Wachstumswerte verwendet werden. Diese gibt es für Branchen und Regionen, die damit ihren jeweiligen Beitrag zum BIP darstellen.
- Eine direkte Wirkung auf viele Unternehmen hat die Entwicklung des verfügbaren Einkommens. Hieran zeigt sich, wie viel Kaufkraft bei den Verbrauchern vorhanden ist. Das wiederum beeinflusst den Konsum. Die Konsumgüterindustrie profitiert nicht allein vom steigenden verfügbaren Einkommen. Durch die Konsumausweitung werden die Hersteller der nachgefragten Güter zu Investitionen gezwungen, was wiederum auch die Investitionsgüterindustrie betrifft. Solche Abhängigkeiten können in der Strategie sowohl von Herstellern der Konsumgüter als auch der Investitionsgüter Einfluss finden, wenn die Auswirkungen signifikant sind. Dass der Zusammenhang nicht so trivial ist, wie er oft gesehen wird, zeigt folgende Grafik.

Abb. 37: Auswirkung verfügbares Einkommen auf Investitionsgüterindustrie

- Die Arbeitslosenquote ist mit dem verfügbaren Einkommen verbunden. Je mehr Arbeitslose es in der Volkswirtschaft gibt, desto niedriger ist das verfügbare Einkommen. Auch die Sparquote ist höher, da viele Familien Vorsorge betreiben. Auf der anderen Seite steigt das Angebot am Arbeitsmarkt, die Unternehmen erhalten leichter die notwendigen Mitarbeiter.
- Für Unternehmen, die ihre Leistungen ins Ausland verkaufen oder die Waren und andere Leistungen im Ausland einkaufen, hat der Wechselkurs des Euro einen direkten Einfluss zum einen auf die erzielbaren bzw. auf die zu bezahlenden Preise in Landeswährung. Zum anderen können die Mengen, die exportiert werden können, in eine Abhängigkeit vom Wechselkurs geraten.
- Die Höhe der Staatsschulden in Deutschland und in den anderen Euro-Staaten hat einen Einfluss auf die Höhe der Zinsen, die ein Unternehmen für die Fremdfinanzierung zahlen muss. Je höher die Schulden der Staaten sind, desto größer ist deren Interesse an niedrigen Zinsen. Die Europäische Zentralbank hat trotz aller vermeintlichen Unabhängigkeit diesen Zusammenhang seit vielen Jahren berücksichtigt.

Solche Analysen sind für jedes Land anzustellen, in dem das Unternehmen signifikante Mengen verkauft bzw. einkauft oder in dem es einen Betrieb hat. Die gesamtwirtschaftliche Lage hat Einfluss auf die Entwicklungen in den einzelnen Ländern und auf die Bedingungen für die dort aktiven Unternehmen. Der Erfolg des strategischen Controllings bei der Analyse der Abhängigkeit von der globalen Wirtschaftslage hängt davon ab, wie es im Controlling gelingt, von der Volkswirtschaft auf die Unternehmen zu schließen. Dazu müssen die Regionen, die Absatzmärkte, Interessenvertretungen und staatlichen Einrichtungen einbezogen werden.

Digitalisierung
In Kapitel 7.1.2 gab es bereits einen kurzen Blick auf die Analyse des Marktes für digitale Technik. Bei der Analyse der Entwicklung der Digitalisierung geht es um mehr als das Angebot und die Nachfrage nach Hardware und Anwendungen. Es geht um die zukünftige Nutzung der digitalen Anwendungen. Das betrifft nicht nur die digitalen Geschäftsmodelle, es geht auch um den Einsatz digitaler Lösungen in bisher traditionellen Strukturen.

> **! Hinweis: Schnelle Veränderungen**
>
> Bereits mehrfach angesprochen wurde der Trend der von vielen unerwarteten und schnellen Entwicklung in der Digitalisierung. Das macht die Prognose einer langfristigen Entwicklung sehr schwer und der Aufwand im Controlling für eine realitätsnahe Vorhersage ist hoch. Doch gerade die Dynamik in diesem Bereich macht es notwendig, die Unternehmensstrategie darauf auszurichten, den Umgang mit den Entwicklungen grundsätzlich zu definieren.

Wenn das Unternehmen in traditionellen Strukturen immer mehr digitale Anwendungen einsetzt, ist das bereits eine Entwicklung hin zu einem digitalen Geschäftsmodell.

Die übliche Dauer einer Periode, für die eine Strategie aufgestellt wird, ist fünf Jahre. Das ist in der digitalen Welt eine Ewigkeit. Wer ein digitales Geschäftsmodell betreibt oder auf dem Weg dahin ist, muss sich auf wesentliche Veränderungen der digitalen Umwelt in den kommenden Jahren, also innerhalb der Gültigkeit seiner Strategie, einstellen.

Wichtig für die Analyse der Digitalisierung im Umfeld des Unternehmens sind drei Gesichtspunkte, die wesentlichen Einfluss auf digitale Geschäftsmodelle haben:

- Selbstverständlich spielt die Entwicklung der digitalen Technik eine wesentliche Rolle für die kommenden Jahre. Nicht immer geht es um neue Erfindungen, z. B. in der Speichertechnik, mehr Wirkungen haben Weiterentwicklungen vorhandener Systeme, z. B. die Verbesserung von Sensoren. Sind beispielsweise private Verbraucher Teil des digitalen Geschäftsmodells, sind Endgeräte für den Erfolg bestimmend. Gibt es noch bessere Kameras, kann das Start-up, das aus Fotos von Smartphones Kunstwerke macht, noch wachsen. Werden die Geräte größer, wird die Nutzung durch Senioren vereinfacht. Für eine gesamte Branche öffnen sich zusätzliche Chancen.
- Die digitale Technik ist Voraussetzung für vielschichtige und diverse Anwendungen in vielen Unternehmensbereichen, so dass es viele Fragen gibt, die durch eine Analyse der aktuellen Situation und der erwarteten Entwicklung beantwortet werden müssen. Nur so zeigen sich die Risiken der geplanten Strategie, aber auch die Chancen, die strategisch genutzt werden können.

Beispiel: Autonomes Fahren

Autonomes Fahren hängt von der Technik der Sensoren und der Versorgung mit digitalen Kommunikationskapazitäten ab. Das wird auch in Zukunft Einfluss haben auf die Möglichkeit, Fahrzeuge ohne Fahrer im Verkehr zu nutzen. Bei der Strategiebestimmung einer Spedition wird bei unveränderter Situation ein Wachstum ausgeschlossen, da es an qualifizierten Fahrern fehlt. Ohne digitale Hilfen zwingt die Lage sogar dazu, Kapazitäten abzubauen. Die Analyse der Digitalisierung im Bereich autonomes Fahren ergibt jedoch, dass die Kommunikationstechnik mit dem 5G-Standard an den Autobahnen in 5 Jahren eine ausreichende Abdeckung ergibt, um Daten für autonom fahrende LKW zu verarbeiten. Gleichzeitig gibt es mehrere Projekte von LKW-Herstellern, das autonome Fahren von LKW auf deutschen Autobahnen, z. B. im Konvoi, technisch zur Marktreife zu entwickeln. Daraufhin wird in der Strategie des Unternehmens diese Chance genutzt. Der Umsatz soll auch langfristig steigen, die Teilnahme am autonomen Fahren soll daher technisch vorbereitet werden.

- Größer noch als in der digitalen Technik sind die zu erwartenden Veränderungen in den digitalen Anwendungen. Hier wird neue Technik eingesetzt, aber auch vorhandene Technik intensiver und besser genutzt werden. Die notwendige Analyse dieser Situation hängt stark ab von der Art und Intensität der Nutzung digitaler Systeme im Unternehmen. Es geht um grundsätzlich verbesserte Anwendungen mit künstlicher Intelligenz, z. B. zur Qualitätskontrolle. Oder aber es geht um sichere Anwendungen für die Nutzung der Cloud im Netz. In der Konstruktionsabteilung sind neue Anwendungen zur Nutzung der 3D-Drucker für die Herstellung von Prototypen interessant. Die Aufzählung könnte unendlich fortgesetzt werden.

Für die strategische Überlegung ist die Akzeptanz der digitalen Entwicklung noch wichtiger als die digitale Technik und die digitalen Anwendungen. Nur wenn Kunden bereit sind, digital einzukaufen, wenn Lieferanten bereit sind, Industrie 4.0 zu nutzen, oder/und wenn Mitarbeiter bereit sind, digitale Anwendungen mit künstlicher Intelligenz als »Kollegen« zu betrachten, kann sich das Unternehmen die sich daraus ergebenden Chancen auch nutzen.

Die Analyse der Digitalisierung im Umfeld des Unternehmens muss mehrere Fragen im Rahmen der Strategiefindung beantworten:
* Ist die in der Strategie unterstellte Entwicklung der Digitalisierung realistisch?
* Wird in der Strategie der Vorteil der zu erwartenden Entwicklung ausreichend genutzt?
* Sind die Risiken, die sich aus der Entwicklung der Digitalisierung ergeben, in der Strategie ausreichend berücksichtigt?

Der Erfolg der digitalen Geschäftsmodelle hängt in hohem Maße von der Kommunikation und der Zusammenarbeit mit Partnern ab. Darum ist die Akzeptanz der digitalen Lösungen so wichtig. In der Analyse muss daher vor allem auf die Entwicklung bei diesen Partnern geachtet werden. Dazu gibt es vielleicht Daten aus Untersuchungen von wissenschaftlichen Instituten oder Verbänden, einfach zu finden sind solche Informationen allerdings nicht. Wie wichtig die frühzeitige Berücksichtigung von Entwicklungen in der Digitalisierung ist, zeigt das folgende Beispiel.

Beispiel: Fehlende internationale Standards

Die Strategie des Pumpenherstellers umfasst die vollständige Umstellung aller Beziehungen zu Kunden und Lieferanten in das Geschäftsmodell von Industrie 4.0. Kostenberechnungen waren ermutigend, die Vorteile auf den Beschaffungs- und Absatzmärkten einfach zu realisieren. In 5 Jahren wollte das Unternehmen alle Wertschöpfungsketten digitalisiert haben.

Die Analyse des digitalen Umfelds führte dann schnell zu einer Ernüchterung. Zahlen aus den Branchenverbänden zeigten eindeutig, dass auch in 5 Jahren noch keine international gültigen Standards für die Schnittstellen zwischen den Kunden,

Lieferanten und Logistikern zu erwarten sind. Vor allem die vielen kleinen Kunden und ebenfalls kleinen, aber wichtigen Lieferanten in vielen Ländern der Welt würden hohe Investitionen tätigen müssen, um an Industrie 4.0 teilnehmen zu können. Aufgrund der fehlenden Standards würden parallele Systeme mit individuellen Anpassungen notwendig werden. Das aber wäre zu teuer und daher nicht umsetzbar.

Mit diesen Erkenntnissen musste die Strategie überdacht werden. Eine teilweise Umsetzung von Industrie 4.0 mit großen Kunden und Lieferanten versprach zwar weiterhin Vorteile, aber bei Weitem nicht so große. Aktuell gilt die Strategie, Industrie 4.0 so weit wie möglich wirtschaftlich umzusetzen und in 5 Jahren möglichst viele Partner zu gewinnen. Ohne die Analyse der Digitalisierung wären Investitionen gestartet worden, die sich am Ende als zu aufwendig und überdimensioniert erwiesen hätten.

Die Analyse des unternehmerischen Umfeldes im Hinblick auf gesellschaftspolitische Einflüsse, Abhängigkeiten von der Wirtschaftslage oder die Entwicklung in der Digitalisierung ist nicht einfach. Die Zusammenhänge sind nicht immer eindeutig, die Zahlen für das Controlling ungenau, Schätzungen und qualitative Aussagen an der Tagesordnung. Dennoch haben die Ausführungen gezeigt, wie wichtig diese Analyse ist. Vor allem in digitalen Geschäftsmodellen muss besonders sorgfältig analysiert werden, da sich hier Veränderungen des Umfeldes schnell und wesentlich auswirken können. Die Chancen, die sich in digitalen Strukturen aufgrund der höheren Flexibilität bieten, können optimal genutzt werden, wenn die Analysen zu frühzeitigen wertvollen Einschätzungen führen.

8.1.5 Analyse der verfügbaren Ressourcen

Die Analyse der externen Chancen und Risiken ist für das Unternehmen und dessen strategische Ausrichtung besonders wichtig, da mögliche Entwicklungen frühzeitig erkannt werden und das Management rechtzeitig reagieren können. Gleichzeitig ist es notwendig, die eigenen Stärken und Schwächen, die eigenen Ressourcen zu kennen. Davon wird die Unternehmensstrategie besonders geprägt. Zum Beispiel wird eine langjährige Erfahrung mit digitalen Geschäftsmodellen die Strategie eher in weitere digitale Anwendungen führen. Besondere Kompetenzen in der Produktentwicklung wiederum haben einen anderen Einfluss auf die Strategie als sehr gute Verbindungen zu chinesischen Produzenten.

Hinweis: Stärken realistisch erkennen !

Durch die Analyse der eigenen Ressourcen können die Manager in den Fachbereichen die besonderen Stärken des Unternehmens erkennen. Damit dies objektiv geschieht und nicht durch operative Ereignisse und subjektive Einschätzungen zu falschen Ergebnissen führt, wird diese Planungsaufgabe in das strategische Controlling verlegt. Durch die dort vorhandenen Werkzeuge werden die Stärken zuverlässig erkannt, aber auch die Schwächen objektiv festgestellt.

Die Analyse kann in vielen Bereichen auf tatsächliche Zahlen zurückgreifen. So können maximale finanzielle Möglichkeiten errechnet werden, die Kapazitäten in der Entwicklungsabteilung stehen fest oder die Verfügbarkeit eines Rohstoffes ist endlich. Es gibt aber auch die Notwendigkeit, qualitative Einschätzungen so zu bewerten, dass sie in mathematischen Modellen verwendet werden können. Das gilt z. B. bei der Beurteilung der Produktqualität oder der Arbeit der Vertriebsorganisation. Wichtig ist neben der Prüfung der finanziellen Ressourcen und der besonderen Fähigkeiten des Unternehmens auch die Konzentration auf das Kerngeschäft.

Finanzielle Ressourcen
Veränderungen im Unternehmen kosten Geld. Wachstum muss ebenso finanziert werden wie der Abbau von Kapazitäten. Junge Unternehmen mit digitalen Geschäftsmodellen brauchen ebenso ausreichende finanzielle Mittel wie existierende Unternehmen bei einer Transformation des Geschäftsmodells. Die durch die Strategie vorgegebenen Maßnahmen müssen finanzierbar sein, in der Analyse werden daher neben der Eigenfinanzierungskraft auch die Erweiterung des Engagements der Eigentümer und eine Fremdfinanzierung untersucht.

- Eigenfinanzierung
  Die komfortabelste Situation ist dann vorhanden, wenn das Unternehmen die Maßnahmen, die sich aus der Strategie ergeben, aus eigenen Mittel finanzieren kann. Dazu kann vorhandene, in der Vergangenheit erwirtschafte Liquidität verwendet werden. Zur Verfügung stehen auch die realisierten Abschreibungen, die nicht gleich in Maschinen, Fahrzeuge oder Gebäude reinvestiert werden, sondern in neue Projekte. Diese Werte kann das Controlling schnell ermitteln, sowohl aktuell als auch in der vergangenen Entwicklung.
  Muss das Geld aus der Eigenfinanzierung noch verdient werden, dann wird eine entsprechende Investitionspolitik Teil der Strategie. Die notwendigen Finanzpolster müssen noch aufgebaut werden, indem z. B. für einige Jahre nicht mehr investiert wird. Die Mittel werden angespart und zum geeigneten Zeitpunkt entsprechend der Strategie ausgegeben.

Beispiel: Digitale Fertigung

Bisher wurden die am Markt realisierten Abschreibungen in der Fertigung regelmäßig in vergleichbare Maschinen investiert. Damit wurde eine langsame, mit der technischen Entwicklung einhergehende Modernisierung erreicht. Auch die Kapazität wuchs langsam, aber regelmäßig. Allerdings haben aktuell alle Maschinen in der Fertigung einen unterschiedlichen technischen Stand. Die Strategie sieht bei diesem Unternehmen vor, die Zusammenarbeit mit anderen Unternehmen im Rahmen von Industrie 4.0 möglichst weit voranzutreiben.

Dazu muss die Fertigung digital gesteuert werden können. Um die notwendigen Investitionen in den Maschinenpark finanzieren zu können, beinhaltet die Strategie für die nächsten Jahre einen Investitionsstopp. Die Maschinen sollen so lange wie möglich genutzt werden, um dann gegen Ende des Betrachtungszeitraums gegen digital steuerbare Fertigungsanlagen ausgetauscht zu werden. Die Analyse im Controlling hat ergeben, dass die so aufgebauten Liquiditätsvorräte dazu ausreichend sind.

- Kapitalerhöhung
  Wenn Unternehmen noch sehr jung sind, wie z. B. typische Start-ups mit digitalen Geschäftsmodellen, oder wenn bisher keine Notwendigkeit bestand, Liquiditätsvorräte zu schaffen, kann das Unternehmen nicht aus eigener Kraft die notwendigen Mittel für die Umsetzung der Strategie besorgen. Eine dann präferierte Möglichkeit besteht darin, das Eigenkapital der Unternehmen zu erhöhen. Dazu müssen entweder die vorhandenen Eigentümer weitere Geldmittel in das Unternehmen einbringen oder neue Miteigentümer kaufen sich Anteile am Unternehmen.
  Nicht immer ist eine echte Kapitalerhöhung, die als haftendes Eigenkapital in der Bilanz erscheint, notwendig. Der Verkauf von Anteilen am Unternehmen z. B. kann mehr Geld einbringen als der Nominalwert des Kapitalanteils. Oder der erwirtschaftete Gewinn bleibt im Unternehmen, wenn die Gesellschafter keine Dividenden erhalten (oder nur teilweise). Diese Form der Finanzierung strategischer Maßnahmen aus frischen Mitteln ist ohne Sicherheiten, ohne Rückzahlungsvereinbarungen und ohne Zinsen möglich.

Hinweis: Zustimmung der Eigentümer

Eine Finanzierung der in der Strategie beschriebenen Entwicklung des Unternehmens durch die Eigentümer muss mit diesen abgestimmt sein. Es reicht nicht anzunehmen, dass in den nächsten Jahren die Eigentümer bereit sind, eigenes Geld zu investieren. Die Unternehmensstrategie ist ein Thema, das zwischen Management und Eigentümern diskutiert werden muss. Die Finanzierung gehört auf jeden Fall dazu, vor allem dann, wenn die Eigentümer an der Finanzierung beteiligt werden sollen. Wer dies frühzeitig klärt und eventuell eine Absage erhält, kann dann immer noch andere Finanzierungswege finden.

Start-ups mit digitalen Geschäftsmodellen sind bei der Beschaffung von Eigenkapital sehr erfinderisch. Neben den typischen Gesellschaftern, die ihr Geld in das Unternehmen als Eigenkapital einbringen, gibt es weitere Formen der Beteiligung von natürlichen oder juristischen Personen. Equity-Gesellschaften bringen Mezzaninekapital, das zwischen Eigenkapital und Fremdkapital einzuordnen ist. Aktuell werden immer mehr Finanzierungsrunden im Crowdfunding durchgeführt.

Dort wird Kapital von vielen Menschen mit kleinen Beträgen gesammelt und z. B. als stille Gesellschaft eingebracht.

- Fremdfinanzierung

  Eine übliche Form der Finanzierung von Projekten, die der strategischen Entwicklung des Unternehmens dienen, ist die Fremdfinanzierung. Dort treten externe Kapitalgeber, in der Regel Banken, auf und vergeben Kredite. Diese sind entweder auf bestimmte Projekte bezogen, z. B. Investitionen, oder werden dem Unternehmen als Betriebsmittelkredit zur Verfügung gestellt. Die Banken verlangen dafür Sicherheiten und Zinsen.

  Außerdem muss die Unternehmensstrategie die Banken überzeugen, um diese zur Kreditvergabe zu bewegen. In digitalen Geschäftsmodellen ist dies oft schwer, da dort nicht immer materielle Werte entstehen, die von der Bank bei Rückzahlungsproblemen verwertet werden können. Oft fehlt auch den möglichen Kreditgebern die Erfahrung mit den digitalen Strukturen. Eine klare Analyse der Parameter, die die Unternehmensstrategie bestimmen, hilft dabei, die Banken zu überzeugen. Das strategische Controlling kann den Erfolg der Verhandlungen mitbestimmen.

  Zur Fremdfinanzierung gehören auch Fördermittel vom Land, vom Bund oder von der EU, die die Entwicklung von Unternehmen zu digitalen Geschäftsmodellen unterstützen sollen. Diese werden in der Regel von den Banken vermittelt, die auch einen eigenen Teil übernehmen müssen. Viele digitale Unternehmen nutzen diese Fördermittel auch, um durch eine temporäre Beteiligung staatlicher Stellen, z. B. die NRW.BANK, die Eigenkapitalstruktur zu verbessern und so die strategische Entwicklung voranzutreiben.

! **Hinweis: Finanzierungen mischen**

Die Analyse der finanziellen Ressourcen hat in der Praxis überwiegend eine Mischfinanzierung als Ergebnis. Das Unternehmen verfügt über eigene Mittel, die jedoch nicht ausreichen, die Strategien umzusetzen. An dem fehlenden Betrag beteiligen sich die Eigentümer durch zusätzliches Kapital. Das wiederum ermöglicht es den Banken, zusätzliche Kredite zu vergeben, die auch Fördermittel enthalten. Da diese Mischung zu einer komplexen Situation führt, ist die Analyse der finanziellen Ressourcen durch das strategische Controlling ein notwendiger Weg, um eine umsetzbare, abgesicherte Strategie aufzustellen.

Fähigkeiten im Unternehmen

Eine mögliche Strategie hängt zwar im hohen Maße ab von den Bedingungen außerhalb des Unternehmens und den Ressourcen an finanziellen Mitteln, weitestgehend aber muss diese auf den Strukturen des Unternehmens selbst aufbauen. Die Strategie muss sich daher vorrangig auf die vorhandenen Fähigkeiten im Unternehmen konzentrieren, eventuell kann sie noch zu schaffende Voraussetzungen einbeziehen. Aus diesem Grund erstreckt sich die Analyse der Ressourcen insbesondere auch auf die eigene Situation in den Abteilungen, Unternehmensbereichen und auf die vorhandenen Stärken.

Die Fähigkeiten des Unternehmens sind eine unscharfe Angelegenheit. Viele der vorhandenen Begabungen sind eng verknüpft mit den Menschen, die im Unternehmen arbeiten. Doch es gibt auch technische Bedingungen, die in einer Strategie eine Rolle spielen können.

- Freie Kapazitäten

  Eine dieser technischen Fähigkeiten besteht darin, aus den vorhandenen Strukturen mehr herauszuholen, als das aktuell der Fall ist. Bei dieser etwas martialisch klingenden Fähigkeit handelt es sich um freie Kapazitäten. Die Ursache für diese prekäre Situation der aus der Sicht der Kostenrechnung nicht ausgelasteten Kapazitäten kann vielschichtig sein. So kann z. B. der Maschinenpark absichtlich überdimensioniert sein, um eine in der Vergangenheit notwendige Sicherheit in der Fertigung zu garantieren. Diese freien Kapazitäten können strategisch genutzt werden, indem vielleicht die Aufnahme einer zusätzlichen Produktgruppe die Kapazität besser auslastet und so einen Teil zur Fixkostendeckung beiträgt.

  Freie Kapazitäten gibt es aber nicht nur in der Fertigung. Zum Beispiel können Lager und Fuhrpark nicht ausgelastet sein, die digitale Infrastruktur kann weitere Aufgaben übernehmen oder das Management zusätzliche Belastungen verkraften. In der Analyse der Ressourcen muss das Controlling zum einen auf diese freien Kapazitäten hinweisen und so die Strategiefindung selbst in die Richtung steuern, dass diese Chancen genutzt werden. Zum anderen wird geprüft, ob eine geplante Strategie doch noch mit den vorhandenen Kapazitäten umgesetzt werden kann oder ob es zusätzlicher Investitionen bedarf.

In digitalen Geschäftsmodellen sind Änderungen, die zu kurzfristig freier Kapazität führen können, häufiger anzutreffen. Wenn z. B. in Industrie 4.0 die Disposition aufgrund von Transportproblemen für einen Rohstoff neu optimiert werden muss, entstehen an anderen Stellen freie Kapazitäten. Gleichzeitig helfen digitale Strukturen, dies zu vermeiden und auszugleichen. In der Analyse der unternehmenseigenen Fähigkeiten geht es darum, für neue Strategien geeignete Kapazitäten zu finden bzw. vorzuhalten.

- Erfahrungen
  Auch Unternehmen haben ein Gedächtnis, das sich in den Strukturen, der Organisation und den Mitarbeitern manifestiert. Erfahrungswissen zu Kunden, Vertriebswegen und Produktnutzen führt zu einer Optimierung des wirtschaftlichen Handelns. Ein Unternehmen, das die Zahlungsmoral bestimmter Kundengruppen kennt, kann die Zahlungskonditionen auch im digitalen Verkauf entsprechend vereinbaren. Ein Unternehmen, das seit Jahrzehnten schon bestimmte Produkte verkauft, kann deren Einsatzgrenzen auch im Rahmen von Industrie 4.0 berücksichtigen. Viele Erfahrungen aus der traditionellen Welt können in digitale Geschäftsmodelle übertragen werden. Sinn der Analyse ist es, diese Erfahrungen mit der Strategie abzugleichen. Entweder wird die Strategie entsprechend der vorhandenen Erfahrungen ausgebaut oder die Erfahrung muss eingekauft werden.

! **Hinweis: Erfahrungen als Problem**

Erfahrungen werden gemeinhin als positiv betrachtet. Sie können aber auch zu einem Problem werden. In digitalen Geschäftsmodellen können viele Aspekte, die Kunden, Vertriebswege oder Produkte angeht, aus der bisherigen Struktur übernommen werden, andere sollten es aber besser nicht. Wenn nicht erkannt wird, welche Erfahrungen übertragen werden sollten und welche nicht passen, entstehen Probleme. Wer z. B. bisher Produkte nur in großen Mengen an Händler verkauft hat, kann seine Erfahrungen im Versand nicht auf einzelne Produkte an private Verbraucher übertragen. Das wird nicht immer erkannt und es entstehen dadurch Risiken für das digitale Geschäftsmodell.

- Mitarbeiter
  Die Erfahrung eines Unternehmens wird wie bereits benannt auch zu einem wesentlichen Teil von den Mitarbeitern des Unternehmens bestimmt. Die Strategie muss mit den Mitarbeitern planen, die vorhanden sind und mit den damit vorhandenen Fähigkeiten und Kenntnissen. Oder aber die fehlende notwendige Kapazität an Personal muss neu im Rahmen der Umsetzung der Strategie geschaffen werden. Damit wird der Mitarbeiterstamm zu einer wichtigen Ressource des Unternehmens.
  In der Analyse der Mitarbeitersituation stellt das strategische Controlling also fest, ob die Strategie zu den vorhandenen Mitarbeitern passt oder ob eine Weiterbildung des vorhandenen Personals eine eventuelle Lücke an benötigten Fähigkeiten

schließen kann. Entsprechende Mitarbeiter können aber auch am Arbeitsmarkt beschafft werden, was den Bogen zu der Analyse der Märkte schließt. Ob die neuen Mitarbeiter zusätzlich kommen oder als Ersatz für freizusetzende Mitarbeiter, hängt von der individuellen Situation ab. Auf jeden Fall gibt es einen Einfluss auf die Kosten der Strategie, wenn z. B. Abfindungen oder weiteres Personal zu zahlen sind.

In digitalen Geschäftsmodellen wird das notwendige Personal immer wichtiger. Hier müssen anspruchsvolle Aufgaben gelöst werden. Die operativen Tätigkeiten sollen möglichst autonom in digitalen Anwendungen erledigt werden. Mitarbeiter steuern und kontrollieren die Prozesse. Dazu sind andere Fähigkeiten notwendig als im operativen Geschäft. Die Analyse des Controllings muss feststellen, ob bei einer Transformation von analogen zu digitalen Strukturen die vorhandenen Mitarbeiter eingesetzt werden können und, falls zusätzliches Personal mit den entsprechenden Fähigkeiten notwendig sein sollte, ob der Arbeitsmarkt dieses bereithält.

- Kernkompetenzen

Wenn ein Unternehmen in allen Bereichen Höchstleistungen vollbringt, ist das bemerkenswert. In der Regel weist das Unternehmen wenige Aufgaben aus, die besonders gut gelöst werden: die Kernkompetenz. So gibt es Unternehmen, die besonders gute Produkte verkaufen, andere haben durchschnittliche Produkte, aber eine hervorragende Verkaufsorganisation. Guter Service, schnelle Entwicklung oder überdurchschnittlich erfolgreiches Marketing sind weitere Beispiele.

> **Hinweis: In der Vergangenheit suchen**
>
> Die Gründe für eine besondere Kompetenz von Unternehmen liegen meist in der Vergangenheit. War der Unternehmensgründer ein Techniker, liegt der Fokus auf den Produkten. War er ein Händler, ist oft die Verkaufsorganisation großartig. Die Ausbildung, Erfahrung und das Interesse wichtiger Führungspersonen in der Vergangenheit haben das Unternehmen entsprechend geprägt. Leider sind sich nur wenige Manager bewusst, dass auch ihr Verantwortungsbereich eine Kernkompetenz hat. Das kann für den Erfolg des Unternehmens ausschlaggebend sein.

Eine Strategie, die sich an den Kompetenzen des Unternehmens orientiert, ist einfacher umzusetzen als eine Strategie, die gegen die Fähigkeiten der eigenen Mitarbeiter und Strukturen arbeiten muss. Dabei kann es notwendig sein, sich bewusst auf den Ausgleich fehlender Kompetenzen in der Strategie zu konzentrieren. Im Controlling wird die Kernkompetenz auch rechnerisch festgestellt. Die Erfolgswahrscheinlichkeit steigt, die Kosten sinken, wenn die Strategie die Kernkompetenzen weiter nutzt. Im anderen Fall sinkt die Wahrscheinlichkeit eines Erfolges und steigen die Kosten, da gegen Widerstände gearbeitet werden muss.

! Hinweis: Analyse erkennt Todsünde

Schon so manche Strategie ist allgemeinen Trends gefolgt, wichtige Unternehmensfunktionen auszulagern. Die Verkaufsorganisation wird an Dritte abgegeben, die Produkte nicht
mehr selbst hergestellt, das Marketing von Agenturen erledigt. Das ist aus der Sicht der Kos-
tenrechner oft in Ordnung. Wenn es sich jedoch um eine Kernkompetenz handelt, dann ist
das gefährlich. Das Unternehmen gibt den größten Vorteil gegenüber seinen Mitbewerbern
aus der Hand, es wird vergleichbar. Das kann die Existenz gefährden. Die Analyse der eigenen
Ressourcen durch das strategische Controlling zeigt auf, wenn die Strategie einen solchen
Schritt vorsieht oder durch die Zielsetzung bewirkt. Dann muss zumindest gewarnt werden.

In einigen Unternehmen ist es in den letzten Jahren gelungen, sich neue Kompetenzen in der Nutzung digitaler Anwendungen aufzubauen. So kann ein Fertigungsunternehmen, das seine Produkte bisher über Händler an den privaten
Verbraucher verkauft hat, gelernt haben, die Produkte im Onlineshop direkt zu
verkaufen. Auch die Nutzung von Industrie 4.0 oder intensive digitale Anwendungen in der Entwicklungsabteilung können Beispiele dafür sein, dass sich neben der
ursprünglichen Kernkompetenz ein zweiter Bereich im Unternehmen besonders
positiv entwickelt. Das ist gut so, muss aber bewusst gesteuert werden. Der Aufbau der neuen Kompetenz sollte Teil der Strategie sein.

! Hinweis: Neue digitale Kompetenz nutzen

Wenn es dem Unternehmen gelungen ist, tatsächlich digitale Kompetenz im besonderen
Maße aufzubauen, kann dies auch außerhalb des eigenen Unternehmens genutzt werden.
So kann z. B. die eigene Erfahrung im Aufbau einer engen Zusammenarbeit in der Wert-
schöpfungskette durch Industrie 4.0-Anwendungen genutzt werden, um dies auch anderen
Unternehmen zu ermöglichen. Oder der eigene Onlineshop wird mit anderen Anbietern und
einem ergänzenden Sortiment erweitert.
Das eröffnet dem Unternehmen vollkommen neue Chancen, die eine strategische Neu-
orientierung verlangen. Oft ergibt sich diese Entwicklung zufällig im operativen Handeln.
Erfolgreich ist es, eine solche, letztlich dann auch gewollte Entwicklung in die Strategie
aufzunehmen. Das kann als Ergebnis sogar die Gründung eines neuen Unternehmens bedeuten, das als Dienstleister seine Muttergesellschaft ebenso bedient wie andere Kunden. Ein
strategischer Schritt mit noch dramatischerer Auswirkung ist die Konzentration auf die neue
digitale Kompetenz und das Beenden der bisherigen Aktivitäten. Beides muss vom strategischen Controlling eng begleitet werden.

Die Unternehmensstrategie legt die Richtung fest, in die die langfristige Entwicklung
gehen soll. Ungeplante und damit oft teure Ausflüge in unterschiedliche Richtungen
sollen so vermieden werden. Da der Zeitraum in dieser Form der Planung mehrere
Jahre umfasst, ist die Berücksichtigung der Entwicklung in vielen Bereichen, die Einfluss auf das Unternehmen haben, notwendig.

Im strategischen Controlling werden im ersten Schritt die beschriebenen Analysen
durchgeführt, um die weitere Entwicklung einschätzen zu können und in die Strategie

einzubeziehen. Danach werden die Ergebnisse der Analysen nochmals benötigt, um die vorgeschlagene Strategie auf Übereinstimmung mit den Möglichkeiten, die sich durch die analysierten Bereiche ergeben, zu prüfen. Das ist eine Aufgabe des Controllings, die oft unbemerkt wesentlich zum Unternehmenserfolg beiträgt.

8.2   Werkzeuge im strategischen Controlling

Während in der Analyse des Absatzmarktes viele Annahmen durch Zahlen untermauert werden können, basieren andere Analysen, wie die der Kernkompetenzen, fast vollständig auf qualitativen Merkmalen. Hier zeigt sich allerdings, dass der gesunde Menschenverstand, der für die Einschätzung der eigenen Leistungen notwendig ist, oft durch eine einseitige Sichtweise der Verantwortlichen getrübt ist. Dadurch wird – wenn auch unbewusst – die korrekte Interpretation in den Analysen verhindert.

Um diese Fehlerquelle zu begrenzen, verfügt das strategische Controlling über Werkzeuge, die das Ergebnis der Analysen übersichtlich und nachvollziehbar aufbereiten. Gleichzeitig ermöglichen sie die Darstellung auch qualitativer Merkmale in einer bewertbaren Form. Dass dazu Einschätzungen notwendig sind, die möglichst gemeinsam von Controlling und Fachbereichen erfolgen, ist normal. Selbstverständlich gibt es im strategischen Controlling und als Grundlage der Analysen zu diesen qualitativen Merkmalen große Datenmengen, die in digitalen Geschäftsmodellen aus den bekannten Gründen noch größer werden. Da die Strategie aber auf einer höheren Abstraktionsstufe arbeitet, sind die Einzelwerte wenig interessant. Die Listenform als Bericht des strategischen Controllings wird in der Praxis nur selten verwendet. Grundsätzlich gelten die gleichen Aussagen, die zu Listen als Bericht im operativen Controlling gemacht wurden.

An dieser Stelle sollen die wichtigsten Werkzeuge des strategischen Controllings beschreiben werden. Sie alle verdichten viele Einzelwerte und Einschätzungen in hohem Maße. Inhaltlich gewinnen sie in digitalen Geschäftsmodellen, da mehr Informationen zur Verfügung stehen. In der Praxis können sie zudem durch digitale Anwendungen einfacher und damit exakter, schneller und öfter eingesetzt werden können.

8.2.1   Portfolioanalysen

Die Portfolioanalyse beschäftigt sich mit der Positionierung des gesamten Unternehmens oder auch Teilen daraus bzw. Parametern davon im Vergleich zu einem definierten Geschäftsfeld. Das geschieht mit Hilfe einer zweidimensionalen Grafik. Diese Form der Analyse wurde zunächst verwendet, um die Zusammensetzung eines Wertpapierportfolios darzustellen. Die Boston Consulting Group hat die Portfolioanalyse dann als Erstes auf die Analyse der Produkte und Produktgruppen im Unternehmen angewandt.

> **! Hinweis: Weitere Anwendungsmöglichkeiten**
>
> Auch hier wird zunächst diese spezielle Portfolioanalyse der Produkte näher erläutert, da daran sehr gut das Werkzeug selbst erklärt werden kann. Zum Abschluss dieser Beschreibung werden aber noch weitere, wesentlich umfangreichere und individuelle Anwendungsmöglichkeiten aufgezeigt, die auch in digitalen Geschäftsmodellen hilfreich sind.

Grundsätzlich werden in der Portfolioanalyse strategische Einheiten in einer Matrix dargestellt. Es muss also hinsichtlich zweier Ausprägungen bewertet werden. Die Darstellung erfolgt in einer zweidimensionalen Grafik, die jeweils eine der Ausprägungen an der X- bzw. an der Y-Achse darstellt. Eine dritte Dimension kann, falls notwendig und sinnvoll, durch spezielle Kennzeichnungen ermöglicht werden. Zunächst aber Näheres zur Analyse, die von der Boston Consulting Group entwickelt wurde.

Wachstum und Marktanteile-Portfolio

Die Analyse untersucht die Produkte eines Unternehmens hinsichtlich ihrer Position im Markt. Bewertet wird dabei der Marktanteil, den dieses Produkt hat, und das Wachstum, das der Markt für dieses Produkt bietet. Wenn es zu viele Produkte gibt, werden diese in Produktgruppen konzentriert.

> **! Hinweis: Vereinfachung notwendig**
>
> Nachfolgend enthält die Darstellung des Modells der Boston Consulting Group einige Vereinfachungen in den Definitionen. Zum Beispiel wird dort ursprünglich der Marktanteil nicht relativ zum Gesamtmarkt, sondern zum größten Wettbewerber gemessen. Dadurch werden bestimmte Annahmen, z. B. über die Kostenposition, verbunden. Das würde die Beschreibung des Werkzeugs an dieser Stelle aber zu aufwendig gestalten. Die grundsätzliche Aussage trifft auch weiterhin zu.

Das Diagramm wird in vier Quadranten aufgeteilt, die auf den zugehörigen Zahlen der auf den Achsen dargestellten Kriterien Wachstum und Marktanteil basieren (siehe folgende Abbildung X). Die einzelnen Produkte werden entsprechend ihrer Daten in den jeweiligen Quadranten der Grafik positioniert. Dabei landen Produkte mit niedrigem Marktanteil und niedrigem Marktwachstum nahe dem Schnittpunkt der Achsen im Quadranten III, in der Grafik ist das Produkt P3 entsprechend positioniert. Das Produkt P1 weist eine hohes Marktwachstum aus, allerdings ist der Marktanteil gering. Umgekehrt ist für P4 ein hoher Marktanteil zu berichten, während das Marktwachstum gering ist. P2 weist für beide Kriterien einen hohen Wert aus.

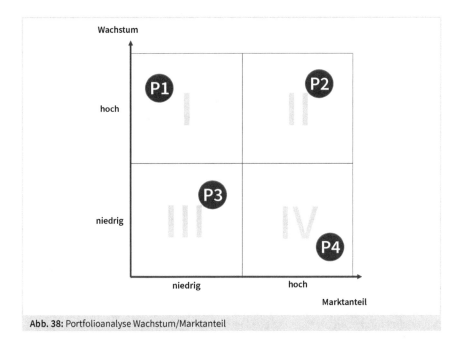

Abb. 38: Portfolioanalyse Wachstum/Marktanteil

Jeder der vier Quadranten hat in dieser Portfolioanalyse einen besonderen Namen und eine definierte Bedeutung für die dort positionierten Produkte:

- Quadrant I: Questionmarks
  Das Wachstum im Markt ist zwar hoch, doch haben die im Quadranten I positionierten Produkte nur einen geringen Marktanteil. Die zu klärende Frage ist die nach der zukünftigen Entwicklung. Wenn es gelingt, den Marktanteil z. B. für P1 zu erhöhen, bewegt sich der Eintrag in der Grafik nach rechts in den Quadranten II. Dann profitiert das Produkt vom Marktwachstum und wird für das Unternehmen wesentlich profitabler. Dazu ist eine strategische Entscheidung notwendig, mit der festgelegt wird, wie die Produkte im Quadranten I zu behandeln sind.

- Quadrant II: Stars
  Der Quadrant ist gekennzeichnet von hohem Wachstum und hohem Marktanteil. Strategisch müssen die Produkte in diesem Quadranten möglichst dort gehalten werden, denn sie profitieren von der Marktentwicklung ganz besonders. Je mehr Produkte sich hier befinden, desto größer ist der Erfolg des Unternehmens. Die Strategie sieht hier Investitionen und intensive Betreuung vor.

- Quadrant III: Poor Dogs
  Die Produkte in diesem Quadranten sind »arme Hunde«. Sie wachsen nicht mehr und weisen auch keinen großen Marktanteil auf. Die Perspektiven sind schlecht. Strategisch ist hier ein Rückzug angeraten.

- Quadrant IV: Cash Cows
  Die Produkte hier weisen einen hohen Marktanteil auf, allerdings ist das Marktwachstum schwach. Die Profite der Produkte in diesem Quadranten können mit-

genommen werden. Strategisch gibt es aber keine weitere Entwicklung. In der Regel macht nach der Abschöpfung des sich ergebenden Umsatzes mit möglichst wenig Investitionen eine Strategie des Rückzugs Sinn.

Diese Portfolioanalyse mit den Kriterien Marktwachstum und Marktanteil hilft also, die Positionierung einzelner Produkte zu erkennen und strategische Entscheidungen zur weiteren Entwicklung dieser Produkte zu treffen. Sie dient aber auch dazu, die strategische Position des Unternehmens als Ganzes zu bewerten. So kann die Gesamtsituation in der obigen Grafik als sinnvoll/positiv bewertet werden. Die Produkte sind bei diesem Beispiel auf die vier Quadranten verteilt. Es gibt eine Cash Cow, die das Geld für die notwendige Entwicklung des Produktes im Quadranten I verdient. Es gibt einen Star, der eine großartige Perspektive bietet. Da fällt das Produkt P3, das wohl aufgegeben werden muss, nicht mehr ins Gewicht.

An dieser Stelle zeigt sich ein großer Nachteil der Portfolioanalyse: Es werden viele Daten komprimiert, andere werden nicht berücksichtigt. Das zeigt sich, wenn zwei mögliche Situationen mit gleicher grafischer Ausgangslage betrachtet werden. In den beiden folgenden Grafiken (Abb. 38 und Abb. 40) wird eine Aussage über den Deckungsbeitrag, den diese Produkte in absoluten Werten erwirtschaften, hinzugefügt. Die Information wird in der Größe des Punktes für das Produkt dargestellt. Die Fläche repräsentiert dabei den absoluten Wert.

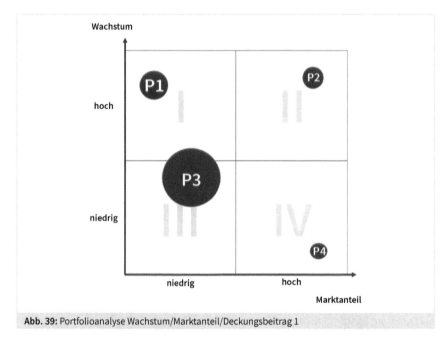

Abb. 39: Portfolioanalyse Wachstum/Marktanteil/Deckungsbeitrag 1

Es zeigt sich in der Variante 1, dass mit dem Produkt P4 zwar eine Cash Cow vorhanden ist, deren Beitrag zur Deckung der Gemeinkosten allerdings nur sehr gering ist. Gleichzeitig droht mit P3 ein Produkt wegzufallen, das bisher mehr Deckungsbeitrag erwirtschaftet als die anderen Produkte zusammen. Die Interpretation dieser Situation führt zur Erkenntnis, dass das Unternehmen, zumindest was die Produkte angeht, eine schlechte strategische Position hat. Diese muss durch entsprechende Strategien verbessert werden.

Beispiel: Verbesserung der strategischen Produktpositionierung

Um die obige Situation zu verbessern, sind mehrere Entscheidungen zu treffen. Manche davon haben operativen Charakter, was auf eine dramatische Lage schließen lässt. Andere sind klar strategischer Natur.

- Die Deckungsbeiträge pro Einheit der Produkte P1, P2 und P4 müssen möglichst schnell verbessert werden (operativ + strategisch).
- Für P3 ist auch mittel- bis langfristig eine Stützung der aktuellen Situation durch entsprechende Investitionen vorzunehmen (strategisch).
- Moderate Aktionen können den Marktanteil von P3 und P4 erhöhen und somit kann auf Kosten der Mittbewerber Wachstum generiert werden (operativ).
- In der Entwicklung muss ein Produkt entstehen, das langfristig P3 ablösen kann, aber eine bessere strategische Positionierung mit mehr Wachstum und größerem Marktanteil ermöglicht (strategisch).
- Das Produktprogramm ist so auszuweiten, dass eine bessere Streuung des Risikos der Positionierung in Quadrant III möglich wird (strategisch).

Somit bewirkt die Hinzunahme einer weiteren Dimension, in diesem Fall des Deckungsbeitrages, eine dramatische Veränderung der Analyse. Ein völlig anderes Bild, das aus der gleichen zweidimensionalen Darstellung hervorgehen könnte, zeigt die Variante II.

Hier zeigt sich eine hervorragende strategische Positionierung der vier Produkte. Mit dem Wegfall von P3 droht der Verlust eines nur geringen absoluten Deckungsbeitrages. Die Cash Cow P4 erwirtschaftet einen großen Teil des Erfolges, was weiter unterstützt wird. Die Entwicklung von P2, des Stars im Produktportfolio, wird den Deckungsbeitrag pro Einheit und damit den absoluten Betrag erhöhen. Und mit P1 steht ein Produkt zur weiteren Förderung bereit, welches bereits heute gute Beiträge liefert.

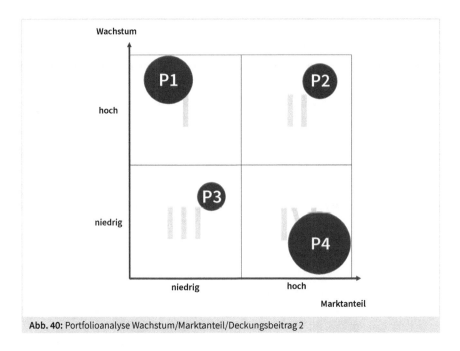

Abb. 40: Portfolioanalyse Wachstum/Marktanteil/Deckungsbeitrag 2

Diese Beispiele machen eindeutig klar, dass auch die Portfolioanalyse immer im Kontext der gesamten Situation gesehen werden muss. Gleichzeitig gelingt so ein Blick auf die strategische Positionierung der Produkte. Dadurch wird die Chance, eine erfolgreiche Strategie zu formulieren, verbessert. Die Portfolioanalyse ist aber nicht nur auf die Betrachtung von Produkten und Märkten beschränkt, wie die folgenden Punkte zeigen werden.

Eine Portfolioanalyse eignet sich immer dann, wenn eine Einordnung von Unternehmensbereichen, Produkten, Kunden usw. mit zwei Kriterien erfolgen kann. Wie gesehen, kann dann eine dritte Dimension die Bedeutung der einzelnen Objekte durch Größe der Punkte, aber auch durch Farbe und andere Gestaltungselemente versinnbildlichen. Auf diese Möglichkeit wird in den kommenden Beispielen verzichtet, da die Aussage immer unverändert bleibt.

Digitalisierung der Produkte
Eine Frage, die sich viele Unternehmen auf dem Weg in ein digitales Geschäftsmodell stellen müssen, ist die nach der Eignung ihrer Produkte für den digitalen Vertriebsweg. Die dahingehende Einschätzung der aktuellen Situation ist die Grundlage für weitere strategische Entscheidungen auf dem Weg in die Digitalisierung. Dazu wird die bekannte Matrix aufgebaut. Auf den Achsen wird die digitale Eignung der Produkte und die erwartete digitale Nachfrage in der Zukunft abgetragen. Die Produkte werden entsprechend eingeschätzt.

Sollen Produkte digital verkauft werden, müssen sie einige Kriterien erfüllen. So müssen sie im Internetshop gut beschreibbar sein. Abbildungen sollten das Produkt erkennbar darstellen. Erfahrungen der Kunden beim digitalen Kauf dieser Produkte von digitalen Mitbewerbern erhöhen die Eignung auch der eigenen Produkte. Nicht zuletzt muss es möglich sein, das Produkt kostengünstig und schnell zu versenden.

Mit der Bewertung der eigenen Produkte hinsichtlich digitaler Nachfrage sowie digitaler Eignung und dem Eintrag dieser in die Matrix ergibt sich die folgende Grafik des Portfolios der Produkte.

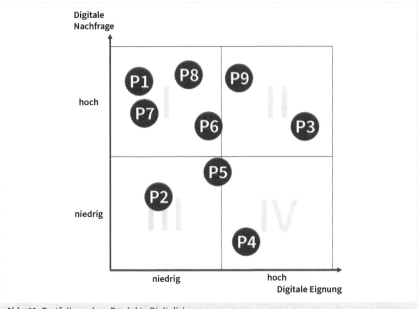

Abb. 41: Portfolioanalyse Produkte Digitalisierung

Wie in der Portfolioanalyse üblich, sind vier verschiedene Felder innerhalb der Matrix definiert. Jeder dieser Quadranten beschreibt eine Situation, die als Grundlage für strategische Entscheidungen dient.

Die meisten Portfolioanalysen arbeiten mit vier Flächen, also Quadranten, der Matrix. Das muss nicht so sein, es sind auch mehr Felder vorstellbar. Voraussetzung dafür ist, dass sich unterschiedliche strategische Aktionen aus den Feldern ableiten lassen.

- Quadrant I: Potenzial

  Die digitale Nachfrage der Produkte, die in diesem Quadranten zu finden sind, ist hoch, doch die digitale Eignung ist niedrig. Es wird also Potenzial verschenkt, das bei übereinstimmendem Angebot und Nachfrage zur Verfügung stehen würde. Strategisch muss entschieden werden, welche der Produkte entsprechend geändert werden sollen, um der Nachfrage im digitalen Vertriebsweg gerecht werden zu können. Nicht immer reicht eine neue Verpackung, um eine Verschiebung von Quadrant I zu Quadrant II zu erreichen.

  Mithilfe der Potenzialanalyse wird den Verantwortlichen deutlich gemacht, wie weit das Unternehmen auf die Digitalisierung zumindest der Vertriebswege und hinsichtlich der Produkte vorbereitet ist. Typisch für Anbieter, die sich gerade auf den Weg in ein digitales Geschäftsmodell gemacht haben, ist die Ballung vieler Produkte in diesem Quadranten. Diese Situation muss strategisch aufgelöst werden.

- Quadrant II: Optimum

  Der Quadrant II stellt das Optimum in der Bewertung der Produkte bezüglich digitaler Nachfrage und Eignung dar. Beide Kriterien haben hohe Werte. Die Produkte, die sich hier finden, weisen eine hohe Nachfrage im digitalen Vertriebsweg auf und sind auch gut dafür geeignet. Als Maßnahmen sind die Stützung und leichte Verbesserungen der Produkte denkbar. So könnte des Produkt P9 in der obigen Grafik durch eine veränderte Verpackung und eine erhöhte Lieferbereitschaft in der digitalen Eignung noch weiter verbessert werden.

- Quadrant III: Drastische Entscheidung

  Das Gegenteil zum zweiten Quadranten findet sich im Quadranten III. Die Produkte hier werden weder digital stark nachgefragt, noch eignen sie sich gut für den digitalen Verkauf. Beispiele dafür sind z. B. stark erklärungsbedürftige Produkte und verderbliche Lebensmittel, die eine teuren Versand benötigen. Investitionen in die strategische Entwicklung hin zu mehr digitaler Eignung lohnen sich nur dann, wenn auch die digitale Nachfrage gesteigert werden kann.

  Typisch ist an dieser Stelle die Entscheidung, sich von einigen dieser Produkte im Quadranten III zu trennen. Die Portfolioanalyse ist allerdings nur der erste Schritt hin zu dieser Strategie. Über den absoluten Beitrag der Produkte zum Unternehmenserfolg oder zur Notwendigkeit, die Produkte im Sortiment zu halten, sagt die Darstellung nichts aus. Hier muss ein strategischer Prozess angestoßen werden.

- Quadrant IV: Chancen und Risiken

  Die Produkte des Unternehmens, die sich im Quadranten IV befinden, sind gut für den digitalen Verkauf geeignet, zeigen aber nur geringe digitale Nachfrage. Wenn die Verkäufe über digitale Vertriebswege gesteigert werden können, bieten diese Produkte große Chancen. Sie sind vorhanden und geeignet, zusätzliche Entwicklungskosten fallen nicht an. Wenn aber die Nachfrage nicht steigt, bergen die Produkte im Quadranten IV nur Probleme. Denn die digitale Eignung verursacht laufende Kosten, z. B. für eine hohe Lieferbereitschaft oder die Präsentation im Onlineshop.

Vorhersagbar kommt es in der Praxis an dieser Stelle zu einer typischen falschen strategischen Entscheidung: Abwarten. Die Entwicklung der Nachfrage wird passiv abgewartet, was nur in den seltensten Fällen und günstigsten Bedingungen zu einer positiven Veränderung führt. Das Risiko, dass sich im Quadranten IV immer mehr Produkte ansammeln, ist hoch. Eine regelmäßige Analyse mit der Portfoliodarstellung hilft, dies zu erkennen.

> **Hinweis: Benennung der Quadranten**   !
>
> Die Vergabe von Namen, die ein kurze, aber eindeutige Beschreibung der Situation in den Quadranten darstellen, hilft bei der schnellen Einordnung der dort dargestellten Objekte. Das ist für die Leser des Berichts einfacher zu verstehen, als sich jedes Mal neu an den Achsen orientieren zu müssen. Die strategischen Entscheidungen werden dadurch besser.

Nutzung von Industrie 4.0

In diesem Beispiel einer Portfolioanalyse wird dargestellt, wie die Produkte eines Händlers hinsichtlich einer Implementierung von Industrie 4.0 bei Lieferanten und Kunden zu bewerten ist. Viele Lieferanten drängen den Händler dazu, die Wertschöpfungskette einschließlich seiner Kunden in dieser Richtung anzupassen. Das Ergebnis der Portfolioanalyse bestärkt den Händler in seiner Annahme, dass seine Kunden noch nicht so weit sind. Er sieht im Moment noch keine sinnvolle Möglichkeit, die digitale Strategie dahingehend zu ändern, dass Industrie 4.0 bevorzugt behandelt wird.

Um zu diesem Ergebnis zu kommen, hat das Controlling eine Portfolioanalyse der Produkte durchgeführt. Das Ergebnis ist die unten stehende Grafik, die auf den Achsen das Interesse der Lieferanten und der Kunden an einer Zusammenarbeit mit Industrie 4.0 abträgt. Da der Händler keine eigene Produktion hat, kann er jedem Produkt Lieferanten und Kunden zuordnen. Das Ergebnis überrascht nicht. Die Lieferanten haben ein hohes Interesse daran, die meisten Produkte entsprechend zu organisieren. Das zeigt die Verteilung der Punkte mit Schwerpunkt im oberen Teil der Grafik. Das Interesse der Kunden hält sich dagegen in Grenzen. Nur bei wenigen Produkten, im Beispiel P9, P3 und P4, kommt es zu einer nennenswerten Einordnung in den rechten Teil der Grafik.

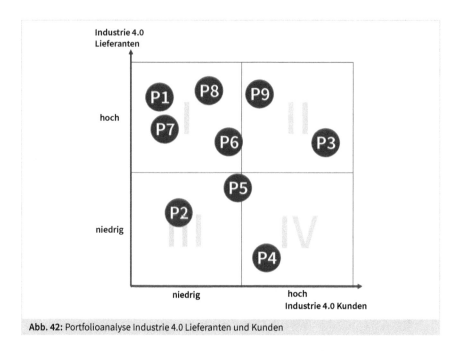

Abb. 42: Portfolioanalyse Industrie 4.0 Lieferanten und Kunden

Auch hier kommt es zu einer Einteilung in Quadranten, die eine strategische Einordnung erleichtern.

- Quadrant I: Diskussion
  Die meisten Produkte finden sich im Quadranten I. Das Interesse an Industrie 4.0 für diese Produkte ist bei den Lieferanten hoch, bei den Kunden niedrig. Da die digitale Zusammenarbeit grundsätzlich auch für den Händler interessant ist, wird mit den Kunden dieser Produkte über eine Einbindung in Industrie 4.0 diskutiert. Strategisches Ziel ist es, möglichst viele Produkte durch Veränderung des Kundenverhaltens aus den Quadranten I in den Quadranten II zu bringen.
- Quadrant II: Ziel
  Bei den hier positionierten Produkten ist die Digitalisierung am Ziel angekommen. Alle Parteien wünschen sich Industrie 4.0. Das sollte jetzt auch umgesetzt werden. Die Unternehmensstrategie ist entsprechend zu formulieren.
- Quadrant III: Prüfen
  Nur wenige Produkte finden sich im Quadranten III. Diese müssen auf ihre Zukunftsfähigkeit geprüft werden. Wenn weder Lieferanten noch Kunden die Zusammenarbeit mit Industrie 4.0 bei der Disposition dieser Produkte wünschen, sind sie nicht für die Digitalisierung geeignet. Mittel- bis langfristig werden sich die Produkte verändern oder vom Markt verschwinden. Darauf muss sich der Händler vorbereiten.
- Quadrant IV: Entwickeln
  Der Quadrant IV enthält die Produkte, die zumindest von den Kunden als zukunftsträchtig angesehen werden. Da diese in einer solchen Einschätzung schneller sind als die Lieferanten, muss eine Entwicklung der Lieferanten hin zu Industrie 4.0 erfolgen.

Dieses Beispiel zeigt auch, dass die Portfolioanalyse in der Lage ist, qualitative Werte zu verarbeiten und im Ergebnis eindeutig darzustellen. Das Interesse der Lieferanten und Kunden der einzelnen Produkte an der weiteren digitalen Zusammenarbeit muss vom Einkauf bzw. Verkauf bewertet werden. Belastbare Zahlen wie Umsätze, Kosten usw. liegen nicht vor, nur die subjektive Einschätzung der Verantwortlichen. Diese werden vom Controlling in eine aussagefähige Form gebracht. Dazu eignet sich die Portfolioanalyse, weil sie mit Flächen arbeitet, nicht mit einer exakten Punktzuweisung.

Digitalisierung als Erfolg

Eine Mischung aus quantitativem Kriterium (Marktanteil) und qualitativem Kriterium (Grad der Digitalisierung) wird in der folgenden Portfolioanalyse verwendet. Um zu prüfen, ob eine Digitalisierungsstrategie den gesunkenen Marktanteil des Unternehmens auffangen könnte, analysiert hier das Controlling die Anbieter des Marktes hinsichtlich des Marktanteils und des Grads der bisher erfolgten Digitalisierung. Es berichtet dabei nicht nur den aktuellen Stand, sondern zeigt auch die Veränderungen innerhalb der letzten 2 Jahre auf, um den Einfluss der Digitalisierung auf den Marktanteil deutlich zu machen.

Die aktuellen Werte werden durch schwarze Punkte, die vor 2 Jahren geltenden Daten durch graue Punkte beschrieben. Die Position des eigenen Unternehmens wird durch Kreise in der entsprechenden Farbe dargestellt. Als Ergebnis zeigt sich, dass die Unternehmen, die Marktanteile gewonnen haben, einen hohen Grad der Digitalisierung aufweisen. Wenn die Digitalisierung nur vorsichtig weiterentwickelt wurde, hatte das anscheinend keine Auswirkungen, da der Marktanteil dennoch gesunken ist.

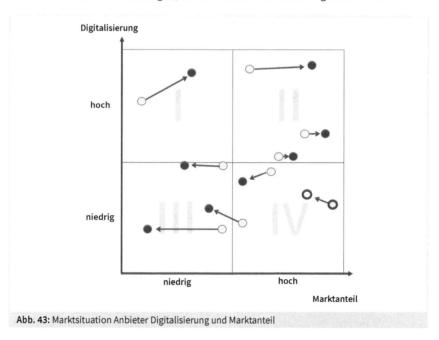

Abb. 43: Marktsituation Anbieter Digitalisierung und Marktanteil

- Quadrant I: Gewinner
  Der Quadrant I der Portfolioanalyse zeigt die Anbieter am Markt, die intensiv mit digitalen Geschäftsmodellen arbeiten, deren Marktanteil aber noch gering ist. Sie erfüllen die Voraussetzung für Erfolg und haben noch das Potenzial, zu wachsen. Sie werden die Gewinner sein, da sie den Trend mitgehen können, ohne weiterhin viel investieren zu müssen.
- Quadrant II: Champions
  Dort, wo die Gewinner hinwollen, sind bereits die Champions zu finden. Im Quadranten II finden sich Mitbewerber mit hohen Marktanteilen und starken digitalen Anwendungen. Sie profitieren von einer positiven Marktentwicklung und sind relativ sicher aufgestellt, wenn der Markt zurückgehen sollte.
- Quadrant III: Loser
  Der dritte Quadrant vereint die Mitbewerber, die nur wenig digitalisiert haben und deren Marktanteil gering ist. In der Entwicklung zeigt sich, dass diese Unternehmen weitere Marktanteile verlieren werden.
- Quadrant IV: Hoffnung
  Hoffnung auf eine Verbesserung können die Unternehmen haben, die sich im Quadranten IV treffen. Ein hoher Marktanteil wird erreicht, obwohl der Grad der Digitalisierung gering ist. Richtet sich die Unternehmensstrategie auf ein digitales Geschäftsmodell aus, dann besteht die Hoffnung auf Verteidigung der hohen Marktanteile. Wie die Entwicklung des eigenen Unternehmens zeigt, reicht aber eine halbherzige Nutzung digitaler Möglichkeiten nicht aus.

Diese verschiedenen Beispiele belegen, dass die Portfolioanalyse im strategischen Controlling sehr flexibel eingesetzt werden kann. Selbst Zeitreihen können abgebildet werden und erhöhen die Aussagekraft in vielen Anwendungsfällen. Das wird in der Praxis leider oft nicht umgesetzt, da sich viele Controller strikt an die vorgegebenen Muster dieser Analyse halten. Der große Nachteil der Portfolioanalyse – der Verlust vieler Detailinformationen durch die Zuordnung zu relativ groben Bereichen der Matrix – kann durch eine individuelle Definition und differenzierte Inhalte gemindert werden.

8.2.2   SWOT-Analysen

Der Name dieses Werkzeugs im strategischen Controlling ist eine Abkürzung der englischen Bezeichnung: Analysis of strengths, weaknesses, opportunities and threats. Es geht also um die Analyse von Stärken, Schwächen, Chancen und Risiken. Dies findet sich im gesamten strategischen Controlling, aber in der SWOT-Analyse geschieht dies systematisch und erleichtert so das Arbeiten mit den Ergebnissen.

Systematik

Die SWOT-Analyse benötigt 4 Schritte bis zum Ergebnis:

- Die aktuelle Situation des Unternehmens wird in Bezug auf die Märkte, das Umfeld, die Produkte und die eigenen Ressourcen analysiert.
- Aus den Ergebnissen der Analyse werden die Stärken und Schwächen des Unternehmens ermittelt und in die SWOT-Matrix eingetragen.

> **Hinweis: Realismus ist notwendig**
>
> In der Praxis kommt es an dieser Stelle häufig zu einem unverzeihlichen Fehler: Aufgrund einer subjektiven Betrachtung werden die Stärken des Unternehmens überschätzt, die Schwächen werden verharmlost. Das hat entscheidende Auswirkungen auf die Strategien, die sich letztlich aus den Analysen ergeben müssen. Sie sind nicht oder nicht ausreichend wirksam. Aufgabe des Controllings ist es, die Analyse objektiv durchzuführen und realitätsnahe Ergebnisse zu produzieren. Vor allem dann, wenn Mitarbeiter ihren Verantwortungsbereich als zu schlecht dargestellt empfinden, bedeutet dies viel Überzeugungsarbeit.

- Aus dem Umfeld des Unternehmens ergeben sich Chancen und Risiken, die ebenso systematisch in die Matrix eingetragen werden.

Stärken	Schwächen
Platz für Stärken	Platz für Schwächen
Chancen	**Risiken**
Platz für Chancen	Platz für Risiken

Tab. 32: SWOT-Matrix

- Abgeleitet aus den internen Stärken und Schwächen und externen Chancen und Risiken werden strategische Maßnahmen definiert, die auf die Nutzung der Stärken und die Beseitigung von Schwächen abzielen.

Grundsätzlich handelt es sich um einen Ablauf, der für die Analyse und die Definition von Maßnahmen üblich ist. Mit der SWOT-Analyse wird diese Aufgabe geregelt erledigt. Damit ist dafür gesorgt, dass vollständig, nachvollziehbar und mit möglichst großer Objektivität gearbeitet wird.

Die SWOT-Analyse ist für die Findung strategischer Maßnahmen ein starkes Werkzeug, das in der Praxis häufig nicht ernst genommen wird. Sie zwingt zu Objektivität und der Beschäftigung sowohl mit Stärken als auch mit Schwächen und ist für jede Unternehmensgröße geeignet. An einem Praxisbeispiel soll der Einsatz verdeutlicht werden:

Beispiel

Das Beispielunternehmen ist ein Hersteller von Küchen im mittleren Preissegment mit einem regional begrenzten Vertrieb über eigene Küchenstudios. Auch die Montage erfolgt über eigene Mitarbeiter. Anlass für strategische Überlegungen sind zwei Entwicklungen. Zum einen sinkt der Umsatz in den letzten Jahren kontinuierlich, der für einen wirtschaftlichen Betrieb der einzelnen Küchenstudios notwendige Mindestumsatz wird oft nicht mehr erreicht. Zum anderen können immer mehr Montagen nicht beim ersten Besuch abgeschlossen werden, da Teile fehlen oder defekt sind. Das verursacht hohe Montagekosten aufgrund notwendiger Folgetermine und verärgert die Kunden. Die Unternehmensleitung entschließt sich, mögliche strategische Maßnahmen mit einer SWOT-Analyse zu finden.

Aus einer umfangreichen Analyse aller Unternehmensbereiche, Märkte und Ressourcen haben sich die folgenden Stärken und Schwächen als besonders bedeutend ergeben. Sie werden im ersten Schritt in die SWOT-Matrix eingetragen:

Stärken	Schwächen
• Gutes Produktsortiment • Vertrauensvolle und bewährte Zusammenarbeit mit Lieferanten • Verkauf direkt vom Hersteller • Prämierter Internetauftritt (kein Shop) • Qualitativ hochwertige Produkte • Konkurrenzfähige Preise • Noch immer hohe Kundenzufriedenheit	• Lange Entscheidungswege vom Küchenstudio bis zum Vertriebsleiter • Komplexes Küchenplanungssystem, dadurch zu lange Beratungszeiten • Personalknappheit in den Küchenstudios • Kein Onlineverkauf • Fachkräftemangel in Fertigung und Montage • Veraltete, wenig flexible Produktionsanlagen • Hoher Energiebedarf in der Fertigung • Viele unterschiedliche Küchenmodelle mit vielen Variationsmöglichkeiten
Chancen	Risiken

Tab. 33: SWOT-Matrix nach dem Eintragen der Stärken und Schwächen

!   Hinweis: Stärke und Schwäche

Es zeigt sich, dass vergleichbare Inhalte durchaus eine Stärke als auch eine Schwäche bedeuten können. So ist ein umfangreiches Produktsortiment gut für den Verkauf, da der Kunde eine große Auswahl hat. Gleichzeitig bedeuten viele Modelle mit vielen Variationen eine höhere Komplexität in der Fertigung und bei den Montagen

Bei der Analyse der Märkte und des weiteren Umfeldes des Unternehmens haben sich Entwicklungen ergeben, die dem Unternehmen nützen oder aber auch schaden können.

Diese Chancen und Risiken werden ebenfalls in die SWOT-Matrix eingetragen, um sie zu dokumentieren und einen Überblick zu bekommen. Es ist notwendig, sich hier auf wesentliche Chancen und Risiken zu beschränken, um die wichtigsten erkennen zu können.

Stärken	Schwächen
<ul><li>Gutes Produktsortiment</li><li>Vertrauensvolle und bewährte Zusammenarbeit mit Lieferanten</li><li>Verkauf direkt vom Hersteller</li><li>Prämierter Internetauftritt (kein Shop) mit Blog und sozialen Netzwerken</li><li>Qualitativ hochwertige Produkte</li><li>Konkurrenzfähige Preise</li><li>Noch immer hohe Kundenzufriedenheit</li></ul>	<ul><li>Lange Entscheidungswege vom Küchenstudio bis zum Vertriebsleiter</li><li>Komplexes Küchenplanungssystem, dadurch zu lange Beratungszeiten</li><li>Personalknappheit in den Küchenstudios</li><li>Kein Onlineverkauf</li><li>Fachkräftemangel in Fertigung und Montage</li><li>Veraltete, wenig flexible Produktionsanlagen</li><li>Schlechte Umweltbilanz (hoher Energiebedarf, hoher Ausschuss, schwierige Entsorgung)</li><li>Viele unterschiedliche Küchenmodelle mit vielen Variationsmöglichkeiten</li></ul>
Chancen	Risiken
<ul><li>Weitere Verlagerungen der Produktion von Mitbewerbern ins Ausland</li><li>Steigende Bedeutung von digitalem Marketing mit Kundenbewertungen</li><li>Steigende Zahl kleiner Wohnungen mit Singlehaushalten</li><li>Trend zur Umwandlung von Miet- in Eigentumswohnungen fördert Nachfrage nach hochwertigen Küchen</li></ul>	<ul><li>Verschiebung der Nachfrage weiter zu digitalen Vertriebswegen</li><li>Verlust der Attraktivität der Standorte der Küchenstudios</li><li>Kunden verlangen nachhaltige, umweltgerechte Produkte</li><li>Steigende Nachfrage nach modernen Produktfunktionen, die nicht mit vorhandenem Maschinenpark ermöglicht werden können</li></ul>

Tab. 34: SWOT-Matrix mit Chancen und Risiken

Im vierten und letzten Schritt der SWOT-Analyse gilt es, aus den bisherigen Erkenntnissen strategische Maßnahmen zu entwickeln. Dabei müssen die Stärken des Unternehmens eingesetzt werden, um die Chancen wahrzunehmen und die Risiken zu minimieren. Gleichzeitig gilt es zu zeigen, wie die Chancen genutzt werden können, um die Schwächen zu verringern. Besondere Maßnahmen sind notwendig, wenn Schwächen des Unternehmens auf die Risiken treffen. Die Einordnung der Maßnahmen erfolgt in einer erweiterten SWOT-Matrix mit vier Maßnahmenfeldern.

- SO-Maßnahmen
  SO-Maßnahmen (Strengths, Opportunities) ergeben sich aus den Stärken des Unternehmens und den Chancen des Umfeldes. Es treffen zwei positive Positionen aufeinander, die strategisch genutzt werden müssen, um die gebotenen Möglichkeiten auch erfolgreich umzusetzen.

- ST-Maßnahmen
  Die Stärken des Unternehmens müssen genutzt werden, um die Risiken des Um-
  feldes zu beherrschen (Strengths, Threats). Werden die Risiken frühzeitig erkannt
  und sind sich die Verantwortlichen im Unternehmen ihrer Stärken bewusst, wer-
  den Risiken zu Chancen.
- WO-Maßnahmen
  Im Feld WO Maßnahmen (Weaknesses, Opportunities) geht es darum, die eigenen
  Schwächen durch externe Chancen zu überwinden. Wenn dies gelingt, ist das für
  das entsprechende Unternehmen eine gute Lösung, da die eigenen Mittel für die
  Beseitigung der Schwächen meist nur sehr gering gehalten werden können.
- WT-Maßnahmen
  Weaknesses und Threats treffen im letzten Feld aufeinander. Wenn Schwächen
  des Unternehmens auf Risiken des Umfelds treffen, muss dringend und oft drama-
  tisch reagiert werden. Wichtig ist vor allem, dass die bedrohliche Situation erkannt
  und rechtzeitig Strategien zur Bekämpfung entwickelt werden.

	Chancen	Risiken
	<ul><li>Weitere Konzentration der Produktion der Mitbewerber im Ausland</li><li>Steigende Bedeutung von digitalem Marketing mit Kundenbewertungen</li><li>Steigende Zahl kleiner Wohnungen mit Singlehaushalten</li><li>Trend zur Umwandlung von Miet- in Eigentumswohnungen fördert Nachfrage nach hochwertigen Küchen</li></ul>	<ul><li>Verlagerung der Nachfrage hin zu digitalen Vertriebswegen</li><li>Verlust der Attraktivität der Küchenstudiostandorte</li><li>Kunden verlangen nachhaltige, umweltgerechte Produkte</li><li>Steigende Nachfrage nach modernen Produktfunktionen, die nicht mit vorhandenem Maschinenpark ermöglicht werden können</li></ul>
Stärken	SO-Maßnahmen	ST-Maßnahmen
<ul><li>Gutes Produktsortiment</li><li>Vertrauensvolle und bewährte Zusammenarbeit mit Lieferanten</li><li>Verkauf direkt vom Hersteller</li><li>Prämierter Internetauftritt (kein Shop) mit Blog und sozialen Netzwerken</li><li>Qualitativ hochwertige Produkte</li><li>Konkurrenzfähige Preise</li><li>Noch immer hohe Kundenzufriedenheit</li></ul>	<ul><li>Aufbau eines digitalen Marketings mit Herausstellen der Regionalität des Herstellers</li><li>Nutzung der positiven Kundenbewertungen im Marketing</li><li>Aufbau einer Küchenserie für Kleinwohnungen und gleichzeitig Angebot hochwertiger Küchen mit neuen, exklusiven Geräten</li></ul>	<ul><li>Nutzen von digitalem Marketing auch für die stationären Standorte</li><li>Ausbau der Zusammenarbeit mit Lieferanten, um nachhaltige Materialien und Geräte zu erhalten</li></ul>

Schwächen	WO-Maßnahmen	WT-Maßnahmen
• Lange Entscheidungswege vom Küchenstudio bis zum Vertriebsleiter • Komplexes Küchenplanungssystem, dadurch zu lange Beratungszeiten • Personalknappheit in den Küchenstudios • Kein Onlineverkauf • Fachkräftemangel in Fertigung und Montage • Veraltete, wenig flexible Produktionsanlagen • Schlechte Umweltbilanz (hoher Energiebedarf, hoher Ausschuss, schwierige Entsorgung) • Viele unterschiedliche Küchenmodelle mit vielen Variationsmöglichkeiten	• Übernahme von Fachkräften der Küchenfertigung von aufgegebenen Produktionsstandorten der Mitbewerber • Modernisierung der eigenen Fertigungsanlagen mit Kapazitäten der Lieferanten der bisherigen Mitbewerber • Vereinheitlichung der Küchenmodelle für kleine und für hochwertige Küchen	• Schließung der drei Küchenstudios mit dem geringsten Deckungsbeitrag • Eröffnung eines Onlineshops mit moderner Planungssoftware, die auch in den Studios genutzt werden kann • Auslagerung der Montagearbeiten auf externe Montagepartner mit bundesweitem Einsatzgebiet • Aufbau einer digital vernetzten Fertigungsanlage, die direkt mit dem Onlineshop und der Planungssoftware verbunden ist • ?

Tab. 35: Strategische Maßnahmen aus der SWOT-Analyse

Die SWOT-Analyse fasst die Ergebnisse aller strategischen Analysen und der Maßnahmenfindung zusammen. Sie ist sehr stark verbal aufgebaut, nutzt aber im Hintergrund auch mathematische Analysewerkzeuge. Sie eignet sich daher auch gut für strategische Fragen, die nicht rechnerisch beantwortet werden können.

8.2.3   Profildiagramme

Für die Bewertung der Marktposition, aber auch für den Vergleich der eigenen Stärken und Schwächen mit denen anderer Unternehmen wird ein Profil erstellt. Dieses wird mit dem Profil der Vergleichsobjekte in einer Grafik dargestellt. Es ergeben sich Abweichungen in den einzelnen Bewertungskriterien, die als Anlass für strategische Maßnahmen dienen sollten.

Systematik
Mehrere Schritte führen zum Ziel:
- Zunächst werden die Vergleichsobjekte bestimmt. So kann das Unternehmen sich mit anderen Anbietern am gleichen Markt vergleichen. Es können aber auch Produkte oder Organisationen verglichen werden.
- Die Kriterien, die zur Bewertung herangezogen werden sollen, werden festgelegt. Dabei handelt es sich um diejenigen Faktoren, die zum Erfolg führen. Werden

Unternehmen verglichen, könnten das Unternehmensgröße, Marktanteil, Lieferzeit, Servicebeurteilung usw. sein. Die gewählten Punkte sollten möglichst einen
gleich starken Einfluss auf den Erfolg haben. Mehrere kleine Kriterien können zusammengefasst werden, ein Kriterium mit zu viel Gewicht wird in seine Bestandteile zerlegt.

- Da alle Kriterien innerhalb der gleichen Skala bewertet werden sollen, ist die Wahl
  der Skala für das Profildiagramm wichtig. Üblich ist eine Skala von 1-5 oder 1-10,
  wobei die 1 jeweils den niedrigsten Wert darstellt. Gibt es einen Vergleich mit
  einem optimalen Objekt, z. B. dem Marktführer, kann die Skala auch die Abweichung von dem Optimalwert darstellen. Sie reicht dann z. B. von -4 bis +4, wobei 0
  der Optimalwert ist.

Skala 1 bis 5	1		2		3		4		5	
Skala 1 bis 10	1	2	3	4	5	6	7	8	9	10
Skala -4 bis +4	-4	-3	-2	-1		0		+1	+2	+3	+4

Tab. 36: Unterschiedliche Skalen

- Alle Kriterien werden pro Vergleichsobjekt bewertet. Dabei müssen für quantitative Kriterien Regeln für die Zuordnung des Zahlenwertes zu einem Skalenwert
  aufgestellt werden. So können z. B. Umsatzgrößen den Skalengrößen zugeordnet
  werden:
  1 = Umsatz < 1 Mio. EUR
  2 = 1 Mio. EUR – 5 Mio. EUR
  3 = 5 Mio. EUR – 20 Mio. EUR
  4 = 20 Mio. EUR – 100 Mio. EUR
  5 = Umsatz > 100 Mio. EUR
- Bei der Bewertung qualitativer Kriterien wie z. B. Qualität oder Bekanntheit erfolgt
  die Zuordnung aufgrund einer subjektiven Einschätzung. Eine Begründung für die
  Wahl der Eingruppierung sollte gegeben sein.

Die Bewertungen werden in ein Diagramm eingetragen. Unterschiede zwischen den
Vergleichsobjekten werden erkennbar. Strategische Maßnahmen werden aus den so
entstandenen Profilen und deren Unterschieden abgeleitet.

Beispiel

Verglichen werden drei gleiche Produkte unterschiedlicher Hersteller, die in der Küche
privater Verbraucher als Allzweckmaschine eingesetzt werden können. Nach vielen
Diskussionen und einer gemeinsamen Einordnung des Controllings zusammen mit
dem Vertrieb und der Konstruktionsabteilung zeichnet sich das folgende Profildiagramm ab:

	1	2	3	4	5
Absatz		!	O		X
Preis		!		X O	
Qualität	!		X	O	
Anzahl Funktionen		O !		X	
Digitale Steuerung	O !			X	
Digitales Marketing	O			!	X
Digitaler Verkauf		O		X	!
Stationärer Verkauf	X !		O		
Bedienungsanleitung		!	O		X
Kundenzufriedenheit		!		O	X
Kostengünstig zu produzieren	!		O	X	
Lieferzeit		O	X		!

Abb. 44: Profildiagramm

Hier wird das eigene Produkt, erkennbar an der Markierung »O« und der schwarzen Linie, mit dem Marktführer (Markierung »X« und dunkelgraue Linie) und einem dritten Produkt (Markierung »!« und hellgraue Linie) verglichen. Mit diesen drei Geräten ist das signifikante Angebot auf dem Markt abgebildet. Das Produkt »X« ist bei Weitem der Marktführer mit dem größten Absatz, das Produkt »!« findet sich im Niedrigpreissegment. Das eigene Produkt liegt im Absatz näher zu »!« und ist im Preis identisch mit »X«. Das Profildiagramm zeigt zwei wichtige Punkte, die sich für strategische Maßnahmen eignen.

- Zum einen verdankt der Marktführer seine Position der Nutzung digitaler Geschäftsmodelle, die vom preiswertesten Angebot im Vertrieb ebenfalls verwendet werden. Das eigene Produkt wird hingegen fast ausschließlich über den stationären Fachhandel vertrieben. Darüber hinausgehende digitale Vertriebsmöglichkeiten werden nicht genutzt. Die Strategie des Unternehmens muss sich daher auf digitale Geschäftsmodelle konzentrieren.
- Zum anderen ist das Produkt preislich in der Nähe des Marktführers positioniert, in den für den Kundennutzen wichtigen Punkten wie Anzahl der Funktionen, digitale Steuerung, Bedienungsanleitung ist es aber eher mit dem Billigangebot zu vergleichen. Die Strategie sollte dafür sorgen, dass eine positive Abgrenzung zum Billigprodukt erfolgt und die noch hohe Kundenzufriedenheit stabilisiert wird.

Ein Profildiagramm zeigt die Positionierung eines Untersuchungsobjektes, in diesem Fall das Produkt, gegenüber anderen Objekten, meist außerhalb des Unternehmens, an. Das ergibt wichtige Hinweise auf positive und negative Abweichungen zum Optimum, die wiederum für strategische Überlegungen genutzt werden können.

Beispiel: Profil auch als Zeitreihe

Das Profildiagramm eignet sich auch hervorragend zur Kontrolle strategischer Maßnahmen. Dazu werden die Profile des Untersuchungsobjektes innerhalb verschiedener Zeiträume in das Diagramm eingetragen und verdeutlichen so Veränderungen über die Zeit hinweg.

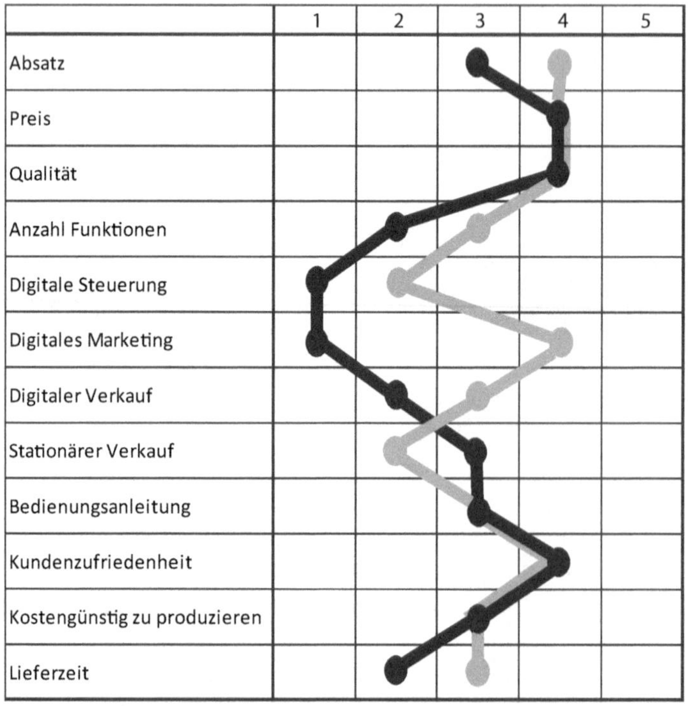

Abb. 45: Profildiagramm mit zeitlicher Entwicklung

Das Diagramm zeigt das Produktprofil des eigenen Produktes aus dem obigen Beispiel vor der Strategiefindung (schwarze Linie). Das gleiche Produkt hat nach 12 Monaten das als graue Linie dargestellte Profil. Die Strategie, mehr zu digitalisieren und sich in einer vom Kunden erfahrbaren Qualität vom Billigprodukt abzusetzen, hat gewirkt. Die Anzahl der Funktionen ist gestiegen, eine digitale Steuerung wurde integriert, die Lieferzeit, wichtig für den digitalen Handel, wurde verkürzt. Im Ergebnis konnte bei gleichem Preis der Absatz erhöht werden.

8.2.4   Benchmarking

Im Benchmarking wird das eigene Unternehmen in einzelnen Punkten wie Funktionen, Produkte, Verfahren usw. mit einem anderen Unternehmen verglichen. Das kann ein Mitbewerber auf dem gleichen Markt sein, ein vergleichbares Unternehmen im EU-Ausland oder auch ein Unternehmen einer anderen Branche, aber mit vergleichbarer Struktur und Größe. Immer aber ist das Vergleichsobjekt ein erfolgreiches Unternehmen, denn das Ziel des Benchmarkings ist es, erfolgreiche Strukturen zu übertragen und davon zu profitieren. Das geschieht, indem die Ergebnisse der Untersuchung in strategische Maßnahmen überführt werden.

Systematik
Da es nicht einfach ist, für das Benchmarking Partner zu finden, die freiwillig interne Daten teilen, ist die Beschaffung der Daten für diese Form der Analyse eine wichtige Aufgabe des Controllings. Dabei hilft wieder die Transparenz digitaler Märkte, aber ebenso wichtig ist die persönliche Erfahrung der Mitarbeiter in den Fachabteilungen. Diese kennen die Mitbewerber, die Kunden und Lieferanten. Darum ist der erste Schritt beim Benchmarking die Einbeziehung derjenigen im Unternehmen, die Informationen über das Vergleichsobjekt haben oder sammeln können.

> **Hinweis: Branchenwerte vorsichtig verwenden**   !
>
> Kann in der Branche kein erfolgreiches Unternehmen identifiziert werden oder gibt es über das beste Unternehmen am Markt nicht ausreichend zuverlässige Daten, dann werden oft Branchenwerte verwendet. Viele Verbände veröffentlichen Durchschnittswerte aus Daten, die von den Mitgliedern gemeldet werden. Öffentliche Statistiken enthalten Informationen über Absatz, Umsatz, Import, Export, Herstellungskosten usw. von volkswirtschaftlich wichtigen Branchen.
>
> Wer diese Daten für das Benchmarking nutzen will, muss dies sehr vorsichtig tun. Zum einen sind diese Daten mit statistischen Fehlern versehen, denn nicht alle Meldepflichtigen melden pünktlich und korrekt. Zum anderen ist der Branchendurchschnitt gerade für das Benchmarking nicht gewollt. Das Ziel muss es sein, erfolgreicher zu werden. Dazu soll von den erfolgreicheren Akteuren am Markt gelernt werden, nicht vom Durchschnitt.

Es gibt verschiedene Inhalte, die beim Benchmarking behandelt werden:
- Beim internen Benchmarking werden Bereiche, Produktgruppen oder andere Objekte innerhalb eines Unternehmens miteinander verglichen. Der erfolgreichste Bereich gilt als Benchmark. Die übrigen Bereiche versuchen, die bei den erfolgreichen Kollegen gefundenen Erfolgsfaktoren zu übertragen. Ein Beispiel für diese Vorgehensweise ist der Vergleich der Fertigungsverfahren zweier Produktionsstandorte in der Unternehmensgruppe. Ziel ist es hier, nach dem Ausblenden von nicht veränderbaren Faktoren, die Verfahren, Vorgehensweisen, Einkaufsquellen usw. zu nutzen, die im besten der Vergleichswerke etabliert sind.

- Das Wettbewerbsbenchmark vergleicht das eigene Unternehmen mit dem erfolgreichsten Unternehmen der Branche oder des Marktes. Es ist allerdings wie bereits benannt schwer, detaillierte Informationen über Abläufe und interne Vorgänge zu erhalten. Darum werden hier meist Kennzahlen verwendet, die aus öffentlich zugänglichen Quellen stammen. Beispiele dafür sind z. B. Umsatz je Mitarbeiter oder Anteil der Verkäufe über digitale Vertriebswege.
- Im funktionalen Benchmarking werden einzelne Unternehmensfunktionen, wie z. B. die Logistik, mit den gleichen Funktionen in einem erfolgreichen Unternehmen verglichen. Dabei muss das Unternehmen nicht aus der gleichen Branche sein. Unternehmensfunktionen, wie Einkauf, Buchhaltung oder Personalwesen, können so optimiert werden. Besondere Ergebnisse bietet der Vergleich einer Unternehmensfunktion mit den Werten aus einem Unternehmen, das sich genau auf diese Funktion spezialisiert hat. So können z. B. die Unterschiede der eigenen Logistikabteilung zu einem professionellen Anbieter von Lager- und Speditionsleistungen zu strategischen Entscheidungen führen. Dabei gibt die Vorgehensweise der Profis wesentliche Hinweise zu strategischen Veränderungen, auch wenn nicht alles immer direkt übertragbar ist.

! Hinweis: Nicht nur Unternehmen

Es lohnt sich für Unternehmen, einzelne Produkte oder Produktgruppen zu untersuchen, wie beim internen Benchmarking aufgeführt. Dabei wird die Frage nach der Profitabilität einer Produktgruppe beantwortet, das Ergebnis kann dann auf andere Produktgruppen übertragen werden. Hier hat der Controller den großen Vorteil, dass er bei einem unternehmensinternen Benchmarking über alle Daten verfügen kann.

Neben dem Unternehmens- und Produktvergleich im Benchmarking kann auch der Vergleich der Vertriebswege (stationär oder digital) sinnvoll sein, vor allem wenn der Aufbau eines digitalen Geschäftsmodells geprüft werden soll. Selbst Mitarbeiter können Objekt des Benchmarkings sein. Dabei wird z. B. untersucht, warum ein Verkäufer mehr Erfolg hat als andere. Der Grund kann in der Ausbildung, in der Vermittlung besonderer Fähigkeiten oder der regionalen Herkunft des Verkäufers liegen.

Das Benchmarking digitaler Geschäftsmodelle ist zwar sinnvoll, wirft aber auch wesentliche Probleme auf. Zum einen sind viele Unternehmen noch am Anfang der Einführung ihrer digitalen Modelle, zum anderen sind die Beurteilungskriterien bisher nicht einzuordnen, da noch die Erfahrung hinsichtlich des Zusammenhangs von digitalen Strukturen und Abläufen und dem Erfolg fehlt. Gleichzeitig wird der digitale Markt beherrscht von wenigen übergroßen internationalen Konzernen. Diese nutzen Technologien und Organisationen, die für kleine und mittlere Unternehmen aufgrund ihrer geringen Größe nicht sinnvoll sind. Ein Benchmarking ist unter diesen Bedingungen nicht zulässig. Was dem strategischen Controlling helfen würde, ist ein Benchmarking von zwei Unternehmen, die sich beide im Transformationsprozess befinden.

Beispiele:

Das zeigt auch das Beispiel des Benchmarkings zweier Einzelhändler für Büromaterial. Beide vertreiben das gleiche Produktprogramm, der eine hat seinen Sitz in Süddeutschland, der andere im Norden. Beide haben im Einkauf bereits zusammengearbeitet und offen ihre Daten ausgetauscht, da sich die Kundenregionen bisher kaum überschnitten. Auch haben beide Unternehmen inzwischen neben den stationären Geschäften einen digitalen Vertrieb aufgebaut. Das Unternehmen in Norddeutschland entwickelt sich seitdem aber wesentlich besser als das in Süddeutschland.

Beide Unternehmen sind daran interessiert, die Gründe dafür kennenzulernen. Im Süden soll versucht werden, die besseren Strukturen des Unternehmens im Norden zu übernehmen, soweit sie erkennbar werden. Das Benchmarking konzentriert sich nach ersten Gesprächen, in denen viele Ursachen ausgeschlossen werden können, auf die digitalen Aspekte des Geschäftes. Das Controlling kann die folgenden Inhalte ermitteln:

Unternehmen	Süd	Nord
Anteil des Umsatzes der Produkte, die über Abläufe in Industrie 4.0 von Lieferanten bezogen werden	10 %	50 %
Anteil des Umsatzes über digitale Vertriebswege am Gesamtumsatz	30 %	70 %
Ausgaben für digitales Marketing in Prozent zum Gesamtumsatz	4 %	14 %
Anzahl Tage Mitarbeiterschulung zu digitalen Themen im letzten Jahr	0	61 Tage
Logistik des Warenversandes für digitale Verkäufe	Eigene Mitarbeiter im Zentrallager erledigen Aufgabe mit.	Outsourcing an Dienstleister mit Verarbeitungsgarantie
Profitabilität der Umsätze in digitalem Vertriebsweg in % vom Umsatz	4 %	3 %

Tab. 37: Benchmarking digitaler Vertriebsweg

Obwohl der Händler in Süddeutschland eine höhere Umsatzrendite für digitale Umsätze aufweist, ist der absolute Betrag und vor allem die Umsatzentwicklung negativ. Das Vorbild im Norden gewinnt dagegen im Umsatz, aber auch im absoluten Gewinn. Im Benchmarking zeigt sich, dass der Händler im Norden in allen Punkten der Digitalisierung konsequenter investiert und damit bessere Ergebnisse einfährt. Die Strategie im süddeutschen Beispielunternehmen wird aus diesem Grund strategisch auf den Ausbau von Industrie 4.0, auf digitales Marketing und auf den Aufbau von digitalem Know-how bei den Mitarbeitern ausgerichtet.

Ein Erfolg der Strategie konnte leider nicht mehr festgestellt werden. Aufgrund der steigenden Digitalisierung konnte die regionale Trennung der Kunden nicht mehr aufrechterhalten werden. Die Unternehmen wurden zu echten Konkurrenten auf dem digitalen Markt. Die Bereitschaft, auch sensible Daten auszutauschen, ist bei beiden nicht mehr vorhanden.

Ein weiteres Beispiel zeigt eine spezielle Form des Benchmarkings, das zu einer sehr sensiblen Vorgehensweise zwingt: Das Controlling soll gemeinsam mit dem Personalchef die Mitarbeiter im Außendienst an einem besonders erfolgreichen Kollegen messen. Ziel ist es, die Erfolgsfaktoren des Mitarbeiters zu ermitteln und diese für die weitere Entwicklung vorhandener und für die Auswahl neuer Außendienstler zu benutzen, also damit die strategische Personalentwicklung steuern.

Es geht um beratungsbedürftige Verbrauchsprodukte, die im Handwerk über 60 Außendienstmitarbeiter verkauft werden. Die sehr traditionelle Kundschaft bestellt bei Bedarf telefonisch und auch immer öfter digital, wird aber regelmäßig von den Verkäufern besucht, beraten und in der Anwendung der Produkte geschult. In den Gesprächen mit dem Starverkäufer und einigen Kollegen wurde die folgende Tabelle mit den Erfolgsfaktoren aufgebaut und mit Daten aus dem Personalwesen gefüllt.

Faktor	Zielperson	Durchschnitt	Strategie
Alter	51 Jahre	30 Jahre	Durch Einstellung älterer Mitarbeiter Erfahrung und Seriosität steigern.
Ausbildung	Meister im Handwerk	10 % Meister 24 % Geselle 33 % Verkäufer 33 % andere	Voraussetzung für Vertriebsaufgabe ist Meister im entsprechenden Handwerk
Fähigkeiten	Verkaufstechnik Technisches Verständnis Organisationstalent	100 % Verkaufstechnik 43 % technisches Verständnis 57 % Organisationstalent 76 % sportlich 87 % Rhetorik	Förderung der technischen und organisatorischen Fähigkeiten durch individuelle Schulungsmaßnahmen

Faktor	Zielperson	Durchschnitt	Strategie
Erfahrung	Arbeit im Handwerk Verkauf für Konkurrenz Langjährig im Unternehmen	70 % Arbeit im Handwerk 10 % Verkauf für Konkurrenz 60 % keine Erfahrung in Branche	Branchenerfahrung stärken Mitarbeiter langjährig halten
Auftreten	Sichere Argumentation Zuverlässigkeit handwerkliche Kleidung	eher vorsichtig konfliktscheu legere Kleidung	Schulungsmaßnahmen zu Auftreten Kleidungsvorschrift, Stellung von Arbeitskleidung
Abstammung	aus der Region der Kunden	5 % aus der Region der Kunden 50 % aus benachbarter Region 45 % ohne Zuordnung	regionsnahe Bewerber bevorzugen wohnortnaher Einsatz der Verkäufer

Tab. 38: Benchmarks Starverkäufer mit Maßnahmen

Hinweis: Mitbestimmung

Bei diesem Beispiel des Benchmarkings von Verkäufern geht es um sehr sensible Themen. Da Mitarbeiter beurteilt werden, ist eine Mitbestimmung der Personalvertretung notwendig. Wenn es zu Freisetzung von Mitarbeitern mit Bezug auf das Benchmarking kommt, wird es Probleme mit der Durchsetzung der Kündigungen am Arbeitsgericht geben. Auch wenn geplant ist, die Veränderungen über die normale Fluktuation zu erreichen, muss der Betriebsrat beteiligt werden.

Grundsätzlich sind bereits üblicherweise vorhandene Überlegungen zur Personalstrategie mit dem Benchmarking vergleichbar. Wenn z. B. in der Buchhaltung die Digitalisierung vorangetrieben werden soll, werden Mitarbeiter ohne Eignung für digitale Abläufe ausgetauscht werden müssen. Der Vergleich mit dem optimalen Zustand erfolgt grundsätzlich im Hintergrund aller Personalüberlegungen. Das Benchmarking systematisiert diese und schafft so doppelte Sicherheit. Zum einen wird dadurch kein Mitarbeiter schlecht eingeordnet, weil besondere Kriterien vergessen werden. Zum anderen erhält der Personalverantwortliche die Sicherheit, in der Systematik auch alle Gesichtspunkte berücksichtigt zu haben.

8.2.5   Szenarioanalyse

In der Natur einer strategischen Planung liegt die Gewissheit, dass die getroffenen Annahmen mit einer großen Unsicherheit verbunden sind. Letztlich entscheidet sich das Unternehmen für ein einziges von mehreren möglichen Szenarien. Aufgabe des strategischen Controllings ist es, bei der Wahl des Szenarios zu unterstützen. Dafür werden in der Szenarioanalyse mehrere mögliche Entwicklungen berechnet und den Entscheidungen bei der Strategiefindung zugrunde gelegt.

Systematik

Nur bei einer sehr einfachen Struktur des strategisch geplanten Objektes ist es möglich, alle denkbaren Entwicklungen zu berechnen und darzustellen. Dazu darf das Ergebnis der Planung von maximal einem Parameter abhängig sein, also eine eher unrealistische Annahme. Die Abhängigkeit von vielen Parametern macht eine Analyse aller Szenarios unrealistisch, da es davon unendlich viele zu geben scheint. Es muss also eine Auswahl der Möglichkeiten geben, die im Controlling berechnet werden sollen.

Die Szenario-Analyse muss systematisch durchgeführt werden. Dazu sind die folgenden Schritte notwendig:

- Als Erstes wird der Untersuchungsgegenstand, z. B. das Jahresergebnis des Unternehmens, definiert.
- Die Abhängigkeiten des Planungsergebnisses von verschiedenen Parametern werden untersucht und in der Planung berücksichtigt. Dies deckt sich mit jeder strategischen Planung.
- Die Parameter mit Einfluss auf das Planungsergebnis, die sehr genau geschätzt werden können oder aber die nur einen geringen Einfluss haben, werden identifiziert. Deren Entwicklung wird für den Planungszeitraum geschätzt und fixiert. Eine Veränderung während der Szenario-Analyse gibt es nicht mehr.

!   Hinweis: Anzahl der Parameter

Theoretisch können in der Szenario-Analyse sehr viele Parameter mit variierenden Annahmen über die Entwicklung in der Berechnung berücksichtigt werden. Praktisch ist die Anzahl der dabei entstehenden Ergebnisse zu groß, um sie alle in die Entscheidung für eine Strategie einfließen zu lassen. Das Controlling müsste dann mit mathematischen und statistischen Methoden eine Verdichtung vornehmen, was wiederum zu einem Informationsverlust führt. Der soll aber gerade durch die Szenario-Analyse vermieden werden. Darum wird der Controller immer darauf drängen, die Anzahl der zu variierenden Parameter in einer Analyse überschaubar zu halten.

- Für die übrigen Parameter, die also signifikant und schwer zu schätzen sind, wird ein Set von möglichen Planwerten festgelegt. Auch hier könnten theoretisch wieder unzählige Werte (z. B. in Form einer linearen Gleichung) verwendet werden. Das würde aber wieder zu einer riesigen Anzahl von möglichen Ergebnissen führen. Die einzelnen Werte sollten daher systematisch ermittelt werden. Die Gründe für die Wahl genau dieses Wertes müssen angegeben werden, damit die Vorgabe an das Controlling nicht wahllos erfolgt.

Beispiel: Grad der Digitalisierung

Um die Verschiebung des Absatzes von traditionellen Märkten hin zu digitalen Märkten beurteilen zu können, muss der Parameter der Digitalisierung der potenziellen Kunden eingeschätzt werden. Je mehr Kunden digital einkaufen können, desto höher ist der Absatz über digitale Vertriebswege. Aktuell verfügen 50 % der Kunden über die technische Möglichkeit, den Onlineshop zu besuchen. Im Vertrieb wird eine Steigerung in den nächsten 5 Jahren auf 90 % angenommen. Mit einer Wahrscheinlichkeit von 20 % wird erwartet, dass nur 80 % erreicht werden, weil weitere Datenschutzprobleme die Versorgung der Zielgruppe mit Endgeräten verlangsamt. 10 % Wahrscheinlichkeit bleiben für einen Steigerungswert von 95 %, wenn die technische Entwicklung die Bedienbarkeit der Geräte stärker vereinfacht als bisher angenommen. Der bisher angenommene Versorgungsgrad von 90 % hat also nur eine Wahrscheinlichkeit von 70 %.

- Für die vorgegebenen möglichen Parameterwerte werden im Controlling die zu erwartenden Ergebnisse berechnet.
- Rechnerisch können alle Ergebnisse aufbereitet und z. B. in einer Liste präsentiert werden. Die grafische Darstellung erlaubt ein besseres Verständnis der Einflüsse ungewisser Annahmen auf das Planungsergebnis, kann aber sinnvoll nur die gleichzeitige Veränderung von zwei Parametern berücksichtigen. Wenn mehrere Grafiken kombiniert werden, können auch drei Parameter grafisch dargestellt werden. Dazu mehr im nächsten Beispiel.

Die Szenario-Analyse kann im strategischen Controlling auch auf Teilbereiche im Unternehmen angewendet werden. So muss z. B. der Vertriebsleiter eine Prognose der Entwicklung des Marktanteils über 5 Jahre abgeben, die dann in die strategischen Überlegungen des Gesamtunternehmens einfließen. Um seine Prognose zu bestimmen, können mehrere Szenarios durchgespielt werden, was in der Regel vom Vertriebsleiter unbewusst vollzogen wird. Hilft der Controller mit einer systematischen Analyse, gewinnt der Planende Sicherheit, die Ergebnisse werden besser.

Beispiel:

Ausgangspunkt des folgenden Praxisbeispiels ist ein Unternehmen, das Produkte für die Zielgruppe der Senioren herstellt. Der Vertrieb erfolgt traditionell über den Einzelhandel, seit einigen Jahren aber auch mit steigendem Anteil über einen eigenen Onlineshop. Dabei ist der erwirtschaftete Deckungsbeitrag im digitalen Vertriebsweg deutlich höher als im traditionellen.

Aktueller Stand				
Vertriebsweg		Einzelhandel	Onlineshop	Gesamt
Umsatz	TEUR	7.500	4.800	12.300
Deckungsbeitrag	% vom Umsatz	15,0 %	25,0 %	18,9 %
Deckungsbeitrag	TEUR	1.125	1.200	2.325
Gemeinkosten	TEUR			1.540
Ergebnis	TEUR			785

Tab. 39: Ausgangssituation der strategischen Planung

Die Unternehmensleitung ist sich sicher, die Höhe der Gemeinkosten über die kommenden 5 Jahre stabil halten zu können. Kostensteigerungen werden durch die Rationalisierung aufgrund der Umwandlung in digitale Abläufe aufgefangen. Bestimmend für den Unternehmenserfolg ist also die Verteilung des Umsatzes, der laut Vertriebsleitung in Summe ebenfalls stabil bleiben wird, falls das Budget für digitales Marketing entsprechend dem Zuwachs der Umsätze im digitalen Vertriebsweg wächst. Sollte es weniger wachsen, sinkt der Gesamtumsatz, wächst er mehr, steigt der Gesamtumsatz.

Die Strategie soll festlegen, in den kommenden 5 Jahren möglichst komplett auf das digitale Geschäftsmodell umzustellen. Die Verteilung des Umsatzes zwischen analogem und digitalem Vertrieb ist abhängig von zwei Parametern: der Erfahrung der Zielgruppe mit der Digitalisierung und der Entwicklung seniorengerechter Endgeräte. Die Annahmen über diese beiden Parameter sind nur sehr schwer zu treffen. Daher sollen sie in einer Szenario-Analyse betrachtet werden.

Digitaler Umsatz nach 5 Jahren in TEUR		Erfahrung der Zielgruppe mit Digitalisierung			
		70 %	80 %	90 %	100 %
seniorengerechte Endgeräte	wenig	6.500	7.200	7.900	8.500
	steigend	6.700	8.400	9.400	10.100
	hoch	6.900	8.600	10.200	12.300
	optimal	7.100	9.600	12.300	12.300

Tab. 40: Einfluss der Parameter auf digitalen Umsatz

Die Entwicklung seniorengerechter Endgeräte wird unter dem Gesichtspunkt der steigenden Zahl potenzieller Nutzer und der oft fehlenden Akzeptanz in vier mögliche Werte eingeteilt, die eine vergleichbare Wahrscheinlichkeit erhalten. Die Erfahrung der Zielgruppe mit dem digitalen Einkauf steigt von Jahr zu Jahr, da mit der Zeit die Generationen alt werden, die mit digitaler Technik aufgewachsen sind. Die daraus resultierenden digitalen Umsätze werden in langen Gesprächen zwischen den Mitarbeitern im Vertrieb und mit dem Controlling festgelegt.

Unter der oben gegebenen Prämisse, dass sowohl der Gesamtumsatz als auch die Gemeinkosten unverändert bleiben, ergibt sich aus der Plantabelle die Abhängigkeit des Unternehmensergebnisses von der Entwicklung der Parameter Erfahrung und Endgeräte. Diese ist in der folgenden Tabelle abgebildet.

Ergebnis nach 5 Jahren in TEUR		Erfahrung der Zielgruppe mit Digitalisierung			
		70%	80%	90%	100%
seniorenge-rechte End-geräte	wenig	955	1.025	1.095	1.155
	steigend	975	1.145	1.245	1.315
	hoch	995	1.165	1.325	1.535
	optimal	1.015	1.265	1.535	1.535

Tab. 41: Einfluss der Parameter auf Ergebnis

In einer Grafik sieht die Szenario-Analyse wie folgt aus:

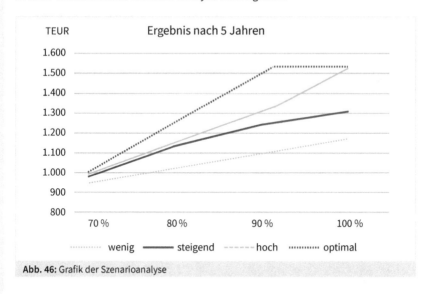

Abb. 46: Grafik der Szenarioanalyse

Der Vertriebsleiter hat in den Planungsrunden angedeutet, dass die Veränderung der Ausgaben für digitales Marketing einen Einfluss auf das Planergebnis haben könnte. Dahinter steckt die Überlegung, dass zukünftig für das digitale Marketing mehr ausgegeben wird als für das analoge. Entwickeln sich die Ausgaben relativ zur Umsatzentwicklung, bleibt es bei der obigen Planung, wird gespart, sieht der Vertriebsleiter ein Risiko, wird mehr ausgegeben, könnte auch mehr Umsatz erzielt werden. Dieser Parameter kann nicht in die zweidimensionale Grafik integriert werden. Wenn es die Anzahl der möglichen Variationen erlaubt, könnte der Controller jedoch für jede der Möglichkeiten eine eigene Grafik erstellen.

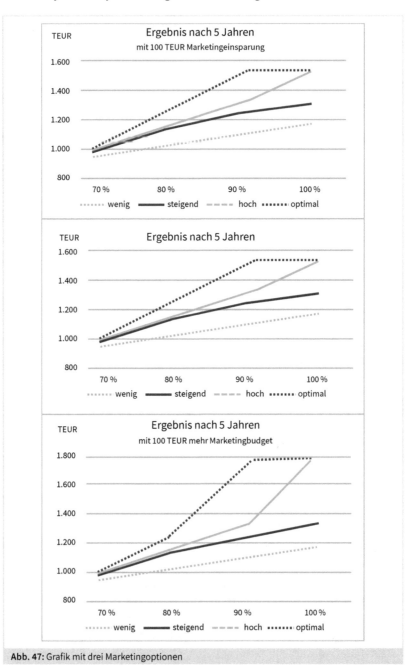

Abb. 47: Grafik mit drei Marketingoptionen

Im Beispiel ergibt dies drei Grafiken mit einem um 100 TEUR reduzierten Marketing-budget, mit einem relativen unveränderten Budget und mit einem Budget, das um 100 TEUR erweitert wird. Der Vergleich zeigt, dass der Mehraufwand für das Marketing in den Szenarien mit hohem Erfahrungsgrad und guten Endgeräten für Senioren ein signifikantes Mehrergebnis erzielt. Als Ergebnis wird ein Szenario als Grundlage für die strategische Planung gewählt, das von hoher Eignung der Endgeräte für Senioren ausgeht und einer mindestens 90 %igen Erfahrung der Zielgruppe mit digitalen Medien. Außerdem wird das Budget für digitales Marketing um 100 TEUR erhöht.

Hinweis: Vergleichbarkeit ermöglichen

Wenn im Controlling mehrere Grafiken für die Szenario-Analyse erstellt werden, muss unbedingt auf eine Vergleichbarkeit der Darstellungen geachtet werden. Wichtig ist vor allem die Wahl gleicher Skalen. Diese verändern sich in modernen digitalen Anwendungen gerne automatisch mit Maximal- und Minimalwerten. Wenn der Abbildungsmaßstab nicht für alle gleich ist, kommt es zu einer falschen Interpretation, da die grafische Darstellung vor allem eine einfache Einordnung der Werte ermöglichen soll.

8.2.6 Risikoanalyse

Mit der Szenario-Analyse versucht das Controlling, die Ungewissheit der langfristigen Strategieplanung zu berücksichtigen. Dabei muss es sich auf die Fälle konzentrieren, die einen signifikanten Einfluss auf das Unternehmensergebnis haben. Diese herauszufinden ist nicht einfach, da in die Findung sehr viel subjektive Einschätzung einfließt. Mit der Risikoanalyse gibt es ein Instrument, mit dem die zu erwartenden Einflüsse interner und externer Entwicklungen auf das Planergebnis systematisch festgestellt werden können.

Hinweis: Grundsätzliches Werkzeug, speziell eingesetzt

Die Risikoanalyse ist ein Werkzeug, das im Unternehmen an vielen Stellen eingesetzt wird. So können Risiken in der Produktentwicklung analysiert oder die Zusammenarbeit mit einem neuen Lieferanten untersucht werden. Für die Strategie des Unternehmens ist eine Analyse der drohenden Risiken besonders wichtig, da die Langfristplanung den Rahmen für alle weiteren Unternehmensaktivitäten der nächsten Jahre bildet. Ein hier enthaltener Fehler kann schwerwiegende Auswirkungen auf den Erfolg des Unternehmens haben. Daher muss eine systematische Risikoanalyse im strategischen Controlling die subjektive Einschätzung ersetzen.

Systematik

Bei der Risikoanalyse ist ein Faktor für den Erfolg, dass tatsächlich alle möglichen Risiken erkannt werden. Nur dann liegt zumindest eine Möglichkeit vor, die Strategie mit hoher Wahrscheinlichkeit erfolgreich umzusetzen. Die Risikoanalyse erfolgt in drei Schritten:

- Im ersten Schritt werden die Risiken, die die Strategie bedrohen, beschrieben. Dazu ist eine Zusammenarbeit des Controllings mit den Fachbereichen notwendig. In die Liste der Risiken sollten alle drohenden Gefahren eingetragen werden, unabhängig von der Höhe der Eintrittswahrscheinlichkeit oder der möglichen Stärke der Auswirkung. Dadurch wird sichergestellt, dass auch geringe Risiken nicht übersehen werden und deren Entwicklung in der Zukunft beobachtet wird. Es ist sinnvoll, eine Unterscheidung in interne und externe Risiken vorzunehmen. Auf extern begründete Risiken hat das Unternehmen meist keinen Einfluss, es muss auf die Entwicklung reagieren. Interne Risiken können durch geeignete Maßnahmen bereits in der Entstehung beeinflusst werden. Informationen dazu kommen oft aus anderen als den planenden Unternehmensbereichen.

Beispiel: Fertigung warnt Vertrieb

Der Vertrieb plant eine wesentliche Absatzsteigerung für ein Produkt, indem der Onlineverkauf intensiviert wird. Risiken wie IT-Technik, digitales Marketing und Logistik werden erkannt. Die Fertigung warnt darüber hinaus davor, dass der starke Anstieg zu Problemen in der Produktion führen kann. Die Kapazität der Maschinen wird bis zur Grenze ausgelastet, es kann zu Ausfällen und Qualitätsproblemen kommen. Dieses interne Risiko hatte der verantwortliche Vertriebsplaner nicht gesehen.

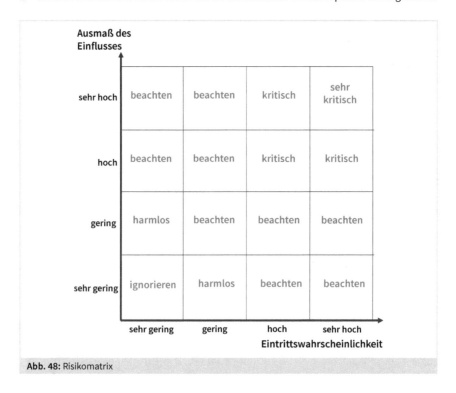

Abb. 48: Risikomatrix

- Im zweiten Schritt werden die Risiken bewertet. Es wird festgestellt, mit welcher Wahrscheinlichkeit diese erwartet werden und welches Ausmaß die Störung haben wird. Erst jetzt können Risiken mit geringer Erwartung und geringem Ausmaß ausgesondert werden. Für die Analyse der Risikoeinflüsse auf die Unternehmensstrategie kann die Portfoliotechnik angewandt werden. In die Matrix werden die Abhängigkeit von der Eintrittswahrscheinlichkeit und das Ausmaß des Einflusses von Risiken eingetragen.

  Der Ort der Positionierung des Risikos gibt an, wie damit im Rahmen der Strategiefindung weiter umgegangen werden soll. Ein Risiko im Feld »sehr kritisch« muss auf jeden Fall Berücksichtigung finden, da es mit hoher Wahrscheinlichkeit eintritt und dann einen hohen Schaden anrichten kann.

Hinweis: Zahlen verwenden   !

Um den Vorgang weiter zu objektivieren, können beide Achsen anstelle von verbalen Beschreibungen mit Zahlen wie »Eintrittswahrscheinlichkeit 90 %« versehen werden. Das verlagert die Zuordnung zwar einen Schritt zurück hin zur Subjektivität. Es hilft demjenigen, der die Einschätzung machen muss, aber erheblich. Dabei sind dann Werte möglich wie »< 10 %«, »10 % – 50 %« usw. Ein Risiko mit einer Eintrittswahrscheinlichkeit von 100 % wird zur Tatsache, die nicht vermieden werden kann. Auch darauf muss das Unternehmen mit Maßnahmen reagieren.

Mit dieser Matrix wird die Erfahrung der verantwortlichen Planer, die meist nur ungenau erklärt werden kann, zu einer berechenbaren Größe. Das Controlling kann im Rahmen der strategischen Planung die berücksichtigten Risiken darstellen und für die Überwachung und Prüfung festhalten.

- Der dritte Schritt der Risikoanalyse beschäftigt sich mit der Reaktion des Unternehmens. Im Normalfall wird versucht, Risiken zu minimieren. Wenn sie nicht vermeidbar sind, muss sich das Unternehmens darauf vorbereiten. Dazu werden im Risikomanagement Maßnahmen entwickelt, die die Risiken reduzieren oder deren Auswirkungen verringern. Sie werden erst dann aktiviert, wenn das Risiko erkennbar eintritt. In der strategischen Planung müssen diese Maßnahmen bereits einbezogen werden, die Kosten und Erfolge werden in die Ziele eingeplant. Gibt es keine wirksamen Maßnahmen, muss die strategische Planung geändert werden.

Beispiel: Verbleib im analogen Geschäftsmodell

Eine Strategie kann durchaus vorsehen, dass das Unternehmen nicht an der Digitalisierung teilnimmt, also im analogen Geschäftsmodell bleibt. Die Risikoanalyse wird in diesem Fall z. B. ergeben, dass mit einer Wahrscheinlichkeit von über 90 % in fünf Jahren der Markt des Unternehmens nur noch in der digitalen Welt vorhanden sein wird. Ein Umsatz würde dann vollständig entfallen. Gegen dieses externe Risiko kann das Unternehmen nichts unternehmen, es muss die Strategie verändern oder das Geschäft aufgeben.

Digitale Geschäftsmodelle befinden sich in einer Umwelt, die sich, wie bereits mehrfach beschrieben, sehr rasch und oft unerwartet verändert. Das führt zu ständig wechselnden Risiken. Hinzu kommt, dass gerade Unternehmen in der sensiblen Phase der Transformation von der analogen in die digitale Welt über wenig Erfahrung zur langfristigen Entwicklung digitaler Strukturen verfügen. Ein Risikomanagement ist in dieser Situation besonders wichtig. Dies gilt auch für das strategische Controlling: Die Entwicklung einer erfolgreichen Strategie im digitalen Geschäftsmodell ist nicht einfach und erfordert daher unbedingt eine systematische Risikoanalyse.

> **Hinweis: Chancen sind auch Risiken**
>
> Digitale Geschäftsmodelle haben mehr Chancen als Risiken. Doch das größte Risiko besteht darin, diese Chancen zu übersehen. Um eine Chancenanalyse entsprechend der Risikoanalyse durchzuführen, können die gleichen Strukturen verwendet werden. Wer für jede Chance, die sich dem Unternehmen bietet, das Risiko, diese zu übersehen, untersucht, kann die beschriebenen Risikoanalyse dafür einsetzen. Das Controlling kann so feststellen, ob in der Strategie auch die Chancenseite lückenlos berücksichtigt ist.

Praxisbeispiel:

Die Strategie des Unternehmens, das Produkte für Senioren heute noch zum großen Teil über den stationären Fachhandel verkauft, sieht die vollständige Aufgabe des analogen Vertriebsweges zugunsten des digitalen Verkaufs in den nächsten fünf Jahren vor. Damit verbunden ist ein wesentlicher Umbau der internen Strukturen, nicht nur im Vertrieb. Das Controlling führt vor der endgültigen Verabschiedung und Veröffentlichung der Strategie gemeinsam mit den verantwortlichen Planern der Fachbereiche eine Risikoanalyse durch.

Zunächst werden die wesentlichen Risiken für das Vorhaben gesammelt:
- Die Zielgruppe der Senioren muss sich laut Strategie weiter dem digitalen Einkauf öffnen. Dazu gehören Erfahrungen mit der Digitalisierung und seniorengerechte Endgeräte, die einen digitalen Zugriff problemlos ermöglichen. IT und Verkauf sehen das Risiko, dass diese Einschätzung am Markt nicht im geplanten und notwendigen Umfang vollzogen wird, so dass eine hundertprozentige Verlagerung der Verkaufsaktivitäten in das Internet zu Verlusten führt.
- Der Rückzug aus dem stationären Geschäft hinterlässt zumindest zeitweise eine Lücke, die von den Einzelhändlern durch Konkurrenzprodukte gefüllt werden wird. Dadurch kann Umsatz verloren gehen.
- Das im digitalen Geschäftsmodell unverzichtbare digitale Marketing ist einkalkuliert. Der bereits eingestellte Fachmann für das digitale Marketing weist

auf das Risiko hin, dass hier nicht ausreichend Daten zur Verfügung stehen. Grund dafür ist die größere Zurückhaltung älterer Menschen bei der Freigabe ihrer personenbezogenen Daten für das Marketing.

- Die Abhängigkeit von der digitalen Technik ist bei einer vollständigen Verlagerung in das digitale Geschäftsmodell hoch. Ein Ausfall des Netzwerkes, auch nur für begrenzte Zeit, wird Umsatz kosten.

- Für den digitalen Verkauf im eigenen Onlineshop sind nicht nur im Marketing zusätzliche Mitarbeiter notwendig. Diese zu finden, ist bereits heute schwer. Das Risiko besteht, dass nicht ausreichend schnell das benötigte Know-how eingekauft werden kann. Die Pläne können dann nicht vollständig umgesetzt werden.

- Eine funktionierende Logistik ist ebenfalls Voraussetzung für die erfolgreiche Umsetzung der Strategie. Die Zusammenarbeit mit einem Dienstleister ist geplant. In dieser Branche gibt es immer wieder Diskussionen um die schlechten Arbeitsbedingungen für die Auslieferungsfahrer. Das könnte, wie beispielsweise in der Fleischindustrie, zu Skandalen führen und gesetzliche Verschärfungen zur Folge haben. Das wiederum würde bedeuten, dass sich die Kosten für die Logistik im digitalen Geschäftsmodell so weit erhöhen, dass diese nicht mehr an die digitalen Kunden weitergegeben werden können.

Bei den Risiken selbst gibt es eine allgemeine Übereinstimmung, die Auswirkungen und die Eintrittswahrscheinlichkeiten werden allerdings lange diskutiert. Die folgende Aufstellung zeigt für dieses Beispiel die Risiken einer digitalen Strategie, wobei der Controller aus zusätzlichen Kosten und fehlenden Umsätzen die Ertragsverluste errechnet hat:

Nr.	Risiko	Eintrittswahr-scheinlichkeit in Prozent	Ertragsverlust in TEUR
1	Fehlende Digitalisierung der Zielgruppe	30 %	250 TEUR
2	Analoge Konkurrenz füllt Lücke	80 %	20 TEUR
3	Fehlende Marketingdaten	25 %	150 TEUR
4	Ausfall Netzwerk	2 %	500 TEUR
5	Fehlende Mitarbeiter	40 %	150 TEUR
6	Steigende Logistikkosten	50 %	50 TEUR

Tab. 42: Drohende Risiken bei digitaler Strategie

Die oben beschriebene Matrix zur Risikoanalyse wird vom Controlling so verändert, dass anstelle der verbalen Beschreibungen EUR und Prozente angegeben werden. Das erleichtert die Einordnung.

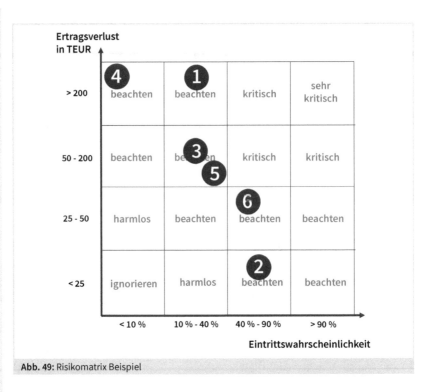

Abb. 49: Risikomatrix Beispiel

Das Ergebnis zeigt Risiken, die zwar alle beachtenswert sind, aber weder harm-los oder zu ignorieren noch kritisch. Das ist ein Zeichen dafür, dass die Strategie wohlbedacht und unter Einbeziehung möglicher Entwicklungen aufgestellt wurde. Dennoch muss auch in diesem Beispiel noch Schritt 3 folgen, bei dem bestimmte Gegenmaßnahmen zu den einzelnen Risiken beschlossen und durchgeführt wer-den. So sollte Geld in die technische Sicherheit investiert werden, die Kosten für das digitale Marketing und für das Personal werden angemessen erhöht. Auf die grundsätzliche Strategie hat das an dieser Stelle jedoch keinen Einfluss.

8.3   Unternehmensstrategie

Nachdem das Controlling die notwendigen Analysen mit den entsprechenden Werk-zeugen durchgeführt hat, ist es an der Zeit, die Unternehmensstrategie für die kom-menden Jahre zu bestimmen. Dabei wird der Inhalt an einer anfangs formulierten Vision und der sich daraus ergebenden Mission ausgerichtet. Steht fest, wohin die Reise gehen soll, muss die zunächst verbal vorliegende inhaltliche Beschreibung mit Werten versehen werden. Diese sind in der Strategie in der Regel allgemein formuliert und daher wenig detailliert zu finden. Für das Tagesgeschäft müssen sie in operati-ve Ziele umdefiniert werden. Damit ist die Arbeit des strategischen Controllings aber noch nicht beendet. Es müssen zudem Kontrollmechanismen erarbeitet werden, mit denen der Weg zum strategischen Ziel überwacht wird.

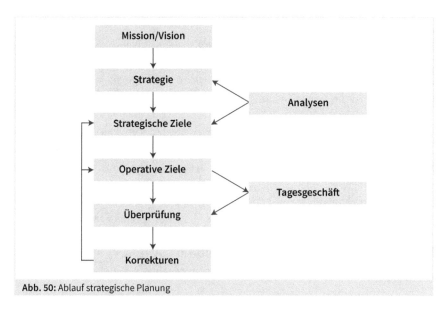

Abb. 50: Ablauf strategische Planung

Eine Strategie gilt langfristig, meist wird ein Zeitraum von fünf Jahren genannt. Dennoch ist auch eine solche Zielsetzung regelmäßig zu prüfen und bei Bedarf anzupassen. Das ist in digitalen Geschäftsmodellen aufgrund der dort vorliegenden Veränderungsgeschwindigkeit der Rahmenbedingungen wesentlich wichtiger als in traditionellen Strukturen. Dies unterstreicht die Wichtigkeit des strategischen Controllings im Aufgabenbereich des Controllers.

8.3.1   Strategie inhaltlich festlegen

In der Mission und der Vision wird plakativ beschrieben, welchen Inhalten und Aufgaben sich das Unternehmens widmen will bzw. welche grundsätzlichen Ziele die unternehmerische Tätigkeit haben soll. Diese Vorgaben werden vor der operativen Umsetzung in der Strategie zunächst als strategische Ziele formuliert. Dazu werden die umfangreichen Analysen aus dem strategischen Controlling verwendet.

- Mission und Vision geben den Rahmen der Strategie vor.
- Die Analysen zeigen die Stärken und Schwächen des Unternehmens auf.
- Die Analysen beschreiben die Chancen und Risiken im Unternehmen und in dessen Umfeld.
- Die Zielvorgaben für die Manager im Unternehmen bestimmen die Richtung der Strategie.
- Mit der Erfahrung der verantwortlichen Planer wird die Strategie formuliert.

- Das Controlling prüft die Strategie auf Wirksamkeit und Umsetzungsfähigkeit.
- Die Strategie wird kommuniziert.

Wer sich an diese wenigen Punkte hält, wird trotzdem viele Möglichkeiten haben, die Unternehmensstrategie zu gestalten und ausführlich mit den Planenden zu diskutieren. Das Controlling wirkt maßgeblich mit, indem es die Analysen durchführt, in der Diskussion um die Gestaltung die Fakten liefert und letztlich die Strategie auf ihre Durchführbarkeit prüft. Das ist in digitalen Geschäftsmodellen nicht anders als in analogen Strukturen.

Die Rolle des Controllings wird in digitalen Geschäftsmodellen aber noch einmal bedeutender, da in den Analysen riesige Datenmengen (Big Data) mit nicht immer eindeutiger Qualität verwendet werden müssen. Bewertung und Verdichtung verlangen einen verantwortungsvollen, professionellen Umgang mit den Analysewerkzeugen und eine entsprechende Interpretation der Ergebnisse. Die Voraussetzungen in der Entwicklung von digitalen Abläufen und in der Rate der Veränderungen sind digital anspruchsvoller als analog. Hinzu kommt, dass die eigentlichen Entscheider beansprucht sind durch ein wesentlich agileres Umfeld der operativen Tätigkeit. Das Controlling wird hier zu einem noch engeren Partner der Fachbereiche.

Nachfolgend finden sich zur besseren Nachvollziehbarkeit einige Auszüge aus Unternehmensstrategien, die erfolgreiche Unternehmen in der Praxis umsetzen:
- Wir wollen in den kommenden fünf Jahren auf allen Märkten der EU-Mitgliedsstaaten Marktführer für unsere Produkte werden, zumindest jedoch als zweitgrößter Anbieter den Markt mitbestimmen. In Deutschland wollen wir die Marktführerschaft behalten und den Marktanteil weiter ausbauen.
- In den nächsten fünf Jahren wollen wir die Kostenführerschaft innerhalb der Anbieter am Markt erreichen. Dazu wird die Zusammenarbeit mit Kunden und Lieferanten über digitale Anwendungen, wie sie Industrie 4.0 bietet, ausgebaut. Die Kostenvorteile werden verwendet, um die Position im Markt zu stärken.
- Bis zum Jahr 20XX haben wir eine Stellung im digitalen Markt erreicht, die durch eine wesentliche Markenbekanntheit geprägt ist. Unsere digitalen Aktivitäten erreichen den größten Teil aller potenziellen Kunden. Der Umsatz wird sich in der Zeit verdoppeln.
- Wir beschäftigen für Fertigung, Verkauf und Verwaltung motivierte Mitarbeiter, die die digitalen Anwendungen professionell nutzen können. Alle Abläufe sind in den kommenden Jahren soweit möglich digital unterstützt, die Arbeitsplätze modern und an die Bedingungen moderner Arbeitsformen wie Homeoffice, Teilzeitarbeit usw. angepasst.
- Wir werden unser Angebot an digitalen Dienstleistungen in der gesamten EU anbieten und wesentliche Marktanteile erobern. Wir nutzen neue technischen Entwicklungen für unseren Service als Erstes und bieten unseren Kunden Leistungen mit höchster Zuverlässigkeit und Sicherheit.

- In den nächsten fünf Jahren werden wir kontinuierlich den Verkauf unserer Produkte über stationäre Einzelhändler ersetzen durch den Verkauf über unseren Onlineshop und andere digitale Vertriebswege. Dadurch wird die Ertragskraft des Unternehmens wesentlich gestärkt.
- Die digitalen Vertriebswege werden kontinuierlich ausgebaut, die traditionellen Vertriebswege werden gleichzeitig weiter gestärkt. Der Marktanteil am Gesamtmarkt wird sich aufgrund der Synergien zwischen digitalem und traditionellem Vertriebsweg um ein Drittel erhöhen.

8.3.2 Werte festlegen

Die Beschreibung der Unternehmensstrategie ist kurz und einprägsam, damit sich die Mitarbeiter mit dieser Strategie identifizieren können. Zahlen sind darin, wenn überhaupt, nur global enthalten. Die Strategie wird nach der verbalen Bestimmung durch weitere Angaben präzisiert, detailliert und für die Umsetzung vorbereitet.

> **Hinweis: Nicht zu operativ werden** !
>
> Die Präzisierung der verbal beschriebenen Strategie darf nicht dazu verführen, operativ zu werden. Die Strategie soll den Verantwortlichen in den Fachbereichen gerade die Möglichkeit bieten, in ihrem Verantwortungsbereich frei zu entscheiden, solange die Strategie befolgt wird. Darum werden in der Präzisierung einige strategische Inhalte detailliert und mit Zahlen versehen. Der operative Einfluss der Unternehmensleitung ist an dieser Stelle weder sinnvoll noch erwünscht. Der Einfluss auf das operative Geschäft durch die Leitung erfolgt durch die Auswahl der verantwortlichen Mitarbeiter und die gemeinsame operative Planung.

Um die Strategie näher zu beschreiben, werden strategische Vorgaben für einzelne Unternehmensbereiche gemacht und mit Werten versehen. Dazu werden die Analysen aus dem strategischen Controlling verwendet.

- Die Analyse der Stärken und Schwächen des Unternehmens führt zu der Implementierung von notwendigen Entwicklungen in der Strategie.
  - Beispiel: Wir wollen den Anteil des Umsatzes auf digitalen Vertriebswegen am Gesamtumsatz verdoppeln, ohne mehr als 30 % des Umsatzes über den traditionellen Vertriebsweg zu verlieren.
- Die Analysen des Absatzmarktes machen deutlich, welche Anstrengungen für weiteren Erfolg notwendig sind.
  - Beispiel: Wir werden schneller wachsen als der Marktführer.
- Die Analyse des Finanzmarktes zwingt dazu, die Eigenfinanzierungskraft zu erhöhen, da die Fremdfinanzierung ausgeschöpft ist.
  - Beispiel: Wir werden in den kommenden fünf Jahren weniger als 70 % der verdienten Abschreibungen in Ersatzinvestitionen investieren. Die so gewonnene Liquidität wird für Investitionen in neue digitale Geschäftsmodelle verwendet.

- Die Analyse der digitalen Technik hat gezeigt, dass in Zukunft viel mehr Kunden über autonome Anwendungen bestellen können, da sich entsprechende Endgeräte schnell entwickeln werden.
  - Beispiel: Wir werden den Anteil der Absätze, die über Industrie 4.0 abgewickelt werden, mehr als verfünffachen.

Als geeignetes Werkzeug, um die notwendige Entwicklung des Unternehmens im Vergleich zu den erfolgreichen Mitbewerbern zu erkennen, haben wir bereits die Profildarstellung kennengelernt (siehe Kapitel 7.2.3). Dort ergeben sich Unterschiede zwischen dem Unternehmen und dem Vergleichswert, häufig von den Marktführern und anderen Vorbildern. Damit wird die Profildarstellung mit einem zweiten Werkzeug, dem Benchmarking, verbunden. Die so erkennbaren Unterschiede sind langfristig, also strategisch, auszugleichen, wenn der Erfolg kopiert werden soll. Diese Analyse wird auch Gap-Analyse, d. h. die Analyse der Unterschiede, genannt.

Beispiel: Ewiger Zweiter

Das Unternehmen in diesem Beispiel ist schon seit vielen Jahren erfolgreich am Markt tätig, allerdings immer etwas weniger erfolgreich als der Marktführer. In der Strategie wird nun festgelegt, dass der Marktführer eingeholt und überholt werden soll. Um festzustellen, was dazu notwendig ist, wurde im Controlling die folgende Gap-Analyse erstellt.

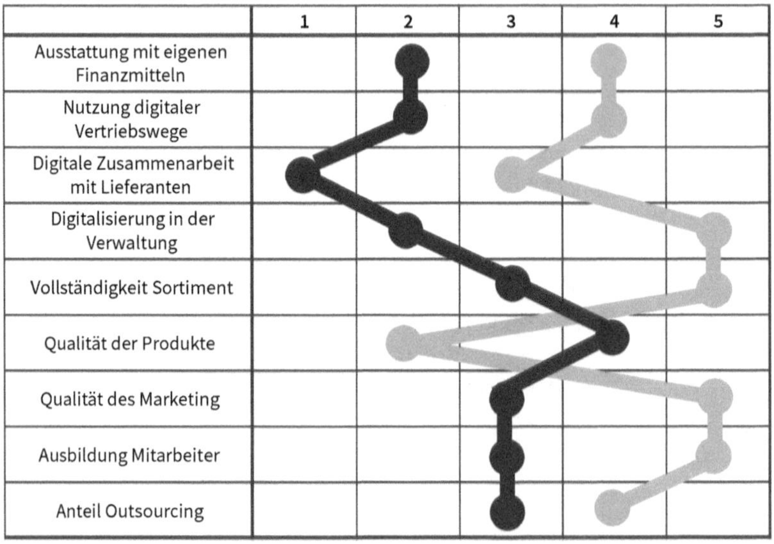

Abb. 51: Gap-Analyse

Es zeigt sich, dass der Marktführer (graue Linie) in allen Punkten bis auf die Produktqualität besser aufgestellt ist als das untersuchte Unternehmen (schwarze Linie). Daraus ergeben sich für alle Punkte strategische Ansätze, die in der Strategie zu formulieren sind:

- Die finanzielle Ausstattung des Unternehmens ist zu verbessern.
- Die Digitalisierung ist in allen Bereichen (Vertrieb, Industrie 4.0, Verwaltung) voranzutreiben.
- Das Sortiment muss vervollständigt werden.
- Die Qualität der Produkte muss der Nachfrage und dem Nutzerbedürfnis angepasst werden.
- Das Marketing muss mehr digitale Elemente nutzen.
- Die Mitarbeiter müssen besser ausgebildet werden.
- Die Chancen des Outsourcings müssen geprüft und genutzt werden.

Nur wenn in all diesen Punkten strategisch eingegriffen wird, kann die Unternehmensstrategie, den Marktführer in fünf Jahren zu überholen, auch realisiert werden.

8.3.3 Von der Strategie zum Tagesgeschäft

Es dürfte nur selten vorkommen, dass die Strategie allein aus einem »weiter so« besteht und das Tagesgeschäft weiter wie bisher betrieben werden kann. In aller Regel enthält die Strategie neue Ziele und verlangt daher eine Reaktion im Unternehmen, damit sie erreicht werden können. Diese Reaktion muss im operativen Geschäft erfolgen, da allein dieses das Geschäft bestimmt. Mit Hilfe der Strategievorgabe für alle operativen Aktionen wird das Unternehmen gesteuert.

Das führt zu zwei unterschiedlichen Betrachtungsweisen der Strategie im operativen Geschäft und gilt sowohl für die Planung der kurz- und mittelfristigen Maßnahmen und Ziele als auch für das Tagesgeschäft selbst:

- Alle operativen Entscheidungen, die von den Mitarbeitern in Ausübung ihrer operativen Tätigkeiten in ihrem Verantwortungsbereich getroffen werden, müssen den strategischen Vorgaben entsprechen. Das gilt sowohl für das aktuelle Tun als auch für die operative Planung.
- Für die Erreichung der strategischen Ziele können operative Aktionen notwendig werden, die sonst im Tagesgeschäft nicht durchgeführt würden. Das kann z. B. die Ausweitung digitaler Kapazitäten oder die Schulung der Mitarbeiter betreffen. Diese Aktivitäten müssen ausgelöst werden.

Der übliche Weg der Operationalisierung von strategischen Zielen läuft über die operative Planung. Die Budgets werden, wie bereits oben im entsprechenden Kapitel beschrieben, mit den strategischen Vorgaben abgeglichen. Nur wenn sie im Ergebnis zur Erfüllung des strategischen Ziels beitragen, werden die operativen Planungen genehmigt. Dabei sind die operativen Ziele äußerst selten identisch mit den strategischen Zielen.

- Die operativen Ziele sind in der Regel auf kleinere Einheiten, z. B. Abteilungen oder Produktgruppen, bezogen, die summiert das Gesamtergebnis ergeben. Jeder Teilbereich trägt mit zur Umsetzung der Strategie bei.
- In den operativen Zielen geht es um einen Planungszeitraum von maximal einem Jahr, und nicht um fünf Jahre wie in der Strategie.

> **!**
>
> **Hinweis: Verteilung der operativen Aktivitäten**
>
> Die strategische Planung umfasst in der Regel einen Zeitraum von fünf Jahren. Wenn dort eine Umsatzsteigerung von 30 % in den fünf Jahren vorgegeben wird, kann dies theoretisch auch im fünften Jahr des Strategiezeitraums erreicht werden. Die ersten vier Jahre bleiben dann einfach unverändert. Diese zunächst bequeme Situation für die Verantwortlichen wird für das Unternehmen gefährlich. Es gibt zwar nicht immer eine kontinuierliche Entwicklung der strategischen Ziele über den Planungszeitraum, aber eine grundsätzliche Entwicklung muss doch sichtbar sein. Das Controlling muss bei der Prüfung der operativen Ziele diesen Tatbestand beachten und auf sich abzeichnende Probleme hinweisen.
> Die operativ Verantwortlichen können ihre kurz- und mittelfristigen operativen Pläne nur dann durchsetzen, wenn sie nachweisen, dass sie das Strategieziel dennoch realistisch erreichen können.

- In operativen Zielen stehen wesentlich mehr und wesentlich detailliertere Zahlen als in den korrespondierenden strategischen Zielen.
- Es gibt eine Vielzahl von operativen Aktivitäten, die erledigt und geplant werden müssen, die keinen direkten Bezug zu einem Strategieziel haben. Sie tragen aber indirekt zur Strategieerreichung bei, sind also unersetzlich.

Beispiel: Transformation ins digitale Geschäftsmodell

Die Strategie sieht vor, dass nach fünf Jahren der größte Teil des Umsatzes auf digitalen Vertriebswegen gemacht wird. Dieses Ziel wird direkt operativ in Teilziele im Vertrieb umgesetzt. Es entstehen darüber hinaus operative Ziele in der IT (Aufbau der digitalen Strukturen), im Personalwesen (Beschaffung der notwendigen Mitarbeiter) und in der Buchhaltung (Schulung zu digitalen Abläufen).

Das Controlling in digitalen Geschäftsmodellen muss eine stetige Abstimmung der Strategie mit den operativen Abläufen und Aktivitäten aller Unternehmensbereiche durchführen, damit bei sich abzeichnenden Schwierigkeiten sowohl operativ als auch strategisch schnell reagiert werden kann.

8.3.4   Strategische Ziele erreichen

In der Praxis wird oft der Aufwand für die Aufstellung einer Unternehmensstrategie verschenkt. Nach der Verabschiedung und Veröffentlichung versinkt die Strategie in den Hintergrund und wird maximal jährlich angepasst. Das verkennt die Aufgabe der Unternehmensstrategie und die Chancen, die darin enthalten sind. Im strategischen Controlling muss dafür gesorgt werden, dass die Entwicklung im Rahmen der Strategie permanent überwacht wird. Gibt es unerwünschte Abweichungen, sind sie durch wirksame Maßnahmen zu korrigieren. Mindestens jährlich muss die Strategie fortgeschrieben werden.

Überwachung

Da die strategischen Ziele nicht immer inhaltlich und wertmäßig in operative Ziele umgesetzt werden können, ist eine eigene Überwachung der Strategieerreichung notwendig. Selbstverständlich gefährden nicht erreichte operative Ziele auch die Strategieumsetzung. Die Strategieziele sind jedoch komplexer und können auch bei gefährdeten operativen Zielen ungefährdet bleiben oder umgekehrt bei erreichten operativen Zielen unsicher werden. In digitalen Geschäftsmodellen besteht die Notwendigkeit, eine Strategie immer wieder an die sich unerwartet veränderten Umfeldbedingungen anzupassen. Daher ist eine eigene Überwachung der Unternehmensentwicklung innerhalb der Strategie notwendig.

- Zur Überwachung werden eigene Parameter gesucht, an denen sich die Strategieentwicklung ablesen lässt. Das können z. B. die Umsätze sein, wenn ein Umsatzziel in der Strategie vorgegeben ist. Die Anzahl der verwendeten Parameter sollte begrenzt sein. Auch in komplexen Strategien sind in der Praxis nicht mehr als zehn Parameter notwendig.
- Für jeden dieser Parameter wird ein Sollwert festgelegt, der an jedem der vorgesehenen Prüfzeitpunkten erreicht sein muss, um die Strategie auch korrekt umzusetzen. Das können im Fall eines Umsatzzieles geplante Mindestumsätze sein.

!   **Hinweis: Korridor festlegen**

Die Planung eines Korridors, in dem sich die Werte der Parameter bewegen müssen, ermöglicht eine differenzierte Beurteilung der Istsituation hinsichtlich der Strategieumsetzung. Befindet sich der Istwert unterhalb des unteren Korridorwertes, ist die Strategie gefährdet, innerhalb des Korridors ist die Umsetzung nicht optimal, aber noch zu akzeptieren und oberhalb des oberen Korridorwertes ist alles in Ordnung. Diese Vorgehensweise ist aufwendiger, da zwei Werte bestimmt werden müssen. Der Aufwand lohnt sich aber, da so Entwicklungen rechtzeitig erkannt und beobachtet werden können.

Beispiel: Strategie im Cloud-Service

Das Beispielunternehmen ist Anbieter von Speicherplatz in der Cloud. Die Nachfrage ist groß, die Technik wird sich weiterentwickeln. Das sind die Annahmen für eine Strategie, die innerhalb der kommenden fünf Jahre eine Verzehnfachung des Speicherplatzes, der den Kunden angeboten werden kann, vorsieht. Die Erweiterung der Kapazitäten soll schrittweise geschehen. Immer dann, wenn das vorhandene Angebot zu 80 % belegt ist, wird neue Kapazität aufgebaut.

Die folgende Tabelle zeigt die beiden Parameter der Strategie jeweils mit einem unteren und einem oberen Wert. Der obere Wert ist der eigentliche Strategiewert, der untere gibt an, welcher Wert noch akzeptabel ist, ohne die Strategie insgesamt zu gefährden. Werden die Kontrollwerte so einfach strukturiert wie hier, ermöglichen sie eine ebenso einfache Überwachung.

Zeitpunkt	Jahr 1				Jahr 2				Jahr 3				Jahr 4				Jahr 5			
	Q1	Q2	Q3	Q4	Q1	Q2	Q3	Q4	Q1	Q2	Q3	Q4	Q1	Q2	Q3	Q4	Q1	Q2	Q3	Q4
Planauslastung unten	70%	80%	40%	60%	80%	53%	80%	60%	80%	64%	80%	67%	80%	69%	80%	70%	80%	71%	80%	72%
Planauslastung oben	80%	40%	60%	80%	53%	80%	60%	80%	64%	80%	67%	80%	69%	80%	70%	80%	71%	80%	72%	80%
Kapazitätsfaktor unten	1,0	1,8	1,8	1,8	2,7	2,7	3,6	3,6	4,5	4,5	5,4	5,4	6,3	6,	7,2	7,2	8,1	8,1	9,0	9,0
Kapazitätsfaktor oben	1,0	2,0	2,0	2,0	3,0	3,0	4,0	4,0	5,0	5,0	6,0	6,0	7,0	7,0	8,0	8,0	9,0	9,0	10,0	10,0

Tab. 43: Parameterentwicklung pro Quartal

- Der Zeitraum, der zwischen den Prüfungen vergehen kann, schwankt stark, abhängig von der Art des Unternehmens und der Strategie. In der Regel ist es ausreichend, die Prüfung der Parameter alle drei Monate durchzuführen. Ist die Strategie sehr komplex und beinhaltet sie einen radikalen Umbau wichtiger Bereiche, dann wird die Prüfung in die monatliche Berichterstattung eingebaut. Auch wenn dort nicht alle Parameter ermittelt werden können oder sich Parameter nicht so schnell verändern, gibt dieser für eine strategische Aufgabe kurze Zeitraum dem Controller Sicherheit hinsichtlich der Strategieumsetzung, die er auch an die Verantwortlichen in den Fachbereichen weitergeben kann.

> **! Hinweis: Autonome Überwachung**
>
> Die Überwachung der relativ wenigen Parameter mit definierten Werten und vorgegebenen Grenzen eignet sich sehr gut für einen autonomen Ablauf. Die Werte werden im normalen Ablauf des operativen Controllings ermittelt und bereitgestellt. Eine autonome Verarbeitung wird durch das strategische Controlling aufgebaut, die eine automatische Prüfung durchführt. Die Ergebnisse werden über vorgegebene Wege berichtet.

Es ist nicht wichtig, die Entwicklung der Parameter, an denen die Umsetzung der Strategie gemessen wird, regelmäßig und an einen großen Empfängerkreis zu berichten. Es ist zunächst ausreichend, die verantwortlichen Manager auf der Führungsebene nur dann zu informieren, wenn es signifikante Abweichungen gibt. Dann aber sollte das Controlling aktiv in das Reporting einsteigen und auf Reaktionen drängen.

Beispiel: Permanente Information

Die Strategie des Anbieters von Speicherplatz in der Cloud beinhaltet einen dramatischen Ausbau der Kapazitäten um den Faktor 10. Dazu hat die Unternehmensleitung mit externen Geldgebern umfangreiche Finanzierungsverträge geschlossen. Da das digitale Umfeld sehr starken Schwankungen unterliegt, möchte die Unternehmensleitung permanent über den Stand der Strategieumsetzung informiert werden. Damit das ohne großen Aufwand für die Manager möglich ist, hat das Controlling eine besondere Anwendung installiert.

Auf allen von den Managern genutzten IT-Geräten (PC, Notebook und Smartphones) wird eine App eingerichtet, die im Hintergrundbild eine Ampel darstellt. Diese zeigt grün, solange die beiden genannten Parameter den oberen Wert erreichen oder überschreiten. Weist einer der beiden Parameter einen Wert zwischen oberer und unterer Grenze auf, schaltet die Ampel auf gelb. Rot wird die Ampel, wenn beide Parameter zwischen den Grenzen liegen oder einer der Parameter den unteren Wert nicht erreicht.

Dadurch wird eine permanente einfache Information der Unternehmensleitung erreicht. Das vermittelt die Sicherheit, bei einer Gefahr für die Strategie schnell reagieren zu können. Zumal können die aktuellen Einzelwerte und die Entwicklung in der Vergangenheit durch einen Klick auf die Ampel abgerufen werden. Das Controlling hat für diese Art der Berichterstattung allerdings die dreimonatlichen Werte durch Tageswerte bei der Auslastung und Monatswerte bei der Kapazität ersetzt.

Maßnahmen

Wenn die Überwachung der Strategieparameter ein gefährliches Unterschreiten der geplanten Werte ergibt und dadurch die Umsetzung der Strategie gefährdet wird, muss das Unternehmen reagieren. Dazu werden im Vorfeld Maßnahmen definiert und dann entsprechend umgesetzt. Da die Durchführung der Maßnahmen wieder operativ erfolgen muss, kann es notwendig sein, die operativen Ziele durch entsprechende Maßnahmen zu unterstützen.

- Bei negativen Abweichungen müssen zunächst die Gründe dafür analysiert werden, da erst dann Maßnahmen beschrieben werden können, die eine negative Entwicklung stoppen oder gar umkehren können. Die Aktivitäten werden gemeinsam zwischen dem Controlling, der Unternehmensleitung und den Fachbereichen vereinbart. Das Controlling bringt dazu die Abhängigkeiten und Zahlen mit, der Fachbereich die Erfahrung in der Umsetzung.
- Sind die Abweichungen zwischen den Sollwerten und der Istsituation positiv, müssen ebenfalls Maßnahmen überlegt werden. So kann eine höhere Auslastung der Clouddienste als geplant kurzfristig positiv für den Umsatz sein, langfristig jedoch durch technische Kapazitätsprobleme der Strategie schaden. Positive Trends können also entweder unterstützt werden, um sie weiter zu nutzen, oder es kann Maßnahmen geben, die positive Entwicklung zu kanalisieren.

  Das Controlling muss zumindest prüfen, welche Auswirkungen die an sich gute Situation hat. Gerade in digitalen Geschäftsmodellen kann die Entwicklung unerwartet schnell verlaufen, überlastet aber die technischen und organisatorischen Strukturen des Unternehmens.
- Selbst dann, wenn es keine großen Abweichungen von den geplanten Parameterwerten gibt, kann es Anlass zu Maßnahmen geben. Das ist z. B. dann der Fall, wenn in der Entwicklung der operativen Ziele negative Tendenzen erkennbar werden. Um dies frühzeitig zu erkennen, benötigt das Controlling eine entsprechende Erfahrung.

Überprüfung der Strategie

Auch Veränderungen im Umfeld des Unternehmens ohne sofortige Auswirkung auf die Strategieparameter führen dazu, dass eine Strategie regelmäßig überprüft werden muss. Besonders bedroht durch nicht erwartete oder unterschätzte externe Entwicklungen, die sich signifikant auf die Unternehmensstrategie auswirken können, sind digitale Geschäftsmodelle. Das Charakteristikum der schnellen Veränderungen in Technik und Nutzung der Digitalisierung haben wir bereits mehrfach angesprochen. Aber auch traditionelle Strukturen können durch Veränderungen der Strategiegrundlagen bedroht werden.

Beispiel: Vielfältige Gründe

Die Möglichkeiten, dass sich Veränderungen in den Grundlagen der Unternehmensstrategie ergeben können, sind unendlich groß. An dieser Stelle nur einige Beispiele, die in der Praxis bereits zum Einsatz eines strategischen Controllings geführt haben:

- Die Energiewende hat die Stromkosten so stark erhöht, dass aufgrund der notwendigen Preiserhöhungen im Markt die Nachfrage zusammengebrochen ist.
- Neben dem Industriegebiet ist ein Wohngebiet entstanden. Befürchtete Beschwerden über Lärm und Geruch machen die Genehmigung der Betriebserweiterung unmöglich.
- Das digitale Marketingkonzept baut auf einer digitalen Plattform auf, die aber nach wenigen Monaten durch Verlust der Nutzer an Bedeutung verloren hat.
- Die für die Nutzung von Industrie 4.0 geplante Zusammenarbeit mit den wichtigsten Lieferanten kommt nicht zustande, da diese aufgrund der Wirtschaftskrise keine Mittel für die notwendigen Investitionen zur Verfügung stellen.
- Die Entscheidungen des EU-Gerichtshofes zum Schutz personenbezogener Daten lässt die Zusammenarbeit mit einem Cloud-Service-Anbieter in den USA nicht mehr zu.
- Der Brexit macht die geplante Ausweitung des Marktanteils im Vereinigten Königreich unprofitabel.
- Einer der Gesellschafter der GmbH hat seine Anteile an einen zweiten Gesellschafter verkauft. Diesem fehlen jetzt die Mittel für die Finanzierung der strategischen Investitionen in die Digitalisierung.
- Die Entwicklung der politischen Diskussion zum Thema Werkverträge macht das Konzept des Einsatzes dieser Beschäftigungsart auch in der Programmerstellung fraglich.
- Die Vermittlung von Ferienunterkünften über eine digitale Plattform wird von den Gerichtsentscheidungen zur Einschränkung dieses Services bedroht.

In vielen Fällen reichen, ähnlich wie bei den Korrekturen operativer Aktivitäten, einfache Maßnahmen, um eine Fehlentwicklung zu stoppen. So kann u. U. etwas mehr Marketing die gewünschte Umsatzsteigerung doch ermöglichen oder das Vorziehen einer Investition in digitale IT-Anwendungen den gewünschten Grad der Digitalisierung bringen. In anderen Fällen muss drastischer gehandelt werden: Die Strategie wird angepasst.

Strategien sind notwendigerweise langfristig, die zugrunde liegenden Annahmen werden mit zunehmendem Bezug auf die Zukunft ungenauer. Daher können sich grundlegende Annahmen, die bei der strategischen Planung zu Beginn nicht richtig waren, ändern. Das ist besonders in digitalen Geschäftsmodellen so, die meist keine fünf Jahre Zeit haben, sich zu entwickeln. Demnach muss das Controlling in digitalen Geschäftsmodellen öfter und mit intensiveren Mitteln die Unternehmensstrategie auf den Prüfstand stellen.

Dafür gibt es neben der bereits genannten Überprüfung der geplanten Parameterwerte mit den Istwerten noch zwei weitere Wege:

- Einmal im Jahr wird die aktuelle Strategie geprüft, möglichst kurz vor der Budgetplanung. Dann können mögliche Änderungen an der Strategie noch in den Budgetvorgaben berücksichtigt werden. Zunächst wird festgestellt, ob die Annahmen der Strategie noch stimmen. Ist der Markt noch so groß wie angenommen? Verhalten sich die Mitbewerber wie unterstellt? Haben sich die angebotenen digitalen Steuerungen so entwickelt, wie es für die Strategieerreichung notwendig ist? Wenn an dieser Stelle ermittelt wird, dass die Strategie nicht mehr realistisch umgesetzt werden kann, muss sie verändert werden. Dann kommt es zu einer erneuten Strategieentwicklung, allerdings mit weniger Aufwand, da viele Inhalte bereits vorhanden sind.

Hinweis: Strategie regelmäßig ergänzen !

Damit das Unternehmen nicht nach Ablauf des ersten Jahres nur noch über eine Strategie mit einer verkürzten Laufzeit verfügt, muss die langfristige Planung ergänzt werden. Nach jeweils spätestens einem Jahr wird die Strategie überarbeitet und um ein Folgejahr ergänzt. So sind immer fünf Jahre (oder eben die individuelle Laufzeit) abgedeckt. Allerdings sollte dabei nicht immer eine komplette Neuausrichtung erfolgen. Kontinuität ist verlangt, d. h., eine neue strategische Ausrichtung auf der bisherigen Strategie aufzubauen, ist der profitabelste Weg. Praktisch ist es, diese Ergänzung mit der Prüfung zu verbinden.

- In der Risikoanalyse hat das Controlling bestimmte Inhalte identifiziert, die das Erreichen der Strategieziele bedrohen können. Für Risiken, die als beachtenswert eingestuft wurden, sollte ein Monitoring eingerichtet werden. Wenn es dort besondere Entwicklungen gibt, erfolgt anlassbezogen eine Alarmierung. Alarmiert werden sollte das Controlling, damit die korrekte Behandlung des Alarms sichergestellt ist. Dort wird geprüft, welche Entwicklung festzustellen ist und ob damit tatsächlich eine Bedrohung der strategischen Ziele vorliegt.

Beispiel: Automatisierte Überwachung

Die Überwachung der Risiken ist nicht immer einfach, da es sich meist um externe Vorgänge handelt, die nicht in Zahlen manifestiert werden, also auch nicht in Grenzen eingeordnet werden können. Daher ist die Suche nach Möglichkeiten, die Alarminformationen autonom auszulösen, eine wichtige Aufgabe. Ein Beispiel dafür ist die Aktivierung von automatischer Benachrichtigung durch Suchmaschinen (z. B. Google Alert). Dort können Stichworte hinterlegt werden, die, wenn sie bei den Suchen auftauchen, zu einer Benachrichtigung des Controllers führen. Da die Inhalte wie eine normale Suchanfrage gestaltet werden können, ist es möglich, die Benachrichtigung z. B. auf den Standort, auf die Branche oder auf ein Produkt zu beschränken.

Unternehmensstrategien sind zwar nicht in Stein gemeißelt, sie sollten jedoch nur dann verändert werden, wenn sich aufgrund der Entwicklung der Parameter und der grundlegenden Annahmen die Notwendigkeit dazu ergibt. Die Weiterentwicklung der Strategie im Zeitablauf erfolgt regelmäßig so, dass Kontinuität erhalten bleibt. Dennoch kommt es vor, dass die Strategie radikal verändert werden muss. Das ist sehr häufig der Fall, wenn ein Unternehmen in die Transformation von traditionellen in digitale Geschäftsmodelle geht. Der Controller steuert diesen Prozess.

8.4 Strategien in digitalen Geschäftsmodellen

Das eigentliche strategische Ziel eines Unternehmens ist es letztlich, Gewinne zu erzielen, oder besser, das von den Geldgebern eingesetzte Kapital angemessen zu verzinsen. Alle strategischen Planungen in traditionellen Unternehmen laufen darauf hinaus. Das gilt in den reinen digitalen Geschäftsmodellen nicht immer. Viele Unternehmen mit neuen digitalen Leistungen haben noch nie einen Gewinn erwirtschaftet, können jedoch Anteilseigner finden, z. B. bei einem Börsengang, die bereit sind, viele Millionen für die Hoffnung auf zukünftige Gewinne zu bezahlen. Das gilt, in kleinerem Maßstab, auch für Start-ups mit digitalem Geschäftsmodell, deren Strategie das Überleben im digitalen Markt und der Aufbau von erfolgversprechenden Strukturen ist. Über Gewinne wird dort noch gar nicht gesprochen und dennoch finden sich ausreichend Geldgeber.

8.4.1 Einfluss auf strategisches Controlling

Für das strategische Controlling macht diese zunächst ungewohnte strategische Ausrichtung keinen Unterschied zur normalen Arbeitsweise. Die langfristigen Ziele sind nur etwas verschoben, die Wege dahin sind vergleichbar. Wesentliche notwendige Anpassungen in der Arbeit des Controllings entstehen durch die bereits mehrfach genannten Entwicklungen speziell in digitalen Geschäftsmodellen. Vor allem die immerfort drohende Veränderung der digitalen Parameter, die große Menge an verfügbaren Daten und die Notwendigkeit zu einer schnellen und manchmal radikalen Reaktion auf neue digitale Entwicklungen beeinflussen das strategische Controlling. Diese veränderten Arbeitsweisen ziehen sich durch alle Aufgaben und Controlling-Abläufe, strategisch und operativ. In der Praxis gibt es für Unternehmen, die sich von traditionellen Strukturen hin zu digitalen Geschäftsmodellen entwickeln, zwei immer wiederkehrende strategische Gründe für diese Transformation:

- Die erste Chance, die viele Unternehmen in digitalen Geschäftsmodellen sehen, ist das Wachstum auf den Absatzmärkten. Zunächst stellen die digitalen Märkte zusätzliche Märkte dar, die es genauso zu erobern gilt wie bisher zusätzliche regionale Märkte. Die Strategie konzentriert sich hier aber nicht auf den Aufbau des Marktes im Nachbarland, sondern auf die Teilhabe im digitalen Markt. Hinzu kommt, dass die digitalen Märkte selbst auch ein Wachstum erfahren, welches die Unternehmen nutzen wollen. Auf der Suche nach Wachstumsmöglichkeiten kommt es also zur Ausweitung der Aktivitäten des Unternehmens in die digitalen Märkte. Dieses Vorhaben muss strategisch geplant und operativ umgesetzt werden.

> **Hinweis: Ausgleich zu schrumpfenden traditionellen Märkten**   !
>
> Es macht grundsätzliche keinen Unterschied in dieser Betrachtung, dass viele Unternehmen durch die Entwicklung ihres Umfelds gezwungen sind, die digitalen Märkte in ihre Strategie einzubeziehen. Wenn die traditionelle Nachfrage aufgrund der Entwicklung digitaler Vertriebswege schrumpft, muss darauf strategisch reagiert werden. Dass diese Reaktion dann auch in der Eroberung der neuen, wachsenden digitalen Märkte besteht, spiegelt sich in der Unternehmensstrategie wider.

- In vielen Unternehmen bietet die Digitalisierung die Chance, ihre Leistungen zu wesentlich günstigeren Kosten zu erbringen. Die Chance zur Kostenführerschaft ist nur noch vorhanden, wenn digitale Geschäftsmodelle konsequent umgesetzt werden. Das beginnt mit der Nutzung digitaler Beschaffungswege und digital gesteuerten Fertigungsanlagen, geht über Industrie 4.0 und der damit verbundenen digitalen Zusammenarbeit über ganze Wertschöpfungsketten hinweg und hört mit der Digitalisierung in der Buchhaltung noch lange nicht auf. Die Grenze zwischen der bloßen Digitalisierung einiger Unternehmensbereiche und dem Einstieg in komplexe digitale Geschäftsmodelle ist fließend. Daher ist eine Definition des strategischen Ziels hinsichtlich der Nutzung digitaler Strukturen notwendig.

Im strategischen Controlling muss es in digitalen Strukturen weniger Veränderungen hinsichtlich der controllingspezifischen Werkzeuge geben. Der Controller muss sich stattdessen mit neuen Parametern, die digitale Strukturen bestimmen, auseinandersetzen. Er muss eigene Strategien entwickeln, wie er mit Big Data und den digitalen Datenquellen umgeht. Und er muss für sich die Haltbarkeit der Unternehmensstrategien neu definieren, um die hohe Entwicklungsgeschwindigkeit in digitalen Geschäftsmodellen zu berücksichtigen.

8.4.2   Einige Beispiele für digitale Strategien

Für den Erfolg der digitalen Strategie ist es notwendig, die Arbeit des strategischen Controllings auf die Digitalität auszurichten. Nur dann ist es möglich, eine Ausrichtung aller Unternehmensbereiche auf die digitalen Inhalte der Strategie korrekt aufzubauen, zu kontrollieren und zu korrigieren. Daher an dieser Stelle einige typische Beispiele digitaler Strategien und der dazugehörigen Ansätze im strategischen Controlling.

Beispiel digitaler Vertriebsweg
Eine erfolgreiche Strategie zur Transformation in ein digitales Geschäftsmodell ist nicht immer ein Garant für das Überleben des Unternehmens, das bisher auf traditionelle Strukturen gesetzt hat:

- Inhalt
  Das Unternehmen kämpfte seit Jahren mit rückläufigen Umsätzen am traditionellen Markt. Diese Tatsache wurde lange überdeckt vom vorgeblichen Erfolg des Marketings, das auf den wachsenden Marktanteil auf dem angestammten Markt verwies. Dies allerdings bedeutete nur, dass es die Mitbewerber noch schlimmer getroffen hatte, da diese auf dem schrumpfenden Markt noch mehr Absatz verloren hatten als das Beispielunternehmen.

> **!   Hinweis: Typische Situation für Verspätung**
>
> Die beschriebene Situation ist durchaus typisch für viele Unternehmen, die sich zu spät den digitalen Vertriebswegen widmen. Auch in diesem Beispiel stellte sich heraus, dass die Mitbewerber schon früher einen Ausgleich auf den digitalen Märkten gesucht und gefunden hatten. Sie hatten den zurückgehenden Markt leichter aufgegeben und nur dadurch waren die Marktanteile des Beispielunternehmens gestiegen. Auf dem digitalen Markt hatten sich die Mitbewerber, wie sich herausstellte, bereits eine sichere Position verschafft.

- Ziele
  Die strategischen Ziele wurden mit der Bedingung formuliert, dass der Absatz auf dem traditionellen Markt in den kommenden Jahren nicht noch weiter zurückgehen sollte. Das strategische Ziel für die Digitalisierung lautete:
  In den nächsten fünf Jahren wird der Absatz über digitale Vertriebswege jeder Art den Umsatz des traditionellen Marktes zum Zeitpunkt der Aufstellung der Strategie mindestens erreichen. Der Marktanteil, gemessen an der Stückzahl der in der EU verkauften Produkte, soll mindestens 15 % betragen.
- Einflussgrößen
  Im strategischen Controlling wurden neben mehreren Kriterien für den Erfolg dieser Strategie zu einem digitalen Geschäftsmodell die folgenden Einflussgrößen als die wichtigsten identifiziert:
  - Digitale Technik: In der Informationsverarbeitung musste in zusätzliche und neue Technik investiert werden. Onlineshops wurden geplant, die Abwicklung

von Zahlungsverkehr, die Auftragsbearbeitung und der Versand mussten digital organisiert werden. Da die digitale Technik eine Voraussetzung für die Eroberung digitaler Märkte ist, mussten die notwendigen Investitionen sofort umgesetzt werden. Insoweit war dieses strategische Ziel eine operative Aufgabe der IT-Abteilung.

- Digitales Marketing: Der bisher für das Unternehmen unbekannte Markt musste systematisch untersucht werden. Dazu wurden Marktanalysen durchgeführt. Diese schafften die Grundlagen für die Marktpositionierung, die Preisfindung und die Sortimente. Darauf aufbauend wurde digitales Marketing betrieben, um die Kunden zum Kauf der Produkte zu bewegen.
- Digitale Produkte: Die Produkte mussten geändert und ergänzt werden, um sie digital verkaufen zu können. Vor allem die Verpackungen wurden optimiert, sie mussten besser für den Versand geeignet sein. Außerdem wurde ihre Gestaltung so verändert, dass die wesentlichen Inhalte gut fotografisch erkannt werden konnten, um die Darstellung im Onlineshop zu verbessern. Ergänzt wurden digitale Datenblätter, Bedienungsanleitungen und Anwendungsbeispiele.

Im strategischen Controlling wurden gemeinsam mit den betroffenen Fachbereichen IT, Marketing und Produktentwicklung strategische Pläne aufgestellt, die eine Entwicklung dieser strategischen Aufgaben innerhalb des vorgegebenen Planungszeitraums möglich machten. Die einzelnen dazu notwendigen Schritte wurden dann in die jeweilige operative Planung übernommen.

- Daten
  In diesem Fall mussten Daten zur Strategiefindung und zu den notwendigen Analysen überwiegend von außen verwendet werden. Da der schnell eingestellte neue Abteilungsleiter Marketing über gute Kontakte zu potenziellen Datenquellen verfügte, konnten die Marktdaten zügig besorgt werden. Die notwendigen technischen Daten für die Informationsverarbeitung und die Anpassung der Produkte zeigten sich als wesentlich weniger kritisch für den Strategieerfolg als angenommen. Sie wurden gemeinsam mit dem Controlling durch die Techniker (IT und Produktentwicklung) gefunden und beschafft.

Bereits nach drei Jahren zeigte sich, dass die Umsetzung der Strategie auf gutem Weg war. Das Unternehmen war auf verschiedenen digitalen Vertriebswegen aktiv, die Absätze dort stiegen. Die Strategie wäre erfolgreich gewesen, sie kam aber letztlich zu spät. Da die Absätze auf dem traditionellen Markt schneller zurückgingen, als sie im digitalen Geschäftsmodell gesteigert werden konnten, fehlten die Mittel zur weiteren Umsetzung. Das Unternehmen wurde verkauft, die Produkte überlebten zusammengeführt unter der traditionellen Marke in einem internationalen Konzern des größten Mitbewerbers.

Beispiel Digitalisierung in der Finanzbuchhaltung

Ein digitales Geschäftsmodell kann auch nur für einen Unternehmensbereich strategisch definiert werden. So kann die Finanzbuchhaltung in traditionell arbeitenden Unternehmen vollständig digitalisiert werden (oder aber auch in rein digitalen Unternehmen nach traditionellen Vorstellungen):

- Inhalt
  Im Beispielunternehmen hatte der Sohn des Eigentümers als Vorbereitung für die Nachfolgerrolle die Verantwortung für die kaufmännische Verwaltung übernommen. Sein persönliches Ziel war es, diesen Unternehmensbereich zu modernisieren und auf die weitere Digitalisierung des Unternehmens vorzubereiten.

- Ziele
  Die strategische Zielsetzung zielte auf eine weitgehende Digitalisierung verschiedener Unternehmensbereiche. So galt für die Buchhaltung:
  Die Buchhaltung wird in den kommenden fünf Jahren so entwickelt, dass alle Abläufe, soweit technisch möglich, digital sind. Dabei übernehmen autonom arbeitende Anwendungen mindestens 90 % aller Buchungsaufgaben.

- Einflussgrößen
  Mit der Finanzbuchhaltung war in der digitalen Strategie ein besonders sensibler Bereich betroffen. Dabei erwiesen sich die Vorschriften und Regelungen, die als Hemmnis galten, als nicht wichtig für den Erfolg der Strategie. Im Controlling wurden die folgenden drei Inhalte als Erfolgsfaktoren identifiziert:
  - Digitale Technik: Die Buchhaltung verfügte über Schnittstellen zu allen internen und vielen externen Stellen. Diese galt es zu digitalisieren, damit ein selbstständiger Datenfluss ohne Medienbrüche in der Buchhaltung gewährleistet werden kann.
  - Parameter zur Steuerung: Die Organisation in der Buchhaltung musste so verändert werden, dass die Abläufe durch Parameter in Form von Zuordnungstabellen oder Grenzwerte gesteuert werden konnten. Dazu gehörte auch ein leistungsfähiges und stark differenzierendes Berechtigungssystem.
  - Mitarbeiter: Als wichtigste Einflussgröße wurden die Mitarbeiter erkannt. Nicht nur, dass mit strategischen Aus- und Weiterbildungsplänen für das notwendige Know-how und vor allem für Engagement gesorgt werden musste. Die Personalentwicklung in diesem Bereich musste zukünftig Personalbeschaffung, Personaltausch und Freisetzungen langfristig planen.

Um das strategische Projekt zur Digitalisierung der Finanzbuchhaltung erfolgreich werden zu lassen, wurde mit allen Betroffenen gemeinsam eine Strategie zur Personalentwicklung aufgestellt, die Weiterbildung, Neueinstellung, Umbesetzungen und Freisetzungen regelte. Die von der Freisetzung betroffenen Mitarbeiter wurden durch Abfindungen und Qualifizierung auf anderen Gebieten entsprechend motiviert. Außerdem hatten sie mehrere Jahre Zeit, sich neu zu orientieren.

- Daten

  Grundlage für die Strategiefindung und die Umsetzung der langfristigen Planung in operative Vorgaben waren Informationen über Leistungsfähigkeit und Verfügbarkeit von entsprechenden digitalen Anwendungen. Für die laufende Abwicklung der digitalen Anwendungen wurden Kontrolldaten entwickelt, die nach Abschluss des Projektes auch die aktuelle Leistung messen können.

Es ist selten, dass die Buchhaltung eine Vorreiterrolle in der Digitalisierung übernimmt. In diesem Fall wurde die Buchhaltung gemeinsam mit dem ebenfalls zahlenorientierten Controlling zum Treiber für die weitere Digitalisierung im Unternehmen. Allein die Notwendigkeit, die digitale Buchhaltung mit digitalen Daten zu versorgen, brachten Fertigung, Materialwirtschaft und Vertrieb dazu, eigene Teilbereiche zu digitalisieren. Dokumentenmanagementsysteme und Workflows wurden anschließend unternehmensweit genutzt und besondere Ideen als eigene digitale Geschäftsmodelle auch zur externen Nutzung Dritter als digitale Dienstleistung angeboten.

Beispiel digitale Dienstleistung

Ein mittelständischer Anbieter von Cloud-Services, vor allem Speicherkapazität für mittlere Anwendungen zur Datensicherung, muss dramatisch wachsen, damit er die hohen Gemeinkosten, die auch aufgrund der Datenschutzvorgaben entstehen, auf möglichst viele Kunden und Aufträge verteilen kann. Der Markt für diese digitale Dienstleistung ist sehr preissensibel und durch große internationale Anbieter geprägt.

- Inhalt

  Das Unternehmen plante, seine Kapazitäten in jedem der kommenden drei Jahre zu verdoppeln. Dabei mussten die erwartbar steigenden Ansprüche an den Datenschutz und an die Sicherheit der Daten erfüllt werden.

- Ziele

  Das Angebot an Speicherkapazität wird in den kommenden drei Jahren auf mehr als das 10-fache Volumen steigen. Dabei bleiben die Steigerungsraten pro Jahr gleich.

  Die bisher dominierende Nutzung des Cloudservice als Speicherplatz (> 90 % des Umsatzes) wird ergänzt um höherwertige Dienstleistungen mit einem höheren Deckungsbeitrag. Diese werden im dritten Jahr der Strategie mindestens 25 % des Umsatzes ausmachen.

- Einflussgrößen

  Für viele Controller sind die in diesem Fall definierten wichtigsten Einflussgrößen für die Umsetzung der Unternehmensstrategie ungewohnt, da es sich um nicht quantitative Größen handelt.

  - Nutzungsgrad für Cloud-Services: Inwieweit sind die potenziellen Nutzer der digitalen Dienstleistung bereit, diese auch zu kaufen? In den letzten Jahren hat die Nutzung von Leistungen aus der Cloud kontinuierlich mit exponentiellen Steigerungsraten zugenommen. Das muss auch weiterhin so sein, damit

neben den großen Anbietern am Markt noch Platz bleibt für kleine und mittel-
ständische Dienstleister.
- Auslastung der großen Anbieter: Das Investitionsverhalten der großen Anbieter für vergleichbare Leistungen ist verantwortlich dafür, ob für die kleinen
  Anbieter ausreichend Potenzial verbleibt. Ist die Auslastung der Konkurrenz
  groß, ist der Druck auf Preise und Mengen für den kleineren Anbieter geringer,
  seine Strategie kann einfacher umgesetzt werden.
- Entwicklung der Rechtsprechung und Gesetzgebung: Die größten Mitbewerber
  sind internationale Konzerne, vorwiegend mit Sitz und auch Speicherort in den
  USA. Das gibt Probleme bei der Speicherung personenbezogener Daten, die von
  den europäischen Gerichten als nicht sicher angesehen wird, wenn sie in den
  USA erfolgt. Fraglich ist, ob die jetzt entstehenden Konzepte der teilweisen Speicherung in Europa technisch umsetzbar sind und ob sie vor den europäischen
  Gerichten Bestand haben. Falls es dabei Probleme für die große Konkurrenz
  gibt, lässt sich die Strategie des kleinen Anbieters sicherer umsetzen.

Diese Erfolgsfaktoren müssen in messbare Größen umgesetzt werden. Dabei gilt
es, verbale Beschreibungen der dann jeweils aktuellen Zustände in eine Bewertung zu bringen. Hier ist Objektivität gefragt.
- Daten
  Die für die Analyse des Marktes notwendigen Daten sind aktuell zwar zu beschaffen, für die Zukunft müssen sie aber vorwiegend selbst geschätzt werden. Abhängigkeiten von messbaren Größen wurden trotz intensiver Suche des Controllings
  nicht gefunden.

Die Ziele dieser Strategie sind sehr ambitioniert. Es hat sich jedoch bereits zu Beginn
der Umsetzung herausgestellt, dass die Planwerte eher noch zu niedrig angesetzt waren. Die rechtliche Unsicherheit und der rasant steigende Kapazitätsbedarf für alle
IT-Anwendungen haben zu einem wesentlichen Anstieg der Nachfrage geführt. Durch
die Strategie war das Unternehmen darauf vorbereitet und konnte auch die überplan-
mäßigen Bedarfe schnell befriedigen.

Beispiel Industrie 4.0

Ein Importeur von Konsumgütern aus Asien verliert in den letzten Jahren immer mehr
Umsatz, da vor allem seine großen Kunden über digitale Beschaffungswege ihren Bedarf bei den Herstellern selbst decken. Für den Importeur bleiben immer öfter nur
die kleinen Abnehmer und kleine Mengen besonderer Produkte. Die Unternehmensleitung beschließt, die Funktionen als Großhändler für die großen Kunden wieder at-
traktiver zu machen.
- Inhalt
  Damit die Kunden wieder vermehrt die Dienste des Importeurs in Anspruch
  nehmen, sollte die Disposition in eine digitale Informationskette eingebunden

werden. Mit dieser engen digitalen Zusammenarbeit wird die Dispositionszeit gegenüber dem eigenen Einkauf der Kunden in Asien verkürzt, damit sinken die notwendigen Lagerbestände. Das Risiko für den Kunden sinkt. Außerdem sollten durch die Umstellung des eigenen Einkaufs auf digitale Abläufe die Kosten soweit gesenkt werden, dass mit einer wesentlich niedrigeren Marge für den Importeur gearbeitet werden kann.

- Ziele

  Wir werden 90 % aller Umsätze über den Dispositionsverbund Industrie 4.0 abwickeln. Dazu werden in den kommenden drei Jahren alle Kunden und Lieferanten auf Industrie 4.0 umgestellt.

  Der Einkauf wird in den kommenden drei Jahren seine Arbeit vollständig digitalisieren. Die Kontakte laufen zu mehr als 90 % digital direkt zwischen Importeur und Hersteller.

  Die Aufgaben des Einkaufsbüros in Singapur werden in spätestens drei Jahren vollkommen von der Einkaufsabteilung in Deutschland übernommen.

- Einflussgrößen

  Die Strategie ist aus der negativen wirtschaftlichen Entwicklung heraus geboren. Ob sich diese schnell genug umsetzen lässt, um das Überleben des Importeurs zu gewährleisten, ist abhängig von den Bedingungen des Marktes. Diese müssen vom Controlling unterstellt werden, damit nicht sofort eine Unternehmensaufgabe durchgeführt werden muss.

  - Digitale Technik: Die notwendigen Geräte, Verbindungen und Anwendungen sind vorhanden. Was noch fehlt, ist die branchen- und länderübergreifende Einigung auf Standards für die Schnittstellen zwischen den beteiligten Systemen. Im Controlling wird deren Entwicklung aufgezeichnet und weiter beobachtet.

  - Bereitschaft der Kunden: Die Bereitschaft der Kunden zur Teilnahme an Industrie 4.0 ist wesentlich für den Erfolg der Strategie. Gemeinsam mit der Vertriebsabteilung wird diese durch regelmäßige Gespräche mit den Kunden ermittelt. Technische Standards und ein hohes Serviceniveau des Importeurs fördern die Bereitschaft, die laufend erhöht werden muss.

  - Bereitschaft der Lieferanten: Durch die Teilnahme an den geplanten digitalen Strukturen sehen sich viele Hersteller in Asien der lukrativen Direktgeschäfte beraubt. Der Erfolg kann nur gesichert werden, wenn die Zusammenarbeit der Hersteller mit dem Importeur, z. B. durch größere Mengen und verbesserte Zahlungsbedingungen, profitabler wird.

  - Mitarbeiter: Die Mitarbeiter des Importeurs werden die größte Veränderung erfahren. Sie müssen die autonomen Anwendungen in Industrie 4.0 steuern und sind dadurch nicht mehr direkt in Kontakt mit den Herstellern und Kunden. Nur noch wenige Einkäufer haben direkten Kontakt zu den Herstellern in Asien. Eine entsprechende Personalentwicklung muss in die Strategie eingebunden werden.

Allen Beteiligten wird schnell klar, dass diese Strategie nur erfolgreich sein kann, wenn alle Kunden und Lieferanten zur Teilnahme bewegt werden können. Ausnahmen sind nicht möglich, da diese viel zu teuer wären. Daher wird auf die Kunden verzichtet werden müssen, die nicht zur Umstellung auf Industrie 4.0 bereit sind. Hersteller, die sich sträuben, müssen ersetzt werden.

> **! Hinweis: Anreize geben**
>
> Ob der Handel an sich überhaupt eine Berechtigung hat, wird in der Betriebswirtschaftslehre seit langem diskutiert. Der Handel erhält von seinen Kunden für seine Leistungen eine Marge, die das Produkt entsprechend verteuert. Diese würde nicht gezahlt, wenn der Kunde des Händlers keine Vorteile hätte. Diese Vorteile werden durch die allgemeine Digitalisierung geringer, sie können aber durch Industrie 4.0 wieder steigen. Wenn der Importeur diese Vorteile darstellen kann und die Kostenvorteile, die er selbst durch die Digitalisierung erfährt, zumindest teilweise an seine Kunden weitergibt, dann schafft er Anreize, die zu einer Teilnahme an Industrie 4.0 führen können.

* Daten
  Die Marktdaten zu beschaffen, ist in diesem Beispiel problemlos möglich, da der Importeur langjährige Erfahrung sowohl im Absatz- als auch im Beschaffungsmarkt hat. Um die Bereitschaft der Kunden und Lieferanten zur Teilnahme an Industrie 4.0 in Daten auszudrücken, müssen entsprechende Werte geschätzt werden.

Nur die Nutzung eines stark standardisierten digitalen Systems macht Industrie 4.0 für Kunden, Hersteller, Logistiker und Händler wirtschaftlich interessant. Dabei entsteht das Risiko, dass Teile aus der so verbundenen Wertschöpfungskette austauschbar werden. Dritte können die dann standardisierten Aufgaben und Abläufe übernehmen. Wenn der Importeur in der Lage ist, in seinen Märkten als erster Teilnehmer wichtige Positionen zu besetzen, bietet sich die Chance der Marktbeherrschung, zumindest aber einer signifikante Marktteilnahme. Eine gute Ausgangsposition wird in diesem Beispiel durch die umfangreiche Markterfahrung erwartet.

Beispiel digitale Arbeit
Der Importeur aus dem obigen Beispiel hat die Zahl seiner Mitarbeiter bereits reduziert, zum Teil aufgrund des Absatzverlustes, zum Teil, um die erarbeitete Unternehmensstrategie umzusetzen. Die Hälfte der Büroräume, die im eigenen Verwaltungsgebäude vorhanden sind, steht leer. Es gibt ein lukratives Angebot zur Vermietung dieser Räume. Allerdings verlangt der potenzielle Mieter eine Option auf mehr Raum, da dessen Strategie ein wesentliches Wachstum beinhaltet.

* Inhalt
  Durch die Konzentration der Unternehmenstätigkeit auf Abläufe im Rahmen von Industrie 4.0 steigt der Teil der Mitarbeiter mit Aufgaben, die allein mit IT-Unterstützung und auch zeitlich unabhängig erledigt werden können. Das soll genutzt

werden, um durch die Verlagerung ins Homeoffice weitere Büroräume freizusetzen. Auch die digitale Arbeit kann ein digitales Geschäftsmodell sein.

- Ziele

  Im Rahmen der Konzentration auf Industrie 4.0 werden in den nächsten drei Jahren alle Arbeitsplätze, bei denen dies möglich ist, mindestens aber 80 % der Arbeitsplätze, in das Homeoffice der Mitarbeiter verlegt. Unterstützt wird dies durch die Vereinbarung flexibler Tages-, Monats-, Jahres- und Lebensarbeitszeit.

- Einflussgrößen

  Die Erfolgsfaktoren für diese digitale Strategie sind zwar schwer so zu fassen, dass sie im strategischen Controlling gesteuert werden können, aber es ist möglich:

  - Mitarbeiter: Die Mitarbeiter müssen dazu bereit sein, ihre Arbeit in die eigene Wohnung zu verlegen. Nicht immer passt das Umfeld, nicht jeder möchte auf die beruflichen persönlichen Kontakte verzichten. Jeder einzelne Arbeitsplatz wird im Controlling in Zusammenarbeit mit dem Personalwesen dahingehend untersucht, ob dieser technisch auch im Homeoffice möglich ist. Bei jedem Mitarbeiter wird die Bereitschaft zum Homeoffice eingeschätzt und ob das Platzangebot vorhanden ist usw. Daraus errechnet das Controlling eine Kennzahl der Mitarbeiterbereitschaft.

Hinweis: Konsequenz ist notwendig   !

Um dieses digitale Geschäftsmodell mit digitalen Arbeitsplätzen erfolgreich zu machen, muss auch die eine oder andere unbequeme Entscheidung getroffen werden. Konsequenz in der Umsetzung ist z. B. dann notwendig, wenn Mitarbeiter nicht bereit sind, ins Homeoffice zu wechseln. Wenn fehlende räumliche Voraussetzungen der Grund sind, muss gemeinsam nach Möglichkeiten gesucht werden, aber auch wenn sich hier keine Lösung findet, muss letztlich konsequent umgesetzt werden, was die Strategie vorsieht.

  - Digitale Technik: Die Versorgung mit Hardware für ein Homeoffice ist aktuell wenig problematisch. Die Verfügbarkeit der notwendigen Verbindungen kann die Strategie jedoch gefährden, ebenso noch nicht vollständig digitalisierte Abläufe. Daher muss der Einflussfaktor »digitale Technik« in Zahlen gefasst (z. B. Grad der Versorgung, vorhandene Bandbreiten) und beobachtet werden.
  - Regeln: Zur Umsetzung der Strategie der digitalen Arbeitsplätze sind Regeln notwendig, die die Ansprüche und Leistungen der Mitarbeiter bestimmen. Dazu müssen die gesetzlichen Vorgaben eingehalten werden, in Unternehmen mit einer Personalvertretung müssen entsprechend Betriebsvereinbarungen erstellt werden. In internen Regeln müssen der Umgang mit den Geräten, die Kontrollmöglichkeiten durch den Arbeitgeber und der Ersatz der Kosten des Arbeitnehmers vereinbart werden.

    Der wichtigste Faktor ist der Mensch. Nicht jeder ist willens und in der Lage, den gerade aktuellen Hype zur Arbeit im Homeoffice mitzugehen. Hier muss Überzeugungsarbeit geleistet werden. Diese wird unterstützt durch die Zahlen und systematischen Beurteilungen aus dem strategischen Controlling.

- Daten

  Da die Daten alle intern erhoben werden können, spielt die Beschaffung keine große Rolle. Eine wichtige Aufgabe für das Controlling ist die Überführung der verbalen und qualitativen Aussagen in nutzbare und zur Überwachung geeignete Kennzahlen.

Das digitale Geschäftsmodell für die Arbeitsplätze konnte wesentlich schneller umgesetzt werden als in der Strategie vorgegeben. Es war keine Trennung von Mitarbeitern notwendig. Für neue Aufgaben auch im Bereich Industrie 4.0 konnten aufgrund der konsequenten Homeoffice-Strategie Spezialisten gewonnen werden, die weit weg vom Standort wohnten und nicht zum Umzug bereit gewesen wären. Damit hat die Strategie hinsichtlich der Arbeitsplätze auch Einfluss auf den Erfolg der Industrie-4.0-Strategie.

Bereits in diesen wenigen Beispielen zeigt sich eine Diversität in den Inhalten, aber auch in der Tiefe des Eindringens der Digitalisierung in die Strukturen des Unternehmens. Es lohnt sich immer, im strategischen Controlling die Möglichkeiten weitergehender Digitalisierung und digitaler Geschäftsmodelle zu prüfen. In der Mehrzahl werden sich dadurch zusätzliche Chancen ergeben. Das muss das Controlling den Fachbereichen und der Unternehmensführung verdeutlichen.

9 Besonderes Controlling in digitalen Geschäftsmodellen

Im Laufe der Zeit hat das Controlling neben der Steuerung des operativen und strategischen Geschäftes mit reinen Zahlenauswertungen auch viele weitergehende Aufgaben übernommen. Dabei steht, neben der Steuerung der wirtschaftlichen Aktivitäten, oft doch eine Kontrollfunktion im Vordergrund. Beispiele dafür sind die Mitarbeit des Controllings bei der Risikoüberwachung oder beim Sicherstellen eines rechtskonformen Handelns aller Beteiligten. Durch die Verlagerung der Unternehmensaktivitäten in digitale Geschäftsmodelle verändern sich auch diese Aufgaben.

Sie haben bisher bereits viele Unterschiede kennengelernt zwischen traditionellen und digitalen Geschäftsmodellen, die Einfluss haben auf das Unternehmen und damit auch auf das Controlling. Das gilt selbstverständlich auch für die Abläufe in den besonderen Controllingaufgaben.

- Die digitalen Möglichkeiten, geboten von der Technik und geschaffen von besonderem Verhalten der Beteiligten, verändern die Bedrohungen, mit denen das Unternehmen fertigwerden muss. Das Controlling muss darauf mit neuem und angepasstem Verhalten reagieren.
- Selbstverständlich bieten digitale Möglichkeiten zusätzliche Chancen, um die Controllingarbeit bei der Risikobewältigung, in Krisen und in anderen bedrohlichen Situationen erleichtern.

Zur besseren Einordnung der Veränderungen und der bisher bereits erkannten Unterschiede zwischen digitalen und traditionellen Geschäftsmodellen, fasst die Tabelle im folgenden Abschnitt zunächst die Unterschiede übersichtlich zusammen. Anschließend wird die Arbeit des Controllings in der Risikobewältigung sowie seine Mitarbeit im Bereich Anti Bribery & Corruption und Compliance betrachtet. Die Aufgaben des Controllings in einer Krise werden immer wichtiger, auch hier führt ein digitales Geschäftsmodell zu Veränderungen.

9.1 Übersicht: Unterschiede zwischen traditionellem und digitalem Geschäftsmodell

Die unten stehende Tabelle gibt einen systematischen Überblick über die wichtigsten der bisher bereits angesprochenen Unterschiede, die sich für Unternehmen auf digitalen Märkten und in digitalen Anwendungen gegenüber traditionellen Modellen ergeben. Daraus folgen dann die ebenfalls bereits detailliert beschriebenen Reaktionen bzw. Änderungen in der Arbeit des Controllings.

Die Aufzählung erhebt keinen Anspruch auf Vollzähligkeit.

Inhalt	Unterschied zwischen digitalen und traditionellen Geschäftsmodellen	Reaktion im Controlling
Geschwindig- keit der Verän- derungen	Digitale Strukturen verändern sich schneller als man es in traditionel- len Geschäftsmodellen gewohnt ist.	• kürzere Planungszeiträume • intensivere Beobachtung • schnelleres Reporting
Geschwindig- keit für Ent- scheidungen	Entscheidungen müssen schneller getroffen werden.	• autonome Entscheidungen • Verlagerung der Entscheidungen auf untere Hierarchiestufen • schnellere Versorgung der Entschei- der mit Informationen
Datenquellen	In digitalen Geschäftsmodellen ist die Anzahl der Datenquellen größer, Daten kommen aus neuen Quellen.	• Prüfung der Quellen • Einbinden der Quellen • neue Berichte aufgrund neuer Quellen
Datenqualität	Die Datenqualität ist in digitalen Strukturen geringer als in traditio- nellen.	• unsichere Daten verifizieren • Plausibilitätsprüfungen
Datenmengen	In digitalen Geschäftsmodellen vervielfacht sich die verfügbare Datenmenge	• Nutzung eigener Instrumente für Big Data • Aufbau detaillierter Zeitreihen • neue Berichtsform, z. B. permanen- te Überwachung
Berichtsemp- fänger	Die Controllingberichte müssen auf anderen hierarchischen Stufen ge- lesen werden.	• digital lesbare Berichte für autono- me Anwendungen • Bezug zu operativen Aufgaben wird verstärkt • Bereitstellung der geprüften Daten- basis für Self Service Controlling
Wirtschaftlich- keitsberechnun- gen	In digitalen Strukturen haben die Investitionen andere Schwerpunkte und sind ungenauer zu definieren.	• Anpassung der Berechnungen • besondere Beachtung immaterieller Leistungen • besondere Verteilung der Kosten und Ausgaben
Kennzahlen	In digitalen Geschäftsmodellen werden neue Kennzahlen wichtig	• Untersuchung der Einflussgrößen auf Erfolge • Kennzahlen zur Darstellung neuer, oft technischer Inhalte • Nutzung von Big Data für detaillier- te Zeitreihen

Inhalt	Unterschied zwischen digitalen und traditionellen Geschäftsmodellen	Reaktion im Controlling
Bilanz + GuV	Durch neue digitale Konzepte können sich die Positionen Anlagevermögen und Umlaufvermögen und/oder die Verteilung der Umsätze verändern.	• Anpassung der Kennzahlen • Erläuterung der Veränderungen • Planung der Veränderungen
Kapital	Junge, digitale Unternehmen nutzen unterschiedlichste und wenig traditionelle Finanzierungsmittel.	• Anpassung der Kennzahlen • Anpassung der Liquiditätsplanung • Angepasstes Reporting an unterschiedliche Kapitalgeber
Produkte	Produkte erhalten digitale Funktionen oder werden vollständig digital.	• Anpassung der Kalkulationen • Anpassung der Deckungsbeitragsrechnung
Kosten	Es gibt Verschiebungen der direkten und indirekten Kosten (in beide Richtungen)	• Anpassung der Kalkulationen • Anpassung der Deckungsbeitragsrechnung
Kundenverhalten	Auf digitalen Märkten verhalten sich Kunden anders als auf traditionellen Märkten.	• Anpassung des Vertriebscontrollings • Nutzung von Big Data • Ermittlung zeitnahes Kaufverhalten für digitales Marketing
Organisationsform	Prozesse bestimmen die Organisation in digitalen Geschäftsmodellen	• Anpassung der Verantwortungsbereiche • Anpassung des Reportings • Kontrolle zwischen horizontaler und vertikaler Verantwortung • Anpassung der Kostenrechnung
Controllingberichte	In digitalen Geschäftsmodellen müssen Controllingberichte anders als in traditionellen Modellen aufgebaut sein.	• Anpassung der Berichtsdarstellung • Anpassung der Berichtsverteilung (z. B. BI) • Inhalte der Berichte anpassen auf Verantwortungsbereiche • Geschwindigkeit, in der Berichte erstellt werden, anpassen • neue Berichtstypen nutzen

Tab. 44: Liste der Unterschiede und Reaktionen

Die aufgezählten Unterschiede haben Einfluss auf das Verhalten im Unternehmen. Auch diese notwendigen Veränderungen müssen bewusst initiiert und gestaltet werden. Das ist zuerst Aufgabe der Fachabteilungen. Diese werden allerdings bei den abteilungsübergreifenden Themen und bei den rechnerischen Inhalten Unterstützung benötigen. Das ist eine Chance für das Controlling, an der Transformation in ein digitales Geschäftsmodell gestaltend mitzuarbeiten.

9.2   Risiken bewältigen

Mit Risiken umzugehen, ist eine wesentliche unternehmerische Aufgabe. Es gibt nie eine hundertprozentige Sicherheit, aber es gibt Methoden, Risiken beherrschbar zu machen. Darin haben Unternehmen, Unternehmer, Mitarbeiter und Controller in vielen Jahren ausreichend Erfahrung gesammelt. Doch diese Erfahrung hilft nicht mehr in jedem Fall, beispielsweise wenn plötzlich digitale Geschäftsmodelle implementiert werden. Es kommt zu neuen Risiken, die erkannt werden müssen, bereits bekannte Risiken können bedrohlicher werden, andere Risiken verschwinden oder werden reduziert – allein durch die digitalen Strukturen. Nicht zuletzt erhalten das Controlling und das Unternehmen neue, digitale Möglichkeiten, die Risiken zu minimieren.

9.2.1   Neue Risiken

In digitalen Geschäftsmodellen entstehen neue Risiken, die es in traditionellen Strukturen nicht gibt. So verliert sich das Gefühl für den Markt in der Vertriebsabteilung, wenn der direkte Kontakt zwischen einem Verkäufer und den Kunden fehlt. Oder schlechte Bewertungen für die verkaufte Leistung führen zu einem Umsatzeinbruch, die Marke wird beschädigt. Auch im technischen Bereich, z. B. innerhalb von Industrie 4.0, entstehen bisher unbekannte Gefahren. So können z. B. Produktionsverfahren und Kostenstrukturen aufgedeckt werden, ein falsch eingestellter Algorithmus führt dazu, dass die eigenen Kapazitäten nicht ausgelastet werden.

Im Rahmen der Risikoanalyse sollten diese und weitere Gefahren im Controlling behandelt werden:

- Gemeinsam mit den betroffenen Fachbereichen wird im Controlling systematisch nach neuen Risiken im digitalen Geschäftsmodell gesucht. Dabei ist die digitale Technik nur eine von mehreren Gefahrenquellen. Die unbekannten Märkte und das Verhalten der dortigen Teilnehmer müssen geprüft werden. Auch neue gesetzliche Regelungen wie z. B. zur Speicherung geschützter Daten in den USA können Risiken bedeuten.

> **!**   **Hinweis: Hilfe holen**
>
> Wenn das digitale Geschäftsmodell für das Unternehmen noch neu ist, dann sollte das vorhandene Know-how für die Erkennung neuer damit verbundener Risiken kritisch bewertet werden. Externe Hilfe kann fehlende eigene Erfahrung ersetzen. Dabei hilft ein Berater, aber auch die Erfahrungen in befreundeten Unternehmen können abgerufen werden.

- Wichtig ist es, die Risiken in den unübersichtlichen digitalen Strukturen auch zuverlässig zu erkennen. Grundsätzlich sollte das Controlling darin geübt sein, Risiken zu erkennen. Neu ist die Geschwindigkeit, wie sich Gefahren entwickeln können, und die unübersichtliche Datenmenge, die analysiert werden muss. Das Gefühl für solche Risiken muss auch in den Fachbereichen geweckt werden, damit dort eine Gefahr rechtzeitig erkannt wird. Dazu müssen die Fachbereichsmitarbeiter vom Controlling mit den notwendigen Daten versorgt werden. Beschaffen, Aufbereiten und Analysieren der Daten ist der wichtige Beitrag des Controllings an der Risikoerkennung.

- Einzuschätzen, wie sich die aufgrund eines bestimmten Risikos entstehenden Bedrohungen auswirken, ist für das Controlling und für die Fachbereiche neu, da sich die traditionellen und die digitalen Geschäftsmodelle nicht miteinander vergleichen lassen. Dazu müssen neue Zusammenhänge hergestellt werden, neue Wahrscheinlichkeiten sind zu schätzen. Eine externe Hilfe mit entsprechenden Erfahrungen hilft dem Controlling dabei, die Bedrohung richtig zu erkennen. Die Berechnung mehrerer Szenarien führt zu einem besseren Bauchgefühl und sensibilisiert die Verantwortlichen in den Fachabteilungen.

- Stellt ein erkanntes Risiko eine echte Bedrohung dar, muss es mit geeigneten Maßnahmen bekämpft werden. Auch für die Gestaltung der Maßnahmen fehlt die notwendige Erfahrung. Die Zeit, diese durch eigene Fehler zu erarbeiten, fehlt ebenso. Darum muss das Controlling, eventuell wieder mit fremder Hilfe, detaillierte Berechnungen anstellen. Nur dann können geeignete Maßnahmen, meist auch mit digitalen Mitteln, ergriffen werden.

Der Umgang mit Risiken jeglicher Art ist dem Controlling nicht neu. Neu sind die Abhängigkeiten, Ursachen und Auswirkungen ebenso wie mögliche Reaktionen darauf. In der Praxis haben die meisten Unternehmen im Controlling ein wirksames Risikomanagement aufgebaut, auch in digitalen Geschäftsmodellen. Ein solches Risikomanagement muss gezielt auf die digitalen Rahmenbedingungen ausgerichtet werden. Zudem sollte man sich dessen bewusst sein, dass eventuell Erfahrung fehlt.

9.2.2 Verstärkte Risiken

Mithilfe der eigenen Erfahrung identifiziert das Controlling die Risiken, die durch das digitale Geschäftsmodell verstärkt werden. Diese hat es bisher bereits gegeben und sie sollten im Risikomanagement des Controllings behandelt werden. Durch die neuen digitalen Anwendungen werden die Auswirkungen größer oder die Wahrscheinlichkeit des Eintritts steigt.

Beispiel: IT-Anwendungen

Bei jeder neuen oder intensiver genutzten digitalen Anwendung steigt das Risiko der Abhängigkeit von der Technik. Wenn vorhandene Technik ausfällt, sind plötzlich mehr digitale Anwendungen betroffen. Wenn neue Technik genutzt wird, bringt dies zusätzliche Abhängigkeiten.

Auch ohne digitale Geschäftsmodelle wird das Internet in allen Unternehmen genutzt. Dort wird das Risiko, das externe Eindringlinge darstellen, durch Firewalls und andere Maßnahmen beherrschbar gemacht. Durch die intensive Nutzung von digitalen Verbindungen über das Internet und durch andere Netze steigt die Anzahl möglicher Wege, auf die Dritte ins interne Netz kommen können.

Diese Entwicklung hat sich in der Praxis bereits als gefährlich herausgestellt. Bekannte Risiken sind bereits erkannt und viele davon als beherrscht eingeordnet. Die neue Verschärfung der Gefahren wird daher nicht oder nicht früh genug erkannt. Im Rahmen des üblichen Risikomanagements werden kleinere und für beherrscht gehaltene Risiken nicht oder nur selten neu geprüft. Das muss bei der Nutzung digitaler Geschäftsmodelle besonders beachtet werden.

> **! Hinweis: Übliche Risikoprüfung**
>
> Das Controlling sollte sicherstellen, dass die verstärkten Risiken im Rahmen der üblichen Risikoprüfung erkannt werden, damit sie entsprechend behandelt werden können. Dazu muss die Risikoprüfung u. U. vorgezogen werden. Auf jeden Fall ist die Standardprüfung auszuweiten, sodass alle bekannten Risiken, auch diejenigen mit geringen Auswirkungen im traditionellen Umfeld, erneut geprüft werden.

9.2.3 Reduzierte Risiken

Digitale Geschäftsmodelle können vorhandene Risiken auch reduzieren oder vollständig eliminieren. Das Risiko, vom Markt zu verschwinden, weil die digitale Entwicklung verschlafen wird, hat sich mit dem Einstieg in das digitale Geschäftsmodell erledigt. Oder das Risiko, den Standort des stationären Einzelhandelsgeschäftes falsch gewählt zu haben, verschwindet, wenn es keine Standorte mit Kundenbesuchen mehr gibt. Zwei wesentliche Unterschiede zu traditionellen Strukturen müssen im Controlling beim Risikomanagement zu einer Verbesserung der Risikolage führen:

1. Aufgrund der digitalen Kommunikation sind Risiken im Vergleich mit analogen Strukturen wesentlich früher erkennbar. Entwicklungen zeichnen sich früher ab, da alle Daten und notwendigen Informationen zur Risikobeurteilung digital entstehen und damit schneller zur Verfügung stehen. Diese Tatsache muss genutzt werden, um im Controlling die Risikoentwicklung schneller erkennen zu können. Die Folge davon ist eine Verkürzung der Zeiträume zwischen der systematischen Prüfung der Risiken.

2. Die Digitalisierung aller Abläufe in den Unternehmen ermöglicht es, die Parameter der überwachten Risiken besser zu kontrollieren. Die Daten stehen nicht nur früher zur Verfügung, sie sind auch detaillierter und können digital ausgewertet werden. Viele Datenströme eignen sich zur autonomen Überwachung im Hinblick auf definierte Risiken. So kann z. B. die Rücksendungsquote bestimmter Produkte

aktuell ermittelt und auf Grenzwerte hin geprüft werden. Qualitätsprobleme werden so wesentlich exakter erkannt.

Hinweis: Nutzung ist Pflicht

Das Controlling muss alle in digitalen Geschäftsmodellen gebotenen Möglichkeiten zur Gefahrenreduktion der Risiken nutzen. Die Mitbewerber tun dies auch und hätten einen wesentlichen Vorteil, wenn das eigene Unternehmen das versäumt.

Der Vorteil des Identifizierens von reduzierten Risiken in digitalen Geschäftsmodellen liegt in der Möglichkeit, den Aufwand für die Risikoüberwachung zu reduzieren. Verschwindet ein Risiko, muss es nicht mehr überwacht werden. Wird ein Risiko als reduziert eingeschätzt, kann die Überwachung zurückgefahren werden. Vor allem aber können aufwendige Maßnahmen, die bisher die Risiken in Grenzen gehalten haben, aufgegeben werden.

Beispiel: Printmedienwerbung

Das Beispielunternehmen hatte Folgendes erkannt: Aufgrund seiner unbedeutenden Position im Markt war das Risiko hoch, dass sich die Kunden den Marktführern zuwandten. Daher wurde viele Jahre lang regelmäßig in Fachzeitschriften mit großen Anzeigen geworben. Nachdem der traditionelle Markt für die Mitbewerber uninteressant geworden war, bestand weniger Zwang dazu, die Aufmerksamkeit bei den potenziellen Kunden zu wecken. Dennoch wurde die gewohnte Werbung weiter geschaltet. Nachdem jetzt auch das Unternehmen mit großen Umsatzanteilen im digitalen Markt angekommen ist, ist der traditionelle Markt nicht mehr interessant. Die Werbung in den analogen Fachzeitschriften kann eingestellt werden.

9.2.4 Bessere Risikobekämpfung

Die Digitalisierung hilft dem Controlling im Umgang mit Risiken. Die neuen Abläufe haben wesentliche Vorteile und machen die Bekämpfung von Risiken einfacher. Welche Chancen sich individuell bieten, muss sehr genau geprüft werden, damit sie nicht verschenkt werden.

- Die Entwicklung bekannter Risiken kann in digitalen Geschäftsmodellen aufgrund der besseren und früheren Informationsversorgung schneller erkannt werden. Darum werden im Vergleich zu traditionellen Strukturen bei vielen Risiken vorsorgliche Maßnahmen überflüssig. Es reicht, die Entwicklung zu beobachten und bei Bedarf zu reagieren.
- Die Auswirkungen von Maßnahmen, die zur Risikoeindämmung getroffen wurden, werden schneller und detaillierter erkennbar, da in digitalen Geschäftsmodellen

große Datenmengen frühzeitig die Entwicklungen abbilden. Maßnahmen können daher kleinteiliger, das heißt gezielter auf bestimmte Parameter und reduziert durchgeführt werden. Im Bedarfsfall kann das Controlling schnell und wirksam eine Anpassung der Maßnahmen vornehmen.

- Viele Maßnahmen können autonom gestartet und durchgeführt werden. Dazu sind für ausgewählte Risiken Grenzwerte oder Situationen zu definieren, die in digitalen Abläufen erkannt werden können. Gleichzeitig müssen Maßnahmen entwickelt werden, die jederzeit durch zusätzliche Abläufe gestartet werden können.

> **! Hinweis: Nicht vergessen**
>
> Autonome Maßnahmen führen dazu, dass ein Risiko seine Bedrohlichkeit verliert. Die Gefahr existiert nicht mehr, da ja auf jeden Fall darauf mit wirksamen Maßnahmen reagiert wird. Solche Risiken dürfen nicht vergessen werden. Sie können sich plötzlich dramatischer entwickeln als erwartet, Maßnahmen können veralten, selbst die Wahrscheinlichkeit für das Eintreten kann zurückgehen. Darum muss jedes Risiko, auch eines, das durch autonome Maßnahmen neutralisiert ist, regelmäßig geprüft werden.

- Darüber hinaus bietet die Digitalisierung neue Maßnahmen für die Bekämpfung von Risiken. So können drohende Hackerangriffe durch verschärfte Zugriffskontrollen bekämpft werden, drohende Umsatzverluste durch digitales Marketing. Notwendige Finanzmittel für weitere Investitionen in das digitale Geschäftsmodell können über das Crowdfunding beschafft werden. Im Controlling müssen diese neuen digitalen Möglichkeiten bekannt sein und mit den Fachbereichen in wirksame digitale Maßnahmen umgesetzt werden.

In den Fachbereichen werden die Chancen der digitalen Geschäftsmodelle meist euphorisch aufgenommen, neue Risiken werden dabei nicht ausreichend beachtet. Das Controlling muss, wie auch in traditionellen Strukturen, die Risikolage systematisch erfassen und analysieren. Dabei nutzt das Controlling für die eigene Arbeit auch digitale Anwendungen und kann so bereits aus der traditionellen Welt bekannte Risiken entschärfen und neue Risiken identifizieren. Die neuen Möglichkeiten digitaler Maßnahmen werden vom Controlling in digitalen Geschäftsmodellen genutzt.

9.3   ABC und Compliance

Nicht nur große internationale Konzerne beschäftigen sich mit den Themen ABC, also Anti Bribery & Corruption, und Compliance. Mit der Globalisierung und den verschärften gesetzlichen Bestimmungen sind auch immer mehr Mittelständler und kleine Unternehmen verpflichtet, gegen Bestechung und Korruption vorzugehen und ein Handeln, das allen gesetzlichen, vertraglichen und freiwilligen Vorgaben entspricht, auf allen Unternehmensebenen sicherzustellen. Während dazu in großen Unternehmen eigene Abteilungen mit vielen Mitarbeitern aufgebaut werden, suchen kleine und mittlere Unternehmen nach pragmatischen Lösungen. Wenn das Controlling nicht selbst mit der Aufgabe betraut wird, muss es auf jeden Fall seine Erfahrungen im Aufbau von Kontrollstrukturen einbringen.

> **Hinweis: Vereinfachung durch digitale Geschäftsmodelle**
>
> Der Überwachungsteil der ABC- und Compliance-Aufgabe wird durch digitale Geschäftsmodelle wesentlich vereinfacht. Wenn die unternehmensinternen Regeln zu diesen Themen aufgestellt sind, muss deren Einhaltung kontrolliert werden. Dazu werden Datenströme ebenso ausgewertet wie regelmäßige Kontrollen durchgeführt werden. Beides kann durch digitale Anwendungen und die Arbeit mit digitalen Daten erleichtert werden. Dazu ist das Controlling prädestiniert.

9.3.1 ABC

Mit ABC-Maßnahmen soll verhindert werden, dass Bestechung und Korruption im Unternehmen vorkommen. Dazu werden entsprechende Richtlinien erstellt, was in Zusammenarbeit mit der Rechtsabteilung und dem Personalwesen geschieht. Wenn dieses Thema in Deutschland und anderen Wirtschaftsnationen in der westlichen Welt auch unbedeutend ist, in anderen Regionen der Welt gibt es Bestechung durchaus noch immer. Durch die Digitalisierung kommen auch Unternehmen, die bisher nicht in asiatischen Ländern eingekauft oder in Osteuropa verkauft haben, mit diesem Thema in Berührung. Insofern erhöhen digitale Geschäftsmodelle das Risiko, in Bestechung und Korruption verwickelt zu werden.

Die Aufgabe des Controllings ist es, Kontrollstrukturen zu implementieren, die unerlaubte Geldflüsse entdecken können und unerklärliche Entscheidungen aufdecken. Diese Aufgabe wird in digitalen Geschäftsmodellen erleichtert.

- In digitalen Geschäftsmodellen werden viele persönliche Kontakte durch digitale Anwendungen ersetzt. Das erschwert zum einen die Absprache zu Bestechungen und Bestechlichkeit. Zum anderen zwingt es dazu, digitale Zahlungswege zu nutzen. Das hinterlässt digitale Spuren in den Daten des Unternehmens, die geprüft werden können.

Beispiel: Prüfung Kontonummern

Ein Unternehmen der Maschinenbaubranche wollte in Osteuropa einen größeren Auftrag erkämpfen. Nach anfänglichen Schwierigkeiten ging alles sehr schnell. Selbst die Exportversicherung des Bundes, die sogenannte Hermesbürgschaft, konnte abgeschlossen werden. Die Abwicklung erfolgte nach einem ersten persönlichen Treffen vollkommen digital. Das Controlling prüfte regelmäßig die Datensätze aus der Zahlungsabwicklung. Dabei wurde entdeckt, dass die Versicherungsprämie an Hermes in zwei Tranchen, allerding an unterschiedliche Kontonummern, überweisen wurde. Es stellte sich heraus, dass der Projektmanager die Rechnung für die Prämie der Hermesbürgschaft digital kopiert und verändert hatte. Er änderte die Rechnungsnummer und die Kontonummer, sodass ein erheblicher Betrag an den Entscheider im Partnerland gezahlt wurde.

- Digitale Analyseprogramme im Controlling helfen dabei, ungewöhnliche Buchungen zu finden. Wenn z. B. eine unbedeutende Kostenart in einer Kostenstelle plötzlich und ungeplant einen wesentlichen Anstieg erfährt, könnte der Grund dafür eine unberechtigte Rechnung sein.
- Autonome Entscheidungen sind nicht bestechlich. Darum müssen Entscheidungen zugunsten von externen Partnern, die eine autonome Entscheidung übersteuern sollen, manuell erfasst werden. Das wird in Fehler- und Ablaufprotokollen erkennbar. Eine systematische Bearbeitung solcher Protokolle durch das Controlling sollte dies entdecken und verfolgen.

Beispiel: Typisch digitale Geschäftsmodelle

In der Wertschöpfungskette eines Unternehmens waren verschiedene Lieferanten für einen wichtigen Rohstoff eingebunden. Für die Entscheidung für oder gegen einen dieser Lieferanten in der jeweils aktuellen Situation gab es Regeln, die sich an Kapazitäten, Qualität und Liefertreue orientierten. Als Sicherheit für den Fall, dass alle vorgesehenen Lieferanten nicht infrage kamen, gab es einen Lieferanten in Osteuropa. Dieser war allerdings nicht in Industrie 4.0 eingebunden. Der Einkäufer des Unternehmens konnte die autonomen Entscheidungen des digitalen Systems manuell übersteuern.

Das hat er auch regelmäßig getan und den osteuropäischen Lieferanten mit Aufträgen versehen. Im Controlling fiel zunächst auf, dass das Einkaufsvolumen für diesen Lieferanten den Planwert um ein Vielfaches überstieg. Bei der Prüfung der protokollierten Eingriffe des Einkäufers stellte sich heraus, dass dieser ohne erkennbaren Grund die Aufträge an den osteuropäischen Partner gegeben hatte. Eine Bestechung wurde nicht zugegeben und konnte letztlich nicht bewiesen werden. Die Zusammenarbeit mit dem Einkäufer und dem Lieferanten wurde dennoch beendet.

9.3.2   Compliance

Compliance bedeutet die Einhaltung von Vorgaben, gleichgültig ob gesetzlich, vertraglich vereinbart oder freiwillig aufgestellt. Eine solche freiwillige Richtlinie ist z. B. die Zusicherung, keine Kinderarbeit im Unternehmen zuzulassen. Darüber hinaus verpflichten sich viele Unternehmen auch, nur von Lieferanten zu kaufen, die sich der gleichen Verpflichtung, in diesem Fall dem Verzicht auf Kinderarbeit bei sich und den Lieferanten, unterworfen haben.

> **Hinweis: Voraussetzung für Label**
>
> Solche »freiwilligen« Verpflichtungen von Unternehmen sind oft Voraussetzung für der Nutzung von Labeln, die den Absatz der Produkte positiv beeinflussen sollen. Besonders betroffen sind die Lebensmittelindustrie, z. B. beim Thema Palmöl oder Fischfang, oder die Bekleidungsindustrie, z. B. bei der Kinderarbeit und den Arbeitsbedingungen in den Lieferländern.

Besonders wichtig ist selbstverständlich die Einhaltung aller gesetzlichen Vorgaben, z. B. bei der Gewinnermittlung und im Hinblick auf die Umweltgesetzgebung. In digitalen Geschäftsmodellen ist die Globalisierung ein Teil des Erfolges. Gleichzeitig erhöht sich durch sie das Risiko, in Ländern aktiv zu werden, deren Gesetzgebung nicht bekannt ist oder deren Arbeitsbedingungen und Rechtstreue nicht dem in der westlichen Welt geltenden Standard entsprechen. Die Bedeutung der Compliance wird durch digitale Geschäftsmodelle in vielen Unternehmen zunehmen.

Da es bei den Regeln für die Compliance oft um qualitative Vereinbarungen geht, ist das Controlling nicht der erste Ansprechpartner. Gleichzeitig verfügt das Controlling aber über umfangreiches Know-how im Hinblick auf Kontrollstrukturen und die Quantifizierung qualitativer Werte.

- Aus vielen Compliance-Regelungen lassen sich Grenzwerte ermitteln, die nicht überschritten werden dürfen. Diese werden gemeinsam mit der Fachabteilung festgelegt und vom Controlling überprüft. Dazu können die autonomen Strukturen verwendet werden.
- Die Verpflichtung der externen Partner, bestimmte Compliance-Vorgaben einzuhalten, kann und muss vom Unternehmen nicht geprüft werden. Die Versicherung der Einhaltung der Vorgaben wird technisch im digitalen Datenstamm in Bestätigungsfeldern festgehalten. Das Controlling prüft regelmäßig, ob diese Felder korrekt gefüllt sind und ob bestimmte Abläufe nur mit Partnern, die korrekte Verpflichtungen abgegeben haben, abgewickelt wurden.

Beispiel: Zwei Modelabel

Das Unternehmen fertigt zwei Kollektionen an Damenkleidern. Die eigene Kollektion wird ohne Beschränkungen an viele Einzelhändler verkauft. Für die zweite Kollektion gilt es, Auflagen zur Herkunft der Rohstoffe und zu den Arbeitsbedingungen in den Ländern, in denen genäht wird, zu beachten. Der Verkauf erfolgt an eine Kette von spezialisierten Boutiquen. Die Lieferanten des Unternehmens haben sich teilweise zur Einhaltung der Vorgaben verpflichtet, was durch ein Feld im Lieferantenstamm dokumentiert wird. Jede Lieferung von Rohstoffen wiederum hat ein Herkunftskennzeichen.

Regelmäßig prüft das Controlling anhand der Buchungen im digitalen Warenwirtschaftssystem, ob jeder Lieferant von Waren, die in der zweiten Kollektion eingesetzt wurden, eine entsprechende Verpflichtung abgegeben hat. Gleichzeitig wird die Herkunft der einzelnen Chargen geprüft. Fehler können dabei in der Produktionsabteilung entstehen, wenn dort die falsche Charge des Rohstoffes mit einem unerlaubten Herkunftsland verwendet wird.

Das Controlling dokumentiert die Prüfungen und das Ergebnis. Wenn es zu Abweichungen kommt, werden Maßnahmen zur Problembeseitigung umgesetzt.

- Die Protokolle der Prüfungen werden entsprechend den internen Vereinbarungen oder den Vereinbarungen mit den Prüfinstanzen aufgestellt und dokumentiert. Dabei kann es auch zu einer Dokumentation laufender Entscheidungen kommen. So wird in autonomen Systemen die Steuerung der Bedingungen für die Entscheidungen beschrieben und der Ablauf dieser Entscheidungen in Stichproben kontrolliert.

Das Controlling löst die Aufgaben, die sich im Bereich Anti Bribery & Corruption sowie Compliance stellen, mit seinem Know-how hinsichtlich der Überwachung und Datenermittlung sowie mithilfe von Vergleichsrechnungen. Dadurch wird im Unternehmen das Bewusstsein geschaffen, dass die Vorgaben zu diesen Themen ernst gemeint sind und konsequent befolgt werden. Außerdem ergibt sich so die Möglichkeit, wichtige Entwicklungen frühzeitig zu entdecken und mögliche Unsicherheiten in professionellen Gesprächen aufzulösen.

9.4   Digitales Controlling in einer Krise

Krisen entstehen aus Risiken, die nicht erkannt wurden oder nicht ausreichend bekämpft werden konnten. Wer hätte vor 2008 eine Finanzkrise mit dem damaligen Ausmaß für möglich gehalten? Wer hätte vor 2020 einen fast weltweiten Shutdown der Wirtschaft und des öffentlichen Lebens aufgrund einer Pandemie überhaupt in Erwägung gezogen? Wohl niemand. Allen ist klar, dass mit weiteren, bisher noch unbekannten, Entwicklungen gerechnet werden muss.

Ein Grund für die bedrohlichen Auswirkungen der Covid-19-Pandemie im Jahr 2020 war, dass die Globalisierung nicht nur die Wirtschaft betrifft, sondern das gesamte Leben. Das bot dem Virus hervorragende Voraussetzungen für eine weltweite Verbreitung in Rekordzeit. Für die Unternehmen war der Zusammenbruch der globalen Lieferketten und der wachsenden Abhängigkeit von Märkten auf der ganzen Welt ein wesentliches Problem. Während eine Branche nicht mehr an Rohstoffe, die auch in der Krise nachgefragt wurden, herankam, beklagte eine andere Branche den Wegfall der Absatzmärkte. Wir alle haben die Auswirkungen privat und beruflich gespürt.

Je komplexer die Systeme sind, die weltweit betrieben werden, je enger die Zusammenarbeit mit Kunden und Lieferanten, Geldgebern und Dienstleistern auf er ganzen Welt ist, desto größer ist die Gefahr neuer, bisher noch nicht gekannter Krisen und desto größer sind die Auswirkungen dieser Krisen. In digitalen Geschäftsmodellen wird aber gerade die regionale Begrenzung durch weltweite Kommunikation ersetzt. Viele Unternehmen arbeiten entlang wesentlicher Wertschöpfungsketten eng zusammen. Gleichzeitig wird eine Technik genutzt, die digitale Technik, die für Unfälle und bewusste Angriffe Krimineller sehr anfällig ist.

Beispiel: Erpressung des falschen Unternehmens

Angriffe von Hackern, die über eine Schwachstelle im Sicherheitssystem eindringen, Daten des Systems verschlüsseln und die Systemnutzer erpressen, waren und sind bekannt. Dass sich daraus auch eine Unternehmenskrise entwickeln kann, zeigte sich im Jahr 2020. Dort wurde das Universitätsklinikum Düsseldorf Opfer eines solchen Hackerangriffs. Das Klinikum konnte mehrere Tage lang seine digitalen Systeme nicht nutzen. Wichtige Operationen mussten verschoben werden, die Notfallversorgung wurde eingestellt und auf andere Krankenhäuser verteilt. Mindestens eine Patientin soll aufgrund jetzt notwendiger längerer Wege verstorben sein. Selbst nachdem der Schlüssel für die Entschlüsselung der Datenbestände verfügbar war, dauerte es mehrere Tage, bis zumindest notdürftig die digitalen Systeme genutzt werden konnten.

Die Situation für das Klinikum als Unternehmen war sicher existenzbedrohend. Umsätze konnten nicht generiert werden, Mehraufwand ist entstanden, der Ruf am Markt hat gelitten. Dabei hilft auch nicht die Tatsache, dass sich die Hacker geirrt hatten. Sie hielten das gestörte System für ein System der Heinrich-Heine-Universität Düsseldorf. Als sie von der Polizei über die digitalen Kanäle darauf hingewiesen worden waren, dass sich ihre Aktion auf das System der Klinik konzentrierte und dass Menschenleben gefährdet waren, gaben sie den Code zur Entschlüsselung ohne Zahlung eines Lösegeldes heraus. Der Schaden war jedoch bereits geschehen.

Gerade digitale Geschäftsmodelle haben mit den Auswirkungen solcher Krisen zu kämpfen. Je nach Ausprägung der Krise gibt es sowohl Gewinner als auch Verlierer. So hatten z. B. Airbnb (Vermittlungen von temporär genutzten Unterkünften) und Uber

(Vermittlung von Personenbeförderungen) mit Reisebeschränkungen und sinkender Mobilität zu kämpfen, der Online-Handel hingegen gilt allgemein als Gewinner der Krise, die durch das Corona-Virus hervorgerufen wurde. Ein Unternehmen mit digitalem Geschäftsmodell muss noch dringender als in traditionellen Strukturen neben einem Risikomanagementsystem ein Krisenmanagement vorbereitet haben.

Dabei kommt das Controlling ins Spiel. Mit den für das Controlling typischen Aufgaben können Krisen zwar nicht »geplant« werden (Krisen sind dem Grund und der Wirkung nach unbekannt), es kann aber geplant auf Krisen reagiert werden. Das Controlling übernimmt dabei die Steuerung:

- Mit den bekannten Methoden zur Risikoüberwachung und aus der Plan-/Ist-Abweichungsanalyse erkennt das Controlling Entwicklung besonders früh und sicher. Nicht jede schlechte Entwicklung ist der Beginn einer Krise. Das wird gemeinsam mit den Fachbereichen und den Verantwortlichen in der Unternehmensführung erörtert. Die Datenbasis für diese Diskussionen liefert das Controlling.
- Wird eine Entwicklung mit Krisenpotenzial erkannt, werden Berechnung angestellt. Das Controlling rechnet verschiedene Möglichkeiten aus, ermittelt mögliche Auswirkungen auf die wirtschaftliche Situation des Unternehmens. Es hat sich als richtig erwiesen, bei der Definition der Szenarien auch bisher für nicht möglich gehaltene Werte zuzulassen.

> **Hinweis: Krise rechtzeitig erkennen**
>
> Spätestens dann, wenn die Ergebnisse einzelner Szenarien dramatische Auswirkungen zeigen, wird eine Krise als solche erkannt. Vor allem im Anfangsstadium sind die ersten Entwicklungen nicht immer bedrohlich. Erst die Annahme auch dramatischer Veränderungen macht das potenzielle Ausmaß einer Krise sichtbar.

- Wie im operativen und strategischen Controlling an der Tagesordnung, werden aufgrund der krisenhaften Entwicklung Maßnahmen geplant. Dabei spielt es keine Rolle, ob das Unternehmen in der Krise verliert oder gewinnt. Gehört es zu den Krisenverlierern, müssen Maßnahmen entwickelt und durchgeführt werden, die die negativen Auswirkungen möglichst reduzieren. Kann das Unternehmen die Krise für sich nutzen, so müssen entsprechende Maßnahmen dies vorbereiten und möglich machen, indem z. B. Kapazitäten geschaffen oder Rohstoffe eingekauft werden.
- Abschließend muss das Controlling die Umsetzung der Maßnahmen überwachen. Die bekannten Punkte, exakte Ausführung, geplante Kosten und tatsächliche Wirkung, werden regelmäßig abgearbeitet. Verhalten sich die Maßnahmen ungeplant, muss reagiert werden.

Das Controlling kann also Krisen früher erkennen und kann, je nach Krise und der individuellen Betroffenheit des Unternehmens, Wege zeigen, die Krise zu minimieren oder zu nutzen. Dass dies in digitalen Geschäftsmodellen eine größere Bedeutung hat als in traditionell arbeitenden Unternehmen liegt

- an zusätzlichem Krisenpotenzial durch die Abhängigkeit von der digitalen Technik,
- an der weltweiten engen Zusammenarbeit zwischen Kunden, Lieferanten, Logistikern usw.,
- am steigenden Anteil von Aufgaben, die als Dienstleistung eingekauft werden und damit die Abhängigkeit vom »Funktionieren« dieser Dienstleister erhöhen,
- an autonomen Abläufen, die nicht auf Krisensituationen ausgerichtet sind und
- an der Schnelligkeit, mit der sich Krisen digital ausbreiten können.

Hinweis: Vorbereitet sein   !

Wie die zum Zeitpunkt der Erstellung dieses Buches aktive Krise um die Covid-19-Pandemie zeigt, reagiert die Politik auf die Entwicklungen der Krise zwar oft hilflos, aber meistens sehr kurzfristig. Gerade die föderale Struktur der Bundesrepublik Deutschland, aber auch die Entscheidungswege in der EU verlangen umfangreiche Diskussionen bis zu einer Entscheidung, die dann fast immer nicht einheitlich ist. Das Controlling sorgt dafür, dass das Unternehmen auf mögliche Entscheidungen vorbereitet ist. Dazu werden alternative Rechnungen für mögliche politische Entscheidungen durchgeführt, sodass immer ein treffender Plan vorhanden ist.

Das Controlling nimmt Emotionen aus der Krise. Es versachlicht die von Ängsten und Hoffnungen geprägten Diskussionen, was zu umsetzbaren und begründeten Maßnahmen führt. Gerade in digitalen Geschäftsmodellen mit der notwendigen Entscheidungsgeschwindigkeit hilft dies, richtige Entscheidungen zu treffen.

10 Die Zukunft in digitalen Geschäftsmodellen

Die Digitalisierung wird weitergehen, diese Prognose kann auch ohne die Expertise des Controllings für die Planung mittel- und langfristiger Entwicklungen gestellt werden. Einzig eine technische Krise, die heute nicht vorhersehbar ist, könnte dies stoppen. Die Menschen müssen sich auf mehr und neue digitale Funktionen und Anwendungen einstellen. Das gilt sowohl für den privaten als auch für den geschäftlichen Bereich. Gleichzeitig werden beide Sphären, also die private und berufliche, noch enger miteinander verschmelzen.

Die Konsequenzen, die aus der Transformation in ein digitales Geschäftsmodell für das Controlling resultieren, wurden intensiv und detailliert beschrieben. Solche Veränderungen der Aufgaben und Abläufe des Controllings werden sich weiterhin ergeben, wenn die Digitalisierung noch weiter geht. Da niemand weiß, wie die digitale Technik in fünf Jahren aussehen wird und welche Möglichkeiten der Nutzung uns eröffnet werden, ist eine verlässliche Vorhersage nicht möglich. Jedoch lassen sich folgende Faktoren, die zweifelsfrei Einfluss auf die Controlling-Arbeit nehmen können, festhalten:

- Die einzelnen, bereits heute vorhandenen digitalen Geschäftsmodelle werden an Bedeutung gewinnen. Industrie 4.0 wird zu einem Standard der Zusammenarbeit werden (oder zumindest eine digitale Anwendung, die dem sehr ähnlich ist), der grenzenlose und zeitlich unbeschränkte Einkauf im Onlineshop wird weiter zur Normalität werden. Ohne digitale Geschäftsmodelle und damit ohne das dazugehörige Controlling wird es nicht mehr möglich sein, wirtschaftlich erfolgreich zu agieren.
- Zu den bestehenden digitalen Geschäftsmodellen wird es neue digitalen Anwendungsmöglichkeiten geben, die heute noch nicht oder erst ansatzweise zu erkennen sind. Der Autor wagt die Vorhersage, dass diese mit autonomer Mobilität zu tun haben werden und dass virtuelle Realitäten zum Normalfall werden. Das Gesundheitswesen steht erst am Anfang der digitalen Entwicklung, Datenschutz und Datensicherheit werden verstärkt Chancen bieten für digitale Geschäftsmodelle. Die digitalen Möglichkeiten und deren Nutzung werden sich im Vergleich zur aktuellen Situation noch vervielfachen.
- Die Aufgabe des Controllings besteht darin, die in digitalen Geschäftsmodellen bestehenden Besonderheiten weiter zum Vorteil des Unternehmens nutzbar zu machen. Die Vorteile der digitalen Strukturen, die großen Datenmengen, die enge Zusammenarbeit und die große Flexibilität müssen erkannt, berechnet und in den Maßnahmen auf dem Weg zum Unternehmenserfolg noch besser verfügbar gemacht werden. Gleichzeitig müssen die Herausforderungen wie die hohe Veränderungsgeschwindigkeit und die Notwendigkeit der schnellen Entscheidungen zum Vorteil des Unternehmens nutzbar gemacht werden.

Einige Bereiche im Unternehmen können bereits heute vollständig in digitalen Geschäftsmodellen aufgehen. Der Onlineverkauf in der Vertriebsabteilung, das digitale Marketing in der Marketingabteilung oder die autonome Planung von Mengen, Kapazitäten und Zeiten in der Disposition sind solche Beispiele. Die Finanzbuchhaltung ist im Begriff, zur digitalen Buchhaltung zu werden. Das Controlling als interne Schwester im Rechnungswesen wird ebenfalls diesen Weg gehen. Auch das Controlling wird sich in ein digitales Geschäftsmodell transformieren.

Die Digitalisierung kann auch als große »Gleichmacherin« beschrieben werden. Die digitalen Anwendungen, Geräte und Apps gleichen sich umso mehr, je mehr Anwender angebunden werden müssen. Intuitive Bedienung und Verwendung von Standards werden dazu führen, dass neben standardisierten Geräten auch noch weitere standardisierte digitale Anwendungen die Möglichkeit nutzen, ihre Kosten auf viel mehr zahlende Anwender zu verteilen.

> **! Hinweis: Scheinbare Individualität**
>
> Die Standardisierung von digitalen Anwendungen ist bereits heute weit fortgeschritten. So werden z. B. im digitalen Verkauf Onlineshops eingesetzt, die von der Stange gekauft oder gemietet werden können. Die Funktionen sind alle identisch, der Anschein von Individualität wird durch unterschiedliche Farben, unterschiedliches Design mit Bildern und Texten, die individuell gesteuert werden können, erzeugt.

Dann lohnt es sich auch, komplexe Funktionen wie sie u. a. im Controlling vorhanden sind, in diese Anwendungen zu integrieren. Controlling wird damit zum Allgemeingut. Der Controller wird noch mehr vom Zahlenlieferanten zum Businesspartner. Die Zahlen kommen automatisch, wenn auch in standardisierten Formaten. Wichtig sind deren richtige Interpretation und Nutzung als Entscheidungsgrundlage.

Im Controlling konzentrieren sich die Mitarbeiter darauf, die autonome Entstehung der Datensammlungen zu steuern, die Interpretationen für Planungen und Maßnahmen einzusetzen und die Fachbereiche oder die Unternehmensführung in allen wirtschaftlichen Fragen zu beraten. Dadurch werden, wie es auch notwendig ist, die Chancen und Herausforderungen digitaler Geschäftsmodelle optimal für das einzelne Unternehmen genutzt. Die verantwortlichen Entscheider sind vorbereitet auf schnelle Reaktionen. Das Unternehmen kann sich voll auf das digitale Geschäftsmodell einlassen. Das ist auch ein Verdienst des Controllings in digitalen Geschäftsmodellen.

Stichwortverzeichnis